湖北高校省级精品资源共享课本科课程“市场营销学”配套教材
湖北省一流本科课程（线上课程）“营销学的那点事儿”配套教材
高等院校经济管理类专业“互联网+”创新规划教材

市场营销学

（第4版）

主 编 李 林

北京大学出版社
PEKING UNIVERSITY PRESS

内容简介

本书按照“理解市场营销—开展市场研究—制定营销战略—设计营销策略”的逻辑顺序，系统介绍了市场营销基本理论。本书共包括 4 篇 11 章，第 1 篇探讨了市场营销学的基本概念、基本观念和学科发展概况，第 2 篇探讨了市场营销环境、市场需求、顾客购买行为、市场营销调研，第 3 篇探讨了市场营销的 STP 战略、竞争性市场营销战略，第 4 篇探讨了市场营销的产品策略、价格策略、分销渠道策略、促销策略。

本书力求对接高素质应用型人才培养目标，既关注市场营销理论新发展及本土优秀企业市场营销新实践，又重视党的二十大精神进教材，以及实现全方位育人的教育目标。本书可作为普通高等院校市场营销、工商管理、电子商务等专业的教材和参考用书，也可作为市场营销从业人员学习及培训的参考书。

图书在版编目（CIP）数据

市场营销学 / 李林主编. —4 版. —北京：北京大学出版社，2024.6
ISBN 978-7-301-35063-8

Ⅰ. ①市…　Ⅱ. ①李…　Ⅲ. ①市场营销学　Ⅳ. ①F713.50

中国国家版本馆 CIP 数据核字（2024）第 095328 号

书　　名　市场营销学（第 4 版）
SHICHANG YINGXIAOXUE（DI-SI BAN）
著作责任者　李　林　主编
策 划 编 辑　耿　哲
责 任 编 辑　耿　哲　李婷婷
数 字 编 辑　金常伟
标 准 书 号　ISBN 978-7-301-35063-8
出 版 发 行　北京大学出版社
地　　址　北京市海淀区成府路 205 号　100871
网　　址　http://www.pup.cn　新浪微博：@北京大学出版社
电 子 邮 箱　编辑部 pup6@pup.cn　总编室 zpup@pup.cn
电　　话　邮购部 010-62752015　发行部 010-62750672　编辑部 010-62750667
印 刷 者　北京溢漾印刷有限公司
经 销 者　新华书店
787 毫米×1092 毫米　16 开本　20.25 印张　492 千字
2010 年 8 月第 1 版　2014 年 6 月第 2 版　2018 年 3 月第 3 版
2024 年 6 月第 4 版　2024 年 6 月第 1 次印刷
定　　价　59.00 元

主编简介

李林，男，1982 年 11 月生，中共党员，教授，硕士生导师，省级一流专业负责人，省级教学团队带头人，省级优秀基层教学组织带头人，省级一流本科课程负责人，省级精品资源共享课程负责人。长期从事市场营销管理研究及市场营销专业教育研究。指导的 4 篇本科毕业论文被评为湖北省优秀学士学位论文。指导学科竞赛作品获国家级二等奖 1 项，省级一等奖 7 项、二等奖 8 项、三等奖 7 项。主编出版教材 3 部，参与国家社科基金项目 1 项、国家自科基金项目 1 项，主持完成教科研项目及委托项目 15 项，公开发表学术论文 33 篇。兼任咸宁市人民政府咨询委员会委员、中国高等院校市场学研究会常务理事、湖北省市场营销学会常务理事、湖北省商业经济学会常务理事。

教科研成果获评中国高等院校市场学研究会优秀论文二等奖 1 项，中国商业经济学会优秀论文三等奖 1 项，湖北省市场营销学会优秀论文二等奖 2 项。个人获第二届湖北高校青年教师教学竞赛优胜奖，校级教学成果一等奖 2 项（排名第 1）、校级青年教师教学竞赛一等奖、校级教学质量一等奖。教学成果入选 2019 年湖北高校课程共享联盟线上线下混合式金课教学大赛优秀教学改革案例。

第4版前言

PREFACE

本书第 1 版自 2010 年 8 月出版以来已多次重印，2014 年 6 月、2018 年 3 月分别修订出版了第 2 版和第 3 版。本书在全国十余所高校使用，受到了广大师生的一致好评。结合社会经济及市场营销理论的不断发展和师生反馈的意见，编写组于 2023 年 6 月启动了本书第 4 版的修订工作。呈现在读者面前的第 4 版在结构体系上仍然以成熟的、规范的市场营销研究范式为基础，即按照“理解市场营销—开展市场研究—制定营销战略—设计营销策略”的逻辑顺序，系统介绍了市场营销的基本理论。总体而言，与第 3 版相比，本版的修订主要体现在以下方面。

（1）对全书的理论部分进行了重新梳理，将全书归纳为 4 篇 11 章；对部分章节的顺序予以调整，以突显理论内容的严谨性。

第 1 篇是理解市场营销，包括第 1 章。第 1 篇主要探讨了市场营销学的基本概念、基本观念和学科发展概况等。

第 2 篇是开展市场研究，包括第 2、3、4、5 章。第 2 篇主要探讨了市场营销环境、市场需求、顾客购买行为、市场营销调研等。

第 3 篇是制定营销战略，包括第 6、7 章。第 3 篇主要探讨了市场营销的 STP 战略、竞争性市场营销战略等。

第 4 篇是设计营销策略，包括第 8、9、10、11 章。第 4 篇主要探讨了市场营销的产品策略、价格策略、分销渠道策略、促销策略等。

（2）对理论知识部分内容进行了修订，对各类统计数据进行了更新。

（3）对绝大部分导入案例、知识链接、小思考进行了更换，以突显本书的实际指导意义。

（4）对章后习题按照统一的形式进行了修订和补充，以便与学生的知识巩固训练无缝对接。

本书是省级一流本科专业建设点市场营销专业全面推进本科教学改革的成果之一，作为湖北高校省级精品资源共享课本科课程“市场营销学”配套教材、湖北省一流本科课程（线上课程）“营销学的那点事儿”配套教材，本书紧跟市场营销理论与实践研究的前沿。党的二十大报告指出：“培养什么人、怎样培养人、为谁培养人是教育的根本问题。育人的根本在于立德。全面贯彻党的教育方针，落实立德树人根本任务，培养德智体美劳全面发展的社会主义建设者和接班人。”编写组结合多年教学和研究成果，坚持立德树人根本任务，力求对接高素质应用型人才培养目标，关注市场营销理论新发展及本土优秀企业市场营销新实践，通过课程思政和思政课程协同实现全方位育人的教育目标，使学生能够理解并掌握现代市场营销理论及方法，培养市场营销专业学生的市场营销意识，培养学生自主学习的习惯和能力、分析现实营销现象的能力及多角度解决营销问题的能力。本书力求满足学生爱读和易懂的需要，理论深度适中，兼顾内容全面和结构合理，以期为学生系统地学习后续专业课程奠定较为扎实的基础。

本书由李林教授主编，刘昌华副教授、刘春宇副教授、张婵讲师、陈琴弦讲师参加了部分章节的编写工作，石慧高级工程师负责本书课程思政内容规划及实施，李林负责修订大纲的拟定、总纂和定稿。本书共 11 章，编写分工如下：陈琴弦编写第 1 章；李林编写第 2、4、6、7 章；刘昌华编写第 5、9 章；张婵编写第 3、8 章；刘春宇编写第 10、11 章。

本书在修订过程中，得到了湖北省市场营销学会副会长、武汉理工大学管理学院刘明菲教授的鼓励与支持，刘明菲教授参与了修订大纲的讨论，提出了宝贵的意见和建议。本书参考和引用了科特勒、阿姆斯特朗、王永贵、吴健安、郭国庆等专家学者的著作，在此，向各位尊敬的专家学者表示感谢！同时也向支持本书修订工作的各级领导及有关工作人员致以诚挚的谢意。

在编写过程中，编写组虽力求完善，但难免存在不足，恳请广大同行和读者批评指正，以便本书再版时修订。可联系的电子邮箱是：marketinglee@126.com。

李　林

2024 年 3 月 10 日于武汉

资源索引

目　录

CONTENTS

第 1 篇　理解市场营销

第 2 篇　开展市场研究

第 4 篇 设计营销策略

第1篇

理解市场营销

第 1 章

市场营销学导论

本章教学目的

企业的生存与发展面临复杂的行业竞争及多变的市场需求。通过本章的学习，引发学生思考市场营销对于企业生存与发展的重要性；帮助学生了解市场营销学的发展简史、市场营销学的研究对象、特点和研究方法；理解市场的定义及分类、市场营销的含义及相关概念；掌握营销观念的演进和市场营销模式的发展等内容。

本章主要知识点

- 市场营销学导论
  - 市场及市场营销
    - 市场的定义及分类
    - 市场营销的含义及相关概念
  - 营销观念的演进
    - 生产观念
    - 产品观念
    - 推销观念
    - 市场营销观念
    - 社会营销观念
  - 市场营销模式
    - 4P's模式
    - 4P's的发展模式
    - 4C's模式
    - 4R's模式
  - 市场营销学的研究对象、特点和研究方法
    - 市场营销学的研究对象
    - 市场营销学的特点
    - 市场营销学的研究方法
  - 市场营销学发展简史
    - 国外市场营销学发展简史
    - 国内市场营销学发展简史
    - 市场营销理念的创新和发展

导入案例

1.1 市场及市场营销

市场营销是与市场和市场经济相联系的，它是一种市场运作的行为。认识市场营销，首先要从认识市场开始。

1.1.1 市场的定义及分类

1. 市场的定义

人们对市场的认识有一个过程，由于人们是从不同的角度认识市场的，因此就出现了很多关于市场的定义。许多营销学者都对市场进行了研究，也给市场下了各种各样的定义。例如，著名营销学者科特勒（P. Kotler）认为，市场是由一切具有特定欲望和需求并且愿意和能够以交换来满足这些需求的潜在顾客所组成的。美国学者奥尔德森（W. Alderson）和考克斯（R. Cox）认为，广义的市场概念包括生产者和消费者之间实现商品和劳务的潜在交换的任何一种活动。

市场营销管理是站在营销者的角度来看待市场的。在营销者看来，卖方构成行业，买方构成市场，人口、购买动机、购买能力是构成市场不可或缺的三要素。市场模型如图 1.1 所示。

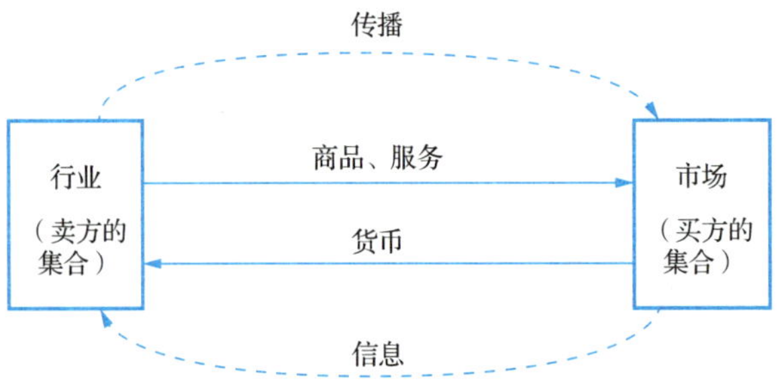

图 1.1 市场模型

2. 市场的分类

按照不同的分类方法可以将市场分为不同的类型。

（1）按商品属性划分

按商品的物质性，市场可以分为物质商品市场和非物质商品市场。按商品所属的部类，市场可以分为生产资料市场和生活资料市场。按商品所属的细类分类，市场可以分为很多类别，如工业用品市场、农业用品市场、文化用品市场、技术市场、服务市场等。各个类别的市场又可以再分为更细的市场，如钢材市场、水泥市场、石油化工市场、粮食市场、食用油市场等。

（2）按顾客类型划分

按顾客类型，市场可以分为消费者市场、生产者市场、中间商市场和非营利性市场。

(3) 按市场竞争程度划分

按市场竞争程度，市场可以分为完全垄断市场、寡头垄断市场、垄断竞争市场和完全竞争市场。

(4) 按市场供需态势划分

按市场供需态势，市场可以分为买方市场和卖方市场。

(5) 按营销区域划分

按营销区域，市场可以分为国际市场和国内市场，其中国内市场又可分为城市市场和农村市场、地方市场和全国市场、沿海市场和内地市场等。

拓展讨论 1-1

党的二十大报告提出，要构建全国统一大市场，深化要素市场化改革，建设高标准市场体系。要加快构建以国内大循环为主体、国内国际双循环相互促进的新发展格局。要坚持以推动高质量发展为主题，把实施扩大内需战略同深化供给侧结构性改革有机结合起来，增强国内大循环内生动力和可靠性，提升国际循环质量和水平，加快建设现代化经济体系，着力提高全要素生产率，着力提升产业链供应链韧性和安全水平，着力推进城乡融合和区域协调发展，推动经济实现质的有效提升和量的合理增长。

请结合党的二十大报告思考：什么是要素市场化改革？简述深化要素市场化改革的意义。

1.1.2　市场营销的含义及相关概念

1. 市场营销的含义

市场营销的概念最早是在国外产生和发展起来的。美国、英国等老牌市场经济国家从 20 世纪初就开始研究市场营销，该词在英文中用“Marketing”来表述。

(1) 美国市场营销协会（American Marketing Association，AMA）

“Marketing”一词最初出现在 1905 年美国宾州大学的课程中，该词在中国被翻译成市场营销。AMA 的市场营销定义的动态演化过程是“交换产品与服务—满足顾客需要—共同创造价值—承担社会责任”。1935 年的定义为：市场营销是引导商品、劳务从生产者流向消费者的商业活动。随后，AMA 于 1985 年、2004 年和 2007 年做过多次修订。2007 年的定义为：市场营销涉及一系列活动、机构和过程，旨在创造、传播、提供、交换对顾客、用户、合作伙伴和整个社会有价值的供应品。

(2) 科特勒

2003 年，科特勒在《市场营销原理（第 9 版）》中对市场营销的定义为：市场营销是通过创造和交换产品及价值，从而使个人或群体的需要和欲望得到满足的社会和管理过程。2019 年，他在《市场营销原理（第 15 版）》中，把市场营销定义为：企业为了从顾客身上获得利益回报，创造顾客价值和建立牢固顾客关系的过程。

（3）韦伯斯特（F. E. Webster）

2010 年，韦伯斯特提出，市场营销是一种组织能力，引导企业感知、认识、获取并了解顾客和市场，同时提炼出一种价值主张，并在价值共创（共同创造）和企业整体价值提高的过程中将利益相关者整合为一体。

（4）符国群

2022 年，我国学者符国群提出，市场营销作为一种组织职能，与企业其他职能一起，共同服务于顾客价值创造，其独特之处在于它主要通过履行连接、匹配和交易功能来创造价值。在连接、匹配、交易三项营销功能中，最能反映市场营销本质的是匹配功能。

（5）本书推荐的定义

本书推荐科特勒给出的定义，他分别从社会角度与管理角度给出了市场营销的定义。

① 社会角度的市场营销定义强调营销的关键是创造、提供有价值的产品与服务，这关系到交换能否顺利、高效。该角度的定义表达了市场营销扮演着促进供给与需求平衡，以合理配置资源的社会角色。

② 管理角度的市场营销定义强调企业营销的两个关键：顾客价值与顾客关系。营销必须通过各种努力给予更大的顾客价值，只有这样，交换才能顺利实现。顾客价值高，才能顺利地获得顾客，才能挽留顾客和提升顾客的满意度；在获得顾客的基础上，营销必须注重发展和增强与顾客的关系，只有这样，交换才能更自然、持续、稳定、健康。

2. 市场营销的模型

参与市场营销活动的有营销主体和营销客体。营销主体向营销客体提供商品或服务，营销客体向营销主体购买商品或服务，双方通过营销沟通和信息交换产生商品交换，使得营销客体获得价值，满足营销客体的需求和欲望，也使得营销主体获得利润和顾客满意。市场营销的模型如图 1.2 所示。

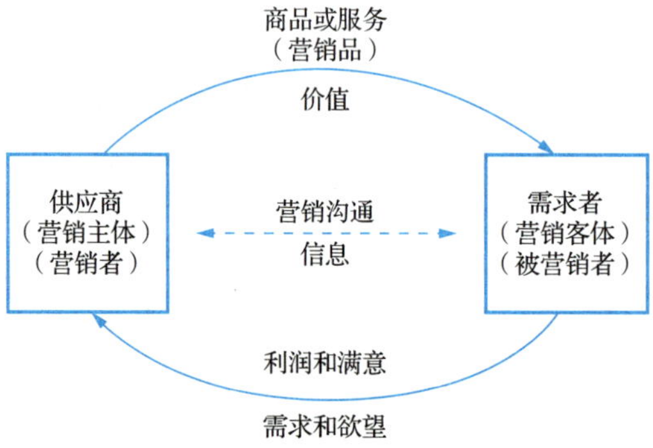

图 1.2　市场营销的模型

从这个模型可以看出，站在市场营销者的角度，营销主、客体是参与方，营销主体是提供商品或服务的一方，营销客体是接受的一方，商品或服务是标的物，市场营销包含了营销主体、营销客体、标的物、营销沟通等基本要素。想让交换顺利从而促进社会的发展，就需要有大量的营销努力和过硬的技能，去创造顾客需求，更好地满足顾客需求。因此，科特勒对市场营销下了一个简明的定义，即“有盈利地满足需求”。

1.2　营销观念的演进

营销观念是进行市场营销的指导思想或行为哲学，它可以影响市场营销过程中的思维方式、价值观念、工作立足点、目标和方向。营销观念的形成取决于经济环境和价值观念，有不同的营销观念，就有不同的营销策略。

在营销观念的演进过程中，先后出现过生产观念、产品观念、推销观念、市场营销观念和社会营销观念等。这些营销观念分别产生于一定的经济形势和市场环境下，因此它们都与特定背景相联系。在当时的背景条件下，它们是合理的，但是随着经济形势和市场环境的变化，旧的营销观念不适用了，要进行改进，于是就产生了新的营销观念。

1.2.1　生产观念

生产观念（Production Concept）是指企业只注重生产的营销观念。生产观念在经济不发达、产品供不应求的卖方市场条件下比较盛行。该观念认为，消费者喜欢那些随处能够购买到的、价格低廉的产品。生产观念是一种只重生产、不重营销的指导思想，认为营销的关键在生产，只要生产出来，就不愁卖不出去。

案例 1-1

从福特 T 型车的兴衰谈汽车营销观念的转变

福特汽车公司（以下简称福特）成立于 1903 年，其生产的第一批大众化福特汽车实用、优质，价格合理，因而一上市就生意兴隆。1908 年年初，福特根据当时大众的需要，做出了战略性的决策，即致力于生产规格统一、品种单一、价格低廉、大众需要且买得起的汽车。1908 年 10 月 1 日，采用流水线生产方式的著名的 T 型车被推向市场。此后十多年，由于 T 型车适销对路，销量迅速增加，产品供不应求，福特在商业上取得了巨大的成功。

20 世纪 20 年代中期，随着美国经济的快速增长和人们收入的增加、生活水平的提高，汽车市场发生了巨大的变化，买方市场在美国已经基本形成，道路及交通状况也发生了质的改变，简陋而又千篇一律的 T 型车虽然价廉，但已经不能满足消费者的需求。然而，面对市场的变化，福特仍然置消费者的需求变化于不顾，坚持生产中心的观念，就像福特创始人宣称的，“无论你需要什么颜色的汽车，我福特只有黑色的”，这句话也成了营销观念僵化的“名言”。面对市场的变化，通用汽车公司及时地抓住了市场机会，推出了具有新式样和颜色的雪佛兰汽车，雪佛兰汽车一上市就受到消费者的追捧，福特 T 型车的销量剧降。1927 年，已销售了 1500 多万辆的 T 型车不得不停产。

从福特 T 型车的兴衰历史可以看出，营销观念是多么的重要。根据市场特点，及时改变营销观念，成就了通用汽车公司，而固守僵化的营销观念的福特则遭受了沉重的打击。

因此，正确的营销观念是企业成功的关键。

资料来源：https://auto.sohu.com/20060523/n243372081.shtml（2006-05-23）[2023-10-10]

1.2.2 产品观念

产品观念（Product Concept）是指企业专注于做好产品的营销观念。该观念认为，营销的关键是要有一个好产品，只要产品性能好、质量高、有特色，就不愁卖不出去。产品观念主要是在市场经济早期和中期出现的，在国外主要盛行于 20 世纪 20—30 年代。这个时期的特点是，产品较之前多了一些，同种产品的购买有选择余地，于是购买者常常选择质量高、性能好、价格便宜的产品，出现了好产品不愁卖、坏产品不好卖的现象，因而形成了产品观念。产品观念盛行于商品经济比较发达，产品相对较多，但还远没有达到需求饱和的市场形势下。

知识链接 1-1

营销近视症

营销近视症（Marketing Myopia）是市场营销专家、美国哈佛大学管理学院莱维特（T. Levitt）教授在 1960 年提出的一个理论。营销近视症是指企业管理者，特别是高层管理者，把主要精力放在产品或技术上，而不是放在市场需求上，其结果是导致企业丧失市场，失去竞争力。企业管理者对企业生产的产品和技术盲目乐观与自信，认为只要产品质量好、性能优越，就一定会有市场；对产业的理解十分狭隘，将其等同于某一种具体的产品，而不能从更为本质的层面理解产品和产业，因此对于产业发展所面临的替代品和潜在竞争者的威胁浑然不觉；忽视顾客的需求及其变化，一味执迷于现有产品的改进，忽视产品的创新和企业的变革。

营销近视症的具体表现是：自认为只要生产出最好的产品，就不怕顾客不上门；只注重技术的开发，而忽略消费需求的变化；只注重内部经营管理水平，不注重外部市场环境和竞争；等等。

莱维特认为，市场的饱和并不会导致企业的萎缩，造成企业萎缩的真正原因是营销者目光短浅，不能根据消费者的需求变化而改变营销策略。

资料来源：根据网络资料整理

1.2.3 推销观念

推销观念（Selling Concept）强调对现有产品加强推销。这种观念产生于资本主义经济由“卖方市场”向“买方市场”过渡的阶段，盛行于 20 世纪 30—40 年代。推销观念认为，消费者通常有一种购买惰性或抗衡心理，若听其自然，消费者就不会自觉地大量购买本企业的产品，因此企业营销管理的中心任务是积极推销和大力促销，以诱导消费者购买产品。

在推销观念的指导下，企业相信产品是“卖出去的”，而不是“被买去的”。他们致力于产品的推广和广告活动，以求说服甚至强制消费者购买。他们聘请大量销售人员，投放大量广告，对消费者进行无孔不入的促销信息“轰炸”。

以上三种营销观念的一个共同特点是立足于企业，由内向外推介自己的产品，只考虑企业自身的利益，只注重企业自己的生产成果，千方百计地把产品推销出去，而不考虑用户是否真正需要、产品是否真正合乎用户的利益。这样的营销观念在短缺经济时期、卖方市场条件下也许还是可用的，但是在发达的市场经济时期及买方市场条件下，特别是在市场竞争特别激烈的过剩经济时期，就成了阻碍企业营销活动的因素。因此营销学界把这三种营销观念划归为一类，称为传统营销观念。

1.2.4 市场营销观念

市场营销观念（Marketing Concept）主要是在市场经济旺盛时期出现的一种观念。这个时期的特点是产品生产能力很强，产品特别丰富，一般产品都出现了供大于求的情况，而且市场竞争特别激烈，竞争对手为了争夺顾客，会采取各种各样的营销手段。在买方市场条件下，顾客能够广泛选择自己中意的产品，市场需求出现了个性化、多样化和多变的特点，他们可以货比多家，谁的产品好、价钱低、服务好，就买谁的产品。因此，企业必须转变营销观念，树立“要面向市场，根据市场的需求来打造合适的产品、合适的营销策略和合适的企业形象，以满足市场需求”的营销观念。

市场营销观念最大的特点就是立足于顾客，站在顾客的立场上，由外向内拉动供应。根据顾客的真正需要，以维护顾客利益为宗旨，量身打造产品和服务方式，更好地适应和满足顾客的需求。这种基于顾客需求的观念，相较于前面三种基于企业利益的传统营销观念来说，是一种根本性的、革命性的变化。

小思考 1-1

新式营销的魅力——元气森林的成功

元气森林成立于 2017 年，是一家互联网创新型饮品公司，专注于为年轻一代提供健康好喝的饮料，主打产品包括苏打气泡水、燃茶和乳茶等，主要以“0 糖、0 脂、0 卡路里”作为卖点而大火于新消费市场。据报道，2021 年元气森林估值已达 500 亿元。元气森林是如何从饮料巨头那里分出一杯羹的？

瞄准消费市场

在 Z 世代，90 后已经成为消费的主力人群，元气森林制订的针对年轻人的战略目标是再适合不过了。现在的消费者，不再一味地追求口感，对包装、联名都有一定的要求。

直击消费心理

以小红书来说，搜索“控糖”“戒糖”“断糖”等关键词，有超 10 万个笔记。人们越来越倾向于购买健康的饮料。这时，元气森林“0 糖、0 脂、0 卡路里”的概念顺势出圈，并迅速圈粉。在尝到无糖气泡水的甜头后，元气森林的产品矩阵也在不断丰富。元气森林相继推出了乳茶、燃茶、冰茶等多个系列饮品，完成了对主要软饮料品类的全面布局。

消费渠道崛起

由于传统饮料巨头的强项是线下渠道的铺货能力，它们对互联网渠道暂处于适应期，并未形成自身的规模优势，因此，出身互联网的元气森林才能率先夺下线上渠道。截至 2022 年 6 月，可口可乐天猫粉丝数达 70 万、康师傅饮料达 94 万、百事可乐达 84 万、农夫山泉达 100 万，四家加起来数量都远不及元气森林的 500 多万。再加上元气森林专注于线下便利店渠道投放，巧妙地规避了与传统饮料巨头商超渠道上的竞争，为元气森林后续的销路提供了“绿卡”。截至 2021 年 11 月，元气森林线下渠道已覆盖国内 30 个省份、477 个便利系统以及 5.3 万家便利店。

元气森林抛开传统思维，不再局限于做饮料给消费者喝，而是开始考虑消费者想喝什么。元气森林的思维创新重新定义了饮料这个行业，确立了元气森林在饮料界的地位。元气森林借助便利店的崛起，突击大品牌没有触及的细分市场，找准新兴的社交媒体平台，依据这一细分市场用户群体的数据画像规划产品，干净利落地打动了处于 Z 世代的消费者。

资料来源：https://www.163.com/dy/article/H9JN5FBO0553174N.html（2022-06-11）[2023-10-10]

请阅读资料，简要评述元气森林的市场营销观念有何特点。

1.2.5 社会营销观念

从 20 世纪 70 年代起，随着全球环境破坏、资源短缺、人口过度增长和忽视社会服务等问题日益严重，国际社会、各国政府和行业制定了各种各样的防止污染、保护生态环境的法规、政策和措施，引导并鼓励企业在生产和经营中采取措施避免造成环境污染和生态破坏。党的二十大报告指出，中国式现代化是人与自然和谐共生的现代化。大自然是人类赖以生存发展的基本条件，人与自然的关系是人类社会最基本的关系，人与自然是生命共同体。尊重自然、顺应自然、保护自然，是全面建设社会主义现代化国家的内在要求。显然，市场营销观念需要补充和发展。

社会营销观念（Societal Marketing Concept）是以社会长远利益为核心的营销观念，是对市场营销观念的补充和发展。社会营销观念要求站在企业、顾客、社会三个角度来开展理性营销，并正确处理这三者之间的关系，该观念是符合社会发展潮流的营销观念。

社会营销观念特别强调企业社会责任。企业社会责任（Corporate Social Responsibility），是指企业在创造利润、对股东和员工承担法律责任的同时，还要承担对消费者、社会和环境的责任，企业的社会责任要求企业必须超越把利润作为唯一目标的传统理念，强调在生产过程中对人的价值的关注，强调对环境、对消费者、对社会的贡献。《中华人民共和国公司法》第一章第五条规定，公司从事经营活动，必须遵守法律、行政法规，遵守社会公德、商业道德，诚实守信，接受政府和社会公众的监督，承担社会责任。

案例 1-2

企业与社会责任：一方有难，八方支援

2021 年 7 月 17 日，河南出现了历史罕见的极端强降雨天气，大部分地区降暴雨或大暴雨。据郑州气象台消息，17 日 20 时至 20 日 20 时，郑州三天的过程降雨量为 617.1mm，与往年全年降雨量 640.8mm 相差甚微。由于遭遇罕见持续强降雨，郑州市常庄水库、郭家咀水库及贾鲁河等多处工程出现险情，郑州市区出现严重内涝，郑州市铁路、公路及民航交通受到严重影响。“一方有难，八方支援”，多家企业对河南受影响地区进行捐赠，包括捐款和筹措物资。

腾讯：首批捐款 1 亿元用于保障当地群众人身安全和紧急采购救灾物资

7 月 21 日，腾讯宣布，腾讯公益慈善基金会将首批捐款 1 亿元，联合前线的救援机构与慈善组织，用于保障当地群众人身安全和紧急采购救灾物资。另外，腾讯方面表示，正紧急调动产品技术资源，全力助力政府与社会各界抗洪救灾。

阿里巴巴：追加 1.5 亿元用于救灾紧急举措和灾后恢复工作

7 月 21 日，阿里巴巴宣布，阿里巴巴公益基金会将追加捐款 1 亿元，马云公益基金会将捐助 5000 万元，用于救灾紧急举措和灾后恢复工作。在此之前，阿里巴巴公益基金会发布公告称，其公益平台已联合中国扶贫基金会、壹基金紧急展开募捐行动，支援抗灾，并将与防汛指挥部门和灾害救援组织配合，免费向救援人员和受灾群众提供水、米面、包装食品等应急物资。对于因灾导致部分地区无法按时履约的情况，将为消费者办理退款。另外，阿里巴巴旗下盒马集市河南仓将开放仓内所有物资，优先用于救灾，并将向郑州 7000 个社区、2.1 万个服务点运输第一批 45 万件食品与生活物品，免费向市民提供。

伊利集团：向河南捐助首批 1 万箱产品

7 月 21 日，伊利集团在微博表示，通过中国红十字基金会，第一时间紧急向河南调拨首批 1 万箱产品，包括牛奶、奶粉、酸奶、矿泉水等物资，驰援救援人员和受灾群众。

蚂蚁集团：通过支付宝公益基金会捐款 1 亿元

7 月 21 日，蚂蚁集团表示，当日将通过支付宝公益基金会捐款 1 亿元，同时正在联合公益机构，将善款用于应急救援、灾区防疫、受灾群众生活及灾后重建工作。

字节跳动：捐赠 1 亿元优先为受灾地区儿童的安全保障和生活学习提供服务

7 月 21 日，北京字节跳动公益基金会宣布捐赠 1 亿元，联合公益机构，优先为受灾地区儿童的安全保障和生活学习提供服务，救助对象包括儿童救助站、孤儿院、安置点等地的儿童。与此同时，为了帮助因汛情受困的群众，字节跳动旗下多个产品纷纷紧急开通河南暴雨互助通道。因暴雨受困的群众可以在抖音搜索“河南暴雨互助”，发布视频介绍本人当前情况，或在今日头条搜索“河南暴雨求助”，点击“我要求助”并填写相关信息。

还有很多企业也纷纷伸出了援助之手助力河南救灾。正所谓国家有难、匹夫有责，众多企业的爱心捐赠，为河南人民送去爱与温暖，再一次让我们感受到了人间真情在。

资料来源：https://www.sohu.com/a/478799635_120809910（2021-07-21）[2023-10-10]

上述五种营销观念可以分为两大类：传统营销观念和现代营销观念。生产观念、产品观念和推销观念属于传统营销观念，市场营销观念和社会营销观念属于现代营销观念。传统营销观念和现代营销观念的区别如表1-1所示。

表1-1 传统营销观念和现代营销观念的区别

	传统营销观念	现代营销观念
立足点	企业利益	企业利益、顾客利益、社会利益
营销观念	生产导向、产品导向、销售导向	市场导向、社会导向
出发点	企业	顾客、社会长远利益
中心	产品	顾客满意
方法	推销、促销	整体营销
目标	通过扩大销售量来获得利润	通过满足顾客需求来创造利润

1.3 市场营销模式

市场营销，一般不是一个单因素的简单活动，而是由多个因素、多个变量组合而成的复杂活动。1953年，美国学者博登（N. Borden）在美国市场营销协会的就职演说中提出了“市场营销组合”（Marketing Mix）这一概念，他将企业的营销活动的相关因素归结为十二个方面，包括：产品、品牌、包装、定价、调研分析、分销渠道、人员推销、广告、营业推广、售点展示、售后服务，以及物流。他认为，企业要根据目标市场的需要，对市场营销活动进行综合考虑、优化组合和综合运用，使之协调配合、扬长避短、发挥优势，以取得更好的经济效益和社会效益。其后，很多学者相继进行了深入研究。对于市场营销组合究竟包括哪些因素为好，不同的学者又有不同的意见。随着时代的发展，先后形成了四种市场营销模式：一是4P's模式；二是4P's的发展模式；三是4C's模式；四是4R's模式。

1.3.1 4P's模式

4P's模式，是由美国营销学者麦卡锡（E. J. McCarthy）提出的一种营销组合，他于1960年在《基础营销学》一书中首次将企业的营销要素归结为四个基本策略：产品（Product）、价格（Price）、渠道（Place）、促销（Promotion），即著名的4P理论。

由于这四个词的英文首字母都是P，再加上策略（Strategy），因此简称4P's。1967年，科特勒在《营销管理：分析、计划、执行和控制》中进一步确认了以4P's为核心的营销组合方法。在4P's模式中，把与营销有关的四个因素（产品、价格、渠道、促销）分别作为出发点进行策划研究，就分别形成了产品策略、价格策略、渠道策略和促销策略。4P's逐渐得到营销界的广泛传播和认可。直至今日，4P's仍然是营销界最基本、最普遍、最常用的市场营销组合模式，也是构成现代市场营销学的最主要的内容，本书的第8～11章将重点介绍4P's模式。

1.3.2　4P's 的发展模式

进入 20 世纪 80 年代，4P's 在深度和广度上有了极大的发展，相继出现了 6P's、7P's。

1. 大市场营销 6P's

1986 年，科特勒提出了“大市场营销”概念。所谓大市场营销，主要指大公司，特别是跨国公司的营销，即面向本国以外的市场开展的市场营销。由于要在东道国的政治环境和市场环境下进行市场营销，因此须对用于普通营销的 4P's 模式进行改进，即在原来的 4P 的基础上，增加两个“P”，即“政治权力”（Political Power）和“公共关系”（Public Relations）。他认为大市场营销必须掌握另外两种技能：一是政治权力，营销人员必须懂得怎样与国家权力打交道，必须了解国家的政治状况；二是公共关系，营销人员必须懂得公共关系，知道如何在公众中树立产品的良好形象。

2. 服务营销 7P's

20 世纪 80 年代中后期，学者们根据服务及服务市场的特殊性，在传统的 4P 基础上又增加了 3 个“P”，分别是人员（People）、有形展示（Physical Evidence）和过程管理（Process Management）。

在服务营销组合里，人员意指人为元素，扮演着传递与接受服务的角色，换言之，也就是公司的服务人员与顾客。有形展示是服务产品的有形实体部分，包括服务作业活动本身、相关设施设备、用品、人员和场景等。顾客能从中得到可触及的线索，去体验公司提供的服务。过程管理包括顾客上门、接受服务前的等候排队，服务中的作业流程，以及服务结束顾客告别离去的全过程的管理，它实际上覆盖了服务营销实施的全过程。

1.3.3　4C's 模式

20 世纪 90 年代，随着市场经济和信息技术的发展，市场竞争更加激烈，顾客的购买行为也更加复杂多变。新产品、好产品层出不穷，顾客的购买兴趣很容易发生变化和转移。因此，市场营销主体为了适应新时期的这种新动向，又在 4P's 的基础上，创造出了追求顾客满意的 4C's 模式。

1990 年，劳特朋（R. F. Lauterborn）针对传统的 4P 提出了营销的 4C。他强调企业首先应该把追求顾客满意放在第一位，产品必须满足顾客需求，同时降低顾客的购买成本，产品和服务在研发时就要充分考虑顾客的购买力，然后要充分注意到顾客购买过程中的便利性，最后还应以顾客为中心实施有效的营销沟通。追求顾客满意的 4C's 是指顾客（Consumer）、成本（Cost）、便利（Convenience）和沟通（Communication）。

4C's 是 4P's 的发展。比如，Consumer 是指用“顾客”取代“产品”，要先研究顾客的需求与欲望，再去设计、生产和销售顾客确定想要购买的服务产品；Cost 是指用“成本”取代“价格”，了解顾客为满足其需求与欲望所愿意付出的成本后，再制订价格策略；Convenience 是指用“便利”取代“渠道”，意味着在制订分销策略时要尽可能让顾客方便；

Communication 是指用“沟通”取代“促销”，“沟通”是双向的，而“促销”（无论是推式策略还是拉式策略），都是单向的线性传播的。4P’s 和 4C’s 的关系对照表见表 1-2。

表 1-2　4P’s 和 4C’s 的关系对照表

	4P’s		4C’s	
阐述	产品（Product）	服务范围、项目、服务产品定位和服务品牌等	顾客（Consumer）	研究顾客需求、欲望并提供相应产品或服务
	价格（Price）	基本价格、支付方式、佣金折扣等	成本（Cost）	考虑顾客愿意付出的成本是多少
	渠道（Place）	直接渠道和间接渠道	便利（Convenience）	考虑让顾客享受第三方物流带来的便利
	促销（Promotion）	广告、人员推销、营业推广和公共关系等	沟通（Communication）	积极主动与顾客沟通，寻找双赢的认同感
时间	20 世纪 60 年代中期		20 世纪 90 年代初期	

1.3.4　4R’s 模式

4R’s 是由美国整合营销传播理论专家舒尔茨（D. E. Schultz）在 4C’s 的基础上提出的新营销模式。艾顿伯格（E. Ettenberg）于 2001 年在《4R 营销》一书中对 4R 进行了系统的讨论。4R 分别指关联（Relevance）、反应（Reaction）、关系（Relationship）和回报（Reward）。

1. 关联

关联，即认为企业与顾客是一个命运共同体。建立并发展与顾客之间的长期关系是企业经营的核心理念和最重要的内容。

2. 反应

反应，即为了建立与顾客之间的良好关系，应及时地倾听顾客的心声和及时回应顾客需求。

3. 关系

关系，即着眼于与顾客建立长期而稳固的关系。这里涉及五个转向：从一次性交易转向建立长期友好合作关系；从着眼于短期利益转向重视长期利益；从顾客被动适应企业单一销售转向顾客主动参与到生产过程中来；从相互之间具有利益冲突转向共同和谐发展；从管理营销组合转向管理企业与顾客的互动关系。

4. 回报

任何交易与合作关系的巩固和发展，都涉及经济利益问题。因此，合理的回报既是正确处理营销活动中各种矛盾的出发点，也是营销的落脚点。企业要满足顾客需求，为顾客提供价值。一方面，回报是维持市场关系的必要条件；另一方面，追求回报是营销发展的动力，营销的最终价值在于其给企业带来的短期或长期盈利的能力。

4R's 以关系营销为核心，注重企业和顾客关系的长期互动，重在培养顾客忠诚度。它既从企业的利益出发，又兼顾顾客的需求，是一个实际、有效的营销制胜术。

综上所述，人们对于市场营销"是什么、做什么、怎么做"的理解和实践不断发生变化的过程就是"4P—4C—4R"的演进过程。

4P 指产品、价格、渠道、促销。它告诉企业要生产价格适宜的产品，以满足顾客需要。

4C 指顾客、成本、便利、沟通。它告诉企业如何了解顾客需求，如何提升顾客的满意度。

4R 指关联、反应、关系、回报。它告诉企业如何对社会和公众负责，如何培养顾客的忠诚度。

1.4 市场营销学的研究对象、特点和研究方法

1.4.1 市场营销学的研究对象

市场营销学是建立在经济科学、管理科学、行为科学和现代科学技术基础上的应用学科。

市场营销学是专门研究市场营销活动及其发展变化规律的学科，它是市场营销实践的科学总结和概括，是由市场营销活动的指导思想、基本理论、策略、方法技巧等有机结合而构成的科学体系。市场营销学着重研究买方市场条件下卖方的市场营销管理问题，即着重研究卖方在激烈竞争中和不断变化的市场营销环境中，如何识别、分析、评价、选择和利用市场机会，如何满足其目标顾客的需要，提高企业经营效益，以求得长期生存和发展。因此，市场营销学的研究对象主要是企业的营销活动及其规律。

首先，要认识市场和分析市场。只有了解了市场，才能够进行市场分析、市场定位，并制订合适的营销策略去开展营销活动。认识市场，一是要了解顾客；二是要了解市场环境。了解顾客就是了解顾客的需求、顾客的消费行为和消费心理；了解市场环境就是了解市场的宏观环境和微观环境。

其次，要维护市场和改造市场。维护市场就是要进行客户关系管理，做好服务工作，维系现有顾客，培养忠实顾客，从而达到巩固市场的目的。改造市场就是通过各种手段改变市场的环境和市场竞争态势，逐步克服自己的劣势、发展自己的优势，增强自己的竞争优势，变被动为主动。

最后，要满足市场。满足市场就是要全方位地从产品策略、价格策略、渠道策略、促销策略等方面入手，做好相关的工作。

1.4.2 市场营销学的特点

市场营销学具有实践性与应用性、综合性与交叉性、基础性与原理性、科学性与艺术性等特点。

1. 实践性与应用性

市场营销学最大的特点就是实践性与应用性，因为它是大量实践经验的概括和总结。虽然市场营销学作为一门独立的学科只有百余年的历史，但是市场营销的实践活动却有悠久的历史。人们通过营销实践，积累了很多方法、技巧、战略、策略，它们经过学者的整理分析，上升为系列化的理论和方法，从而形成了市场营销学基本理论。因此，市场营销学是人们营销应用成果的结晶，具有很强的应用性。要应用，就需要实践，在实践中应用知识、验证知识，又在实践中创造新的知识。可以说，在实践中应用是市场营销学的基础。市场营销学就是随着社会实践而不断进化、丰富和发展的。

2. 综合性与交叉性

科特勒曾说，经济学是营销学之父，行为科学是营销学之母，数学乃营销学之祖父，哲学乃营销学之祖母。市场营销学综合运用了经济学、管理学、心理学、社会学、行为科学、数学、公共关系学等多门学科的知识，它具有综合性与交叉性的特点。

例如，经济学中的交换理论直接构成了市场营销学的一个理论体系，为市场营销学有关概念和市场营销管理活动的开展提供了理论基础和指导。斯密（A. Smith）提出的一切经济活动的目标乃是满足需要这一论点，是市场营销学理论的基础和出发点。心理学中的许多研究方法，如观察法、实验法、问卷调查法、深度访谈法等，成为市场营销学中常用的方法。

3. 基础性与原理性

市场营销是一个系统，它是由营销主体、营销客体、标的物、营销沟通和营销管理过程等构成的一个大系统。市场营销学所介绍的内容，主要是一些反映一般规律、解决一般问题、具有普遍指导意义的基本知识、基本概念与基本方法。市场营销学的应用领域十分广泛，在不同的领域，逐步又建立起一些以市场营销学为基础的专业市场营销分支学科，如服务市场营销学、旅游市场营销学、房地产市场营销学、保险市场营销学、医药市场营销学、农产品营销学、组织间营销学等。

4. 科学性与艺术性

从市场营销的实践应用来说，市场营销具有科学性与艺术性的特点。也就是说，市场营销是有规律可以遵循的，是可以熟练掌握与操作的，但是，它又具有很强的艺术性，即使把营销知识背诵得“滚瓜烂熟”，也未必能够取得很好的营销业绩。

1.4.3 市场营销学的研究方法

1. 应用研究法

市场营销学是一门实践性很强的应用科学，所以学习市场营销学最重要的方法就是紧密结合实际应用来进行学习和研究。市场营销学的知识来自实践、用于实践、受实践检验、随实践而发展。因此，学习市场营销学要抓住市场实践应用这个环节，结合实践来进行认识和理解，结合实践进行运用和创新。要做到这一点，可以采取以下途径。

（1）案例分析

找一个实际的案例，将其中的场景作为一个平台，先根据这个平台的顾客及市场环境条件，分析研究市场营销行动方案和对应的效果，从而总结出经验教训。然后，改变其顾客对象、环境条件、营销策略，又可以得出新的营销效果。这样反复实验、分析、总结，就可以得出宝贵的市场营销学知识。

（2）市场调查

调查营销者针对真实的顾客和真实的产品或服务，采用了什么样的营销策略，达到了什么样的营销效果，并记录下来，进行分析，就可以得到许多有益的营销启示。这些营销启示就是活的营销知识，把它们归纳提炼，就可以丰富或发展市场营销学的理论方法体系。

2. 系统研究法

企业的营销活动过程其实就是一个系统工程，主要由市场环境、竞争对手、营销决策变量、营销渠道、购买行为及模式、企业和本行业的销售成本等构成。系统研究法的特点就在于把企业营销活动过程看成一个系统，统筹兼顾系统中各个相互影响、相互作用的要素，并使之协同行动，从而产生系统整合效应。

3. 管理研究法

管理研究法注重从管理决策的角度研究市场营销问题。这种方法强调通过市场营销调研对组织和产品进行明确的市场定位，并且特别重视管理各构成要素在市场营销中的运用，如分析、计划、组织、实施和控制等。一般认为，管理研究法是市场营销学众多研究方法中最具综合性的一种研究方法，因而现代市场营销学多采用管理研究法进行研究。

4. 心理研究法

心理研究法是一种从心理学和行为学角度研究营销活动的方法。在营销活动中，消费者的知觉、情绪、气质等因素不仅影响其购买动机，还影响着现实的购买行为。分析不同消费群体和个人的特殊心理活动及其变化，有助于加强市场营销的针对性和有效性。

1.5 市场营销学发展简史

1.5.1 国外市场营销学发展简史

市场营销学是 20 世纪初诞生的。从 20 世纪初到现在，市场营销学的发展经历了三个阶段：一是形成阶段；二是稳定发展阶段；三是突破发展阶段。

1．市场营销学的形成阶段

20 世纪初到 20 世纪 30 年代，是市场营销学的形成阶段。这一阶段，在长期的市场活动实践中，产品销售逐渐变难，市场营销实践中出现的一些困惑，迫使人们开始思考营销方面的问题，反映到理论界，就逐渐形成了营销的概念，并形成了一些营销理论与方法。

最早为市场营销学的创立作出贡献的学者有肖（A. W. Shaw）、巴特勒（R. S. Butler）、琼斯（E. D. Jones）、哈格蒂（J. E. Hagerty）、韦尔德（L. D. H. Weld）、克拉克（F. E.Clark）等。他们著书、写论文，提出市场营销的概念，讨论产品分销、推销、广告、定价，产品设计和实体分配等方面的问题，并形成了相关的营销理论与方法。

1910 年，美国威斯康星大学的巴特勒教授出版了《市场营销方法》一书，首次以市场营销作为学科名称，并用它作为大学教材；1918 年，克拉克编写了市场营销原理讲义。这些书基本上把当时市场营销学的研究成果都集中了起来，从而形成了市场营销学。这个阶段的营销观念主要是产品导向或者销售导向的观念。

2．市场营销学的稳定发展阶段

20 世纪 30 年代到第二次世界大战结束，是市场营销学的稳定发展阶段。这个阶段已经出现了产品销售不出去，甚至严重滞销的现象，特别是在 1929—1933 年的资本主义危机时期，产品严重过剩。这个阶段市场营销学的研究主要集中在流通商品的销售推广方面，即对销售导向的营销观念和营销模式进行研究，并逐渐开始注意到需求的重要性，注意到“创造需求”。

比如，1932 年，克拉克等在《农产品的市场营销》一书中进一步研究了农产品的市场营销过程，指出农产品的市场营销包括集中（农产品的收购）、平衡（调节供求）和分散（化整为零销售）三个过程，营销者在其中承担包括集中、储存、融资、承担风险、标准化、销售和运输七项营销职能。1940 年，亚历山大（R. S. Alexander）在《市场营销》一书中，进一步研究了销售过程，认为销售是帮助或说服潜在顾客购买产品和服务的过程。

3．市场营销学的突破发展阶段

第二次世界大战结束至今，是市场营销学的突破发展阶段。这一阶段的特点是以信息技术为核心的科技迅猛发展，带动经济迅猛发展，产品品种和数量都很充足，市场上供大于求；市场需求趋向多样化、个性化，市场竞争日益激烈，人们的环保意识也逐渐增强。这些情况为市场营销提供了非常多的研究课题，从而使得市场营销学在很多方面获得了突破性的发展。第一，市场营销由供应商出发点转变为需求者出发点，由原来的“生产—市场”营销关系转变为“市场—生产”营销关系，即发生了市场营销理念的革命性变化；第二，市场营销由以前的生产导向、产品导向和销售导向转变为市场导向，后来又转变为社会导向。这一阶段出现了很多新概念、新理论，如市场细分、市场营销组合、大市场营销、市场定位、绿色营销、服务营销、网络营销、社会化媒体营销、数字营销、大数据营销、内容营销等。

知识链接 1-2

对市场营销理论作出杰出贡献的部分西方学者

在市场营销学科发展的过程中，涌现了一批对市场营销理论作出巨大贡献的学者，他们提出的思想理论推动了市场营销学科的发展。

麦卡锡

麦卡锡是 4P 理论的创始人，是 20 世纪著名的营销学专家。他于 1960 年在《基础营销学》一书中，首次提出了著名的 4P 营销。

科特勒

科特勒是现代营销专家，被誉为“现代营销学之父”，英国《金融时报》评价说，科特勒对营销与管理的贡献主要体现在三个方面。第一，体现在宣传市场营销的重要性上，他把市场营销从一种边缘性的企业活动，提升为生产经营过程中的重要工作。第二，他把企业关注的重点从价格和分销转移到满足顾客需求上来。第三，他拓宽了市场营销的概念，从过去局限于销售工作，扩大到更加全面的沟通和交换流程。

波特

哈佛商学院教授波特（M. E. Porter）提出了一整套竞争与战略的研究模式和分析框架，其中最有影响力的就是五力模型、价值链分析模型、钻石模型、基本竞争战略。

奥格威

品牌形象论是奥格威（D. Ogilvy）在 20 世纪 60 年代中期提出的创意观念。他认为品牌形象不是产品固有的，而是消费者联系产品的质量、价格、历史等形成的。品牌形象论认为每一则广告都应是对整个品牌的长期投资，每一品牌、每一产品都应发展和投射一个形象。

舒尔茨

舒尔茨是美国西北大学整合营销传播教授，也是整合营销传播理论的开创者。其经典著作《整合营销传播》中提出的战略性整合营销传播理论，是 20 世纪下半叶最主要的营销理论之一。

资料来源：https://www.sohu.com/a/120637978_355144（2016-12-05）[2023-10-10]

1.5.2 国内市场营销学发展简史

中国市场营销学的发展经历了一个曲折的过程，现在已知的中国最早的市场营销教材是复旦大学丁馨伯教授于 1933 年编译的《市场学》。20 世纪 30 年代也是西方市场营销学刚刚兴起的时期，当时一些像丁馨伯这样留学欧美的学者把西方的市场营销学引进中国，在中国开始了市场营销学的教育。1978 年，党的十一届三中全会确立了以经济建设为中心，实行改革开放的方针，随后实行了社会主义市场经济体制改革的探索，为市场营销学的再次兴起和发展创造了条件。1978—1985 年是市场营销学的再次引进和初步传播时期。其中，1984 年 1 月成立了中国高等院校市场学研究会。1986—1992 年是市场营销学在中国进一步传播和应用时期。其中，1991 年 3 月中国市场学会在北京成立。1992 年以后，随着中国特色社会主义市场经济的发展，市场营销学也呈现出稳步发展的局面。现阶段，我国很多高等院校开办了市场营销专业或开设了市场营销类课程。

知识链接 1-3

中国第一位市场营销方向的博士生导师、“中国市场第一人”彭星闾教授

彭星闾（1928—2019）是中国市场学的开拓者和奠基者之一。1982 年，他率全国之先正式开设了“市场学”课程。1990 年，他经国务院第四届学位委员会批准成为市场营销学博士生导师，也是中国第一位市场营销方向的博士生导师。彭星闾教授是我国改革开放后率先引进市场营销学、最早系统讲授市场营销学课程、最早编写市场学讲义和出版市场学教材的营销学界的先行者。他先后提出“市场营销一般”新思路和“现代市场营销新功能”，指出企业和企业家的本质特征，提出当代企业经营管理系列“金三角”，提出企业经营管理发展轨迹新思路，对市场营销学在中国的初期普及和早期人才培养，对推动市场营销学科在中国高校的建立作出重要贡献，为我国营销学界留下了一笔宝贵的财富。

资料来源：https://www.sohu.com/a/308677684_407280（2019-04-17）[2023-10-10]

1.5.3 市场营销理念的创新和发展

20 世纪 80 年代以来，学界和业界更加关注市场营销新观念、新思想的发展，提出关系营销、数字营销、大数据营销、诚信营销、社会化媒体营销、内容营销、体验营销、事件营销等新理念。新理念的产生和不断完善，进一步充实和丰富了市场营销学的理论体系，也进一步指导了营销实践。

1. 关系营销

“关系营销”一词是 1983 年由拜维（L. L. Berry）首先提出的。1985 年，杰克逊（B. B. Jackson）在产业市场营销领域提出这个概念，他认为，关系营销是指获得、建立和维持与产业用户紧密的长期关系。

一般来说，关系营销将建立和发展与所有利益相关者的关系作为企业营销的关键变量，把正确处理这些关系作为企业营销的核心。关系营销的本质特征是双向的信息沟通、互利的营销活动、及时的信息反馈。关系营销的主要目标是维系现有顾客。

2. 数字营销

数字营销是指使用数字传播渠道来推广产品和服务，从而以一种及时、相关、定制化和节省成本的方式与顾客进行沟通。

数字营销具备多媒体、跨时空、交互式、拟人化、超前性、高效性、经济性等特点。由于利用了数字产品的各种属性，数字营销在改造传统营销手段的基础上，增加了许多新的特质。数字营销具有许多前所未有的竞争优势，如能够将产品说明、促销、客户意见调查、广告、公共关系、客户服务等各种营销活动整合在一起，进行一对一的沟通，真正达到营

销组合所追求的综合效果。各种营销活动不受时间与地域的限制，能够综合文字、声音、影像，能够以动态或静态的方式展现，并能迅速更新资料，同时顾客也可反复浏览查询。

3. 大数据营销

大数据营销是指以海量的数据为前提，依托大数据的挖掘、分析、预测等技术，实现精准营销及优化营销效果的营销工具。传统的营销模式强调通过调研（如问卷调查、深度访谈等）寻找目标用户，但是这种模式效率低且成本高。而大数据营销可以挖掘用户的潜在需求，寻找普遍的消费规律，精准满足用户的需求。

4. 诚信营销

诚信的基本内涵包括“诚”和“信”两个方面，“诚”主要是指诚实、诚恳；“信”主要是指讲信用、信任。诚信要求企业在市场经济的一切活动中遵纪守法、诚实守信、诚恳待人，以信取人，对他人给予信任。诚信营销就是指企业将诚信原则贯穿于营销活动的各个环节，坚持诚信理念，在整个营销过程中顾及社会、企业、顾客及内部员工的利益，诚实守信，注重长远。诚信营销主要有两层含义：一是企业和顾客应始终坚持信息对称原则，保证营销活动公开、公平、公正，没有欺诈等行为发生；二是企业营销行为应遵守国家法规，符合社会道德规范，不能违背社会公德等。

案例 1-3

同仁堂健康：深耕厚植，诚信为本

“炮制虽繁必不敢省人工，品味虽贵必不敢减物力”——这是同仁堂恪守 300 余年的古训，也是同仁堂长盛 300 余年的底气。这句话的核心要义就是两个字——诚信。多年来，北京同仁堂健康药业股份有限公司（以下简称同仁堂健康）将以诚信为本的制药古训与社会主义核心价值观有机结合，内化为“以质为命、至优至精，崇尚仁德诚信”的管理模式，以及生产经营质量为上、履责担当当仁不让的行动自觉。

制度筑防，稳固质量信誉支撑

“诚者，天之道也；思诚者，人之道也。”对企业而言，诚信不仅是立身之本，更是关系人民群众切身利益的核心要素。如何夯实企业信用体系，不断提升品牌信誉，是同仁堂健康在践行社会主义核心价值观的时间长线里一直在身体力行的事。

优化管理，促进产品品质升级

诚信文化的直接反映就是产品品质。同仁堂健康坚持实地考察，执行源头采购、产地采购、品牌采购，层层把牢质量关，所采物料严格遵循企业质量标准，减少中间流通环节，降低采购风险，确保原材料质量。

奉献社会，不忘企业初心使命

“同修仁德，济世养生”是同仁堂健康的精神追求，也是同仁堂人的初心和使命。新型冠状病毒感染疫情期间，同仁堂健康一方面在严格防控的同时坚持保供应、不涨价；另一方面在全国各地进行多种形式的捐赠，累计捐赠金额为 476 万元。同时，同仁堂健康积极响应北京市国资委、同仁堂集团关于“精准扶贫”的号召，统筹分公司、子公司和相关部

门优质资源，全力推进对口支援和消费扶贫工作，实现消费扶贫 74 万元，带动贫困家庭 571 户。此外，同仁堂健康所属各单位及门店诊所将健康讲座、义诊等活动和便民服务进行常态化设置，持续为社会大众提供健康咨询及医疗服务。

资料来源：https://www.lifetimes.cn/article/9CaKrnKstmo（2020-08-26）[2023-10-10]

5. 社会化媒体营销

社会化媒体营销是一种新兴的营销手段，是基于社会化媒体平台进行的营销活动。社会化媒体营销是利用社会化网络、在线社区或者其他互联网协作平台和媒体来传播和发布资讯，从而形成营销、销售、公共关系处理和客户关系服务维护及开拓的一种方式。一般来说，社会化媒体营销工具包括论坛、微博、微信、博客、社会化网络服务社区、自媒体平台等。例如，2019 年 5 月，旺旺借助中华人民共和国成立 70 周年及旺旺品牌诞生 40 周年的契机，从“旺众一心团结旺旺”的话题切入，为旺仔 56 个民族罐和 5•11 旺旺日话题造势，联合天猫“国潮来了”发起系列活动。旺旺紧紧抓住中国民族文化自信的崛起和国潮的背后是年轻群体对于民族文化的认同这一点，唤起大众的民族自豪感，进一步提高了品牌知名度并带动了产品销售。

6. 内容营销

内容营销是指以图片、文字、动画等介质向顾客传递有关企业的信息，从而促进销售的过程，即通过合理的内容创建、发布及传播，向顾客传递有价值的信息，从而实现网络营销的过程。内容所依附的载体可以是企业的 logo、宣传图册、官方网站、广告，也可以是企业自制的 T 恤、纸杯、手提袋等。虽然载体可以不同，传递的介质可以不同，但是核心内容必须一致。

7. 体验营销

体验营销是通过让顾客对产品进行亲身体验，从而促成产品销售的营销方式。这种体验包括感官体验、情感体验、行动体验、关联体验等。通过体验，顾客能够认识产品性能和价值、消费方法及消费的舒适度，增加对产品的接受度和满意度，从而达成产品购买和顾客满意。

传统营销以 4P's 为指导，体验营销则以 5E's 为策略。5E's 是：体验（Experience）、情景（Environment）、事件（Event）、浸入（Engaging）和印象（Effect）。体验营销适用于房地产业、运输工具、一般工业品和高科技产品、新闻、娱乐、金融、宾馆、饭店、主题公园等的营销。

8. 事件营销

事件营销是指企业通过策划、组织和利用具有名人效应、新闻价值及社会影响力的人物或事件，引起媒体、社会团体和顾客的兴趣与关注，以求提高企业或产品的知名度、美誉度，树立良好品牌形象，并最终促成产品或服务的销售的手段和方式。例如，联想借北京奥运会的契机推广其笔记本电脑，蒙牛利用湖南卫视《超级女声》选秀节目推广其产品，这些都属于事件营销。

事件营销的操作方法一般有“借势”和“造势”两种。借势是对事件资源的一次利用，而造势是通过策划、组织、制造具有一定新闻价值的事件营造声势，进而达到事件资源二次利用的目的。二者殊途同归，都是利用事件声势来提高销量或者提高品牌知名度。互联网的飞速发展给事件营销带来了巨大契机。通过网络，一个事件或者一个话题可以更轻松地进行传播并引起关注，因此，成功的事件营销案例开始大量出现。

案例 1-4

央视 4 次点赞，老乡鸡事件营销案例值得学习

2020 年 2—4 月，老乡鸡已经 4 次被中央电视台新闻报道了！

2 月 20 日，CCTV13《午夜新闻》报道老乡鸡，“不让员工丢了饭碗，要让百姓找到工作”。新型冠状病毒感染疫情期间，老乡鸡响应国家号召，从未放弃任何一个员工，千方百计确保每位员工都能“有班上”。

2 月 25 日，CCTV2《经济新闻联播》报道老乡鸡，“坚持坚持再坚持，定能熬过这段苦日子”。面对新型冠状病毒感染疫情带来的打击，老乡鸡这样的连锁企业虽然处境艰难，但在政府的帮助下，老乡鸡全体员工都在咬紧牙关坚持着。

4 月 11 日，CCTV13《新闻调查》报道老乡鸡，“我们隔绝病毒，但不隔绝爱。”老乡鸡召集部分员工，为在一线工作的医护人员免费送餐，他们奔走在各个医院，用精心烹制的饭菜，给医护人员送去关怀与敬意。

4 月 18 日，央视新闻官方微博报道老乡鸡，“不洗手不给吃饭”。

无论是在抗击疫情上，还是为社会复工复产贡献自己绵薄之力上，老乡鸡一直在行动！

资料来源：根据网络资料整理

习　题

一、单项选择题

1. 市场营销学中所指的“市场概念”是（　　）。

A. 顾客群体　　B. 供应商群体
C. 商品交换关系　　D. 商品交换场所

2. 根据市场营销模型，以下不属于标的物的是（　　）。

A. 顾客　　B. 产品　　C. 安装　　D. 售后

3. “个人或集体通过创造并同别人交换产品和价值，从而使个人或集体满足其欲望或需要的一种社会管理过程”，这是从（　　）对市场营销做的定义。

A. 企业角度　　B. 价值角度　　C. 管理角度　　D. 社会角度

4. 营销近视症是由（　　）提出的。

A. 科特勒　　B. 舒尔茨　　C. 劳特朋　　D. 莱维特

5．某企业的高层管理者说：“我的产品愁产不愁销，因此只抓生产就行了，不用管销售。”其奉行的营销观念是（　　）。

A．生产观念　　B．产品观念　　C．推销观念　　D．市场营销观念

6．某企业的高层管理者说：“好产品不愁销，因此努力提高技术，抓好产品质量就行了。”其奉行的营销观念是（　　）。

A．生产观念　　B．产品观念　　C．推销观念　　D．市场营销观念

7．某企业的高层管理者说：“我就生产这个产品，但现在同类产品太多，不好销售，我要想方设法把这个产品推销出去。”其奉行的营销观念是（　　）。

A．生产观念　　B．产品观念　　C．推销观念　　D．市场营销观念

8．某企业的高层管理者说：“我要从市场需求出发，根据市场的需求来打造产品和营销策略。”其奉行的营销观念是（　　）。

A．生产观念　　B．产品观念　　C．推销观念　　D．市场营销观念

9．某企业的高层管理者说：“我不但要从市场需求出发，而且要考虑可持续发展，考虑企业能力，综合考虑进行理性营销。”其奉行的营销观念是（　　）。

A．社会营销观念　　B．产品观念　　C．推销观念　　D．市场营销观念

10．市场营销学是综合运用经济学、管理学、心理学、社会学、行为科学、数学、公共关系学等多门学科知识而形成的。这体现了市场营销学的（　　）特点。

A．科学性　　B．艺术性　　C．基础性　　D．交叉性

二、多项选择题

1．按顾客类型不同，市场可以分为（　　）。

A．消费者市场　　B．中间商市场　　C．生产者市场　　D．非营利性市场

2．按照市场的供需态势，市场可以分为（　　）。

A．生活资料市场　　B．生产资料市场　　C．买方市场　　D．卖方市场

3．市场营销模型包括（　　）。

A．营销主体　　B．营销客体　　C．营销品　　D．营销沟通

4．社会营销观念认为要积极协调（　　）之间的关系。

A．顾客需求　　B．企业利益　　C．社会利益　　D．促销

5．大市场营销理论是在原来的 4P 的基础上，增加了（　　）。

A．政治权力　　B．公共关系　　C．市场定位　　D．顾客参与

三、判断题

1．随着卖方市场向买方市场转化，市场上产品“相对过剩”使企业的销售问题突出，当产品销售取代生产成为企业的主要矛盾时，生产观念便应运而生。（　　）

2．欲望是人类的基本要求，是指人们没有得到某些基本满足的感受状态。（　　）

3．当产品成本过高，需提高生产效率来使其降低时，企业可以奉行推销观念。（　　）

4．事件营销是指通过制造“热点新闻效应”的事件以吸引媒体与社会公众的兴趣和注意来进行的营销活动。武汉借用李娜来宣传武汉网球公开赛属于事件营销。（　　）

5．4C 告诉企业如何对社会和大众负责，如何培养顾客忠诚度。（　　）

四、简答题

1. 什么是市场，研究市场对研究市场营销有哪些意义？

2. 什么是市场营销，简述市场营销对企业的重要性。

3. 什么是营销观念？在营销观念的演进过程中，依次出现了哪几种观念？它们各有哪些特点，分别是在什么背景下产生的？

4. 简述市场营销学的特点和学习研究市场营销学的方法。

5. 简述你所了解的营销新理念及其主要内容。

五、论述题

论述人口、购买动机和购买能力是构成市场不可或缺的三要素。

六、案例分析

海尔洗衣机“无所不洗”

海尔集团（以下简称海尔）创立于1984年，其前身是青岛电冰箱总厂。经过多年的发展，海尔已成为全球领先的美好生活和数字化转型解决方案服务商。海尔始终以用户体验为中心，曾连续5年作为全球唯一物联网生态品牌蝉联“BrandZ最具价值全球品牌100强”，连续15年居欧睿国际全球大型家电品牌零售量第一名。2023年，海尔的全球收入达3718亿元，全球利润总额267亿元。作为在白色家电领域最具核心竞争力的企业之一，海尔有许多令人感慨和感动的营销故事。

地瓜洗衣机。1996年，四川成都的一位农民投诉海尔洗衣机排水管总是堵，服务人员上门维修时发现，这位农民用洗衣机洗红薯，红薯外皮上泥土多，当然容易堵塞。服务人员并不推卸责任，而是帮顾客加粗了排水管。海尔营销人员调查四川农民使用洗衣机的状况时发现，每年到了红薯大丰收的时节，许多农民除了卖掉一部分新鲜红薯，还要将大量的红薯洗净后加工成薯条。但红薯上沾带的泥土洗起来费时费力，于是农民就动用了洗衣机。更深一步的调查发现，在四川农村有不少洗衣机用过一段时间后，出现了电机转速减弱、电机壳体发烫的情况。向农民一打听，才知道他们冬天用洗衣机洗红薯，夏天用它来洗衣服。这令海尔集团创始人张瑞敏萌生了一个大胆的想法：发明一种洗红薯的洗衣机。1997年海尔为该洗衣机立项，1998年4月投入批量生产。这款型号为XPB40-DS的洗衣机，不仅具有一般双桶洗衣机的全部功能，还可以洗红薯、水果，甚至蛤蜊，价格仅为848元。首批生产的1万台投放农村后，立刻被一抢而空。

小小神童洗衣机。一般来讲，每年的6—8月是洗衣机销售淡季。每到这段时间，很多厂家就把促销员从商场里撤走了。张瑞敏纳闷儿：难道天气越热，出汗越多，老百姓越不洗衣裳？调查发现，不是老百姓不洗衣裳，而是夏天用5千克的洗衣机不实用，既浪费水又浪费电。于是，海尔的科研人员很快设计出一种洗衣容量只有1.5千克的洗衣机——小小神童。小小神童投产后先在上海试销，因为张瑞敏认为上海的消费水平高。结果，上海人马上认可了这种世界上最小的洗衣机。该产品在上海热销之后，很快又风靡全国。在不到2年的时间里，海尔的小小神童在全国卖了100多万台，并出口到日本和韩国。张瑞敏告诫员工，“只有淡季的思想，没有淡季的市场”。

在西藏，海尔洗衣机甚至可以合格地打酥油。2000年7月，海尔研制开发的一种既可洗衣又可打酥油的高原型“小小神童”洗衣机在西藏市场一上市，便受到消费者欢迎，从而开辟出自己独有的市场。这种洗衣机 3 个小时打制的酥油，相当于一名妇女 3 天的工作量。

洗虾机。小龙虾好吃但清洗难的问题一直困扰着小龙虾店的经营者，人工洗刷费时又费力，还增加了人工成本。针对这一潜在的市场需求，海尔利用自己拥有的“红薯洗衣机”技术，迅速推出了一款采用全塑一体桶、宽电压设计的可以洗小龙虾的“洗虾机”。过去一个人洗 2 千克小龙虾需要 10 ~ 15 分钟，现在用“洗虾机”只需 3 分钟，不但省时省力，而且洗涤效果非常好。在 2002 年举办的第一届合肥“龙虾节”上，海尔推出的一款“洗虾机”引发了难得一见的抢购热潮，上百台“洗虾机”不到 1 天就被当地消费者抢购一空。这款“洗虾机”因其巨大的市场潜力获得安徽卫视的“市场前景奖”。

“爽神童”洗衣机。2003 年，海尔创新推出了世界上第一台同时拥有转动烘干、衣架烘干、自然风晾干 3 种干衣方式的“爽神童”洗衣机，消费者可根据衣物不同自由选择干衣方式，同时，这款洗衣机具有快捷、省电、杀菌、保健等优势。这款既可以用于家庭洗衣，又可以用来洗荞麦皮及谷糠类枕头的“爽神童”洗衣机，除机器本身洗涤、脱水等基本功能外，还专门设计了荞麦皮包装洗涤袋，加上海尔独有的“抗菌”技术，非常好地解决了荞麦皮及谷糠类枕头的清洗、干燥难题。

全自动洗鞋机。海尔推出的全自动软磨球刷变频洗鞋机，特有高分子聚合物遇水释放抗菌粒子，可以起到除菌、抑菌效果。该洗鞋机最大可洗 45 码鞋子，刷毛顶部经精细化处理后，可触达纤维缝隙，实现深度清洗、降低磨损。高中低三种水位以科学洗鞋步骤智能自动切换，配合立体球刷，可彻底洗净鞋子。同时，高转速水流强劲冲刷内外桶壁，保持内外桶洁净，防止二次污染。此外，海尔还推出了全自动多双洗软磨球刷洗鞋机、全自动立体球刷洗鞋机、2 千克直驱变频洗鞋机。

资料来源：根据网络资料整理

思考题：

（1）本案例中，海尔营销哲学包括哪些重要内容？

（2）张瑞敏说：“只有淡季的思想，没有淡季的市场。”请谈谈你对这句话的理解。

第 1 章　在线习题

第2篇

开展市场研究

第2章

市场营销环境

本章教学目的

市场营销环境是指能够影响企业建立并保持企业与目标顾客良好关系的各种因素和力量。随着以移动互联网、物联网、云计算和大数据等为代表的信息技术的突飞猛进发展，互联网的影响正在以颠覆性的形式与力量作用于企业市场营销管理，企业发展面临着新挑战与新机遇，企业必须正视市场营销环境的新变化。本章的教学目的是帮助学生理解市场营销环境的定义、特点及分类；掌握综合分析市场营销环境的方法及对策。

本章主要知识点

- 市场营销环境
  - 市场营销环境的含义及特点
    - 市场营销环境的含义
    - 市场营销环境的特点
  - 微观市场营销环境
    - 供应商
    - 企业内部环境
    - 营销中介
    - 公众
    - 顾客
    - 竞争者
  - 宏观市场营销环境
    - 政治法律环境
    - 经济环境
    - 社会文化环境
    - 科学技术环境
    - 人口环境
    - 自然环境
  - 市场营销环境分析与对策
    - 市场机会及对策
    - 环境威胁及对策

导入案例

2.1 市场营销环境的含义及特点

2.1.1 市场营销环境的含义

1. 市场营销环境的定义

美国市场营销学家科特勒认为，市场营销环境（Marketing Environment）是指能够影响企业建立并保持企业与目标顾客良好关系的各种因素和力量。从这个定义可以看出，市场营销环境是一种客观存在的，对企业营销活动产生直接或间接影响的力量。市场营销环境分析的实质是企业识别市场机会与环境威胁。

2. 市场营销环境的分类

科特勒根据影响范围的大小把市场营销环境划分为微观营销环境和宏观营销环境两大类。

（1）微观营销环境

微观营销环境是指与企业的市场营销活动紧密相连，直接影响企业营销能力和效果的各种参与者。一般认为微观营销环境主要包括以下几方面：①供应商；②企业内部环境；③营销中介；④顾客；⑤竞争者；⑥公众。

（2）宏观营销环境

宏观营销环境是指通过影响微观环境来影响企业营销能力和效果的一系列巨大的社会力量，宏观营销环境是企业无法直接控制的因素。一般认为宏观营销环境主要包括以下几方面：①人口环境；②经济环境；③政治法律环境；④科学技术环境；⑤社会文化环境；⑥自然环境。

2.1.2 市场营销环境的特点

正确认识市场营销环境的特点，有利于管理者准确地把握企业在市场上的位置，有利于充分发挥企业适应环境、影响环境的积极性和创造性，促进企业营销目标的实现。市场营销环境的特点主要表现在以下几方面。

1. 客观性

市场营销环境的客观性是指市场营销环境组成要素及其变化是不以企业的意志为转移的，是企业所不能控制的。可以从以下两方面来理解市场营销环境的客观性。一方面，企业营销活动受制于客观环境因素，必须与所处的营销环境相适应。企业要密切关注营销环境的变化，认真分析环境变化对企业的影响。另一方面，企业在市场营销环境面前绝不是无能为力、束手无策的。既不要让市场去适应企业，也不要让顾客去适应产品。企业应该发挥主观能动性，制订有效的市场营销策略去适应甚至影响环境，在市场竞争中占据主动权，从而占领更大的市场。

知识链接 2-1

企业数字化转型

数字化转型是企业以实现业务转型、创新和增长为目的，以数字化技术（如云计算、大数据、人工智能、物联网、区块链等）为基础，以数据为核心，以组织架构和企业文化为保障，驱动组织商业模式创新和商业生态系统重构的途径和方法。

企业如何进行数字化转型？

（1）互联网平台思维+技术升级

在互联网平台思维（赋能、共赢、生态协同）的影响下，企业的业务部门与技术部门应以新技术为基础，根据业务特点定制专属系统，从全局上提升效率和价值。通过平台化组织的转型，企业可以快速调整组织架构、工作流程，建立各种激励和保障机制，形成敏捷、高效的协同团队，确保组织内沟通及时、有效，以响应业务需求。例如，运用低代码开发平台去开发应用程序，可以大大减少开发、上线时间，迅速实现交付使用。

（2）搭建数字化平台，整合数据和运营

伴随着发展的脚步，企业积累了庞大的数据。但很多数据处于“沉睡”中，其价值尚未被挖掘。大数据时代，企业的核心竞争力是数据。全面激活数据必然有助于提升企业的竞争力。办公数字化是企业数字化转型的重要一步，也是实现数据驱动的有效举措。简单的做法是，企业搭建数字化办公平台，让各种信息集中到平台上来，一方面方便组织内部通过合作共享数据价值，另一方面可以挖掘数据的新价值，实现数据价值的聚合、流转和增值。

（3）全局规划，从局部入手

数字化转型，若仅有全局规划而没有落实，则属于纸上谈兵；若有全局规划并且是全面推进的，则项目周期有可能被拉长，为数字化转型带来不确定因素，从而影响落地效果，甚至导致转型失败。因此，数字化转型应全面规划，从局部入手。

资料来源：https://www.sohu.com/a/491735076_121127597（2022-09-27）[2023-10-10]

2．关联性

市场营销环境系统中的各因素相互依存、相互渗透并相互制约，这使得市场营销环境的各因素之间表现出复杂的关联性。其中某个因素的变化会引起其他因素发生变化，企业要密切关注各因素之间的相互作用。

3．差异性

市场营销环境的差异性表现在两个方面：一方面，不同的环境因素对企业产生的影响具有差异性；另一方面，同一个环境因素对不同企业的影响也不相同。所以企业应该具体分析自己所面对的营销环境，结合企业实际制订相应的营销策略，切忌生搬硬套。

4. 多变性

任何事物总是处在一定的运动、变化当中，企业市场营销环境当然也不例外。市场营销环境是动态的，市场营销环境系统中的各构成因素都在随着社会的进步和经济的发展不断变化。企业应该动态地审视并适应市场营销环境的变化，不断地调整市场营销策略，积极利用一切市场机会并规避市场威胁，从而实现企业的营销目标。

案例 2-1

“国潮”崛起背后是文化自信

党的二十大报告指出，全党全国各族人民文化自信明显增强、精神面貌更加奋发昂扬。“国潮”作为一批中国品牌制造出来的营销概念，已成功打入90后、00后这一新兴青年消费群体之中。在2019秋冬纽约时装周上，“中国李宁”带着结合复古运动风格及登山修行概念的单品，在众人瞩目下正式登陆时装周官方日程；太平鸟则与国内首家潮流品牌集成店NPC一起，以“中国青年”主题在“中国日”登台走秀。中国设计师的作品开始在国际舞台传递中国品牌的文化价值观，“国潮”崛起掀起了新一轮中国制造、中国品牌的话题热议。

潮牌，多指一些有自己独特的设计、展现风格和生活态度的原创品牌。随着中国文化、中国自信的重焕生机，中国的潮牌也随之出现，“国潮”中既有明星、设计师利用个人名气开拓的新兴品牌，也有被赋予了新内涵成功转型的老国货品牌。

“国潮”崛起的背后是中国文化自信的提升。而文化力量正是一个国家、一个民族发展更基本、更深沉、更持久的力量。在这个背景下，除了“中国李宁”，圆明园先后联手文创企业、时尚服饰企业、食品企业，让惊艳的宫廷美物在祖国的神州大地上火起来；热播的电视节目《国家宝藏》以全新的艺术表达，把文化的内核、综艺的外壳、纪录的气质完美融合，让传世国宝以“网红”之姿嵌入千家万户；故宫口红、故宫服装、故宫雪糕……借助“国潮”把高冷的皇宫禁地变成网红打卡地。“国潮”不是简单地呈现传统文化，而是将传统与现代有机融合，以新形式、新表现展现中国传统文化的新生命，为消费者提供全新体验，引发关注热议。

有学者认为，当代中国年轻人在改革开放的思潮下将“国潮”作为追求自我表达的新形式，其背后正是中国文化不断走向自信的过程。在新时代背景下，国人的消费理念已经从物质层面上升到追求精神、文化领域的自信和满足感。

资料来源：http://epaper.ynet.com/html/2019-02/24/content_320296.htm?div=-1（2019-02-24）[2023-10]

5. 复杂性

复杂性体现在两个方面：一方面，市场营销环境是一个动态系统，构成市场营销环境的因素是多方面、多层次的；另一方面，市场营销环境系统内的各构成因素又互相影响。市场营销环境的复杂性增加了企业进行营销环境分析的难度，也增加了企业营销活动的风险性。对企业而言，它既存在市场机会，又隐藏着环境威胁。

2.2　微观市场营销环境

企业的微观市场营销环境主要由企业的供应商、企业内部环境、营销中介、公众、顾客、竞争者等组成。

2.2.1　供应商

供应商是指向企业及其竞争者提供生产产品与服务所需要的资源的个人或组织，供应商提供的资源包括原材料、生产设备、能源、劳务、资金等。供应商是企业整个顾客价值传递系统中的重要环节之一，企业与供应商之间的紧密联系要求企业务必重视供应商的作用。供应商对企业营销活动的影响主要表现在以下几个方面。

1. 供货的稳定性与及时性

对企业而言，原材料、生产设备、能源等资源的保证是企业营销活动顺利进行的前提。因此，企业必须密切关注供应商的供应能力，切实保证企业生产及经营所需。

2. 供货的质量

企业要重视供应商的供货质量，一方面应要求供应商供应的产品质量要高；另一方面也要充分考虑供应商提供的各种售前售后服务的质量。

3. 供货的价格

对制造型企业而言，原材料价格是构成产品价格的重要组成部分，如钢材的价格对于汽车制造商、糖的价格对于饮料制造商是非常重要的。原材料价格上涨会增加企业产品成本，这时候产品价格如果不变，就会影响企业的利润水平；产品价格如果跟着涨，则会影响产品的竞争能力。对中间商而言，供应商的供货价格直接影响中间商的销售价格。所以，企业要注意供货价格的变化趋势，做到心中有数，应变自如。

2.2.2　企业内部环境

企业内部是一个复杂的整体，由各职能部门组成。一般包括生产、财务、计划、营销、人事、研发、质检、后勤等部门。其他职能部门都与营销部门的计划和活动有着密切的联系。但在经营实践中，由于企业内部各部门的经营目标不相同，营销部门与其他职能部门之间往往会在经营目标上有所冲突。

为了保证企业营销活动的顺利运转，实现营销目标，必须协调、处理好企业内部各部门之间的关系及冲突。目前，越来越多的企业会委派专职的营销副总裁或副总经理具体管理企业营销工作，全权负责协调和处理企业内部营销部门与其他部门的关系。还有一部分实力雄厚的大企业设立独立的营销公司，全面负责本企业的一切营销活动。一个企业如果能协调、处理好营销部门与其他部门的关系，就能为企业营销活动的顺利运转奠定良好的基础。

2.2.3 营销中介

营销中介是指帮助企业销售及促销产品的企业或个人。营销中介包括中间商、实体分销公司、营销服务机构和金融机构。营销中介提供的服务能够使企业的产品顺利地到达顾客的手中，因而营销中介成为连接企业和目标顾客的桥梁，其发挥的作用是不可忽视的。

1. 中间商

除极少数直接销售产品的企业外，绝大多数企业都需要借助中间商的力量，以使本企业的产品迅速、广泛地进入目标市场。中间商主要包括经销商和代理商。经销商又称买卖中间商，如批发商、零售商，他们从事商品购销活动并对所经营的商品拥有所有权。代理商，如经纪人等，只协助买卖成交、介绍客户或与客户磋商交易合同，但并不拥有商品所有权。关于中间商的内容将在本书第 10 章中详细讲述。

2. 实体分销公司

实体分销公司是指帮助企业储存及运输产品的专业企业，主要包括仓储公司和运输公司。仓储公司是协助企业储存产品并把产品从产地运送到目的地的专业企业。仓储公司提供的服务既涉及企业产品，也涉及企业生产所需的原材料及零部件。运输公司为企业运输产品或把企业所需的生产资料运往企业，运输公司包括铁路运输公司、公路运输公司、航空运输公司、货轮运输公司等。

3. 营销服务机构

我们通常所说的营销服务机构是广义的营销服务机构，主要包括市场调研公司、广告公司、营销咨询公司、公关公司和会计师事务所等。由于自身条件的限制，大多数企业都需要不同程度地借助这些服务机构来开展营销活动，如委托市场调研公司开展市场调查，从而获取市场信息；委托广告公司设计并制作广告等。

4. 金融机构

金融机构是指为企业营销活动提供资金融通和保险业务的机构，主要包括银行、信用公司、保险公司和其他协助融资或保障货物的购买与销售的公司。在现代经营实践中，企业与金融机构有着不可分割的联系，金融机构业务活动的变化会影响企业的营销活动。例如，中央银行宣布上调贷款利率，就会增加企业成本。

2.2.4 公众

在营销领域，公众是指与企业完成其营销目标的能力有着实际或潜在利益关系有影响力的群体或个人，主要包括金融公众、媒介公众、政府公众、社团公众、社区公众和内部公众。公众对企业的态度会对企业的营销活动产生巨大的影响。企业同公众发生的关系称为公众关系或公共关系，由于公众对企业的生存和发展产生正面或负面的巨大影响，所以处理好公众关系是企业营销活动得以顺利开展的基础。关于公共关系的内容将在本书第 11 章中详细讲述。

小思考 2-1

2020 年新型冠状病毒感染疫情期间营销案例解读

2020 年，受新型冠状病毒感染疫情的影响，餐饮业、电影业、旅游业等行业进入凛冬时代。很多本该在 2020 年第一季度开展营销活动的品牌和企业，不得不选择暂缓营销计划。但有些企业却逆风而行，果断更换营销方向，寻找机遇。

案例一：老乡鸡董事长手撕员工联名信

餐饮品牌老乡鸡发布的“董事长束从轩手撕员工联名信”的视频引发热议。在视频中，董事长束从轩讲述因新型冠状病毒感染疫情影响，老乡鸡损失了 5 亿元。他谈到企业在这个特殊时期面临的困难和做出的努力，重点回应了员工向他联名要求不拿工资的请求，“我觉得这个是你们糊涂”，并当场手撕员工联名信，还掷地有声地说，“哪怕是卖房子、卖车子，我也要千方百计地确保你们有饭吃、有班上”。在视频中束从轩运用了“宝藏男孩”“宝藏女孩”“奥利给”等多个网络流行语，打破了传统企业家的严肃形象，形成了极大的反差萌，拉近了与年轻消费者的距离。

案例二：口罩生产三巨头：比亚迪、OPPO、五菱

在制造业无法开工且资源短缺的情况下，比亚迪、OPPO、五菱毅然决定将无尘车间改为口罩生产车间，并将口罩无偿送给政府及困难群众。其中，五菱在口罩盒子上印制了“人民需要什么，五菱就造什么”，该话题火速登上微博热搜和抖音热搜。企业公益行为，不仅是企业对社会责任的践行，也对企业树立良好的社会形象和提升公信力有着十分重要的价值。在艰难时刻，五菱的做法及其暖心的标语不仅体现了企业的社会责任感，更树立起了良好的社会形象。

案例三：网易严选“劝你别看的广告”

在杭州市西湖区中心商场附近，有几处设计简单却特别的户外广告吸引了路人的注意，并在网上引起了网友的热烈讨论。这是网易严选投放的“劝你别看的广告”，因为新型冠状病毒感染疫情的影响，网易严选将原本于 2 月 23—29 日投放的促销广告换成了内容为“虽然一切正走向正轨，但也建议您少在公共场所聚集，在家用心生活，等春来”的温馨提示。简约风格的纯文字版设计，在街头显得格外耀眼。

资料来源：https://www.163.com/dy/article/FAFIE9Q60519L83M.html（2020-04-18）[2023-10-10]

请阅读资料，并思考：

（1）上述企业在新型冠状病毒感染疫情期间主要面向哪些公众制订并实施了营销计划？

（2）上述企业的做法对其他企业有哪些启示？

2.2.5 顾客

顾客是企业的最终目标市场，是企业进行营销活动的出发点和归宿，企业的一切营销活动都是以满足顾客的需要为中心的，顾客是决定企业营销活动成败的重要因素。因此，企业必须认真研究顾客，分析顾客的类别、需求特点及购买动机等，使企业的营销活动更加有针对性，力求让顾客满意。按不同的标准可以把顾客分为不同的类型，其中一种重要的分类方法是按照顾客的购买目的，把顾客分为消费者市场和组织市场。关于顾客分类及顾客购买行为分析的内容将在本书第3、4章详细讲述。

2.2.6 竞争者

竞争是市场经济的一个显著特征，在营销实践中，从企业经营的角度来看，目标市场往往不可能由某一家企业所垄断，而是存在大量的竞争者，从而形成一个竞争局面。竞争者的经营状况、营销策略的变化等会直接影响企业的营销活动，尤其是竞争者在品牌定位、产品开发、价格、分销渠道、整合营销传播等方面的变化会对企业构成直接威胁。这就要求企业在激烈的竞争环境中认真分析竞争状况和竞争者行为。具体而言，企业必须正确识别竞争者，分析主要竞争对手的优势及劣势、营销战略及策略，并在此基础上制订相应的对策，做出适当的反应。

识别竞争者是一项重要的工作，企业必须明确一点：谁才是企业真正的竞争者。从表面上看，识别竞争者是一项非常简单的工作，难道竞争对手还需要特别考察和辨认吗？但实际上，很多企业只注意现有的竞争对手，却忽略了那些真正具有实力、在未来可能对自己构成威胁的潜在竞争对手，而这是非常危险的。波特认为，在分析竞争对手前，首先要确定企业应该集中精力考察哪些竞争对手。显然，对所有重要的现有竞争对手都必须进行分析，而且分析那些将会走上舞台的潜在竞争对手也非常重要。

知识链接 2-2

波特："竞争战略之父"

波特是哈佛大学商学院的教授，他被誉为"竞争战略之父"，是当今世界上竞争战略理论领域公认的权威。1983年，波特被美国总统里根任命为产业竞争委员会主席，他将竞争战略理论引入国家层面的竞争力研究，引发了美国乃至世界范围关于竞争力的讨论。波特的三部著作《竞争战略》《竞争优势》《国家竞争优势》被称为竞争三部曲，被译成十几种文字。在2005年世界管理思想家50强排行榜上，他位居第一。

波特的竞争战略理论涉及企业、产业、国家三个层面。在企业和产业层面，波特提出了著名的五力模型和三大经典竞争战略。波特认为，"竞争"是企业成败的核心，而决定企业获利能力的第一要素是"产业吸引力"。波特提出用五力模型来分析一个企业的产业吸引力。模型中的五种竞争力会影响企业产品的价格、成本、投资，并最终决定企业所处的行业的结构。企业如果想获得长期的竞争优势，就必须塑造对企业有利的行业结构。

资料来源：根据网络资料整理

找出企业真正的竞争对手并不是一件容易的事，因为企业面临的是一个错综复杂的环境。当一个企业面临很多同类型的竞争对手时，如果识别竞争者不当，那么很可能就会出现竞争战略上的失误。这种失误会直接导致严重的后果，即真正的竞争对手被企业忽视而发展壮大，进而对企业的市场份额等构成威胁。市场营销人员必须克服“营销近视症”，要从行业和市场两个方面识别竞争者。

1. 从行业方面识别竞争者

在市场营销学中，一般把买方的集合称为市场，而把卖方的集合称为行业。行业是指一组提供一种或一类相互替代产品的卖方的集合。不同行业的竞争特点和竞争者行为是不同的。波特于 20 世纪 80 年代初提出五力模型。他认为，行业内部的竞争程度取决于五种竞争力，即行业内部现有企业的竞争、替代品的威胁、潜在进入者的威胁、供方的讨价还价能力、买方的讨价还价能力。波特的观点突破了传统的市场竞争观念，不但从行业内部延伸到整个行业链条，而且从行业升级的全新视角来分析企业所面临的竞争压力。分析行业竞争程度的五力模型如图 2.1 所示。

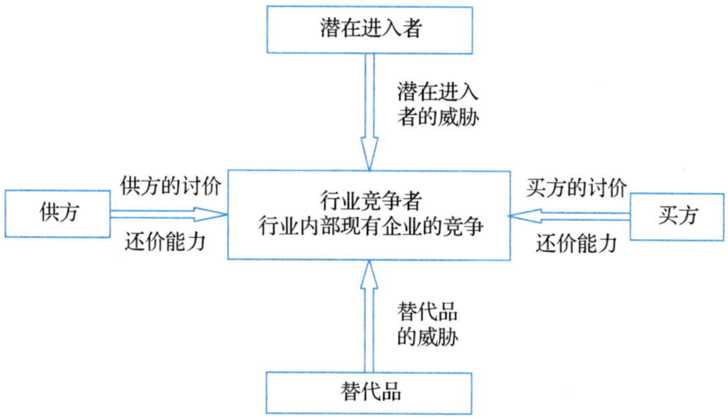

图 2.1　分析行业竞争程度的五力模型

（1）行业内部现有企业的竞争

行业内部现有企业的竞争即一般意义的市场竞争，如汽车行业的通用、福特、丰田、大众、本田、标致等汽车生产者之间的市场竞争。行业内部现有企业的竞争常常表现在产品、价格、渠道、广告、售后服务等多方面，企业通常是把重点放在争夺市场份额及对市场的控制权方面。影响行业内部现有企业竞争程度的因素有：同行业企业数量、规模及实力、行业进入壁垒、市场饱和度、竞争手段、技术含量、退出障碍等。

（2）替代品的威胁

产品之间的关系可以分为两种：一种为替代关系，如国债是理财产品的替代品；另一种为互补关系，如汽车保险是汽车的互补品。若两种产品之间存在着替代关系，则一种商品的价格与它的替代品的需求量之间呈同方向变动，相应的需求的交叉弹性价格系数为正值。随着科学技术的不断发展，科技创新作为一种创造性的毁灭力量的作用越发明显，当新产品成功进入市场并能更好地满足顾客的需求时，它就会使现有生产技术下的产品在价格、销售量等方面受到影响，甚至被淘汰退出市场。决定替代品影响程度的因素有：产品优势、顾客需求、顾客转换成本、竞争成本、科技含量和先进性等。

（3）潜在进入者的威胁

潜在进入者是行业竞争中的一种重要力量，这些潜在进入者大多拥有稳定的生产能力及某些必需的资源，期待能建立有利的市场地位。潜在进入者的加入会增加生产能力并挤占市场份额，这必然导致其与现有企业的激烈竞争。受利益的驱动，潜在进入者会积极进入那些处于成长期、市场需求旺盛、市场潜力较大、产品供不应求、企业利润较高的行业。

（4）供方的讨价还价能力

供方主要通过提高投入要素价格与降低单位价值质量的能力，来影响行业中现有企业的盈利能力与产品竞争力。供方力量的强弱主要取决于他们提供给买方的投入要素。当供方所提供的投入要素价值在买方产品总成本中占有较大比重，对买方产品生产过程非常重要，或者严重影响买方产品的质量时，供方对买方的讨价还价力量就较强。

（5）买方的讨价还价能力

买方是购买企业产品或服务的客户或客户群，当然也包括该企业营销渠道中的分销商。买方主要通过其压价能力与要求供方提供较高质量的产品或服务来影响行业中现有企业的盈利能力。影响买方议价能力的因素包括：买方所需产品的数量占卖方产品销售量的比重、买方转而购买其他替代品所需的成本、卖方行业企业的数量及规模、买方追求的目标等。

通过分析行业中竞争结构的影响因素，企业能够更好地识别竞争者和关注竞争者的竞争战略。

2. 从市场方面识别竞争者

从市场方面识别竞争者，即把其他竞争对手视为满足相同顾客需求或服务于相同顾客群体的企业。例如，人们出门旅游可以选择乘坐火车、飞机、轮船或大巴等交通工具，如果火车票价格上涨，而飞机票实行折扣价，那么选择乘坐飞机的人可能就会增加。很明显，从市场方面考虑，就扩大了现实和潜在竞争者的范围，有助于企业更准确地识别竞争者。从市场方面来看，竞争者主要有以下几类。

（1）品牌竞争者

品牌竞争者是指同一行业中以相似的价格向相同的目标市场提供类似产品或服务的所有企业。品牌竞争者是企业最直接的竞争对手。品牌竞争者之间的产品替代性较高，竞争较为激烈，因此企业培养顾客的品牌忠诚度是非常重要的。

（2）产品形式竞争者

产品形式竞争者又称行业竞争者，是指行业中提供同一类或同一种产品的企业。这类竞争者是广义的竞争者，判断产品形式是否接近，一般需要从五个方面考虑：使用价值、性能、名称、生产工艺和包装工艺。一般情况下，市场营销人员认为，尽管在同一行业中，不同企业供给的产品在档次、型号和款式方面有差异，但这些企业之间也存在竞争，这些产品之间存在一定的替代性，顾客可以在不同档次、型号和款式的产品之间进行选择。

（3）产品属类竞争者

产品属类竞争者又称需要竞争者，是指提供不同产品但满足顾客同一需求的企业。这类竞争者通常是跨行业的，这些实现顾客同一需求的不同行业的企业之间存在替代性。产品属类竞争者之间的产品替代性较高，竞争也较为激烈。

（4）愿望竞争者

愿望竞争者又称消费竞争者，是指提供不同产品，满足顾客不同需求，与本企业争夺同一顾客的企业。例如，收入水平较高的顾客会选择购车、购房、出国旅游或购买奢侈品等，因而针对这类消费者的企业会在顾客的消费支出结构方面展开竞争，顾客消费支出结构的改变将影响竞争者的地位。

小思考 2-2

淘宝卖家识别竞争对手的 7 个方法

李某在淘宝网开设了一家女装店铺，主打学院风，但是他不了解行业竞争格局，也不知道自己的竞争对手有哪些。为了后期制定更有针对性的竞争战略，他可以用以下方法来识别竞争对手。

方法 1：通过关键词识别竞争对手

可以在淘宝网搜索栏输入关键词，从而了解整个行业的竞争格局，对整个行业目前的竞争激烈程度及未来的走势进行分析和预判。比如，李某输入“学院风羽绒服女”，即可了解到“学院风羽绒服女”的相关竞争店铺。

方法 2：设置目标人群

为了进一步明确地识别竞争对手，还需要考虑目标人群。李某店铺的目标人群为 18～24 周岁的女性，所以在识别竞争对手时，可以设定筛选条件，如李某可以将年龄设定为“18～24 周岁”。

方法 3：设置商品价格，通过销售量及商品单价识别竞争对手

先以销售量和单价为维度在电商平台搜索页面找出相关卖家，然后找到店铺商品所在的排位，圈定销售量或商品单价最接近的店铺为竞争对手。

通过之前的操作，李某进一步缩小了竞争对手的范围，但还不能够有效识别竞争对手，需要结合自身商品设置竞品的价格范围。李某的商品售价为 579 元，所以他可以将竞品的价格范围设置为 559～599 元。

方法 4：细化筛选条件，识别竞争对手

通过以上步骤识别的竞争对手依然不够精准，因此李某需要设置更多的筛选条件。例如，李某店铺当季主推一款学院风女式羽绒服，李某还应该结合衣长（中长款）、服装版型（直筒）、服装款式细节（拉链、带毛领）、充绒量（200g）等数据继续设置筛选条件。

方法 5：通过推广活动圈定竞争对手

根据自身店铺参与的平台线上活动或开展的促销活动，圈定参与同类型推广活动并且销售品类相近的卖家为竞争对手。

方法 6：通过各大平台后台数据进行分析，快速锁定竞争对手

以淘宝后台生意参谋为例，李某可以通过“参谋—竞争—监控店铺/竞店识别路径”查看竞争店铺。通过竞店识别路径可以看到高增长、高销量的店铺，以便及时发现“黑马”竞争店铺，调整自己的店铺营销防守策略。

方法 7：通过查看店铺的亮点圈定竞争对手

现在很多大店铺会设置一些亮点，如推出自制款、联名款等，李某还应适当关注这些店铺设置的亮点来进一步圈定更精准的竞争对手。

资料来源：根据网络资料整理

请阅读资料，并思考：

淘宝店主李某从行业和市场两个角度来研究竞争的合理性。

2.3 宏观市场营销环境

宏观市场营销环境主要由政治法律环境、经济环境、社会文化环境、科学技术环境、人口环境、自然环境等构成。宏观市场营销环境一般不直接对企业市场营销活动产生影响，而是通过那些可以对企业市场营销活动产生直接影响的微观环境因素起作用，从而间接对企业的市场营销活动产生影响。宏观市场营销环境构成要素如表 2-1 所示。

表 2-1 宏观市场营销环境构成要素

宏观市场营销环境	构成要素
政治法律环境	政治体制、政府政策、法律法规等
经济环境	宏观经济环境（国民总收入、国内生产总值等），微观经济环境（个人收入、消费者支出模式、消费者储蓄、消费者信贷等）
社会文化环境	价值观念、教育水平、语言文字、风俗习惯、宗教信仰等
科学技术环境	新科学、新技术、新发明、新材料、新工艺等
人口环境	人口规模、人口分布及流动、人口结构等
自然环境	自然资源、地形与气候等

市场营销人员分析和评估宏观市场营销环境时，通常使用 PEST 分析法。PEST 分析法是战略外部环境分析的基本工具，它通过政治（Political）、经济（Economical）、社会（Social）

和技术（Technological）四个方面从总体上分析宏观市场营销环境，并评价这些因素对企业市场营销活动的影响。

知识链接 2-3

PEST 分析的扩展变形形式

市场营销人员开展宏观市场营销环境分析时亦会用到 PEST 分析的扩展变形形式，如 PEST-LED 模型。其中，LED 分别是法律（Legal）、自然环境（Environmental）、人口（Demographic）。

2.3.1 政治法律环境

政治法律环境是强制和约束企业市场营销活动的各种社会力量的总和。政治法律环境包括国家的政治体制，与企业所处行业相关的国家和地区的政策、法律法规等。作为影响企业营销的重要宏观环境因素之一，政策与法规的变化对企业的经营活动有着重大而深远的影响，尤其是开展国际市场营销的企业更要密切关注东道国的政治法律环境及其变化。

1. 政治环境

政治环境是指政府、政府的政策及相关联的政治局势等对企业的营销活动有影响的各种政治因素。政府在经济发展中扮演着两种角色：一是经济活动的管理者；二是经济活动的参与者。

企业在分析政治环境时可以从政治局势、政府的政策等方面展开分析。一方面，一国的政治局势指企业所处的国家或地区的政治稳定状况，政局稳定与否会给企业市场营销活动带来重大影响。特别是开展国际市场营销活动的企业一定要认真分析母国与东道国的关系、东道国的政局变动和社会稳定情况。另一方面，政府在不同时期会制定不同的经济发展方针，会变更经济政策，这些方针、政策不仅会影响本国企业的市场营销活动，还会影响外国企业在本国市场的营销活动。例如，2021 年 12 月，国务院印发《"十四五"数字经济发展规划》，从顶层设计上明确了我国数字经济发展的总体思路、发展目标、重点任务和重大举措，该规划是"十四五"时期推动我国数字经济高质量发展的行动纲领。

知识链接 2-4

国务院出手，重磅政策发布！

2022 年 2 月 18 日，经国务院同意，国家发展改革委、财政部人力资源社会保障部等相关部门印发了《关于促进服务业领域困难行业恢复发展的若干政策》（以下简称服务业政策）。服务业政策共提出 43 项具体政策，具体来讲有三大方面。

一是普惠性纾困扶持措施。普惠性纾困扶持措施主要包括：延续服务业增值税加计抵减政策，2022 年对生产、生活性服务业纳税人当期可抵扣进项税额继续分别按 10%和 15%加计抵减应纳税额；2022 年扩大“六税两费”适用范围，将省级人民政府在 50%税额幅度内减征资源税、城市维护建设税、房产税、城镇土地使用税、印花税（不含证券交易印花税）、耕地占用税和教育费附加、地方教育附加等“六税两费”的适用主体，由增值税小规模纳税人扩展至小型微利企业和个体工商户；等等。

二是针对性纾困扶持措施。针对餐饮业、零售业、旅游业、公路水路铁路运输业、民航业等 5 个特殊困难行业，分别提出纾困扶持措施。

三是精准实施疫情防控措施。强调要坚决防止和避免“放松防控”和“过度防控”两种倾向，对各级政府严格科学精准实施疫情防控措施提出具体工作要求。

资料来源：https://www.gov.cn/xinwen/2022-02/20/content_5674916.htm（2022-02-20）[2023-10-13]

2. 法律环境

法律环境是指那些对企业的市场营销活动构成影响的各种法律法规。随着社会及经济的发展，各国法律法规也在不断变化，这就使得企业营销人员置身于一个非常复杂的法律环境当中。因此，对企业来说，开展市场营销活动必须了解并遵守有关法律法规。例如，2019 年 10 月 30 日，国家市场监管总局、国家烟草专卖局发布《关于进一步保护未成年人免受电子烟侵害的通告》，要求各类市场主体不得向未成年人销售电子烟，敦促电子烟生产、销售企业或个人及时关闭电子烟互联网销售网站或客户端；敦促电商平台及时关闭电子烟店铺，并将电子烟产品及时下架；敦促电子烟生产、销售企业或个人撤回通过互联网发布的电子烟广告。

一方面，企业必须依据法律法规来开展生产和营销活动。特别是开展国际市场营销的企业，既要遵守本国的法律制度，还要了解和遵守东道国的法律制度及相关的国际惯例和准则。另一方面，企业可以依靠这些法律法规来维护自身的合法权益。

改革开放以来，我国社会法制不断完善，国家及地方陆续出台了一系列重要法律法规，如《中华人民共和国公司法》《中华人民共和国反不正当竞争法》《中华人民共和国广告法》《中华人民共和国商标法》《中华人民共和国电子商务法》《中华人民共和国数据安全法》《网络交易监督管理办法》《网络直播营销管理办法（试行）》《互联网信息服务管理办法》等，这对支持并规范企业的市场营销活动起到了重要作用。

知识链接 2-5

《网络直播营销管理办法（试行）》

网络直播营销，也就是通常所说的直播带货，作为一种新兴商业模式和互联网业态，近年来发展势头迅猛，在促进就业、扩大内需、提振经济、脱贫攻坚等方面发挥了积极作用，但同时出现了直播营销人员言行失范、利用未成年人直播牟利、平台主体责任履行不到位、虚假宣传和数据造假、假冒伪劣商品频现、消费者维权取证困难等问题，人民群众对此反映强烈，有必要及时出台相应的制度规范。《网络直播营销管理办法（试行）》作为贯彻落实《中华人民共和国网络安全法》《中华人民共和国电子商务法》《中华人民共和国广告法》《中华人民共和国反不正当竞争法》《网络信息内容生态治理规定》等的重要行政规范性文件，对规范网络市场秩序，维护人民群众合法权益，促进新业态健康有序发展，营造清朗网络空间具有重要现实意义。

《网络直播营销管理办法（试行）》明确直播营销平台应当建立健全账号及直播营销功能注册注销、信息安全管理、营销行为规范、未成年人保护、消费者权益保护、个人信息保护、网络和数据安全管理等机制、措施。《网络直播营销管理办法（试行）》提出直播营销人员和直播间运营者为自然人的，应当年满十六周岁，要求直播间运营者、直播营销人员遵守法律法规和公序良俗，真实、准确、全面地发布商品或服务信息，明确直播营销行为八条红线，突出直播间五个重点环节管理，对直播营销活动相关广告合规、直播营销场所、互动内容管理、商品服务供应商信息核验、消费者权益保护责任、网络虚拟形象使用提出明确要求。《网络直播营销管理办法（试行）》还要求，直播间运营者、直播营销人员应当依法依规履行消费者权益保护责任和义务，不得故意拖延或者无正当理由拒绝消费者提出的合法合理要求。

资料来源：http://www.cac.gov.cn/2021-04/22/c_1620670982981264.htm（2021-04-23）[2023-10-10]

2.3.2　经济环境

经济环境主要包括宏观经济环境和微观经济环境两方面的内容。宏观经济环境主要是指一个国家的国民总收入、国内生产总值及其变化情况和这些指标反映的国民经济发展水平和发展速度。微观经济环境主要是指企业所在地区或所服务地区的消费者的收入、支出模式、储蓄、信贷等因素。这些因素直接决定着企业目前及未来的市场规模，因此，企业应当密切关注经济环境变化带来的市场机会和环境威胁。

1. 宏观经济环境

（1）国民总收入

国民总收入（Gross National Income，GNI），原称国民生产总值，是指一个国家或地区所有常住单位在一定时期内所获得的初次分配收入总额，等于国内生产总值加上来自国外的初次分配收入净额。国民总收入是反映一个国家国民经济发展水平的综合指标，按最终用途，国民总收入分为两部分：一部分用于积累；另一部分用于消费。作为一个国家一定时期内新创造的价值的总和，国民总收入能够比较准确地反映这个国家新增加的物质财富。根据《中华人民共和国 2023 年国民经济和社会发展统计公报》，2023 年我国国民总收入为 1251297 亿元，比上年增长 5.6%。

用某年某国国民总收入除以其总人口即为该年该国的人均国民收入。这个指标大体反映了一个国家的经济发展水平和人民的生活水平，它与人口成反比，与国民总收入成正比。消费品的市场营销与该指标关系紧密，一般来说，随着人均国民收入的增长，市场对消费品的需求和购买力会增加，反之则会降低。根据《中华人民共和国 2023 年国民经济和社会发展统计公报》，2023 年我国人均 GNI 约为 8.88 万元。

（2）国内生产总值

国内生产总值（Gross Domestic Product，GDP）是指一个国家在一定时期内（通常为一年）所生产的所有最终产品与劳务的市场价值总和。它是衡量一个国家经济实力与购买力的重要指标。根据《中华人民共和国 2023 年国民经济和社会发展统计公报》，2023 年我国国内生产总值为 1260582 亿元，比上年增长 5.2%。

知识链接 2-6

我国经济总量占世界经济的比重达 18.5%

党的十八大以来，中国经济实力实现历史性跃升。十年砥砺奋进，十年成就非凡。党的二十大报告提到一组数据，国内生产总值从 54 万亿元增长到 114 万亿元，我国经济总量占世界经济的比重达 18.5%，提高 7.2 个百分点，稳居世界第二位；人均国内生产总值从 3.98 万元增加到 8.1 万元。谷物总产量稳居世界首位，制造业规模、外汇储备稳居世界第一。

2. 微观经济环境

（1）个人收入

个人收入，是指消费者个人从各种来源中得到的全部收入，主要包括个人的工资、奖金、红利、赠予等收入。消费者的购买力来源于其收入，消费者收入水平的高低直接影响购买力的大小，收入水平越高，购买力就越大。需要注意的是，消费者的收入不会全部用于消费，因此，对企业市场营销活动而言，有必要区分以下几个概念。

① 货币收入与实际收入。货币收入是消费者在某一时期的用货币表示的收入量；实际收入是扣除物价变动因素后实际购买力的反映。企业营销人员在分析消费者收入时，必须区分货币收入和实际收入。由于受到通货膨胀、失业、税收等因素的影响，实际收入和货币收入并不完全一致，只有实际收入才影响实际购买力。例如，如果消费者的货币收入不变，那么当物价下跌时，其实际收入增加；反之，物价上涨时，其实际收入减少。即使货币收入增加，但如果物价上涨幅度超过了货币收入增加幅度，那么实际收入仍然会减少。

② 个人可支配收入。即在个人收入中扣除税款和非税性负担后所得的余额，它是个人收入中可以用于消费支出或储蓄的部分，构成实际的购买力，是影响消费者购买力和消费者支出的决定性因素。根据《中华人民共和国 2023 年国民经济和社会发展统计公报》，2023 年，全国居民人均可支配收入 39218 元，比上年增长 6.3%，扣除价格因素，实际增长 6.1%。按常住地分，城镇居民人均可支配收入 51821 元，比上年增长 5.1%，扣除价格因素，实际增长 4.8%。农村居民人均可支配收入 21691 元，比上年增长 7.7%，扣除价格因素，实际增长 7.6%。城乡居民人均可支配收入比值为 2.39，比上年缩小 0.06。

③ 个人可任意支配收入。即个人可支配收入减去用于维持个人与家庭生存的费用（如食物、水电、燃气、衣着等开支）后剩余的部分，这部分收入是影响市场消费需求变化的最活跃的因素。这部分收入主要用于满足人们基本生活需要之外的开支，如购买高档耐用消费品、旅游、储蓄等。

（2）消费者支出模式

消费者支出模式，是指消费者收入变动与需求结构之间的对应关系，也就是常说的支出结构。在收入有限的情况下，消费者会根据消费的急需程度，对自己的消费项目进行排序，一般先满足排序在前的消费，即主要的消费。比如，解决温饱排在第一位，其次是住、行和教育；最后是舒适型、提高型的消费，如保健、娱乐等。根据《中华人民共和国 2023 年国民经济和社会发展统计公报》，2023 年，全国居民人均消费支出 26796 元，比上年增长 9.2%，扣除价格因素，实际增长 9.0%。按常住地分，城镇居民人均消费支出 32994 元，增长 8.6%，扣除价格因素，实际增长 8.3%；农村居民人均消费支出 18175 元，增长 9.3%，扣除价格因素，实际增长 9.2%。2023 年全国居民人均消费支出及其构成如图 2.2 所示。

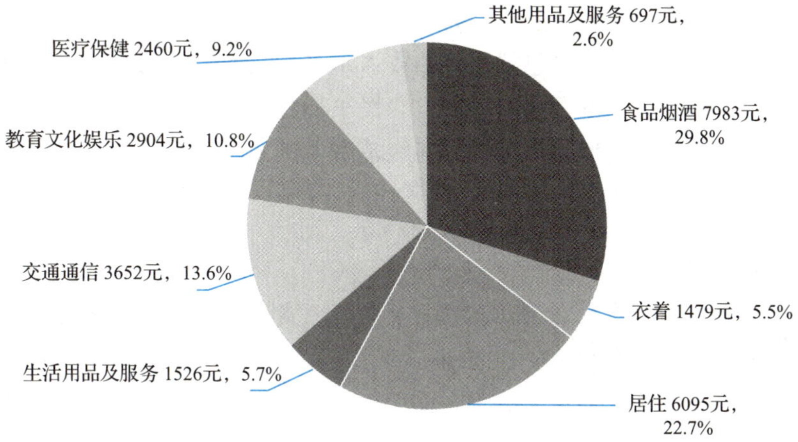

图 2.2 2023 年全国居民人均消费支出及其构成

企业营销人员关心的是消费者的收入是如何支出的？消费者将购买什么、购买多少？消费者支出模式主要受消费者收入的影响。随着消费者收入发生变化，消费者支出模式也会发生相应的变化。这个问题涉及恩格尔定律。

恩格尔（E. Engel）是德国的一位统计学家，他在研究西方国家经济发展过程中，发现消费者支出的变化有一定的规律可循，这就是著名的恩格尔定律，西方一些经济学家常用恩格尔系数来反映这种变化。恩格尔定律表明，在一定的条件下，当家庭收入增加时，收入中用于食物方面的开支的增长速度要小于用于教育、医疗、享受等方面的开支的增长速度。

恩格尔定律通过恩格尔系数来说明问题。

$$恩格尔系数=食物支出额/收入总额\times 100\%$$

恩格尔系数是衡量一个国家、地区、家庭生活水平高低的重要参数。根据《中华人民共和国 2023 年国民经济和社会发展统计公报》，2023 年我国居民恩格尔系数为 29.8%，其中城镇为 28.8%，农村为 32.4%。

3. 消费者储蓄

经济学认为，收入=消费＋储蓄。储蓄的流动性强，可以理解为一种推迟了的、潜在的购买力。储蓄有狭义和广义之分，狭义的储蓄是指银行存款；广义的储蓄则是指暂不支出，留作将来使用的当前所有收入。当收入一定时，储蓄额越大，现实购买力就越小，但潜在购买力就越大；反之，储蓄额越小，现实购买力就越大，但潜在购买力就越小。

反映储蓄水平的指标通常有三个：储蓄额、储蓄率和储蓄增长率。企业营销人员可以通过国家有关机构公布的各种信息来综合分析、评价居民的储蓄状况。2024 年 1 月，中国人民银行发布的《2023 年金融统计数据报告》显示，2023 年 12 月末，人民币存款余额 284.26 万亿元，同比增长 10%，2023 年全年人民币存款增加 25.74 万亿元。其中，住户存款增加 16.67 万亿元。根据数据可以看出，人们的消费储蓄观出现了变化，“捂紧腰包”的情绪加重。另外值得一提的是，企业还要了解消费者的储蓄目的，储蓄目的不同往往会影响到潜在需求量、消费模式和消费内容等。

影响消费者储蓄的主要因素包括个人的收入水平、收入的分配、消费倾向以及金融市场发展情况。一般而言，经济发达的地区，居民平均收入高，存款也就比较多，且高收入群体的储蓄倾向高于低收入群体。分析与研究消费者储蓄状况有助于企业准确预测消费发展趋势和发展水平，帮助企业寻找新的市场机会。

4. 消费者信贷

消费者信贷也是影响消费者购买力的一个重要因素。消费者信贷是指消费者先凭信用取得商品的使用权，再根据约定按期归还贷款。它实际上是消费者用贷款购买商品，提前支付未来收入，提前消费。消费者信贷允许人们购买超过自己现实购买力的商品，从而创造了更多的消费需求；同时，消费者信贷还是一种经济杠杆，它可以调节积累与消费、供给与需求的矛盾。

消费者信贷在美国、西欧和日本等发达国家或地区已广泛使用，这些国家或地区盛行的消费者信贷主要有短期赊销、住宅分期付款、昂贵的消费品分期付款和信用卡信贷等。中国居民的消费者信贷从 20 世纪 80 年代起步，自中国建设银行在 1985 年发放首笔个人住房贷款以来，消费者信贷已经历了几十年的发展，现阶段中国的消费者信贷已经从最初的个人住房贷款发展成多种多样的消费者信贷。

知识链接 2-7

2022 年中国消费贷款余额达 56.04 万亿元

消费贷款又称消费者贷款，是商业银行和金融机构以消费者信用为基础，对消费者个人发放的，用于购置耐用消费品或支付其他费用的贷款。消费贷款的迅速发展，对于推销产品、促进生产发展起了重要作用。消费贷款依据不同的标准可划分为不同的种类，根据偿还期，可分为一次偿还贷款和分次偿还贷款；根据银行与消费者的借贷关系，可分为直接贷款和间接贷款；根据贷款的用途，可分为汽车贷款、住宅贷款、住宅改良或修缮贷款、教育和学资贷款、小额生活贷款、度假和旅游贷款等。

近年来我国消费贷款余额逐年攀升，2022 年我国人民币消费贷款余额达 56.04 万亿元，较 2021 年增加了 1.15 万亿元，同比增长 2.1%。根据中国银行业协会发布的《2023 年度中国银行业发展报告》，2022 年年末，银行业金融机构支持普惠小微贷款余额同比增长 23.8%，比各项贷款余额增速高 12.7 个百分点。商业银行推动普惠金融发展成效明显。消费贷款的增加，对于促进消费的增长具有重要意义。

资料来源：根据网络资料整理

2.3.3　社会文化环境

社会文化环境包括一个国家或地区的价值观、教育水平、语言文字、风俗习惯、宗教信仰等。社会文化通过影响消费者的思想和行为来影响企业的市场营销活动，因此，企业在开展市场营销活动时，必须重视对社会文化的研究，并做出适宜的营销决策。

1. 文化的定义

《辞海》给文化下的定义是：广义指人类社会的生存方式以及建立在此基础上的价值体系，是人类在社会历史发展过程中所创造的物质财富和精神财富的总和；狭义指人类的精神生产能力和精神创造成果，包括一切社会意识形式。泰勒（E. B. Tylor）在《原始文化》一书中给文化下的定义是，文化是一个复合的整体，其中包括知识、信仰、艺术、道德法律、风俗，以及作为社会成员而获得的其他方面的能力和习惯。

2. 文化的分类

文化可分为两大类：一类是全体社会成员所共有的核心文化；另一类是同一种文化内部具有不同价值观念、生活方式和风俗习惯的亚文化。市场营销主要是通过亚文化来确定文化因素对消费者购买行为的影响。亚文化是一个相对的概念，是指在核心文化背景下，属于某一区域或某个群体所特有的观念和生活方式，一种亚文化不仅包含着与主文化相通的价值与观念，也包含着自己独特的价值与观念。

3. 文化的构成要素

一个社会的文化是可以分解为若干因素或若干部分的，以下仅分析与企业营销活动关系较为密切的社会文化因素对企业市场营销活动的影响。

（1）价值观念

价值观念是社会文化的核心。价值观念即人们在长期的社会生活中形成的对各种事物的普遍态度、评价和看法。具体来说，就是崇尚什么、鄙视什么。

一方面，价值观念具有相对稳定性和持久性。在特定的时间、地点、条件下，人们的价值观念总是相对稳定和持久的。另一方面，在不同时代、不同社会生活环境下形成的价值观念是不同的。不同的文化背景下，人们的价值观念差别是很大的，而消费者对商品的需求和购买行为深受其价值观念的影响。例如，随着经济的繁荣和社会的发展，男性对使用护肤产品的态度发生改变，保持良好的个人卫生及提高吸引力成为男性消费的两大焦点。越来越多的男性，特别是 20 世纪 90 年代以后出生的男性，在面霜、祛痘药膏、香水、防晒霜、面膜等方面花费更多，男性消费者正在成为中国蓬勃发展的化妆品市场的重要群体。

（2）教育水平

教育水平是指消费者接受教育的程度，一般分为初等教育、中等教育、高等教育三个等级。教育包括在学校所受到的正规教育和在家庭或社会所受到的非正规教育两种。通常用受过高等教育的人占社会总人口的比例和识字率来衡量一个国家或地区的教育水平。2023 年教育事业统计数据显示，我国学前教育普及普惠水平进一步提高，毛入园率达到 91.1%；九年义务教育阶段控辍保学成果显著，巩固率达到 95.7%；高中阶段教育毛入学率提高到 91.8%；高等教育稳步发展，毛入学率达到 57.8%。一个国家或地区的教育水平往往与其经济发展水平是一致的，通常来讲，发达国家的教育水平较高，发展中国家的教育水平较低。一个国家或地区的教育水平对企业营销的影响主要表现在以下几个方面：①由于教育水平不同，不同国家或地区对商品的需求也不同；②由于教育水平不同，不同国家或地区对促销的反应也不同，要求的促销方式也不同；③由于教育水平不同，不同国家或地区存在着不同的市场机会。

（3）语言文字

语言被称为“文化的镜子”，作为人们日常交流的工具，它是文化的核心组成部分之一。不同国家、不同民族往往有自己独特的语言文字，即使是同一国家，也可能有多种不同的语言文字。例如，我国有 56 个民族，其中有些民族有自己的语言文字，如蒙古族、藏族、朝鲜族等。从营销学的角度来看，跨民族、跨文化的语言文字属于亚文化部分，企业在品牌命名、广告传播等方面必须注意社会习俗及文化禁忌，以免带来不必要的损失。企业在开展市场营销活动尤其是国际市场营销活动时，应尽量了解东道国的文化背景，掌握语言文字方面的差异，只有这样才能使市场营销活动顺利进行。

案例 2-2

叫了 88 年的“黑人牙膏”改名了

2021 年 12 月 14 日，好来集团发布“品牌焕新计划”。公司旗下黑人牙膏将启用公司创始中文名字“好来”。之所以改名，官方解释是：为了更好地满足全球消费者对口腔护理产品日益细致、多样化的需求，开启一个迎合时代趋势的品牌发展新纪元。

据了解，黑人牙膏是一个土生土长的中国品牌，1933 年宁波商人严柏林、严中立兄弟创建好来药物，也就是好来化工的前身。1985 年，高露洁收购好来化工 50%的股份，由此黑人牙膏也成为高露洁旗下口腔护理品牌。被高露洁收购后，黑人牙膏收到了欧美客户的大量投诉，还一度被列入禁止出口名单。直到 1989 年，黑人牙膏将英文名从“Darkie”（黑人）改为“Darlie”（达利），并对黑脸绅士漫画形象进行优化处理，以更为年轻、阳光形象呈现，这一风波才算平息下来。但中文名称仍是“黑人牙膏”。2020 年，美国非裔男子疑因白人警察暴力执法而死的事件，在全球范围内引发了反对种族歧视的风暴，这一风暴也波及了一些人们熟悉的商业品牌，其中就包括黑人牙膏。随后，高露洁就此事作出回应，称将重新全面评估审查旗下黑人牙膏品牌，“在超过 35 年的时间里，我们一起努力发展这个品牌，包括对名字、标志和包装的实质性改变。我们正与合作伙伴一起审查并进一步完善该品牌的所有方面，包括品牌名称”。

资料来源：https://baijiahao.baidu.com/s?id=1719285408953158590&wfr=spider&for=pc（2021-12-16）[2023-10-10]

（4）风俗习惯

风俗习惯是人们在一定的社会物质生产条件下长期形成，并世代相传的约束人们思想和行为的规范。它在饮食、服饰、居住、婚丧、信仰、节日等方面，都表现出独特的心理特征、伦理道德、行为方式和生活习惯。不同的国家、不同的民族有不同的风俗习惯，风俗习惯对消费者的消费偏好、消费模式、消费行为等有着重要的影响。

例如，中国人把每年农历腊月（十二月）的最后一个晚上称为除夕（又称大年夜、年三十、除夜、岁除等），除夕自古就有通宵不眠、守岁、贴门神、贴春联、贴年画、挂灯笼等习俗，流传至今，经久不息。由于风俗习惯是长期形成的，因此它具有相对稳定性，市场营销人员应了解和重视风俗习惯对目标顾客群体消费行为的影响，一方面要尊重并适应消费者的风俗习惯；另一方面也要积极引导、改变落后的风俗习惯。

小思考 2-3

知味观小笼包在肯德基烤着卖

2021 年，肯德基中国的母公司百胜中国以约 2.5 亿美元（约合人民币 16 亿元）的现金总对价，收购杭州饮食服务集团 28%的股权。一位记者来到肯德基新塘路乐购店点了一份知味小笼，9.9 元 4 只，还可以搭配豆浆、粥等。店员说知味小笼正在烤，需要等候十分钟。记者询问肯德基的知味小笼与知味观的小笼包有何区别？店员说：“知味观的小笼包是现蒸的，我们是用烤箱烤的。”收到餐，从外观上看，肯德基的小笼包外皮是封口的，褶子上有一层白色的表皮，咬一口，略硬，里面汤汁很多，肉馅也很紧实。在附近工作的李先生说：“吃起来味道还可以，但比起知味观的小笼包汤汁略油腻了。”肯德基的客服介绍，知味小笼是 2021 年 5 月 10 日开售的肯德基首款小笼包产品，当时只在杭州、温州、绍兴三地的部分肯德基餐厅早餐时段供应。

为了适应中国消费者的口味，肯德基不断推陈出新，在口味和产品选择上，越来越中国化。消费者觉得炸鸡太油腻，就将烹饪方法换成烤，奥尔良烤翅由此诞生。原来的菜单蔬菜供应不足，那就在鸡肉里加入胡萝卜、青豆和玉米，推出适合孩子的田园脆鸡堡和玉米沙拉。另外，肯德基还针对中国不同地方的地域特色，推出中式餐品：从武汉热干面到杭州、温州、绍兴的“知味小笼”，石家庄、唐山、秦皇岛的三鲜包，河南的胡辣汤，再到北京炸酱面，成都的串串、卤味；早上供应油条、茶叶蛋、粥，中午供应不同菜色的饭和芙蓉鲜蔬汤……

公开资料显示，在其他国家，肯德基新研发的当地产品一般占比 20%，传统长线产品占比 80%，而在中国，新品比例超过了 40%，这样看来，在百胜中国完成了入股杭州饮食服务集团后，到肯德基餐厅点虾肉馄饨和片儿川的场景还会远吗？

资料来源：https://baijiahao.baidu.com/s?id=1719269250891611643&wfr=spider&for=pc（2021-12-16）[2023-10-10]

请阅读资料，并思考：

（1）哪些社会文化因素对肯德基在中国市场的经营产生了影响？

（2）肯德基克服文化差异积极开拓中国市场的具体策略有哪些？

（5）宗教信仰

宗教信仰是反映人们对客观世界认识的一种社会意识形态。世界上有佛教、基督教、伊斯兰教和印度教等，世界各地聚居着各种不同的宗教信仰者，有的甚至以宗教信仰立国。不同的宗教有不同的教规和戒律，从而影响人们的价值观念和行为准则，进而影响人们的消费行为，特别是在一些信奉宗教的国家和地区，宗教信仰对市场营销的影响力更大。某些国家和地区的宗教组织在教徒的购买决策中有重大影响，一般来说，有两种情况：一种是宗教组织提出限制和禁止使用某种新产品，认为该产品与宗教信仰相冲突；另一种是某种新产品得到了宗教组织的赞同和支持，宗教组织就会号召教徒购买、使用，从而起到一种特殊的推广作用。显然，了解和尊重消费者的宗教信仰，对企业营销活动具有重要意义。

因此，企业在开展营销活动尤其是国际市场营销活动时，应充分了解不同地区、不同民族、不同消费者的宗教信仰，制订适合其特点的营销策略。一般来讲，宗教的节假日，如圣诞节、古尔邦节等是消费品销售的黄金时间。值得注意的是，宗教禁忌会直接限制教徒的消费行为。

2.3.4 科学技术环境

科学技术环境是指对企业营销活动产生重大影响的科学技术状况。“科技是第一生产力”在世界范围内得到认同，科学技术一旦与生产密切结合起来必将促使新兴产业出现、传统产品改进、落后产业衰落直至淘汰。随着以大数据、人工智能、移动互联网、云计算等为代表的信息技术的突飞猛进发展，互联网对市场的影响正在以颠覆性的形式与力量作用于市场营销，企业发展面临着新挑战与新机遇。党的二十大报告指出，要加快发展数字经济，促进数字经济和实体经济深度融合，打造具有国际竞争力的数字产业集群。

营销技术（MarTech）是营销和技术的融合，是指用于管理和评估营销活动的技术和方法，旨在利用技术手段帮助品牌主、广告主实现个性化、精准化的营销目标。与传统营销相比，营销技术不仅能利用技术手段实现营销目标，还能帮助企业管理并运营随之产生的数据资产以实现营销目标，表现为用户的精细运营及数据驱动增长。营销技术的产生及发展要求企业在开展市场营销活动时，必须深刻认识到由科学技术的发展所引起的社会生活和消费需求的变化，并认真研究未来发展的新趋势，使市场营销模式更具针对性、科学性、绩效性，只有这样，才能发掘企业市场营销的新路径，创造企业市场营销的新模式。

现阶段，科学技术环境对企业市场营销主要有以下影响。

1. 科学技术的发展，加快了产品的更新换代

科学技术是一种“创造性的毁灭力量”，伴随着科学技术的发展，新原理、新工艺、新材料等不断涌现，这导致大部分产品的市场生命周期进一步缩短，市场供求的不确定性突出。产品市场生命周期的缩短，会加速新产品上市的竞争，让更多的企业重视研发并增加研发投入，从而大大加快了产品的更新换代。

2. 科学技术的发展，改变了消费者的消费模式

科学技术的高速发展是经济的重要推动力，当前消费模式的改变也源于科技的不断发展。数字智能化时代，数字经济的发展为消费者的消费模式转变提供了极大的助力，也为消费者带来了更好的消费体验，提供了更加便捷的消费方式。从某种层面上来说，数字技术的发展，其实是消费者消费模式转变的加速器，它使得消费者能够在更加宽广的全球市场范围内，通过对产品价格、品牌、信誉、适用性等进行综合比较来选择产品与服务。

3. 科学技术的发展，提高了企业营销效率

一方面，科学技术的发展，为企业提高营销效率提供了物质条件，可使企业及时洞察消费者的消费需求及趋势，从而使企业市场营销活动更加切合消费者的实际需求情况。另一方面，科学技术的发展促使企业和终端消费者之间能够进行“一对一”沟通，有利于企业有针对性地挖掘消费者的个性化需求，更好地为特定消费者提供特定的产品和服务。

2.3.5 人口环境

现代市场营销学认为，市场=人口+购买动机+购买能力。市场营销人员必须密切关注人口环境的特点及发展趋势，积极利用人口环境“机会”并避免人口环境“威胁”。一般而言，市场营销人员应从人口规模、人口分布及流动、人口结构等方面分析人口环境对企业市场营销活动的影响。

知识链接 2-8

第七次全国人口普查基本情况（2021 年 5 月 11 日）如表 2-2 所示。

表 2-2　第七次全国人口普查基本情况（2021 年 5 月 11 日）

项目	主要数据
人口总量	普查人口总数为 141178 万人，与 2010 年第六次人口普查时相比增长了 5.38%，年平均增长率为 0.53%
年龄结构	0～14 岁人口为 25338 万人，占 17.95%；15～59 岁人口为 89438 万人，占 63.35%；60 岁及以上人口为 26402 万人，占 18.70%（其中，65 岁及以上人口为 19064 万人，占 13.50%）。0～14 岁、15～59 岁、60 岁及以上人口的比重分别比 2010 年上升 1.35 个百分点、下降 6.79 个百分点、上升 5.44 个百分点
家庭规模	全国共有家庭户 49416 万户，家庭户人口为 129281 万人，平均每个家庭户的人口为 2.62 人，比 2010 年人口普查的 3.10 人减少 0.48 人

续表

项目	主要数据
性别结构	男性人口占51.24%，女性人口占48.76%。总人口性别比（以女性为100，男性对女性的比例）与2010年基本持平。新出生人口性别比明显下降，人口性别结构持续改善
人口素质	具有大学文化程度的人口为21836万人，文盲率由4.08%下降为2.67%
城乡结构	居住在城镇的人口占63.89%，比2010年上升了14.21个百分点，新型城镇化进程稳步推进，城镇化建设取得了历史性成就
地区分布	东部地区人口占39.93%，中部地区占25.83%，西部地区占27.12%，东北地区占6.98%

资料来源：《第七次全国人口普查公报》

1. 人口规模对企业营销的影响

党的二十大报告指出，中国式现代化是人口规模巨大的现代化。我国十四亿多人口整体迈进现代化社会，规模超过现有发达国家人口的总和，艰巨性和复杂性前所未有，发展途径和推进方式也必然具有自己的特点。人口规模巨大是中国式现代化面临的基本国情和具有的首要特征。根据《中华人民共和国2023年国民经济和社会发展统计公报》，2023年年末，我国人口140967万人，比上年末减少208万人，自然增长率为-1.48‰。

人口规模是影响社会经济发展和文明兴衰的根本性力量，也是决定市场规模和潜量的一个基本要素。人口规模的扩大会带来两方面影响。一方面，人口增加，给企业营销带来积极影响。一般而言，在其他条件相同的情况下，人口越多，市场越大，对食物、衣着、住房等基本生活用品的需求量也越大。例如，随着人口增长，能源供需矛盾将进一步扩大，研究节能产品和技术的企业会有更多市场空间；人口增长也给建筑业及建材业的发展带来机会。另一方面，人口的增加也会给企业营销带来不利影响。人口规模和市场购买力并不存在必然的正比例关系，反而，人口的迅速增长可能会导致人均收入下降，市场吸引力降低，从而阻碍经济的发展，进而影响企业产品的销售。

2. 人口分布及流动对企业营销的影响

（1）人口分布

人口分布是指人口在居住地区上的疏密程度。受自然地理条件及经济发展水平等多方面因素的影响，人口分布是不均匀的。人口分布对企业市场营销活动的影响主要通过人口密度和人口城乡结构这两个常用指标来衡量。

先分析人口密度。人口密度即按单位土地面积（一般用1平方千米）计算的人口规模，它是决定某一特定区域内市场需求程度的重要因素之一。人口密度对企业分销渠道设计、分销服务、分销成本和促销策略等产生重要影响。根据第七次全国人口普查数据，深圳是人口密度最高的城市，达到了每平方千米8791人。第二名是东莞，每平方千米4255人；上海名列第三，每平方千米3923人。厦门、广州、佛山、郑州、无锡、苏州、成都、武汉、南京、北京的人口密度也都较高，上述城市人口密度均超过每平方千米1300人。

再分析人口城乡结构。一般而言，城镇居民的文化程度和平均收入水平均要高于农村居民，城镇的市场化程度较高，而农村居民的自给自足程度较高。不同地区的人由于消费习惯和消费支出结构不同，对商品的基本需求也不相同。定量分析表明，流动人口占总人口比重与地区城市化水平密切相关，人口迁移流动已成为我国城市化进程最重要的推动因素。根据《中华人民共和国 2023 年国民经济和社会发展统计公报》，2023 年年末，我国城镇人口占比 66.2%，农村人口占比 33.8%。党的二十大报告明确提出，要推进以人为核心的新型城镇化，加快农业转移人口市民化。以城市群、都市圈为依托构建大中小城市协调发展格局，推进以县城为重要载体的城镇化建设。

（2）人口流动

人口不仅分布不均匀，还具有流动性。随着经济的活跃和发展，人口的流动性也越来越大。统计资料显示，在工业革命之前，全球有 70%的人口在农村地区，而在工业革命之后，发达国家的人口 70%生活在城市。目前，世界人口的流动呈现出两个特点：一是发展中国家的人口（尤其是高级人才）向发达国家流动明显；二是一国内部同时存在着人口从农村流向城市和从城市流向农村的现象。其中人口从农村流向城市，是一个与工业化和城市化发展同步的过程，我国就呈现出这一特点。第六次、第七次全国人口普查数据显示，我国人口流动的特征主要表现为规模大、增速快，以中青年为主体、男性比重较大；空间分布以东部为主、中西部地区增速较快；迁移距离由近邻流动为主转变为近邻流动、中程流动、远程流动并重，人口净流入、净流出与经济发展程度密切相关；流动人口整体受教育程度不高、地区差异较大，务工经商作为导致人口流动的首要因素，其作用更加突出；向城市集中趋势更加明显。2021 年第七次全国人口普查结果显示，全国人口中，人户分离人口为 49276 万人，其中，市辖区内人户分离人口为 11695 万人，流动人口为 37582 万人。流动人口中，跨省流动人口为 12484 万人，省内流动人口为 25098 万人。与 2010 年第六次全国人口普查相比，人户分离人口增加 23138 万人，增长 88.52%；市辖区内人户分离人口增加 7699 万人，增长 192.66%；流动人口增加 15439 万人，增长 69.73%。这里的人户分离人口是指居住地与户口登记地所在的乡镇街道不一致且离开户口登记地半年以上的人口；流动人口是指人户分离人口中扣除市辖区内人户分离的人口。

3. 人口结构对企业营销的影响

人口结构对企业营销活动的影响，主要表现在人口的年龄结构、性别结构、家庭结构、民族结构等方面。

（1）年龄结构

年龄结构是指人口总量中各年龄层次的比例构成。人口的年龄结构包含着不同年龄消费者的审美观、消费兴趣及购买心理等因素，这些因素对企业的营销活动产生深刻的影响，所以年龄结构是企业划分市场的重要依据之一。企业依据消费者的年龄，可以将市场细分为婴儿市场、儿童市场、青年人市场、成年人市场和老年人市场等。2000 年第五次全国人口普查数据显示，0～14 岁人口占比 22.89%，15～64 岁人口占比 70.15%，65 岁及以上人口占比 6.96%。2010 年第六次全国人口普查数据显示，0～14 岁人口占比 16.60%，15～59 岁人口占比 70.14%，60～64 岁人口占比 4.39%，65 岁及以上人口占比 8.87%。2021 年第七次全国人口普查数据显示，0～14 岁人口占比 17.95%，15～59 岁人口占比 63.35%，60 岁及以上人口占比 18.70%。2023 年年末，60 岁及以上人口占比 21.1%，其中 65 岁及以上人口占比 15.4%，老龄化程度进一步加深。

（2）性别结构

男性和女性的购买习惯、购买行为及需求存在着明显的差异。一般情况下，女性是化妆品、衣服、家庭日用品及儿童用品的主要购买者，而男性则是烟酒类产品的主要购买者。2000年第五次全国人口普查数据显示，男性占比51.63%，女性占比48.37%。2010年第六次全国人口普查数据显示，男性占比51.27%，女性占比48.73%。2021年第七次全国人口普查数据显示，男性占比51.24%，女性占比48.76%。根据《中华人民共和国2023年国民经济和社会发展统计公报》，2023年年末，男性占比51.1%，女性占比48.9%。

特别值得注意的是，越来越多的女性走出家庭参加工作。女性就业增加，一方面增加了家庭收入，另一方面减少了闲暇时间，这直接导致了消费品市场上对方便食品、速冻食品、快餐、家用机器人、家政服务等的需求增加，从而为生产和经营上述产品的企业增加了市场机会。

（3）家庭结构

家庭既是社会的细胞，又是构成市场的最基本的消费单位。家庭结构是指家庭中成员的构成及其相互作用、相互影响的状态，以及由这种状态形成的相对稳定的联系模式。家庭结构包括家庭人口要素和家庭模式两个基本方面。家庭人口要素即家庭由多少人组成，家庭规模大小。家庭模式即家庭成员之间如何联系，联系方式不同会形成不同的家庭模式。家庭结构对家庭成员的生理、心理和行为有巨大的影响，会随着社会、经济、文化的发展而不断发展。

家庭结构的特点和家庭数量对某些以家庭为消费单位的产品有着直接的影响，如住房、汽车、彩电、冰箱等产品。目前，世界上普遍呈现出家庭规模缩小的趋势，越是经济发达的地区，家庭规模就越小。《中国婚姻家庭报告2023版》显示，我国家庭规模的总趋势是不断缩小，1953年家庭规模平均为4.30人，1964年为4.29人，1982年为4.41人，1990年为3.96人，2000年为3.44人，2010年为3.10人，2021年仅为2.62人。在家庭规模小型化的过程中，产生了大量的单亲家庭、独身家庭、独生子女家庭和独居老人家庭。

（4）民族结构

世界人口由多个民族组成，俄罗斯、中国、美国都是典型的多民族国家。我国有56个民族。第七次全国人口普查结果显示，汉族人口为128631万人，占91.11%，其他民族人口为12547万人，占8.89%。与2010年相比，汉族人口增长4.93%，其他民族人口增长10.26%。

由于各民族文化不同，具有各自独特的消费特点和风俗习惯，如各民族在服饰、饮食、婚丧、礼仪和节日等方面各有特色，因此，各民族在市场需求上存在着很大的差异。企业营销人员在开发民族市场时要尊重民族文化，注意民族禁忌，提供符合民族消费特点的产品及服务。

2.3.6 自然环境

自然环境是指企业营销所需要或受营销活动所影响的自然资源及自然条件，这些因素会不同程度地影响企业的营销活动，有时这种影响会对企业的生存和发展发挥决定性的作用。企业分析市场营销的自然环境时，一方面要积极利用自然环境变化带来的市场机会；另一方面要规避由自然环境带来的威胁。企业应不断分析和认识自然环境的变化趋势，生产适销对路的产品。自然环境对企业营销活动的影响主要表现在以下两方面。

1. 自然资源

自然资源是指自然界赋予一个国家或地区的各种形式的财富，如矿产资源、森林资源、土地资源和水资源等。自然环境与自然资源关系密切，从某种程度上讲，社会生产活动的自然环境本身就是自然资源，资源的分布状况、资源的质量和可供利用的程度等都深刻地影响着企业的营销活动。

2. 地形与气候

地形是指一个国家或地区领土的表面特征，由平原、山脉、江河、湖泊、森林等因素构成。地形对于企业营销尤其是分销渠道影响巨大。例如，地势平坦的国家，运输便捷，运输成本较低；而地形陡峭、道路崎岖的国家，运输成本则较高。气候包括温度、雨、风、雪和干湿度。气候与营销关系密切，气候差异会导致人们对消费品的需求形成差异。因此，企业开展营销活动，必须考虑当地的气候状况，努力使其营销策略能适应当地的气候条件。例如，成都彩虹集团是一家股份制民营企业，经过多年发展，已成为全球最大的电热毯制造企业，也是全国家用柔性取暖器具行业的龙头企业。2013—2017 年，连续 5 年的厄尔尼诺现象带来暖冬气候，造成国内电热毯行业销量连续下滑。彩虹集团电商团队使电热毯和柔性暖手器具的外观设计向年轻、时尚看齐，从而吸引了大批年轻消费者。在全行业整体销售下滑 50%以上的情况下，此举不仅使彩虹集团逆风突围，创造了良好的经营业绩，还为彩虹产品扩大销售和提高市场占有率作出突出贡献。又如，我国南方地区每年都有“梅雨季节”，这直接导致当地居民对樟脑丸等防潮、防霉产品的需求增加。

小思考 2-4

党的二十大报告指出，中国式现代化是人与自然和谐共生的现代化。人与自然是生命共同体，无止境地向自然索取甚至破坏自然必然会遭到大自然的报复。我们坚持可持续发展，坚持节约优先、保护优先、自然恢复为主的方针，像保护眼睛一样保护自然和生态环境，坚定不移走生产发展、生活富裕、生态良好的文明发展道路，实现中华民族永续发展。

请结合党的二十大报告思考：自然环境变化会给企业营销带来哪些威胁和机会？

2.4　市场营销环境分析与对策

市场营销环境是企业生存和发展的条件，对企业的经营活动影响巨大。在本章的前三节我们介绍了市场营销环境的定义及特点，微观营销环境及宏观营销环境的主要内容，但从企业营销角度考虑，仅仅了解环境因素是远远不够的，更重要的是监测、分析环境的变化并预测其趋势，保障企业营销策略的制订、执行及控制。复杂多变的市场营销环境常常给企业的营销活动带来许多不确定的因素，这会直接影响企业的生产经营。对企业有利的影响就是企业的市场机会，对企业不利的影响就是企业面临的环境威胁。市场营销环境分析的目的就在于积极寻找市场机会为己所用，同时避免环境威胁。

常用的市场营销环境分析方法是 SWOT 分析法，它是英文 Strengths（优势）、Weaknesses（劣势）、Opportunities（机会）、Threats（威胁）的首字母的缩写。SWOT 分析法是对企业内外部条件进行综合概括，进而分析组织的优势和劣势、面临的机会和威胁的一种方法，SWOT 分析法经常被用于企业战略制定、竞争对手分析等场合。

2.4.1 市场机会及对策

1. 市场机会的定义

科特勒认为，市场机会是指对公司营销活动富有吸引力的领域，在该领域内，企业将拥有竞争优势。根据这个定义，我们可以把市场机会看作是对企业的营销活动有利的各种因素的总和。而另一种观点认为，市场机会是市场上尚未满足或尚未完全满足的显性或隐性需求。

2. 市场机会的分类

一般而言，市场机会主要包括以下几种类型。

① 显性机会和隐性机会。显性机会是指市场上存在的明显的未被满足的需求。隐性机会是指隐藏在某种需求之后的未被满足的需求。对企业而言，显性机会是一种较明显、易被发现的表面机会；而隐性机会具有一定的隐蔽性，不容易被企业发现，识别的难度较大。

② 当前机会和未来机会。当前机会是指目前市场上已经出现的需求；而未来机会是指目前市场上还没有或者仅有少部分的需求，但预计将在未来一定时期内大量出现的需求。企业既要重视当前的市场需求，更要着眼于长远利益，根据营销环境的变化，及时把握市场需求的发展趋势，准确预测未来的市场需求。

③ 行业市场机会与边缘市场机会。行业市场机会是指出现在企业经营领域内的市场机会。例如，随着健康饮酒观念的增强，葡萄酒因其自身所具有的保健功能而备受消费者青睐，对葡萄酒生产企业而言，这就是行业市场机会。边缘市场机会是指其他行业同本行业之间交叉、结合部分的市场机会。边缘市场机会一方面可以发挥原有行业的部分优势，另一方面可以突破行业限制。企业既要把握好行业市场机会，又要把握好边缘市场机会。

④ 全面市场机会和企业机会。全面市场机会是指因大环境变化而带来的市场机会。企业机会是指与本企业的经营目标一致的，对本企业发挥优势有特殊意义的市场机会。

案例 2-3

持续开拓消费新场景 锅圈食汇新品再获市场认可

成立于 2017 年的锅圈食汇是一个便利店连锁品牌，以提供火锅、烧烤食材为主，同时销售各种休闲零食、生鲜、净菜、饮食、小吃等商品。它采用互联网+食材的 B2B、B2C 运行模式，线下门店与线上商城同时运作。锅圈食汇为广大中小型餐饮企业供应 B 端食材，也为个人消费者提供服务。多年来，锅圈食汇持续深耕、强化自身的研发能力以面对市场变化，不仅在上海、成都等地建立了食材研发中心，还创建了 300 余人的产品研发品控团队。锅圈食汇超过 90%的品类都是其自主研发的。

2022 年 8 月，福州餐饮协会携手当地生活媒体“一碗福州”发起第六届“一碗福州小龙虾宝藏榜”评选活动，通过专业美食评审探店，从小龙虾的重量、身长、口味等多个方面进行全方位测评，寻找夏天最值得推荐的小龙虾品牌。榜单最终在万众期待下揭晓，锅圈食汇荣登品牌宝藏榜，同时其麻辣味小龙虾荣登口味榜，在品牌与口味上得到双重认可。此次锅圈食汇上榜的小龙虾精选自湖北荆州洪湖、潜江、监利地区和江苏淮安、盱眙、洪泽湖地区，这些地方水资源丰富、水草茂盛，优质的生长环境造就了锅圈食汇的优质小龙虾原料。每只小龙虾到达工厂后，会经过气泡清洗、炒制加工、低温冷卤、液氮锁鲜四道工序。

在锅圈食汇的小龙虾品种中，无论是“龙虾大大大”系列，还是“黑金烤肉”系列，在推出后都很快收到了市场的良好反馈。在微博、小红书等社交平台中搜索“户外露营”“烧烤”等关键词时，时常能看到锅圈食汇产品的身影。据购买过锅圈食汇产品的消费者分享，锅圈食汇的单品无论是口味还是易用度都更有优势。首先，锅圈食汇的预调味让消费者免去了腌制的时间，开袋即用的属性让锅圈食汇的食材可以方便地带到各个场景中使用；其次，锅圈食汇产品中还有很多快手菜、预制菜，消费者只需简单烹饪即可快速获得一份“新鲜热辣”的菜品。这些独特的属性让锅圈食汇的产品扩展出许多不同的玩法。

据锅圈食汇相关负责人介绍，在未来，锅圈食汇还将持续投入产品研发，不断为消费者开发新品，满足消费者在更多消费场景下的个性化餐饮需求。

资料来源：https://baijiahao.baidu.com/s?id=1742010495155027274&wfr=spider&for=pc（2022-08-24）[2023-10-10]

3. 市场机会分析

市场机会分析的首选方法是机会矩阵分析法。机会矩阵图的横坐标为“成功的概率”，表示成功的可能性；纵坐标为“机会潜在的吸引力”，表示潜在的盈利能力，如图 2.3 所示。

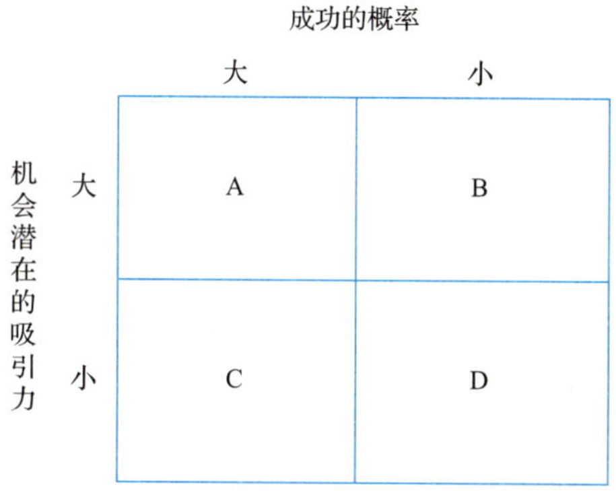

图 2.3　机会矩阵图

4. 对市场机会的对策

通过机会矩阵图，企业可以找到自己的市场机会。企业在面对市场机会时，必须慎重地评价其质量及能为企业带来的利益的大小。莱维特认为企业决策者要小心评价市场机会。他说：“这里可能是一种需要，但是没市场；或者这里可能是一个市场，但是没有顾客；或者这里可能是一个顾客，但目前实在不是一个市场。又如，这里对新技术培训是一个市场，但是没有那么多的顾客购买这种产品。那些不懂得这些道理的市场观测者对于某些领域（如闲暇产品、住房建筑等）表面上的机会曾做出惊人的错误估计。”

2.4.2 环境威胁及对策

1. 环境威胁的定义

科特勒认为，环境威胁是指环境中一种不利的发展趋势所形成的挑战，如果不采取果断的营销行动，这种不利趋势将导致企业市场地位被侵蚀。基于这个定义，我们认为环境威胁实质上是对企业营销活动不利或限制企业营销活动发展的因素，这些因素将使企业的经营活动受损，甚至对企业造成毁灭性的打击。

2. 环境威胁分析

企业营销人员应该高度重视自身面临的环境威胁，并按照环境威胁造成的后果的严重性进行分类，然后制订应变计划，以规避市场风险。环境威胁分析的首选方法是威胁矩阵分析法。威胁矩阵图的横坐标为“出现的概率”，表示威胁出现的可能性；纵坐标为“威胁的严重程度”，表示威胁给企业带来的损失的大小，如图 2.4 所示。

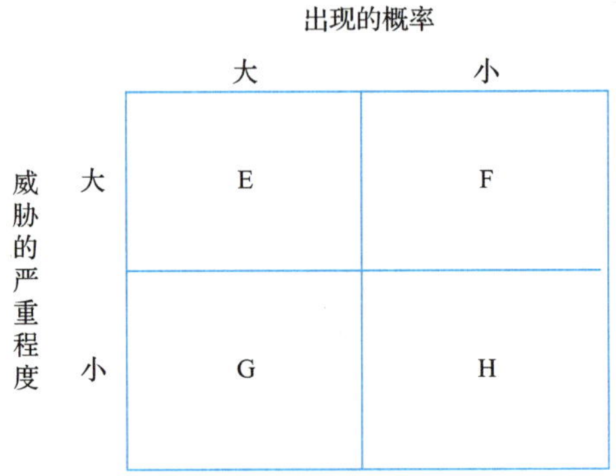

图 2.4 威胁矩阵图

3. 对环境威胁的对策

环境威胁对企业的营销活动产生的不利影响的程度是有差异的。一般而言，根据环境威胁的影响程度，企业可选用以下三种策略。

（1）对抗策略

对抗策略是指企业努力限制或者扭转不利环境因素的发展。一般而言，当出现假冒伪劣产品、商标侵权及不正当竞争等方面的环境威胁时，企业可以采用对抗策略，如可以利用舆论、法律等措施将威胁降到最低程度。

案例 2-4

周黑鸭三招严厉打击商标侵权

周黑鸭国际控股有限公司（以下简称周黑鸭），是一家专门从事生产、营销及零售休闲熟卤制品的企业，主营业务为卤鸭及鸭副产品、卤制红肉、卤制蔬菜等产品。产品包装形式主要有气调保鲜包装、真空颗粒包装。“没滋味就吃周黑鸭”是周黑鸭的品牌理念。努力成为年轻、有活力兼具文化底蕴、生活品位的品牌是周黑鸭的品牌目标。周黑鸭相信，可口、卫生、方便的产品，能够为消费者带来更大的乐趣和更好的体验。截至 2023 年 6 月，周黑鸭的线下门店总数达 3706 家，其中直营门店 1542 家，特许经营门店 2164 家，已覆盖 28 个省、自治区、直辖市的 339 个城市；已有湖北武汉、河北沧州、广东东莞、江苏南通四大现代化工厂，正在稳步推进全国五大区工厂布局；线上覆盖了 70 多个国内主要电商平台。周黑鸭先后荣获“农业产业化国家重点龙头企业”“中国驰名商标”等荣誉称号。年轻、休闲的品牌定位，赢得了众多年轻白领和学生的喜爱。

正因为“周黑鸭”享有较高的市场知名度，不少卤味鸭脖都穿上了它的外衣，冒充起它来。一时间“周黑鸭”店铺真假难辨。周黑鸭的高管表示，周黑鸭一直受假冒注册商标的商品及商标侵权问题的困扰，但近几年逐渐找到“打假”方法。对于刚开业的商标侵权门店，周黑鸭会请行政立法机关进行监控，即时制止商标侵权门店经营；对于开业已有一段时间的商标侵权门店，周黑鸭会请律师收集证据，提起民事诉讼，亦会申请立案侦查，保护商标权利。另外，为了让消费者能识别出真货与假货，周黑鸭培养消费者使用会员卡识别。

2020 年 8 月 24 日，北京知识产权法院审结了一起侵犯“周黑鸭”商标权的民事二审案件。周黑鸭发现西府巨芳公司未经许可，在其开设的熟食卤制品店的店铺招牌、购物袋上使用“周黑鸭 ZHOU HEI YA”及图案商标。周黑鸭以侵害商标权为由诉至法院。北京知识产权法院经审理认为，被告未经许可，在同一种商品上使用了与原告注册商标相同的商标，以及在相同商品上使用与其注册商标近似的商标，容易导致公众混淆，上述行为侵犯了原告的注册商标专用权，应承担相应侵权责任。综合考虑原告享有商标的知名度、被告的经营规模和销售形式等情节后，一审法院酌定赔偿数额 3 万元及合理支出 1000 元，并无不当。

资料来源：根据网络资料整理

（2）减轻策略

减轻策略是指企业发挥主观能动性，通过调整市场营销组合来减轻环境威胁的严重性。对于一些无法通过对抗来解决的环境威胁，企业可以采用这种策略来减轻外界不利因素对企业的影响。

（3）转移策略

转移策略是指企业将目标市场转移到其他更具竞争优势、盈利更多的市场。如果企业对目标市场上出现的威胁无法扭转或减轻，企业就必须当机立断，迅速作出决策，向其他发展前景好、有竞争优势的行业或市场转移。

习　题

一、单项选择题

1. 科特勒根据影响范围的大小把市场营销环境划分为（　　）。

A. 人口环境和经济环境　　B. 自然环境和文化环境

C. 宏观营销环境和微观营销环境　　D. 政治环境和法律环境

2. 企业的微观环境包括供应商、营销中介、顾客、竞争者、公众和（　　）。

A. 企业内部环境　B. 国外消费者　C. 制造商　D. 社会文化

3. 市场营销环境是动态的，市场营销环境系统中的各构成因素都在随着社会的进步和经济的发展不断变化。这种说法体现了市场营销环境的（　　）特点。

A. 客观性　B. 差异性　C. 多变性　D. 复杂性

4. 某游客在游乐场游玩后感到口渴，他想要在游乐场购买饮品。游乐场售卖瓶装咖啡、瓶装果茶、瓶装碳酸饮料等饮品，此时，瓶装咖啡生产者和瓶装果茶生产者之间互为（　　）。

A. 产品形式竞争者　　B. 产品属类竞争者

C. 品牌竞争者　　D. 愿望竞争者

5. 根据恩格尔定律，随着家庭收入增加，用于购买食品的支出占家庭收入的比重会（　　）。

A. 上升　B. 下降　C. 大体不变　D. 时升时降

6. 从收入方面来看，一般用于购买高档耐用消费品、旅游、储蓄等的个人收入是（　　）。

A. 个人实际收入　　B. 个人可支配收入

C. 人均国民收入　　D. 个人可任意支配收入

7. 认识与分析营销环境的目的是（　　）。

A. 防患于未然　　B. 寻求企业发展空间

C. 增强企业适应能力　　D. 发现市场机会和识别环境威胁

8.（　　）即按单位土地面积计算的人口规模，它是决定某一特定区域内市场需求程度的重要因素之一。

A. 人口密度　B. 城乡结构　C. 家庭规模　D. 人口流动

9.（　　）是指目前市场上还没有或者仅有少部分的需求，但预计会在未来一定时期内大量出现的需求。

A. 显性机会　B. 当前机会　C. 未来机会　D. 隐性机会

10. 环境威胁对企业的营销活动产生不利影响的程度是有差异的。某企业通过调整市场营销组合等来改善环境以减轻环境威胁的严重性，该企业对环境威胁采用的策略是（　　）。

A. 对抗策略　B. 减轻策略　C. 转移策略　D. 撤退策略

二、多项选择题

1．以下属于营销中介的是（ ）。

A．中间商 B．供应商 C．营销服务机构 D．实体分销机构

2．波特认为，行业内部的竞争程度取决于哪几种竞争力？（ ）

A．行业内部现有企业的竞争 B．替代品的威胁

C．潜在进入者的威胁 D．供方的讨价还价能力

E．买方的讨价还价能力

3．PEST 分析法是战略外部环境分析的基本工具，它通过哪几个因素从总体上分析宏观市场营销环境，并评价这些因素对企业市场营销活动的影响？（ ）

A．政治因素 B．经济因素 C．社会因素 D．技术因素

4．一个社会的文化是可以分解为若干因素或若干部分的，文化的主要构成要素有（ ）。

A．价值观念 B．语言文字 C．教育水平

D．风俗习惯 E．宗教信仰

5．研究人口结构对企业营销活动的影响，主要从（ ）方面展开分析。

A．年龄结构 B．性别结构 C．家庭结构 D．民族结构

三、填空题

选择一家你熟悉的企业，先考虑该企业过去五年的成长经历，然后思考下面的问题。

1．你认为帮助该企业成功的最重要的三个市场机会是什么？请依次按照市场机会的重要性排列。

（1）______

（2）______

（3）______

2．在过去五年中，你认为企业面临的最重要的三个威胁是什么？请依次按照环境威胁的严重性排列。

（1）______

（2）______

（3）______

四、简答题

1．市场营销环境有哪些特点？

2．影响企业营销活动的宏观环境因素有哪些？简单举例并说明上述宏观因素（至少三个因素）是如何影响企业的营销活动的。

3．有人认为企业应该紧紧“抓住每一个市场机会”，对此你有何看法？

4．企业对所面临的市场机会可能采取哪些对策？
5．企业对所面临的环境威胁可能采取哪些对策？

五、论述题

文化是不断变迁的，试举例论述西方文化的不断渗入对我国营销环境产生了什么影响。

六、案例分析

“丑食品”也有春天

一般人们挑水果、蔬菜的时候，会挑选那些外观长得好看、没有破损、水灵的，而那些长得畸形或者稍微有破损的食品，往往无人问津，或者只能被低价出售，尽管它们的口感、营养并不比卖相好的食品差。一项调查显示，在美国大约有26%的食品，在摆上货架之前就被丢进了垃圾桶，原因就是长得丑！长得丑连上货架的机会都没有，更重要的是，还造成了很大的浪费。来自麒灵广告的九名实习生，受到此前麒灵和美国广告委员会做的一个“拯救食物”活动的启发，开发了一个小游戏“go get shelved”（摆上货架），以游戏的形式，让消费者重新认识卖相不好的食品，认识到它们丑陋外表下面一样有好的口感和营养。

这个游戏把各种长相不佳的食品，如外表有小黑点的柠檬、末端分叉的胡萝卜、形状奇奇怪怪的苹果，做成可爱的卡通形象，有鼻子有眼睛，还可以跟人进行对话互动。它们都有一段“丑食品”的自白：是，我看起来不咋地，但是我和朋友一样也有摆上货架的梦想。我知道这对于我来说不是一件容易的事情，但是长相不代表一切！

这个游戏的模式是：用户先从苹果、柠檬和胡萝卜中选一种食品，接着会看到自己选的食品的生命周期，用户可以通过一个简单的测试来了解它的营养、口味和外观。这个“丑食品”还会要求用户坦白回答对不好看的食品的真实感受，用户的回答将决定它的最终命运是被送到货架上，还是被丢到垃圾桶里。

相信跟着游戏一步步走到最后，用户对食品的外观会有很大的改观。游戏结束时，用户会面临三个行动号召：把游戏分享到社交平台上，或者在社交平台上用“Get Shelved”这个标签@一家当地的杂货店，让杂货店不要“歧视”卖相不好的食品，给它们一个上货架的机会，再或者，买一些卖相不好的食品回家。

这个游戏在推出后两个星期内，就有4000人参与。食品浪费是一个长期的话题，一名实习生说，通过这种有趣的互动形式，可以让年轻的消费者参与进来，改变他们对食品的认识，这个老生常谈的话题如果是以不恰当的形式传递给消费者的话，就可能会变得枯燥乏味，达不到预期的效果。

资料来源：洛桑．“丑食品”也有春天[J]．成功营销，2016（11）：72

思考题：

（1）麒灵广告开发“go get shelved”游戏面临哪些市场机会与环境威胁？

（2）“go get shelved”将“杜绝浪费”这个老生常谈的话题通过有趣的互动形式传递给消费者，对处在移动互联网背景下的企业新营销有何启示？

第 2 章　在线习题

第3章

市 场 需 求

本章教学目的

市场是由一切具有特定欲望和需求并且愿意和能够以交换来满足这些需求的潜在顾客所组成的，企业的一切营销活动都围绕着市场需求而展开，研究市场需求规模及其变化，是企业开展市场营销活动的基础。本章的教学目的是帮助学生了解顾客的定义与分类，熟悉需求的本质和类型，理解市场需求对企业制订营销策略的重要性，掌握市场需求测量的基本方法。

本章主要知识点

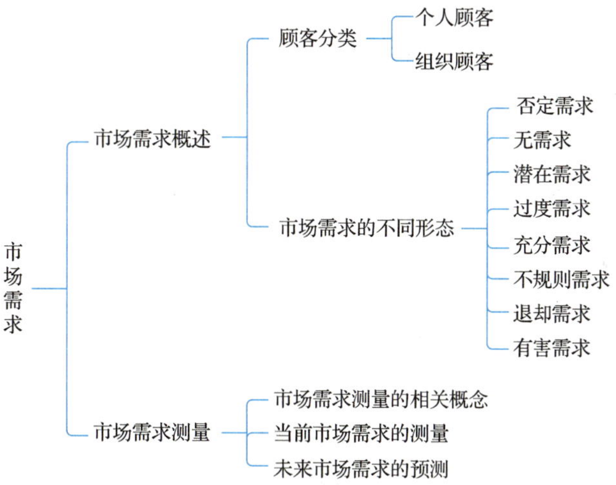

导入案例

3.1 市场需求概述

市场需求是市场营销学的核心概念之一，企业的一切营销活动都围绕着市场需求而展开。因此，市场营销管理的本质是需求管理，市场营销管理就是企业认识市场需求的性质、调节市场需求水平的过程。数字时代的顾客不再只是被动地作为购买者接受企业的产品或服务，而是积极主动地参与到价值创造、传播等活动当中，他们不仅拥有了新的角色，还表现出一系列新的消费特征。例如，在数字平台上，顾客兼任数据提供者、内容生产者、传播者等角色。由于企业面临的市场需求在不断变化，企业必须研究市场需求的各种形态，引导和调节市场需求，使之与企业的能力相协调，从而积极把握市场机会，有效利用企业内部资源，主动、充分地满足市场需求，最终取得企业、顾客与社会整体利益的最大化。

3.1.1 顾客分类

顾客即购买企业产品或服务的需求群体，是构成市场的基础，也是企业的服务对象。企业通过向顾客提供有价值的产品或服务而获取利润，实现生存与发展。为了有效地为顾客服务，企业需要对顾客进行管理。顾客的类型多种多样，不同顾客类型意味着不同的需求特点、需求方式和需求量，这就要求企业采取不同的管理方法。因此，顾客管理的基础是研究顾客的构成与分类。本书按照购买目的将顾客划分为个人顾客和组织顾客。

1. 个人顾客

个人顾客又称消费者或个人购买者，是指为了满足生活需要而购买、使用产品和服务的个体。个人顾客的购买主要是为了自身消费，所购产品主要集中于生活用品，他们人数众多，分布面广，单次购买数量少，购买次数频繁。不同的个人顾客由于受到年龄、性别、职业、经济条件、生活方式、社会阶层、教育水平等因素的影响，在购买产品和服务时往往表现出不同的行为模式，个人顾客主要有以下几种。

（1）习惯型购买者

此类顾客主要依据过去的购买经验和使用习惯来选择产品。他们在长期的购买活动中，出于经验和习惯，对某些产品或商店十分信任，从而长期地、习惯性地、反复地购买某种产品或光临某家商店，极少尝试改变，表现出较高的忠诚度。他们在购买产品时，决策果断，成交速度快，购买行为表现出很强的目的性。

（2）理智型购买者

此类顾客主要依据自己的经验和产品知识，在广泛搜集产品信息、进行周密的比较和分析的基础上，做出购买某种产品的决定。这类购买者购买产品时通常比较冷静、慎重，善于控制自己的感情，购买行为多是理智的，他们很少感情用事，更不容易受产品包装、购物现场气氛、他人或广告宣传的影响，在整个购买过程中保持高度的自主性，并始终用理智来支配自己的行为。

（3）经济型购买者

此类顾客从经济的角度出发，以价格的高低为标准来选择产品，对价格比较敏感。在实际购买活动中，这类购买者对价格格外关注，往往表现为两种倾向：一种是购买低价产品，对降价打折的产品比较感兴趣，追求经济合算、物美价廉，对产品款式是否新颖、造型是否美观不太注重；另一种是购买高价产品，对名牌产品、高档产品比较感兴趣，认为“一分钱一分货”“便宜无好货，好货不便宜”，往往不惜花高价来满足对高品质的追求。

（4）冲动型购买者

此类顾客容易冲动，对外界刺激反应敏感，在购买过程中多以直观感觉来选择产品，易受广告宣传、推销活动等外界因素的影响，喜欢追求新产品、时尚产品，而不太注重产品价格的合理性、产品的适用性，他们往往凭个人感觉、兴趣购买产品，一时心血来潮，就会立刻采取购买行为，买后又经常产生懊悔之情。比如数字时代的顾客受到定向广告、个性化推荐、直播带货等形式多样的营销手段的影响，从而产生了更多的冲动型购买行为。相关资料显示，2014—2021 年，“退款”“产品质量”“退换货难”都是每年网络消费十大投诉热点。

（5）感情型购买者

此类顾客的购买行为带有浓厚的感情色彩。他们在购买产品时，感情体验深刻，想象力、联想力丰富，注重产品的外观、造型、款式、色彩，追求产品的美感，而对产品价格是否合理、功能是否完善不太重视。在整个购买过程中，他们多以感情来支配自己的购买行为，根据是否符合自己的审美观、寓意是否美好来选择产品，购买行为比较容易受产品陈列、包装等因素的影响。

（6）随意型购买者

此类顾客购买心理不稳定，缺乏产品知识和购买经验，在购买过程中往往缺乏主见、犹豫不决，对所购买的产品缺乏相应的了解，也没有固定的偏好，通常希望得到营销人员的帮助，愿意倾听营销人员的介绍以帮助自己做出购买决策，这类顾客多为一些不常购买产品或奉命购买的消费者。

小思考 3-1

低龄老年人的网购行为

第七次全国人口普查数据显示，我国 60 岁及以上人口占全部人口的比重为 18.7%，处于轻度老龄化阶段。其中，60~69 岁的低龄老年人口占 60 岁及以上人口的 55.83%。据了解，低龄老年人群体受教育程度相对较高，财富积累及消费能力也相对较强。他们通过互联网满足产品和服务消费需求的愿望比较强烈。

64 岁的李女士爱好广泛，其中最“烧钱”的当数摄影。在互联网时代，退休的李女士与时俱进，不仅学会了在电脑上编辑制作视频，还会在网上购买几十元到几百元不等的网课学习摄影技巧。几年前她花费 8000 元入手了第一台专业相机，最近，她又计划给自己的专业设备进行更新换代。在比较了实体店和网店的相机价格后，李女士在京东 App 下单购买了一台 2 万元出头的佳能相机。她表示，线上较线下价格便宜，如果以后有需要，还会考虑在网上下单购买相关产品。

与李女士的兴趣爱好不同，66 岁的杨女士是一个不折不扣的顾家型退休人员，她平时总想着改变菜品以丰富家人的饮食，或者整理家务让家居环境变得更干净清爽。她表示，由于自己退休前的职业是教师，因此患有较严重的颈椎病，不能提重物。一般对于日用品及比较重的米面、水果、蔬菜等，她都会在网上下单，由快递送货上门。淘宝、美团、拼多多等是杨女士经常光顾的互联网购物平台。

喜欢“行万里路”的赵先生 69 岁了。“五一”前，他在携程上发现去福建的机票很便宜，每人只需约 400 元，于是就给自己和老伴儿来了一场“说走就走”的旅行。

资料来源：http://www.chinadevelopment.com.cn/news/zj/2021/06/1728846.shtml（2021-06-03）[2023-10-10]

请思考：

本案例中，李女士、杨女士和赵先生分别倾向于哪一类购买者？

2. 组织顾客

组织顾客是指购买产品和服务用于再生产、租赁或销售的经济组织，其购买目的是获取利润，主要包括生产型企业和中间商组织。组织顾客的购买行为主要表现出以下特点。

（1）购买过程复杂

相对于个人顾客来说，组织顾客的购买过程涉及多个部门，一般要经过提出需要、确定总体需要、详述产品型号规格、查询供应商及供应信息、选择供应商、发出订单、履行购买合同、评估履约情况等环节。由于组织购买往往涉及金额巨大，如购买大宗工业品或贵重仪器设备等，购买前需要对各种技术问题和经济问题进行反复论证，购后还要进行验收试用，因此购买决策时间长，过程复杂。

（2）购买行为专业性强

个人顾客的购买行为往往体现出一定的主观性，而组织顾客的购买行为则体现出较强的专业性。因为组织购买的产品包括原材料、生产设备、零部件等，这些都会直接影响其生产产品质量、生产效益和管理水平，最终影响企业的经营利润，所以组织顾客一般借助于具有专业知识、受过专业培训的技术人员和采购人员来制订购买决策，实施购买行为。这些人员熟悉产品，具有丰富的相关知识和经验，由他们实施的购买行为体现出较强的专业性。

（3）购买行为稳定性强

组织顾客的购买行为具有较强的稳定性。在组织购买过程中，买方和卖方的数量有限，买方依赖卖方的高质量供应，卖方依赖买方的持续购买，双方紧密依存。为了降低交易成本，维持企业经营的稳定性，组织顾客通常会与其供应链上下游的企业建立长期、稳定的合作关系。

知识链接 3-1

2022 年全国政府采购简要情况

为了开展日常政务活动，为公众提供服务，履行政府职能，各级政府会依据需要开展政府采购活动。《中华人民共和国政府采购法》将政府采购定义为各级国家机关、事业单位和团体组织，使用财政性资金采购依法制定的集中采购目录以内的或者采购限额标准以上的货物、工程和服务的行为，并将政府采购分为集中采购与分散采购。《中华人民共和国政府采购法》明文规定，政府采购应当有助于实现国家的经济和社会发展政策目标，包括保护环境，扶持不发达地区和少数民族地区，促进中小企业发展等。

2022 年全国政府采购规模为 34993.1 亿元，较上年减少 1405.9 亿元，下降 3.9%，占全国财政支出和 GDP 的比重分别为 9.4%和 2.9%。从结构来看，货物、工程、服务政府采购规模分别为 9027.5 亿元、15664.1 亿元和 10301.5 亿元，占全国政府采购规模比例为 25.8%、44.8%和 29.4%。从组织形式来看，政府集中采购、部门集中采购、分散采购规模分别为 7676.8 亿元、2609.7 亿元和 24706.5 亿元，占全国政府采购规模的 21.9%、7.5%和 70.6%。从采购方式来看，公开招标、邀请招标、竞争性谈判、竞争性磋商、询价、单一来源采购规模分别占全国政府采购规模的 77.2%、0.8%、2.2%、11.0%、0.9%和 3.3%。

资料来源：http://www.ccgp.gov.cn/news/202312/t20231226_21337135.htm（2023-12-26）[2024-02-25]

3.1.2 市场需求的不同形态

一般而言，市场需求存在八种形态。

1. 否定需求

否定需求又称负需求，是指市场中的部分消费群体不喜欢或拒绝某种产品或服务。例如，素食者回避肉食，糖尿病患者忌讳含糖量高的食品，这些都属于否定需求。否定需求往往源于价值观、风俗习惯、宗教信仰、生理与心理因素及其他环境因素等。

针对否定需求，企业可以采取转换型营销策略，即企业在充分的市场调研基础上，采取多种方法消除引起消费者厌恶的因素，将否定需求转化为肯定需求，负需求转化为正需求。主要方法包括自我转换和消费者心理改变。自我转换是指在难以改变消费者心理的情况下，企业通过改变产品本身来改变消费者对产品的印象；而消费者心理改变则是指企业在不改变产品的情况下，影响消费者的认知、意愿、习惯及信念等，这要求企业具有强大的实力和娴熟的营销技巧。

小思考 3-2

“丑蔬果”的逆袭

一般我们去菜场、超市买蔬菜水果时，哪怕不特意挑选，也会下意识去拿长得光洁的，那些有瑕疵、长相不规整的“丑蔬果”就被剩在一旁。“颜值歧视”导致的“丑蔬果”浪费正在成为人们无法忽视的问题。为了充分利用这些口味和营养没有任何问题的丑蔬果，多国商家进行了新尝试。

加拿大连锁超市 Loblaws 在店内设置“Naturally Imperfect（天生不完美）”专柜以售卖低颜值的蔬果，还给它们赋予了有趣的名字，如“奇形怪状的苹果”“滑稽的马铃薯”“失败的柠檬”“扭来扭去的茄子”……前来购买的人络绎不绝，2 天就售出 1.2 吨蔬果！难道只因为有趣？其实顾客一开始也很犹豫，但品尝了店员现场用这些蔬果榨的汁、做的果酱后，终于放下了担心，开始买买买。很多顾客接受采访的时候说：“虽然丑，但内在很美味！它们没被浪费掉，我很高兴。”

英国一位女孩偶然见到菜场批量丢弃的但还很新鲜的水果，得知只是品相问题后，她不惜辞职专门去“捡剩”，将水果拿回来做成果酱。她的果酱品牌甚至出现在了英国女王的菜单上，被媒体形容为“把废物变成宝物”。人们逐渐意识到，被丢弃的不完美蔬果，同样有价值。

日本长崎一家企业将蔬菜洗净切好后，先将蔬菜放入容器内打成膏状，再把它们做成像海苔一样的薄片，最后进行干燥加工得到最终产品。这种产品的名字叫 VEGHEET。因为制作的薄度和韧性刚好，除切丝、切片之外，还可以用它来代替海苔去卷寿司，用它做出来的料理秀色可餐，十分有新意又健康美味。VEGHEET 不仅解决了丑蔬菜的浪费，还受到一些不爱吃蔬菜的小朋友的喜爱。

为了让人们重新认识农作物的本质，“派对+丑食、剩食”的玩法走红了，互不相识的人聚在一起，品尝着用因品相问题而被剩下的食材做成的美味食物。很多农场不再将“丑蔬果”抛弃，而是将它们收集、包装、出售。

资料来源：https://baijiahao.baidu.com/s?id=1599595851838436799&wfr=spider&for=pc（2018-05-05）[2023-10-10]

请思考：

本案例中，各商家分别采取了哪些措施来应对人们对“丑蔬果”的歧视？它们各自的营销策略的本质是什么？

2. 无需求

无需求又称零需求，是指市场中的部分消费群体对某种产品或服务不感兴趣、漠不关心。导致无需求的原因一般有以下几个。

① 人们熟悉某些商品，但认为它们对自己来说是没有使用价值的，从而表现出无需求状态。比如，男性消费者、老年消费者虽然认可化妆品的价值，但往往并不认为自己需要使用化妆品。

② 消费者对商品缺乏认识，不熟悉、不了解从而导致无需求。这种情况往往发生在新产品上市阶段。比如，扫地机器人在刚进入市场时，消费者因对其功能缺乏认识与了解而持观望态度，因此，上市初期市场反响平平。

③ 某些废弃物品一般被认为是没有价值的，如旧家电、老式家具等。

针对无需求形态，企业可以采取刺激性营销策略，即向消费者展示产品价值，刺激他们的购买欲望，将无需求转化为有需求。主要方法有以下几个。

① 引导消费者发掘产品对自己的使用价值，创造新需求，如借助广告促销及其他传播手段宣传“化妆品并不是年轻女性的专用品”，帮助男性消费者和老年消费者意识到自己也需要使用这种商品。

② 加强宣传，大力促销，积极传播产品的有关信息，加深消费者对产品的了解，激发他们的购买欲望。比如，扫地机器人生产商通过组织“扫地机迷宫寻宝大比拼”游戏比赛，来促使消费者认识产品的功能和优点，从而促进购买。

③ 对于一般人认为无价值的废弃物品，寻找那些对此有兴趣的消费群体。比如为旧家电开辟二手市场，供低收入者选择购买；为收藏家提供具有收藏价值的老式家具及其他旧物品。

3. 潜在需求

潜在需求是指现有的产品或服务不能满足需求，如消费者已有新需求但市场上还没有相应的产品或服务供应，或者已经有产品但市场上还有一部分潜在购买力没有实现。比如，消费者希望有更节能环保、方便舒适的交通工具，希望有口味好、营养丰富、具有减肥或者保健等功能的休闲食品。可见，消费者的潜在需求随着科学技术和经济水平的发展而日益丰富和多元化。

针对潜在需求，企业可以采取开发性营销策略。企业必须善于研究和发掘市场的潜在需求，积极开发相应产品，引导消费者购买和使用新产品，从而开辟新市场，将潜在需求转化为现实需求，这是企业发展壮大的机会。

案例 3-1

海尔智家上线健康场景

对家电行业来说，新型冠状病毒感染疫情就像一场大考，但以海尔智家为代表的标杆性企业，却在短时间内交出一份不错的答卷。

2020 年 1 月 27 日，被新型冠状病毒感染疫情“困”在家里的李女士焦虑地搜索衣物消毒方法时，发现自家的海尔洗衣机已经可以升级“高温消毒洗”程序。

2 月 3 日，海尔智家的服务工程师进行了一场线上服务，“下载这个程序，就能用微蒸汽给衣服除菌……”非常时期，海尔智家通过线上远程教用户如何下载程序，对衣服进行“蒸一蒸”消毒杀菌。

2 月 10 日，打开海尔智家 App 的用户发现，软件内新增了智慧健康场景方案版块。在这个版块，海尔智家上线了衣物除菌、抗菌保鲜场景。此后几天，烹饪消毒、空气除菌等场景陆续上线。海尔智家成功推出全场景健康方案。

新型冠状病毒感染疫情背景下，消费者对消毒杀菌的需求暴增，仓促间不少企业还没反应过来，海尔智家已率先带来吃、穿、住、行全流程的家庭防疫“超级方案”：你从外面回家后，可以把鞋放进智能鞋柜，衣服放进衣物护理机，眼镜、钥匙可以进行超声波清洗杀菌；在你做晚饭时，全空间保鲜冰箱让囤了一周的菜依旧新鲜，果蔬用净化蒸汽消毒后可以放心食用；吃完饭后，碗筷用洗碗机高温煮洗后，再放进光波巴氏消毒柜彻底消毒，地面可以交给扫地机精拖除菌……

资料来源：https://www.sohu.com/a/376914145_491065（2020-03-01）[2023-10-10]

4. 过度需求

过度需求又称超饱和需求、过量需求，是指市场需求超过了企业供给能力或供给意愿，呈现出供不应求的现象。市场上的紧俏商品、缺货商品等往往属于过度需求。供不应求表面上看是企业产品受到市场追捧，但实质上可能隐藏危机。第一，过度需求会吸引大量竞争者。需求超过供给，代表市场出现了“空白”，如果无法及时补充，就很可能被竞争者乘虚而入。第二，在过度需求状况下，企业无法满足消费者需求，这会导致消费者不满，为企业带来不良影响。

针对过度需求，企业可以采取两种不同的营销策略：第一，企业在有实力快速扩大生产规模时，可选择增长性营销策略，即在有效市场预测的基础上，有计划地快速提高生产能力，增加供应以满足市场需求；第二，企业在暂时无法扩大生产规模时，可选择限制性营销策略，通过提高产品价格、减少服务、限量供应等手段平衡市场需求，使市场需求与企业生产能力相匹配。

5. 充分需求

充分需求又称饱和需求，是指消费者对某种产品或服务的需求在时间和数量上同企业供给基本一致，这是企业最满意的需求状态。在充分需求下，企业提供的产品在功能、价格、质量等方面与消费者的需求与购买力相一致，供需平衡，产品处于畅销期。但是充分需求的状态难以持久，由于市场环境不断变化，再加上竞争因素的影响，产品供需平衡随时可能会被打破。

针对充分需求，企业可以采取维持性营销策略，主要方法有：调整市场营销组合，保持企业的市场优势，控制成本，提高产品质量和市场知名度。

6. 不规则需求

不规则需求又称波动需求，是指市场需求和供给在时间或地点上不均衡，具体表现为某些产品或服务的供给量受到企业生产能力的限制，会比较均衡，而需求量则在不同时期、不同地点上下波动，供给量与需求量之间往往有较大差别。我们常见的季节性商品、旅游产品等的市场需求都呈现出波动性特征。

针对不规则需求，企业可以采取调和性营销策略，对供给与需求进行调节，使二者保持适当的同步，从而将不规则需求转化为规则需求。主要方法有以下几个。

① 合理增加产品库存，以应对旺季需求。

② 对于某些需求波动较大、不易储存的物品，企业可以灵活配置劳动力，实行同步性供给，旺季保证供应，淡季降低成本。

③ 采取价格手段，如通过旺季适当提价、淡季合理降价来协调供需，或者借助分期付款、赊销等方式调整供求关系。

④ 加强淡季的促销活动，鼓励和刺激淡季的消费。

7. 退却需求

退却需求又称不足需求、下降需求，是指某种产品或服务的需求逐渐减少，购买量呈现出下降趋势。由于任何产品或服务均有一定的生命周期，因此当其进入市场一段时间之后，市场需求会自然趋于衰退。

针对退却需求，企业可以采取再定位型营销策略，主要包括产品再定位和市场再定位。以自行车为例，当城镇居民需求下降时，自行车生产商一方面可以采取产品再定位的策略，即在原有市场不变的基础上，针对城镇居民新阶段的需求特征，开发产品的新功能，改进造型、款式、外观等，将原来作为个人交通工具的自行车变为兼具个人体育锻炼功能与时尚功能的自行车；另一方面也可以采取市场再定位的策略，即在原有产品不变的基础上，开拓新的目标市场，扩大消费者群体，增加产品的销售量，如开发农村市场和国外市场等。

8. 有害需求

有害需求又称无益需求，是指某种产品或服务的消费对消费者的身心健康和社会效益有负面影响，如假冒伪劣产品、环境污染产品、黄赌毒产品、质量不合格产品等均属于有害需求。

针对有害需求，企业可以采取抵制性营销策略，主要包括：第一，对有害产品、假冒伪劣产品等停止营销，拒绝生产和提供有害产品和服务，指出这类产品的危害性，促使消费者放弃对这些产品的需求；第二，对于质量不过关的产品，企业在管理、技术、生产等方面大力改进，以消除产品质量问题。

3.2 市场需求测量

在分析市场需求形态的同时，企业营销人员还面临一个重要任务，就是测量市场需求的大小。对于市场需求的正确判断，是企业制定正确的营销战略和策略的前提，也是企业市场机会选择的重要依据，还是企业进行目标市场选择的重要依据。

3.2.1 市场需求测量的相关概念

1. 市场需求

对企业而言，某一特定产品的市场需求是指一定的顾客，在一定的地理区域、时间、市场营销环境和市场营销方案下购买的总量。可见，该产品的市场需求包括以下八个要素。

（1）产品

由于产品的范围是广泛的，因而企业在进行市场需求测量时，应首先明确规定产品的类别及范围。

（2）总量

总量通常直接表明了需求的规模，它既可以用金额表示，也可以用实物单位指标表示。

（3）顾客群

在对市场需求加以测量时，企业要确定特定顾客群的范围，要明确是总体市场的顾客群、某一层次市场的顾客群，还是目标市场或某一细分市场的顾客群。

（4）地理区域

不同地理区域的市场需求往往存在差异，因此，测量市场需求时必须以明确的地理区域为基础，根据具体情况，合理划分区域，测定各区域的市场需求。

（5）时间周期

市场需求测量具有时间性，如年度市场需求、三年或五年的市场需求。在进行市场需求测量时，必须以明确的时间为限。由于未来环境和营销条件具有不确定性，预测时间越长，测量的准确性就越差。

（6）营销环境

在进行市场需求测量时，应注意对各类环境影响因素的分析，如宏观环境中人口、经济、政治、法律、社会文化等诸因素的变化及其对市场需求的影响。

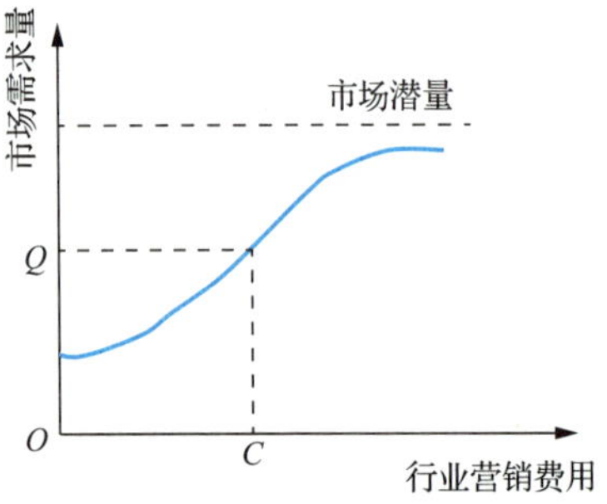

图 3.1　市场需求量与行业营销费用的函数关系

（7）实际购买

只有最终进行购买的需求，才是真正的市场需求。这里主要涉及订购量、装运量、收货量、付款数量或消费数量等。

（8）企业的营销活动

企业的营销活动对市场需求也会产生一定的影响。市场需求因受产品质量、产品价格、促销和分销方式等因素的影响而发生变化，这种变化一般表现出某种程度的弹性。因此，市场需求也被称为市场需求函数，市场需求量与行业营销费用的函数关系如图 3.1 所示。

知识链接 3-2

2024 年中国汽车市场预测：新能源汽车销量有望达 1150 万辆

2023 年 12 月 11 日，中国汽车工业协会（以下简称中汽协）发布《2024 年中国汽车市场整体预测报告》。中汽协预计，2024 年中国汽车市场总销量将达到 3100 万辆，其中新能源汽车销量将达到 1150 万辆；汽车出口量将达到 550 万辆。新能源汽车和出口仍是支撑汽车市场增长的重要力量。

2023 年 1—11 月，汽车产销量分别完成 2711.1 万辆和 2693.8 万辆，同比分别增长 10.0%和 10.8%。其中，汽车出口 441.2 万辆，同比增长 58.4%。同年 1—11 月，新能源汽车销量达 830.4 万辆，同比增长 36.7%；新能源汽车出口 109.1 万辆，同比增长 83.5%。其中 11 月，新能源汽车产销量分别达到 107.4 万辆和 102.6 万辆，同比分别增长 39.2%和 30%，市场占有率达到 34.5%。

中汽协常务副会长兼秘书长付炳锋表示，2023 年中国汽车市场呈现三大亮点：一是汽车产销量创历史新高；二是新能源汽车延续快速增长势头；三是汽车出口量持续提升。

国务院发展研究中心市场经济研究所副所长王青认为，2024 年中国市场将保持弱复苏态势，汽车销量增速很大程度上取决于出口增速。在乐观情景下，预计整体汽车批发销量增速为 4%~5%。东风汽车战略规划与科技发展部战略发展研究中心主任刘洛川预估，到 2030 年，我国海外汽车年销量可以达到 1200 万辆，其中出口 600 万辆，海外产量 600 万辆，新能源汽车出口占比不断提升，到 2030 年新能源汽车出口占比将达到 53%。

业内人士表示，新能源汽车出口占比将不断提升，我国汽车企业在输出产品的同时，应该拉动技术标准和品牌输出，增强用户黏性和品牌认同。

资料来源：李媛媛，明年新能源车销量有望达 1150 万辆（N）．中国证券报，2023-12-12（A06）

2．市场潜量

市场潜量通常是指在特定的营销环境下，随着行业营销活动的强化，某类产品的市场需求所能达到的最大极限（或者称为最高市场需求）。在这一概念中，特定的营销环境十分重要，因为它决定着市场潜量。例如，在经济繁荣期和经济衰退期这两种不同环境下，市场潜量的差异是极其明显的，通常前者条件下的市场潜量比后者条件下的市场潜量要大得多，如图 3.2 所示。

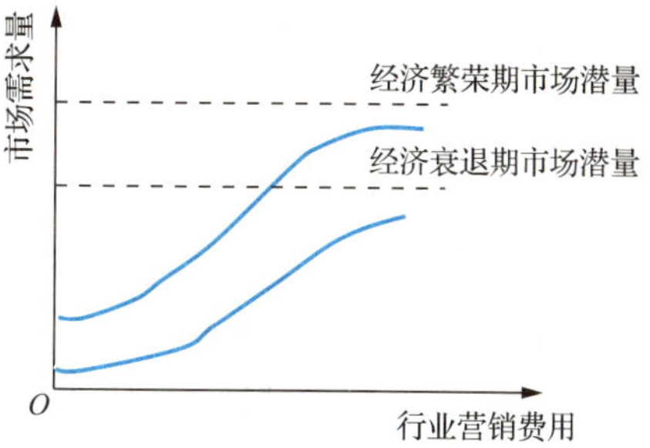

图 3.2　特定市场环境下的市场潜量

3．企业需求

企业需求可用公式表示为：

$$Q_i = S_i Q$$

式中：Q_i——企业需求；

S_i——企业市场占有率；

Q——市场需求总量。

从上式可见，企业需求的大小不但受到市场需求总量的影响，而且受到企业市场占有率的影响。一般情况下，影响企业市场占有率的因素有市场营销费用、市场营销组合策略及市场营销功效等。

4. 企业潜量

企业潜量通常是指某企业需求所能达到的最大极限。在特殊情况下，企业需求所能达到的最大极限可能与市场潜量等同；但在绝大多数情况下，企业潜量是低于市场潜量的。

从以上四个概念的关系来看，市场潜量与市场需求的差额，反映了市场潜力和市场机会的大小；而企业潜量与企业需求的差额则反映了企业进一步做出营销努力的潜力。如果企业需求已接近企业潜量，说明企业在该市场上已尽力，不会再有太大作为；如果企业需求与企业潜量差距较大，说明企业营销活动强度不够（或效果欠佳），需增加营销费用，设计更有效的市场营销组合，在现有市场上挖掘更大的潜力。

3.2.2 当前市场需求的测量

当前市场需求的测量，对企业的营销管理者来说，通常需要测量的是市场总需求、区域市场需求、企业的实际销售额及市场占有率。

1. 市场总需求的测量

测量市场总需求的方法有很多种，这里只重点介绍两种最常用的方法。

第一种方法的公式为：

$$Q = n \times q \times p$$

式中：Q——市场总需求；

n——市场上购买者数目；

q——平均每个购买者的年购买量；

p——产品的平均单价。

一家生产唱盘的厂家想测量它的市场总需求，假设每年有 1 亿名消费者购买唱盘，平均每人年购买量为 6 张，唱盘平均单价为 5 元/张，则市场总需求为：

$$Q = 1 \times 6 \times 5 = 30\ (亿元)$$

第二种方法是上述公式的一种变形，称连续比例法，特点是由一个基数乘以几个修正百分率。

例：某牛奶品牌商希望了解 A 城市的牛奶市场需求规模，A 城市数据如下。

A 城市人口总数	8000000 人
人均可支配收入	60000 元
人均可支配收入中用于食品的平均百分比	30%
食品支出中用于饮料的平均百分比	2%
饮料支出中用于牛奶的平均百分比	40%

依据连续比例法，A 城市每年的牛奶市场需求规模为：

$$8000000 \times 60000 \times 30\% \times 2\% \times 40\% = 11.52\ (亿元)$$

2. 区域市场需求的测量

每个企业都希望选择较理想的区域，但也面临一个有效地在区域间分配营销预算的要求，因而必须估量不同区域的市场潜量。对此，美国有两种比较有效的方法，即市场建立法和购买力指数法。

① 市场建立法主要用来估计生产资料的区域市场潜量。具体方法是采用美国普查局的标准行业分类系统来确定每个区域市场上所有潜在的生产资料的购买数量。该分类系统把整个制造业分为若干个大行业群，进而把每一个大行业群划分为若干个行业组，每一个行业组又再进一步细分为若干个产品品种。这样，每一个产品品种都可以用行业群代码、行业组代码和品种代码的组合标识出来。标准统一的数字序列给分类、查询和统计带来了便利。

企业在使用市场建立法时，首先通过标准行业分类系统查出某地区中可能对生产资料感兴趣的用户名单，并向他们进行询问，以了解其购买的可能性；然后估计有关用户可能需要的数量，并由此推算出该区域的市场潜量。

② 购买力指数法主要用于估计消费品的区域市场潜量。

$$B_i = 0.5Y_i + 0.3R_i + 0.2P_i$$

式中：B_i——i 地区购买力占全国购买力的百分比；

Y_i——i 地区个人可支配收入占全国总收入的百分比；

R_i——i 地区零售额占全国零售总额的百分比；

P_i——i 地区人口占全国人口的百分比。

必须指出的是，式中的三个系数是依据一定时期美国的实际情况而定的，对我们仅仅是一种参考。

此外，当估计某些以家庭为消费单位的消费品的区域市场潜量时，需将 P_i 替换为 H_i，即：

$$B_i = 0.5Y_i + 0.3R_i + 0.2H_i$$

式中，H_i——i 地区家庭数目占全国家庭数目的百分比。

B_i 确定以后，用其乘以总市场潜量，即可得出 i 地区的区域市场潜量。实践中，情况会更复杂，有时需相应加入其他因素，如竞争因素、季节差异因素、地区特征因素等，以对预测值做出必要调整。

3. 估算实际销售额和市场占有率

除测量市场总需求和区域市场需求外，企业还需了解其所在市场及行业的实际销售情况，这意味着它必须了解竞争者，掌握竞争者的销售情况。

各种行业协会通常会收集和发布全行业的销售情况，当然并不会具体列出每家公司的销量。企业可通过对照全行业的情况对自己进行评价。如果某企业的年销量增长了 5%，但全行业的年销量增长了 10%，那么这家企业在本行业中的地位实际上是下降了，即市场占有率下降了。

另外，企业可以向专业市场调研组织购买有关总销售情况和各品牌销售情况的具体资料，然后通过比较市场占有率，了解自己与竞争者的市场地位。

3.2.3 未来市场需求的预测

企业一般采用三段式程序对未来市场需求进行预测，即一般要经过“环境预测—行业预测—企业销售预测”这样的过程。首先是进行环境预测。即根据经济周期、通货膨胀率、失业率、利率、消费者支出与储蓄比例、工商业投资、政府开支、净出口额等的变动情况，得出对国内生产总值的预测。其次是在此基础上做出行业市场预测，即在已知的环境和既定的营销支出下，预测该行业的总销量。最后是根据本企业的市场占有率，做出企业销售预测，即预测企业的销量。

西方企业常用的预测方法有以下几种。

（1）购买意向调查法

该方法是在营销环境和条件既定的情况下，预测消费者可能购买些什么。在消费者购买意向非常明显时，此方法特别有效。

美国有几家调查公司曾做过主要针对耐用消费品的消费者购买意向调查，如向消费者提出：在未来6个月里你打算买汽车吗？答案有六种不同的选择，即：肯定不购买、不大可能购买、有点可能购买、很有可能购买、非常可能购买、肯定购买。当然，调查公司还要补充调查消费者目前和将来的财务状况及其对经济前景的预测。然后，耐用消费品制造商即可根据这些调查结果安排自己的生产。

在其他市场上，各种调查公司也做此类调查。采用购买意向调查法预测的结果同实际情况的偏差率大多在10%以内。

（2）综合推销人员意见

在无法对消费者进行询问的情况下，企业可要求它的推销人员对未来市场需求做出估计。

例如，某公司每年8月为其推销人员准备一些表格或卡片，该公司要求推销人员在每张卡片上记录一家主要客户前6个月对某种产品的购买量，每张卡片上还有一处空白，留给推销人员填写自己对该客户下一年需求的预测。对前6个月未曾购买但上一年曾经买过该产品的客户，该公司则备有另一种卡片供推销人员填写。另外，该公司还准备了一些空白卡片供推销人员填写可能的新客户及对其购买量的预测。

当然，公司对推销人员的预测必须做一些必要的修正。因为推销人员的预测可能有某种片面性，如他们天性乐观或悲观；或近期的成功或挫折，使他们的预测比较极端；或由于所处地位的局限性，他们通常意识不到宏观经济的发展变化及影响，以及企业整个营销计划对未来市场销售的影响。如果企业熟知每个推销人员在预测时常有的片面性，那么修正后的结果将是相当可信的。因为推销人员毕竟较其他任何人都更熟悉、更接近顾客，从而也更能把握未来销售的发展趋势。

（3）征求专家意见

有些企业有时会请企业外部的专家帮助预测未来市场需求，这些专家包括分销商、供应商、营销咨询顾问及贸易协会成员等。例如，汽车制造企业可定期要求其分销商对汽车市场的短期需求做出预测。也有不少企业向一些专业的经济预测公司购买关于宏观经济趋势和行业发展的信息。专门从事市场调查预测的公司较一般企业掌握更多有价值的信息，它们雇用较多的预测专家，因此，它们对市场需求的发展能提供更全面的信息。

还有些企业组成特别专家小组对某个特殊问题进行预测，把专家们聚集在一起交换意见，从而得出整个小组的结论，这种方法称为“小组讨论法”。企业也可要求每位专家单独提出他的预测，然后由专项负责人员将各专家的意见综合起来得出一个结论，这种方法称为“单独预测集中法”。还有一种方法是由每位专家分别提出个人预测，然后由专项负责人员综合修正后发回各位专家再进行个人预测，专项负责人员再修正，如此循环往复，直到得出接近统一的结论为止，该方法被称为“德尔菲法”，其特点是各个专家彼此不见面、不知名。

（4）市场试销

在购买者并无具体购买计划，或其购买意向变化无常，或专家也难以估计其购买意向的情况下，企业可直接进行市场试销。在预测某种新产品的销售，或者预测某种老产品在某一新地区通过某种新渠道销售的前景时，市场试销法特别适用。

（5）时间序列分析

许多企业是根据过去的销售业绩预测未来销售发展趋势的。这要求企业必须先通过统计分析方法证明企业历年的销售数据确实具有连续的因果关系，然后才可将其作为预测未来销售发展趋势的依据。

某种产品历年销量的时间数列，可根据趋势（Trend）、周期（Cycle）、季节（Season）和意外事件（Erratic events）四个主要因素进行分析。

① 趋势，即人口、资金构成和技术等要素发展变化的基本情况。这些可从过去的销售曲线的变化规律中推测出来，也可看作是过去销售曲线的自然延伸。

② 周期，即经济周期波动的影响。剔除周期性的影响，对于中期预测相当重要。

③ 季节，即一年中销售变化的周期固有模式，如与日、周、月或季节相关的规律性变动。这种变动往往是与气候、假日、交易习惯，甚至顾客上下班时间相联系的。季节性模式常作为短期销售预测的一种依据。

④ 意外事件，包括暴风雪、火灾及其他偶然性的灾害、动乱等。这些因素都是企业可能遇到但又无法预测的，根据历史资料进行销售预测时，应剔除这些意外事件的影响，以获得较规范的销售行为模式。

总之，时间序列分析就是根据上述四个主要因素分析原始销量的时间数列，再结合这些主要因素预测未来的销售趋势。例如，某电视机商行今年售出12000台新产品，现在要预测明年10月的销量。已知长期趋势是每年销量递增5%，因此明年的总销量预计为12600（12000×1.05）台。但由于经济环境的波动，预计明年的销量只能达到正常情况下的90%，即11340（12600×90%）台。如果每月的销量相等，那么月平均销量应是945（11340÷12）台。然而，10月通常是销量高于平均值的月份，其季节指数为1.3。因此，预计明年10月的销量可能达到1228.5（945×1.3）台。此外，因为预期不会发生意外事件，如颁布新法规、发生社会动乱等，所以对明年10月销量的预测是1228.5台。

（6）利用领先指标

许多企业试图找到一种或数种领先指标，作为预测自己未来销售情况的晴雨表。这类指标随时间推移与企业销售按同一方向变化，并且其变化往往发生在企业销售变化之前。例如，管道供应公司可能发现其销售变化一般是在房屋开工指数变化4个月之后发生，于是房屋开工指数就成为管道供应公司预测其市场需求的一个非常有用的领先指标。此外，平均每周工作小时数、新企业开设的数目等都可作为领先指标。

（7）需求统计分析

时间序列分析将过去及未来的销售变化都看作是时间的函数，而不是真正影响需求变化诸因素的函数。实际上，有许多因素在不同程度地影响产品销售，需求统计分析就是用来发现这些影响销售的重要因素，以及这些因素重要程度的一种方法。最常见的影响因素有价格、收入、人口和促销。

需求统计分析法先将需求量 Q 看作是一个因变量，然后设法将它分解为若干个独立变量的函数，即 $Q=f(x_1,x_2,\cdots,x_n)$，最后运用多元回归分析方法，找到最主要的影响因素和最好的预测方程式。

例如，美国某软饮料公司运用需求统计分析法，发现影响某州软饮料需求量的最主要因素是年均温度和年人均收入，表达方程式为：

$$Q=-145.5+6.46X_1-2.37X_2 \tag{3-1}$$

式中：X_1——该州年均温度（华氏度）；

X_2——该州年人均收入（千美元）。

例如，新泽西州年均温度为 54 华氏度，年人均收入为 24000 美元，则可得出新泽西州人均软饮料需求量为：

$$Q=-145.5+6.46\times54-2.37\times24=146.46$$

而实际的人均购买量为 143。如果将式（3-1）用于美国其他州的软饮料需求量的预测也比较准确，那么，它就可作为一个有效的预测工具。软饮料公司可预测下一年各州的年均温度和年人均收入，并据此推断下一年的销售情况。

习　题

一、单项选择题

1. 个人顾客主要依据自己的经验和产品知识，在广泛搜集产品信息、进行周密的比较和分析的基础上，做出购买某种产品的决定。这类个人顾客属于（　　）。

A．习惯型购买者　　B．理智型购买者
C．经济型购买者　　D．冲动型购买者

2. 夏季，“冰川”“暖倍儿”等羽绒服品牌通过打折等促销措施而出现了淡季热销的局面。可见，这些厂家深刻领悟到羽绒服的需求属于（　　）。

A．潜在需求　　B．充分需求　　C．不规则需求　　D．过度需求

3. 顾客对产品没有购买兴趣或关注度不高，这种需求属于（　　）。

A．潜在需求　　B．无需求　　C．否定需求　　D．过度需求

4. 在特定的营销环境下，随着行业营销活动的强化，某类产品的市场需求所能达到的最大极限称为（　　）。

A．市场需求　　B．市场潜量　　C．企业潜量　　D．企业需求

5. 出现潜在需求时，企业要采用（　　）策略。

A. 开发性营销　B. 再定位型营销　C. 刺激性营销　D. 维持性营销

6. 某葡萄酒厂拟开发新市场，但调研结果表明该地区的消费者对葡萄酒无感，此时该葡萄酒厂应采取的调节市场需求的策略是（　　）。

A. 维持性营销策略　B. 转换型营销策略

C. 降低营销策略　D. 刺激性营销策略

7. 针对（　　），企业可以采取增长性营销策略或者限制性营销策略。

A. 否定需求　B. 退却需求　C. 过度需求　D. 充分需求

8. 由于某种疫情在全球扩散，消费者的旅游需求同比大幅度下降，这说明市场需求受到（　　）因素的影响。

A. 产品　B. 顾客群　C. 营销环境　D. 时间周期

9. 当产品的市场需求呈现出退却需求形态时，企业不能采取的策略是（　　）。

A. 逐渐减少原有产品的生产，直至退出市场

B. 针对原有市场，开发产品的新功能

C. 原有产品不变，开拓新的目标市场

D. 引入新技术、新工艺来实现产品成本的下降，然后降低售价，吸引顾客

10. 某人在上网时无意中看到某企业的新产品广告，于是兴冲冲去购买该企业的产品，这说明这个消费者属于（　　）。

A. 随意型购买者　B. 冲动型购买者　C. 经济型购买者　D. 感情型购买者

二、多项选择题

1. 组织顾客的购买行为主要表现出（　　）等特点。

A. 购买过程复杂　B. 购买行为专业性强

C. 购买行为稳定性强　D. 单次购买量大、购买频率低

2. 以下营销举措中属于再定位型营销策略的是（　　）。

A. 合理增加库存　B. 开发产品的新功能

C. 开拓新的目标市场　D. 降低成本，适当降价

3. 当消费者不喜欢企业的产品时，企业可以选择（　　）。

A. 降低产品价格　B. 改变产品以改变消费者看法

C. 提高产品质量　D. 改变消费者心理

4. 要测量特定产品的市场需求，就要先确定（　　）等因素的影响。

A. 顾客群　B. 时间周期　C. 地理区域　D. 营销环境

5. 对于未来市场需求的预测，企业可以采取（　　）。

A. 购买者意向调查法　B. 购买力指数法

C. 时间序列分析　D. 需求统计分析

三、判断题

1. 顾客是指企业面对的消费者。（　　）

2. 当企业产品供不应求时，企业面对的就是最满意的市场需求形态。（　　）

3. 企业可以通过市场试销的方式来预测某种新产品的销售前景。（　　）

4. 市场需求的测量必须以明确的时间为限，预测时间越长，测量准确性就越差。（ ）

5. 通常情况下，企业需求的最大极限要低于市场潜量。（ ）

四、简答题

1. 顾客主要分为哪几种类型？
2. 市场需求有哪几种类型？针对不同类型的需求企业应该分别采取哪些营销策略？
3. 确定市场需求的八个要素是什么？
4. 测量当前市场需求的方法主要有哪些？
5. 测量未来市场需求的方法主要有哪些？

五、思考题

请结合本章导入案例探讨“她经济”的内涵，分析当前女性群体的消费需求特点，并指出企业对此可以采取哪些营销策略。

六、案例分析

“汉服热”背后的巨大市场

汉服，是汉民族的传统服饰，又称衣冠、衣裳、汉装。汉服是中国“衣冠上国”“礼仪之邦”“锦绣中华”的体现，承载了中国的染织绣等杰出工艺和美学，传承了 30 多项中国非物质文化遗产以及受保护的中国工艺美术。伴随新一代对传统服饰文化的追捧，汉服经济迎来“井喷”时刻。数据显示，中国汉服市场规模呈现持续扩大趋势，2023 年汉服市场规模达 144.7 亿元，预计 2027 年汉服市场规模有望达 241.8 亿元。“汉服热”还衍生出租赁体验、拍照写真、私人订制等多元产业链；社交平台以汉服文化为主题的内容也吸引了诸多流量，话题热度持续飙升。汉服从小众爱好逐渐成为“潮流”引领者，在给服装产业注入传统文化审美的同时，也打开了新的消费市场。

十多年前，汉服还是小众爱好，只有在汉服爱好者聚会时才能见到汉服的身影。2016—2019 年，汉服文化快速扩张，并在 2020 年成功“破圈”，社交平台成为汉服文化的传播阵地。

“穿出来的人多了，也就不觉得害羞了。”汉服爱好者米菲坦言，随着社会对传统文化的重视和对汉服的深入理解，他们更敢于将汉服穿出家门；越来越多的人将汉服作为日常穿着，也增加了“新人”对汉服的好奇和向往。调查显示，超过 40%的消费者会在汉服活动、艺术拍摄、传统节日等场景穿汉服，39.2%的消费者会在旅游观光时穿汉服，30.6%的消费者会在日常活动中穿汉服。艾媒咨询数据显示，2018 年我国汉服爱好者数量为 204.2 万人，2019 年为 356 万人，2022 年为 850.7 万人；有 55.5%的汉服爱好者拥有 2～4 套汉服，15.3%左右的人拥有 5 套以上汉服。

“汉服热”带动了成衣加工、摄影、旅拍等周边产业的发展。走在故宫东华门外，每隔几十米就能看到一家汉服体验馆，不少还是新面孔。南池子大街上的兰亭序古装汉服体验馆两年前刚刚转型，专做汉服和清宫服装租赁和拍摄，店里的人均消费提升到 1000 元左右，消费者也更多了，甚至超半数消费者专程从上海、广州等地赶来，就为在故宫拍一组汉服照。年轻一代对中国优秀传统文化的强烈诉求与汉服丰富的文化内涵相契合，直接催生火热的汉服消费市场。

目前 90 后是汉服主力消费人群，95 后消费者拥有的汉服数量相对更多。在购买汉服时，风格、材质和朝代是最受关注的要素，而看剧和社交是两大“种草”来源。旅游成为消费者购买汉服的最主要驱动因素之一，同时民宿活动、公司年会、Cosplay 等社交场合也进一步促使消费者购买汉服的意愿增强；其中 Z 世代消费者更偏好在 Cosplay、婚礼宴会等场合穿汉服来表达自我。

随着需求的不断增加，汉服市场迎来大爆发，汉服行业正在成为资本入局的新赛道。企查查数据显示，2018—2022 年，我国分别新增汉服相关企业 393 家、1046 家、818 家、797 家、587 家。目前，国内已形成杭州、成都、广州、曹县四大汉服生产基地。其中曹县作为平价汉服的“主阵地”，在 2020 年成功“出圈”。不到 10 年的光景，曹县大集镇就出现了大批从事服饰生产销售的村民及一条条上下游齐整的服装街道，汉服产业带动当地村民发家致富，还吸引了不少外地人来此创业。据统计，2023 年，曹县汉服线上销售额达 72.15 亿元，同比增长 44.3%，线上线下销售总额突破 100 亿元，占全国汉服销售总量的 40%以上。

曹县汉服的基调是大众化汉服，主要定位于中低端市场。多位当地服饰老板直言不讳地说，他们做的就是低端，用低端冲击广州、成都的中高端汉服。这种市场定位直接瞄准汉服市场中的低龄受众，他们消费能力有限，愿意选择的汉服价格区间主要集中在 300~500 元。

电商平台是曹县汉服崛起的关键。数据显示，截至 2023 年 3 月，曹县已成为全国超大型淘宝村集群和江北最大的淘宝村集群，全县共有淘宝村 176 个、淘宝镇 21 个。曹县淘宝村实现了镇域全覆盖，是山东省首个镇域全覆盖的县。

不仅曹县汉服产业的崛起依托于电商平台，全国的汉服产业也都已经融入电商产业链。艾媒咨询的报告指出，目前汉服品牌商家主要采取在线上电商平台开店销售的模式获取利润。与此同时，76.2%的受访汉服消费者通过电商平台购买汉服，线上电商平台已成为汉服销售的主要渠道。

资料来源：https://baijiahao.baidu.com/s?id=1694350625298295661&wfr=spider&for=pc（2021-03-16）[2023-10-10]；https://baijiahao.baidu.com/s?id=1698355144362376097&wfr=spider&for=pc（2021-04-29）[2023-10-10]；http://news.sohu.com/a/762546608_121275473（2024-03-08）[2024-03-10]

思考题：

（1）请分析带动汉服市场需求兴起的因素与汉服市场需求的特点。

（2）曹县面对汉服市场需求采取了哪些营销策略？

第 3 章　在线习题

第4章

顾客购买行为

本章教学目的

顾客购买行为是复杂的，它受到内在因素和外在因素的交互影响。现阶段，随着人工智能、大数据等新兴数字技术的迅猛发展，顾客购买行为（特别是消费者购买行为）发生了重大变化，呈现出新的行为特征。对顾客购买行为进行深入研究，有助于企业掌握顾客购买行为的规律，从而制定有效的市场营销策略，实现企业营销目标。本章的教学目的是帮助学生了解消费者市场及各种组织市场的定义及特点，重点理解影响消费者购买行为的因素，掌握消费者购买决策过程等方面的知识。

本章主要知识点

- 顾客购买行为
  - 消费者市场和消费者购买行为
    - 消费者市场概述
    - 消费品的分类
    - 消费者行为模型
    - 影响消费者购买行为的主要因素
    - 消费者购买行为分析
  - 生产者市场及其购买行为分析
    - 生产者市场概述
    - 生产者市场的购买对象
    - 生产者市场的主要购买类型及购买决策的主要参与者
  - 中间商市场及其购买行为分析
    - 中间商市场概述
    - 中间商市场的购买决策
  - 非营利性组织市场及其购买行为分析
    - 非营利性组织市场
    - 政府市场

导入案例

4.1 消费者市场和消费者购买行为

4.1.1 消费者市场概述

1. 消费者市场的定义

消费者市场是指由为了满足生活消费而购买消费品的消费者所构成的市场。其中，消费品是用于个人及家庭消费的商品，消费者购买商品不以营利为目的。

随着我国数字经济的发展，网络消费已经成为人们日常生活的重要部分，并成为主流消费形式。随着网民与网络企业规模的不断扩大，网络消费市场成为传统消费市场之外一个发展迅猛、前景广阔的全新市场。中国互联网络信息中心发布的第 52 次《中国互联网络发展状况统计报告》显示，截至 2023 年 6 月，中国网民规模达到 10.79 亿，互联网普及率达 76.4%。其中，网络购物用户规模达到 8.84 亿，占网民整体的 82%。可见，大多数网民已经成为网络消费者。

2. 消费者市场的特点

(1) 需求差异性较大

消费者市场的购买者是个人和家庭，他们在年龄、性别、受教育程度、宗教信仰、收入、职业、个性等方面都存在着较大差异，这些差异直接导致了消费者对产品品类、规格、质量、外观、价格、服务等方面的不同需求。相较于传统消费者，数字化时代的消费者受到互联网的深刻影响，他们高度重视多渠道的体验式消费并积极寻求更具特色的个性化定制产品和服务。

(2) 单次交易数量小、交易频繁

消费者单次购买的数量较少，但交易非常频繁，这点在非耐用品的购买中表现得尤为明显。相较于传统消费者，数字化时代的消费者更加重视社交化和效率化，其消费行为更加显著地受到社交网络的影响并更倾向于提升购物的效率。如同城闪送、跑腿、天猫超市半日达等服务深受这类消费者青睐。

(3) 具有多变性

一方面，随着消费者收入水平的不断提高及消费观念的不断更新，消费市场不断细分，消费需求呈现出个性化、多样化的发展趋势。另一方面，消费需求不仅会受消费者内在因素的影响，还会受社会文化环境等外在因素的影响，呈现出流行性的发展趋势。特别是数字化时代消费者对产品和服务有更加广阔的选择空间，其消费行为的不确定性有所增加，更难以预测。因此，企业要密切关注市场动态，认真研究市场热点、产品痛点和消费者喜好，从而提供适销对路的产品。

(4) 具有非专业性

消费者大多缺乏相应的产品知识和市场信息，对产品的认识不完整，其购买行为属于

非专业性购买。因此，他们对产品的选择容易受到企业的产品、价格、广告、促销、服务等策略的影响。

（5）具有层次性

由于消费者的收入水平不同，所处社会阶层不同，因此消费需求会表现出一定的层次性。一般来说，消费者总是先满足最基本的生存需要和安全需要，购买衣、食、住、行等生活必需品，而后才能根据消费能力逐步满足较高层次的需要，购买享受型和发展型商品。例如，在快节奏的现代生活中，人们对健康越来越重视，强调饮食、运动、情感等多个领域的健康预防和维护的大健康理念在这样的背景下崭露头角。许多人开始注重养生保健，采用健康的生活方式，寻求健康的生活体验。

（6）需求弹性较大

一般而言，生活必需品的需求受价格和收入变动的影响不大，属于需求缺乏弹性的商品。但选购品和高档消费品受价格和收入变动的影响较大，属于需求富有弹性的商品。

案例 4-1

餐桌上的时代变迁

民以食为天。对于每个人来说，吃绝对是大事。改革开放 40 多年来，人们在饮食方面的变化，说上三天三夜也说不完。

40 多年前，我国年粮食总产量只有 3 亿多吨，因此只能实行定量、定点、凭票购粮。在那个年代，吃饱是人的第一需要。国家统计局公布的数据显示，2021 年我国粮食总产量为 6.8 亿多吨。40 多年后的今天，人们通过网络动动手指，天南海北、国内国外的美食就能送到跟前。

40 多年前，“吃饱”是人们的普遍愿望。40 多年后，随着收入水平的提高、食品种类的丰富，人们对饮食消费的要求不再仅是吃饱，更要吃得健康，吃得科学。与此同时，食品消费结构也发生了巨大变化。

40 多年前，很少听说外出请客吃饭。40 多年后，随着收入的提高和生活观念的转变，人们有事没事都喜欢下馆子、打牙祭，在外饮食消费占比明显上升。

不同年代的餐桌，有着不同的记忆。改革开放 40 多年来，人们的饮食在品质、就餐方式等方面都发生了巨大的变化。从曾经的排长队凭票购买，到如今的手指一点，外卖送货上门；从只有粗粮可吃，到吃粗粮养生；从空空的菜篮子，到“天天过年”的百姓饭桌……40 多年来人们餐桌上的变化可谓翻天覆地，小小餐桌的变化同时折射出改革开放给人们带来的巨大实惠。从“吃”的变化中，量到质的转变折射出时代的发展和生活的变迁。

资料来源：http://paper.ce.cn/jjrb/html/2018-11/30/content_378212.htm（2018-11-30）[2023-10-13]

4.1.2 消费品的分类

消费品是多种多样的，按照不同的标准可以进行不同的分类。

1. 按消费者的购买习惯分类

按消费者的购买习惯，可以将消费品划分为便利品、选购品、特殊品和非渴求品。

（1）便利品

便利品又称日用品，是指消费者较为熟悉，在日常生活中经常使用、经常重复购买且不愿花费更多的时间和精力去挑选的消费品，如食品、日用品等。这类消费品标准化程度较高、售价较低，消费者多为习惯性购买。

（2）选购品

选购品是指消费者在购买过程中，愿意花费更多的时间和精力对质量、价格、式样、品牌等进行比较的消费品，如汽车、家具、家电等。这类消费品的售价较高、经久耐用、购买频率低，消费者一般对其了解不多。

（3）特殊品

特殊品是指那些具有独特的品质、风格、工艺等，或消费者对其有特殊偏好并愿意花费较多时间去购买的消费品，如摄影器材、花卉等。消费者对这类消费品情有独钟，并且已经有了一定的认识，会偏爱特定的品牌。

（4）非渴求品

非渴求品包括两种：一种是消费者目前尚不知道的消费品，如某些新上市的消费品等；另一种是消费者即便知道一般也不想购买的消费品，如殡葬用品等。这类消费品的特性决定了企业要在广告和人员推销方面做出大量的努力，并且掌握一定的技巧，只有这样才可能取得销售成功。

2. 按消费品的耐用程度分类

按消费品的耐用程度，可以将消费品划分为耐用品和非耐用品。

（1）耐用品

耐用品是指通常能连续使用多年、寿命较长，其有形损耗或基本功能丧失较慢的消费品，如电视机、电冰箱、汽车、电脑等。对这类消费品，企业一方面要注重技术创新，提高产品质量；另一方面要提高服务水平，尤其是售后服务水平。

（2）非耐用品

非耐用品又称易耗消费品，是指使用次数较少（通常只能使用一次或几次）、寿命短，其有形损耗或基本功能丧失较快的消费品，如食品、肥皂等。对这类消费品，企业一方面要保证产品质量；另一方面要广设网点、备足存货、及时供应，以方便消费者购买。

4.1.3　消费者行为模型

消费者行为模型，是对消费者购买行为过程中涉及的全部或局部变量之间因果关系的理论描述。消费者行为模型能够为企业的品牌推广、运营活动、产品设计、体验设计提供指导，有效地避免因过多尝试而带来的高成本投入与浪费，帮助企业制订更加合理、有效的营销设计方案。本书通过 S-R 模型、AIDMA 模型、AISAS 模型、SICAS 模型对消费者行为模型进行梳理。

1. S-R 模型

刺激-反应（Stimulus-Response，S-R）模型认为人类的复杂行为可以被分解为两部分：刺激和反应。刺激来自两方面：身体内部的刺激和外部环境的刺激，而反应总是随着刺激而呈现。

根据 S-R 模型，从营销者角度来看，企业的许多市场营销活动都可以被视为对消费者行为的刺激，如市场营销组合 4P's 就是营销刺激，是企业有意安排的、对消费者进行的外部环境刺激。除此之外，消费者还会受到其他外部环境的刺激，如政治的、经济的、社会文化的、技术的刺激等。所有这些刺激进入消费者的心理暗箱后，经过了一系列的心理活动，产生了消费者反应：购买或拒绝接受，或是表现出需要更多的信息。消费者一旦决定购买，其反应便通过其购买决策过程表现在消费者的购买选择上，包括对产品的选择、品牌的选择、购买场所的选择、购买时机的选择和购买数量的选择等。

2. AIDMA 模型

在产品匮乏的年代及传统媒体时代，信息大量不对称，消费者对产品知之甚少，获取产品信息的渠道单一。消费者从首次接触产品到最终购买产品的过程相对单一，可选择或对比的机会很少。美国广告学家刘易斯（E. S. Lewis）提出 AIDMA 模型。AIDMA 模型投射出消费心理变化过程中的五步心理动作，即引起注意（Attention）、产生兴趣（Interest）、激发欲望（Desire）、形成记忆（Memory）、促使行动（Action），五个英文首字母缩写组合起来即为模型名称。AIDMA 模型注重营销效果的遍布效应、累积效应、共鸣效应，它是以媒体为核心，以“引起注意”为首要任务的传播策略，具有内容刺激性强、传播范围广、多次重复的特征。

AIDMA 模型虽然不能精确地反映当今的消费者心理变化过程，但由于消费者心理变化的逻辑路径没有变化，因此该模型依然可作为当今消费行为研究及产品广告创意创作的指导标杆。现阶段，市场供求态势及媒体环境均发生了变化，企业与消费者之间的沟通方式也发生了改变，基于 AIDMA 模型的逻辑，企业需要做的是重新定义消费者与企业对话沟通的思路、语言和方式。

3. AISAS 模型

在互联网时代，互联网为消费者主动获取信息提供了条件，使消费者有机会从多种渠道获得详尽的信息，进行相对“明白”的消费。同时，消费者的视线移到了网络媒体上，信息的来源变得分散，消费者的行为由被动变成了主动，商家投放到互联网的广告营销费用也不断上涨。在这个背景下，日本电通广告集团于 2005 年率先对传统的 AIDMA 模型进行了重构，提出了 AISAS 模型。

AISAS 模型，投射出含有网络特质的消费心理变化过程中的五步心理动作，即引起注意（Attention）、产生兴趣（Interest）、进行搜索（Search）、购买行动（Action）、人人分享（Share），五个英文首字母缩写组合起来即为模型名称。AISAS 模型引入了互联网的两个典型特质——搜索和分享。即当广告引起消费者的注意和兴趣后，消费者会主动对品牌和产品信息进行搜索，继而产生购买行为，并通过社交媒体进行消费体验分享。AISAS 模型指出了互联网时代搜索和分享的重要性，充分体现了互联网对于人们生活方式和消费行为的影响。

AISAS 模型强调企业与消费者之间的互动关系，强调了消费者主动行为（搜索和分享）的重要性。AISAS 模型的营销效果评估首次出现了对售后行为的效果评估，但是营销活动的核心驱动依然是广告，营销活动的关键词是品牌的印象、认知，消费者的行为效果评估多了点击、转化率等维度，销售效果评估可以根据行业细分定制，企业与消费者之间开始有了基于链接的简单的碎片化的反馈。

4. SICAS 模型

在移动互联网发展起来之前，用户与企业之间虽然从“用户被动接收企业产品信息与购买产品服务”发展到“用户被动接收企业产品信息后主动搜索以了解更多，然后购买和进行用后分享”，相应的消费者行为模型也从 AIDMA 发展到 AISAS，但是这两个发展阶段都是靠广告引起注意的，非常依赖于广告等传播营销方式的单向传递信息。

移动互联网的发展，尤其是移动社交的发展，创造了全新的传播与营销生态，即用户与用户的陌生关系社交、用户与好友的熟人关系社交、用户与企业的需求服务社交等，移动社交促使用户与好友、企业之间关系多元化、实时化、互动化等。此时，用户获取产品信息的过程不再仅是主动搜索的过程，而是关系匹配、兴趣认同、需求响应的过程。企业传播的方式也随之改变了，不再是单纯地宣传产品信息，而是在互联网上激发那些兴趣认同的用户使其感知企业发布的产品信息，从而建立连接、互动沟通，直至他们采取购买行动并进行使用的口碑分享。在此背景下，DCCI 互联网数据中心于 2011 年提出了多维互动的 SICAS 模型。

SICAS 模型，即互相感知（Sense）、产生兴趣并形成互动（Interest & Interaction）、建立连接及互动沟通（Connect & Communication）、行动购买（Action）、体验分享（Share）。在 SICAS 模型中，通过分布式、多触点，在品牌、商家与用户之间建立动态感知网络非常重要。

SICAS 模型是在全网全景的全数字营销环境下提出的消费行为心理变化模型，是对 AIDMA 模型和 AISAS 模型的全面革新和升级。互联网在升级，商业生态在变革，用户在迁徙，企业对商业与营销的理解和认识必须切换到全网全景、多点多维互动的环境中来。企业必须改变自己的形态，把自己融入移动互联网，提升自己的感知力，让更多用户感知到企业的存在，并产生兴趣，主动关注、连接企业；与用户进行平等对话与沟通，满足用户需求（用户完成产品购买与使用），最终让用户用得满意且愿意在全网传播。

4.1.4　影响消费者购买行为的主要因素

消费者购买行为是指消费者为满足其个人及家庭的生活消费而发生的购买产品的决策过程。消费者购买行为是复杂的，购买行为的产生是受到其内在因素和外在因素的交互影响的。一般而言，影响消费者购买行为的主要因素包括文化因素、社会因素、个人因素、心理因素。

案例 4-2

蒟蒻、炭仌、十八汆……这些食品为啥要起个“读都读不出来”的名字

看看下面这一串产品名（品牌名），你能读出几个？

蒟蒻、炭仌、白醁、酒、炉丼、剐水、两漾莘、大龙燚、十八汆、犇西诗、粿子君……

这情形如同开学第一天，老师点名时面对各种含有生僻字的名字，露出了无奈的笑容……

这些难读的产品名甚至还造成过颇为“尴尬”的局面。2020 年，亲亲旗下一款名为“蒟蒻（jǔ ruò）”的果冻产品登上直播间。而在直播前，因为蒟蒻这一产品名实在太过“难认”，一众预告微博将这一产品名写得五花八门，包括“亲亲药翦果冻”“亲亲弱果冻”“亲亲药葛果冻”“亲亲王菊果冻”等，甚至连亲亲官方微博都对这件事进行了官方“卖惨”。粉丝纷纷在其微博下留言“因为蒟蒻，抱抱亲亲～～”最终，这条微博获得了近 1000 条评论和近 2000 个赞。蒟蒻果冻当晚在直播间大卖，并因其多样化的吃法而引起了热烈讨论，截至 2020 年 12 月底，微博“蒟蒻的神仙吃法”超话阅读数已破 1 亿。

仔细调研后我们发现，这种名字很难读出来的产品还有不少，其中不乏大品牌旗下的新兴子品牌。例如，农夫山泉旗下咖啡品牌“炭仌（bīng）”、海底捞旗下面馆品牌“十八汆（cuān）”、茅台旗下品牌“台源翸（zhī）酒”，发布时都曾引起消费者对其名字的一番讨论。

益普索发布的《2019 中国食品饮料行业包装趋势洞察报告》显示，83%的消费者表示非常愿意或比较愿意购买包装新颖的产品。那什么样的新颖包装最能吸引消费者眼球呢？调查显示，所有要素中排名第一的是：包装上的产品名有新意（63%），而传统印象中吸引消费者眼球的有效方法“包装上采用大图案”和“包装上采用大字”，只占到 23%和 12%。

在微博平台搜索“蒟蒻”就能发现，对“蒟蒻”的各种产品分享中，总少不了对其读音的调侃与吐槽。对于见惯了各种产品的消费者而言，“蒟蒻”这样新奇的产品名，反而可以引起他们的兴趣，引发讨论，从而达到意想不到的传播效果。

资料来源：https://www.sohu.com/a/441520074_120013927（2020-12-30）[2023-10-10]

1. 文化因素

关于文化的定义、分类及构成要素，本书已在 2.3.3 节“社会文化环境”中详细阐述，故本节不再赘述。

（1）亚文化

在市场营销领域，主要是通过亚文化群来确定文化因素对消费者购买行为的影响。亚文化通常按民族、宗教、种族、地理、职业、性别、年龄、语言、文化与教育水平等标准进行划分。本节重点介绍民族、宗教、种族、地理等亚文化。

① 民族亚文化。几乎每个国家都是由不同民族构成的，有的国家还是由众多民族构成的。不同的民族在信仰、节日、图腾、禁忌等方面都有其独特的风俗习惯和文化传统，民族亚文化深刻地影响着消费者的购买行为。

② 宗教亚文化。宗教信仰是反映人们对客观世界认识的一种社会意识形态。一个国家往往存在着多种宗教，而不同的宗教群体在文化倾向、习俗和禁忌等方面存在着较大差异，进而造成市场需求和购买行为方面的差异性。例如，道教是中国土生土长的宗教，教义与中华本土文化紧密相连，深深扎根于中华沃土之中，具有鲜明的中国特色，对民族文化心理、风俗习惯、科学技术（如火药的发明和中医药理论的形成都与道教有关）及社会政治经济生活等领域的影响是巨大且深远的。

③ 种族亚文化。种族又称人种，是指在体质形态上具有某些共同遗传特征的人群。人类按照肤色的不同，可分为白色人种、黄色人种、黑色人种、棕色人种等。不同的种族有其独特的文化传统和文化风格，因而会产生不同的购买习惯和购买行为。

④ 地理亚文化。处在不同地理区域的消费者，由于自然条件、气候环境、生活方式、生活水平等的不同，其购买行为会具有差异性。同时，长期形成的地域习惯一般比较稳定。例如，我国北方人爱吃面食，而南方人爱吃米饭；北方人喜咸，而南方人，尤其是江浙、上海一带的人爱吃甜食，做菜放糖较多。

（2）社会阶层

社会阶层是在一个社会中具有相对的同质性和持久性的群体，是按照职业、收入、受教育程度和居住区域对人们进行的一种社会分类，是按照等级排列的，其中，收入和受教育程度是决定社会阶层的重要因素。吉尔伯特和卡尔将决定社会阶层的因素分为三类：经济变量、社会互动变量和政治变量。经济变量包括职业、收入和财富；社会互动变量包括个人声望、社会联系和社会化；政治变量包括权力、阶层意识和流动性。

社会阶层有以下特点：①社会阶层的地位有高有低；社会阶层的多维性决定了社会阶层既有经济层面的因素，也有政治和社会层面的因素；②同一社会阶层的成员具有类似的价值观、兴趣和行为，同一社会阶层的成员在购买行为上相互影响并趋于一致；③一个人所处的社会阶层受其职业、收入、受教育程度等多种因素的制约；④社会阶层是动态的，个人可以上升到较高阶层或下降到较低阶层。

每个消费者都处于一定的社会阶层。处于不同社会阶层的消费者往往具有不同的偏好，他们在需求和购买行为上存在着较大的差异，有时候这种差异还很大。因此，市场营销者研究分析各个社会阶层的特点及购买行为，对企业具有重要意义。

2. 社会因素

消费者的购买行为同样受到一系列社会因素的影响，社会因素主要包括参照群体、家庭、角色和地位等因素。

（1）参照群体

参照群体（Reference Group）又称相关群体，是社会学研究的一个范畴。从市场营销学角度来看，参照群体是指那些直接或间接影响人的态度和行为的群体。也就是说，对某人而言，那些能直接或间接影响其态度、行为的群体就是这个人的参照群体。参照群体对购买行为的影响表现为：示范性、仿效性、一致性。

一个人的购买行为受到许多参照群体的影响。具有直接影响的参照群体称为会员群体（或直接相关群体），包括家庭成员、朋友、邻居、同事等主要群体和宗教组织、专业组织等次级群体。具有间接影响的参照群体称为间接相关群体，包括崇拜群体和否定群体。相关研究显示，消费者在不同消费情境、不同声望品牌的产品购买决策中，受参照群体影响的程度具有显著差异。有些产品和品牌深受参照群体的影响，有些产品和品牌则较少受到参照群体的影响。对于那些深受参照群体影响的产品和品牌，品牌方必须设法接触意见领袖。意见领袖特指为他人过滤、解释或提供信息的人，其因为对某种产品或服务持续关注，所以有更多的知识和经验，能够帮助群体中的其他人。KOL（Key Opinion Leader，关键意见领袖）营销就是典型的应用消费者所处的群体及其参照群体进行营销的例子。KOL 是指拥有更多、更准确的产品信息，且为相关群体所接受或信任，并对该群体的购买行为有较大影响力的人。与意见领袖不同的是，KOL 通常是某行业或领域的权威人士。作为移动互联网重点关注的人群，不同的 KOL 有着独特的人格属性和内容特质。数字化时代，KOL 的形式也在不断地发展和创新，如直播 KOL、B 站 UP 主等。

（2）家庭

家庭是指以婚姻、血缘和有继承关系的成员为基础组成的一种社会生活组织形式。家庭是社会上最重要的消费者购买单位，家庭成员是消费者首要参照群体之一。家庭及其成员对个人性格和价值观的形成，以及个人的消费与决策模式均有非常重要的影响。不同家庭形态的不同成员对个人购买决策的影响往往具有差异性。

（3）角色和地位

角色是个体在特定社会或群体中占有的位置和被社会或群体所规定的行为模式。每个人都扮演着一定的角色，不同的角色拥有不同的地位，每个角色的地位都反映了社会所赋予的尊重程度。不同的角色会有不同的需要，消费者往往会结合自己的身份和社会地位做出购买决策，从而产生不同的购买行为。企业把自己的产品或品牌变成某种身份或社会地位的标志或象征，有利于吸引目标顾客。

3. 个人因素

（1）个性与生活方式

个性是指个体经常的、稳定的、本质的心理特征的总和，它常以一种固定的方式反映在行为上。人们通常所说的个性，包括外向与内向、活泼与矜持、独立性与依赖性、细腻与粗犷、固执与随和等。个性的形成既受遗传和生理因素的影响，又与后天的社会环境，尤其是童年时的经历有直接关系。每个消费者都有独特的个性，个性不同，直接导致了消费者购买行为的差异。

生活方式是指一个人在生活中表现出来的活动、兴趣和态度的综合模式，即一个人如何生活，这实际上是个性的外在表现和反映。“生活方式营销”就是以消费者所追求的生活方式为诉求，通过将企业的产品或品牌演化成某一种生活方式的象征，甚至是一种身份、社会地位的识别标志，达到吸引消费者、建立起稳定的消费群体的目的。

（2）家庭生命周期

家庭生命周期是指一个家庭从诞生、发展至死亡的运动过程，它反映了家庭从形成到解体呈循环运动的变化规律。在家庭生命周期的不同阶段，消费者对产品的兴趣和需求会表现出明显的差异。西方学者根据消费者的年龄、婚姻和子女状况，将家庭生命周期分为几个阶段，典型的家庭生命周期和购买行为如表 4-1 所示。

表 4-1　典型的家庭生命周期和购买行为

家庭生命周期各阶段	购买行为
单身阶段： 年轻、不住在家里	几乎没有经济负担，新观念的带头人，追求自我价值 购买：一般的厨房用品和家具、新潮服装、度假
新婚阶段： 年轻、无子女	经济状况较好、购买力强 购买：家用电器、汽车、耐用家具、度假
满巢阶段Ⅰ： 最年幼子女不到 6 岁	处于家庭用品采购的高峰期，更注重产品的实用价值，对广告宣传敏感，购买大包装商品 购买：婴儿食品、玩具、学习用品、日常用品
满巢阶段Ⅱ： 子女都已经上学	经济状况较好，对耐用品及日常用品购买力强 购买：学习用品、教育、生活必需品、医疗保健用品、度假
空巢阶段： 年长的夫妇，无子女同住，户主仍在工作或退休	收入较以前减少，有储蓄，对旅游、娱乐、保健产品、家政服务等感兴趣
鳏寡阶段： 年长的夫妇，一方已经离世	收入减少，经济状况一般，对身体健康更加关注，对医疗、保健、社会服务等需求较大

（3）经济状况

经济状况包括消费者的收入、储蓄、资产和信贷状况等。一般来说，如果消费者经济状况好，他们就容易做出购买决定，这种情况有利于新产品的推广；反之，如果消费者的经济状况不好，他们在选择产品时就会先购买生活必需品，同时更注重经济实惠。

（4）自我概念

自我概念是指一个人对自我的整体观念和感觉，它包括一个人通过经验、反省和他人的反馈，逐步加深对自身的了解和认知。瑟吉（J. M. Sirgy）于 1982 年提出，自我概念包含四个方面：真实自我（我认为我是谁）、理想自我（我想成为谁）、社会自我（我觉得别人会这样看待我）和理想社会自我（我希望别人这样看我）。自我概念和品牌个性一致性理论认为，消费者趋向于购买品牌个性与其自我概念具有一致性的产品。有关研究表明，消费者自我概念与品牌个性的一致性能够加深消费者对品牌的喜爱程度，进而诱发更多的消费行为。品牌管理者在进行品牌塑造时应注意品牌个性与目标消费群自我概念上的一致性，品牌管理者既可以依据品牌个性寻找相应的目标消费群，也可以事先测查可能的目标消费群的自我概念，然后进行相应的品牌个性塑造。

小思考 4-1

印度出现“血型餐馆”为顾客按血型提供饭菜

有研究称，不同血型的人对于食物有不同需求，血型也会影响人们对食物的消化能力。印度一家餐馆甚至根据顾客的血型推出独特的血型菜单。以下是不同血型的人适合的瘦身食物。

A 型血

这类血型的人更适合摄入植物蛋白，而大多数肥胖的 A 型血人多是“食肉动物”。所以，A 型血的人要想瘦下来，一定要慎食牛肉、羊肉等肉类，最好以鲜鱼和鸡肉取而代之，要加强对豆腐、谷物等植物蛋白的摄取，以补充体内不足的蛋白质。有研究称，A 型血人务必每天喝一杯木瓜汁，因为它能分解各式肉类中的脂肪及有害物质。

B 型血

B 型血人应该通过晚餐喝粥来减肥。B 型血人是最幸福的人了，因为他们能消化很多种美味食物。但也有一些美味是他们碰不了的，如面条、鸡肉，因为它们之中的血凝素会阻碍 B 型血人的新陈代谢，所以对 B 型血人来说，减肥只是意味着少吃面条和鸡肉。

O 型血

用菜瓜做的沙拉能补充钙质，适合 O 型血人。对 O 型血人来说，动物蛋白应作为主要的能量来源，但他们不易消化乳制品、豆类和谷物食品。他们肥胖的原因可能是常吃面食和牛奶这些不易消化的食物。O 型血人应少喝乳制品，但每天要服用适量的钙片以补充体内不足的钙量，平时注意均衡摄取蔬菜水果等，以保持体内酸碱平衡。O 型血人晚餐时最好不吃米饭，临睡前可以吃几个奇异果，因为它们在有效补充维生素的同时又能帮助消化蛋白质。

AB 型血

AB 型血人的生理特点是胃酸少而不易消化肉类。所以在饮食方面，AB 型血人最好以豆腐、新鲜蔬菜和水果为主，以乳制品和少量肉食做点缀，另外稍加一些鲜鱼和鸡蛋。AB 型血人减肥时，最适合吃的水果非西柚莫属，它能帮助消化，分解体内脂肪，削下来的果皮还可放入水中用来浸浴，真正达到由外而内的瘦身目的。

资料来源：http://news.39.net/ysbj/ys/0811/20/717926.html（2008-11-20）[2023-10-10]

请阅读资料，并思考：

（1）消费者对“血型餐馆”的消费行为会受到哪些个人因素的影响？

（2）运用瑟吉提出的自我概念，分析有减肥需求的消费者的自我概念。

4. 心理因素

从市场营销的角度来看，影响消费者购买行为的心理因素主要包括动机、感知、学习、态度与信念四个方面。

（1）动机

动机是人们为了满足某种需要而采取某种活动的欲望和意念。“动机”这一概念是由伍德沃思（R. S. Woodworth）于 1918 年率先引入心理学的，他把动机视为决定行为的内在动力。人们从事任何活动都是由一定动机引起的。心理学家提出过许多人类行为动机理论，其中最著名的是美国心理学家马斯洛（A. H. Maslow）提出的需求层次理论。马斯洛的需求层次理论对市场营销学者分析消费者的心理和动机产生了很大的影响，尤其是对企业细分市场有重要意义。马斯洛认为，人的需要可分为五个层次，即生理需要、安全需要、社会需要、自尊需要和自我实现需要。上述五种需要是按从低级到高级的层次组织起来的，只有当较低层次的需要得到满足后，较高层次的需要才会出现并要求得到满足。

（2）感知

消费者产生购买动机后，可能会采取某种购买行动，在消费者采取行动的过程中，会受到感知的影响。感知是指个人选择、组织并解释信息的过程，广告等营销刺激只有被消费者感知才会对其行为产生影响。消费者形成何种感知，既取决于感知对象，又与感知时的情境和消费者先前的知识与经验密切联系。

（3）学习

学习又称“习得”，是指人们在社会实践中不断积累经验，获得知识和技能的过程。产生人们行为的原因可以归纳为两方面：一方面是人类本能产生的；另一方面是通过实践经验得来的。消费者的行为绝大部分是后天习得的。通过学习，消费者获得了丰富的知识和经验，提高了对环境的适应能力。同时，在学习过程中，其行为也在不断地调整和改变。

（4）态度与信念

态度是指一个人对某些事物或观念长期持有的认识上的评价、情感上的感受和行动倾向。人们几乎对所有事物都持有态度，这种态度不是与生俱来的，而是后天习得的。态度一经形成，具有相对持久和稳定的特点，使个体在反应模式上表现出某种规则和习惯。消费者对产品、服务或企业形象形成某种态度，并将其储存在记忆中，当他需要的时候，就会将其从记忆中提取出来，以应对或帮助解决当前所面临的购买问题。基于这种方式，态度帮助消费者更加有效地适应动态的购买环境。

信念是指消费者持有的关于事物的属性及其利益的知识。消费者的信念决定了企业和企业产品或服务在其心目中的形象，这种形象会影响消费者的购买行为。不同消费者对同一事物可能拥有不同的信念，而这种信念又会影响消费者的态度。营销人员应该重视消费者对本企业及本企业产品或服务的信念，如果消费者的一些信念是错误的，并且妨碍了其购买行为，营销人员就要运用有效的营销手段去纠正这些错误的信念。

小思考 4-2

她们为什么不购买速溶咖啡？

20 世纪 40 年代，为了适应人们的快节奏生活，雀巢率先研制出了速溶咖啡并将其投入市场。这种速溶咖啡免去了磨咖啡豆等烦琐的制作工序，只要用开水一冲即可享受一杯香浓美味的咖啡，而且保持了普通咖啡的优点。雀巢为了推销速溶咖啡，在广告中着力宣传它的优点，但出乎意料的是，当方便快捷的速溶咖啡进入美国市场时，美国的家庭主妇并不买账，购买者寥寥无几。

雀巢对美国家庭主妇进行调查，询问其不购买速溶咖啡的原因，绝大多数家庭主妇的回答是不喜欢速溶咖啡的口味。为了了解她们的品位偏好，雀巢对家庭主妇进行了一次测试：请主妇们品尝没有标志的天然咖啡与速溶咖啡，比较哪种咖啡的品质好。结果许多主妇根本分辨不出两种咖啡的区别。这说明拒绝购买的原因并不在产品上。

于是雀巢又通过一个“购物单”法进行调查，假设有两张分别购买了八种商品的购物单，前七种商品完全一样，只是购买的第八种商品不一样：一位购买者购买了天然咖啡，另一位购买了速溶咖啡。雀巢请被测试的家庭主妇描绘两位购买者的形象。结果显示：购买天然咖啡的购买者被测试者描绘成是一位责任感强的贤妻良母，而购买速溶咖啡的购买者则被描绘成是缺乏家庭责任感、不会操持家务的懒女人。发现了阻止家庭主妇购买速溶咖啡的埋藏在其心灵深处的潜意识后，雀巢重新设计了广告的主题：购买速溶咖啡的家庭主妇是善于持家的贤妻良母，使用速溶咖啡提高了操持家务的效率，她们可以腾出更多的时间相夫教子。这一广告改变了速溶咖啡购买者的形象，速溶咖啡很快成了美国市场上的畅销品。

资料来源：https://www.sohu.com/a/126070227_46534（2017-02-12）[2023-10-13]

请阅读资料，并思考：

（1）速溶咖啡刚进入美国市场时，家庭主妇为什么不购买方便快捷的速溶咖啡？

（2）你从美国家庭主妇对速溶咖啡的前后态度的变化中得到了什么启发？

4.1.5 消费者购买行为分析

研究消费者购买行为的完成过程一般涉及以下七个问题：市场由谁构成？消费者购买什么？消费者为何购买？谁参与购买？消费者何时购买？消费者在何地购买？消费者如何购买？营销学者称之为 6W1H 法。

知识链接 4-1

何为 6W1H

市场由谁构成？（Who）	购买者（Occupants）
消费者购买什么？（What）	购买对象（Objects）
消费者为何购买？（Why）	购买目的（Objectives）
谁参与购买？（Who）	购买组织（Organizations）
消费者何时购买？（When）	购买时间（Occasions）
消费者在何地购买？（Where）	购买地点（Outlets）
消费者如何购买？（How）	购买行动（Operations）

1. 消费者购买决策的参与者

消费者的购买行为虽然是以一个家庭为单位的，但参与购买决策的通常并非一个家庭的全体成员，更多的时候是一个家庭的某个成员或某几个成员。营销人员应了解消费者在购买决策中扮演的角色，并针对其角色地位与特性，采取有针对性的营销策略，以便更好地实现营销目标。一般而言，消费者购买决策的参与者可以分为以下五种类型。

① 发起者。首先想到或提议购买某种产品的人。

② 影响者。其看法或意见对最终决策具有直接或间接影响的人。

③ 决定者。能够对买不买、买什么、买多少、何时买、何处买等问题做出全部或部分决定的人。

④ 购买者。实际采购的人。

⑤ 使用者。直接消费或使用所购产品的人。

2. 消费者购买行为分类

消费者购买行为会因购买产品的不同而存在较大差异，根据消费者参与程度和品牌间差异程度，可以将消费者购买行为分为四种类型，如表 4-2 所示。

表 4-2 消费者购买行为分类

品牌间差异程度	消费者参与程度	
	高	低
大	复杂性的购买行为	多样性的购买行为
小	减少失调感的购买行为	习惯性的购买行为

（1）复杂性的购买行为

消费者选购价格昂贵、购买频率低、冒风险的、不熟悉的产品，属于复杂性的购买行为。由于对这些产品的性能缺乏了解，消费者往往需要广泛地收集有关信息，并经过认真地学习，慎重地做出购买决策。对这种类型的购买行为，企业应设法了解消费者获取信息的渠道，通过广告、公关等手段及时准确地向消费者传递有关企业及产品的信息，帮助消费者了解与产品有关的知识，并设法使他们建立对产品的信任感。

（2）习惯性的购买行为

消费者在购买那些价格低廉、经常性购买、品牌间差异不大的产品时，大多靠多次购买和多次使用而形成的习惯去选定某一品牌。比如，购买食盐、陈醋之类的产品就属于典型的习惯性的购买行为。针对这种购买行为，企业要特别注意给消费者留下深刻印象，利用价格和促销等手段吸引消费者，企业的广告要强调本企业产品的主要特点，通过大量重复性广告加深消费者的印象，诱导消费者长期使用本企业产品。

（3）多样性的购买行为

消费者在购买那些品牌间差异较大，但价格低廉、可供选择的品牌较多的产品时，容易产生很大的随意性，频繁更换品牌。面对多样性的购买行为，在市场竞争中处在不同地位的企业，其营销策略是不同的。当处于市场优势地位时，应注意以充足的货源占据货架的有利位置，并通过提醒性的广告促使消费者建立习惯性购买行为；而当处于非市场优势地位时，企业则应以降低产品价格、免费试用、介绍新产品的独特优势等方式，鼓励消费者进行多品种的选择和新产品的试用。

（4）减少失调感的购买行为

有些产品的价格不低，品牌间差异不大，当消费者高度介入时，往往会对所购产品产生失调感。在购买这类产品时，虽然消费者对购买行为持谨慎态度，但他们的注意力更多的是集中在价格是否优惠，购买时间、地点是否便利等因素上，因而容易产生购后的失调感。消费者购买之后，特别是使用一段时间后，往往会因产品自身的某些方面不称心，或得到了其他产品更好的信息，从而产生不该购买这一产品的后悔心理或感到心理不平衡。为此，企业应通过有效的价格策略和售货网点，及时向消费者提供有利的信息，帮助消费者消除不平衡心理，坚定其对所购产品的信心。

3. 消费者购买决策过程

任何一个消费者在购买某一产品时，均会有一个决策过程，只是这一决策过程会因所购产品类型、消费者类型的不同而有所区别。要研究消费者购买决策过程，就要了解消费者旅程。消费者旅程是指消费者从认知问题开始，到信息收集与方案评价，再到购买决策、实际消费和购后行为的一系列阶段中所包括的整个过程。在这个过程中，消费者需要不断地做出选择和决策，他们对每个阶段的体验和满意度也会影响其最终购买行为。时间、地点、设备、个人喜好、行为历史等消费者的环境和背景信息可以帮助企业更好地了解消费者的需求和行为，从而提供更有针对性、更个性化的服务和用户体验。

典型的消费者购买决策过程一般由五个阶段组成，即需求确认、信息收集、选择判断、购买决策和购后行为，如图 4.1 所示。

图 4.1　消费者购买决策过程

（1）需求确认

需求确认即消费者认知问题，是消费者购买决策过程的起点。当消费者在现实生活中感知到的实际状态与其理想状态存在一定差距，并产生了要解决这一问题以弥补二者差距的要求时，购买的决策便开始了。需求确认既可以是由人体内机能的感受所引发的，又可以是由外部条件刺激所诱生的，有时候消费者的某种需求可能是内外原因同时作用的结果。数字化时代，面对海量的产品信息，消费者会通过搜索引擎、社交媒体和口碑评估等多种渠道获取信息。此时，营销人员应该根据消费者的信息了解他们的场景和需求，并提供更舒适、更方便的信息浏览体验。

（2）信息收集

当消费者产生了购买动机之后，便会开始进行与购买动机相关联的活动，其中就包括信息收集。信息收集是指消费者确认某种需求后会收集有关信息。消费者的信息来源包括消费者内部（个人知识储备、经验等）和外部（周围人的评价、网络评价等个人、公众、商业信息）两个方面。具体来看主要有四个方面，分别是：个人来源，即从家庭、亲友、邻居、同事等个人交往中获得信息；商业来源，包括广告、推销人员的介绍、产品包装、产品说明书等提供的信息；公共来源，即消费者从电视、广播、报刊、在线评论等获得的信息；经验来源，即消费者从亲自接触、使用产品的过程中得到的信息。数字化时代，数字技术能够助力消费者更快、更多地收集所需要的信息，他们所能获取信息的类型、范围、数量、速度等都得到了大幅度的提升。例如，VR 看房已成为一种新兴的看房方式，它可以让消费者在足不出户的情况下，通过虚拟现实技术，身临其境地了解房屋的情况，了解房间环境。

（3）选择判断

当消费者从不同渠道获取有关信息后，便会对可供选择的品牌的产品进行综合分析和比较，并对各种品牌的产品做出评价，最后决定购买。现阶段，数字技术的广泛应用进一步提升了消费者选择判断及评估方案的效率与效果。

（4）购买决策

在选择判断的基础上，消费者将会形成对某一品牌的偏好，从而形成购买意向。在这一阶段，消费者将做出最终购买与否的决定。但在复杂的购买行为下，消费者不一定马上采取购买行动，其购买行动还会受到他人的态度、预期风险和意外情况等因素的影响。

（5）购后行为

在这一阶段，消费者会对产品或服务产生满意或者不满意的主观认识，这种主观认识是消费者对期望水平和实际使用的体验水平进行比较的结果。对于企业而言，产品卖出去并不意味着营销活动终止。事实上消费者购买产品后，通过自己的使用和他人的评价，会对自己购买的产品产生某种程度的满意或不满意。消费者对其购买的产品是否满意，将影响到其以后的购买行为。消费者如果对产品满意，则在下一次购买中可能继续采购该产品，并向其他人宣传该产品的优点。如果对产品不满意，消费者可能会退货。数字化时代，数字技术的发展进一步激发了消费者的分享意愿。市场营销人员应采取有效措施尽量减少消费者买后不满意的程度，并通过加强售后服务，与消费者保持联系，使他们从积极方面认识产品特性等方式，增加消费者的满意感。

4.2　生产者市场及其购买行为分析

4.2.1　生产者市场概述

1. 生产者市场的定义

生产者市场又称产业市场、工业品市场或生产资料市场，是指一切购买产品或服务并将之用于生产其他产品或服务，用来销售、租赁或供给他人的个人和组织。生产者市场主要由农业、林业、渔业、采矿业、制造业、建筑业、运输业、通信业、公共事业、金融业和服务业等构成。

2. 生产者市场的特点

① 购买者数目较少，但单次购买的数量庞大。相对于消费者市场，在生产者市场上，购买者由于大多是企事业单位及社会团体，其数目必然比消费者市场少得多，但购买者的采购数量要大得多。

② 地理位置集中。由于国家的产业政策、自然资源、地理环境、交通运输、社会分工与协作、销售市场的位置等因素对生产力空间布局的影响，产业具有区域集群化的特点。因此，生产者市场的购买者往往集中在少数区域。例如，《中国日用陶瓷行业市场竞争态势及未来趋势研判报告》披露，我国作为世界陶瓷制造中心和陶瓷生产大国，日用陶瓷占全球的 70%，陈设艺术瓷占全球的 65%。陶瓷企业主要集中东部沿海地区，其中广东、福建、山东、江苏等地区聚集了我国大部分日用陶瓷企业，其次是浙江、河南等地区，其他地区日用陶瓷企业数量相对较少。

③ 生产者市场的需求属于衍生需求。衍生需求是经济学中的一个术语，它描述了由于对相关、必要的商品或服务的需求而导致的对某种商品或服务的需求。也就是说，生产者市场的购买者对工业品的需求归根结底是从消费者对消费品的原生需求中衍生出来的。例如，消费者对智能手机的需求创造了手机生产者对微芯片和电路板，以及制造这些芯片和电路板所需的铜等原材料的需求。

④ 生产者市场的需求弹性小。在生产者市场上，购买者对工业品的需求主要取决于企业的产品结构、生产规模、工艺流程和技术水平等因素，而受价格变化的影响较小，这一点在短期内表现得更为明显。所以，企业不会因价格下降而大量增加采购，也不会因价格上涨而大量减少采购。

⑤ 生产者市场的需求具有较大的波动性。如前所述，生产者市场的需求属于衍生需求，因此，消费品需求的微小变动可能导致生产者市场上工业品或服务需求的大幅度变动。

⑥ 专业性强、采购程序复杂。由于工业品，特别是一些主要设备的技术性强，因此生产者市场的采购通常是由经过专业训练、具有专业知识的人员完成的。另外，生产者市场的购买对技术咨询、安装维修、交货期和信贷条件等要求较高，不易受广告宣传的影响，购买的理智性较强。

4.2.2 生产者市场的购买对象

在生产者市场上，购买者采购的都是大宗的工业品和服务，其技术性和专业性很强。根据产品是否有形及参与生产过程的程度，可以将生产者市场的购买对象分为有形产品和无形产品两大类，其中有形产品包括原材料、零部件、半成品，以及生产设备、附属设备和消耗品等。

1. 有形产品

（1）完全参与生产过程的有形产品

这类产品包括原材料、半成品和零部件。原材料是指生产某种产品的基本原料，它是用于生产过程起点的产品，半成品是指经过初步加工、供生产者生产新产品的产品；零部件是指已经完工、已构成用户产品组成部分的产品。

（2）部分参与生产过程的有形产品

这类产品包括生产设备和附属设备。生产设备是指保证企业进行生产的基本设备，包括机床、厂房建筑、发电机组、大中型计算机等；附属设备包括轻型制造设备、工具和办公设备等，在生产中仅起辅助作用。

（3）完全不参与生产过程的有形产品

这类产品即消耗品。消耗品是指维持企业正常经营需要，但又不参与生产过程的产品，如润滑油、办公用品、油漆、钉子等。

2. 无形产品

无形产品即服务。生产者市场的购买者需要的服务包括维修服务（如办公用品的修理、建筑物的清洗）、咨询服务（如业务咨询、法律咨询、营销咨询、广告制作咨询）等。

4.2.3 生产者市场的主要购买类型及购买决策的主要参与者

1. 生产者市场的主要购买类型

生产者市场的主要购买类型包括直接重购、修正重购和新购三种。

（1）直接重购

直接重购是指购买者按常规重新购买过去购买过的同类工业品的购买类型。这是最简单的购买类型，此时购买者的购买行为是惯例化的。通常的做法是：企业的采购部门根据过去的经验，从众多供应商中选择供货企业，并直接重新订购过去已采购过的同类工业品。这种购买类型下，企业所购买的多是频繁使用并且需要不断补充的工业品。面对这种采购类型，“被选中的供应商”应努力使本企业的产品质量和服务保持一定的水平，争取形成稳定的供求关系；“未被选中的供应商”应设法提供令其顾客满意的产品和服务，争取部分订货。

（2）修正重购

修正重购是指购买者根据自身生产需要改变产品的规格、数量、价格、供应商等。修正重购的购买决策过程较为复杂，要投入更多的精力参与决策。这种情况对原有的供应商就构成了一种威胁，原有的供应商一定要积极改进现有产品的规格和提高服务质量，努力开发新产品，大力提高生产率，降低成本，以保持现有的顾客；对新的供应商，修正重购则是一种机会，新供应商应抓住机遇，提供在质量、价格和服务等方面更有竞争力的产品，争取达成交易。

（3）新购

新购是指购买者首次购买某些产品或服务。一般情况下，当企业开发新产品或更新设备时会需要购买新的原材料和设备。这种购买类型是生产者购买行为中最复杂的一种。由于是第一次购买，购买者会收集大量的信息，购买决策过程非常复杂。对每个供应商而言，新购都是一种市场机会，供应商应运用整合营销策略，派出得力的营销队伍，尽可能详尽地向购买者提供其所需的产品信息及服务，并尽力接触到购买者内部影响决策的中心人物，力争达成交易。

2. 购买决策的主要参与者

生产者市场的购买行为规模大、风险高、过程复杂。一般情况下，在任何一个企业中，除了专职的采购人员，还有一些其他人员参与购买决策过程。所有参与购买决策过程的人员构成采购组织的决策单位，韦伯斯特（F. E. Webster）和温德（Y. Wind）称之为“采购中心”。一般采购越复杂，参与采购过程的人就越多。购买决策的主要参与者主要包括以下五类。

① 使用者。即直接具体使用某种产品或服务的人员。例如，企业购买的复印机，其使用者是办公室的秘书。使用者往往是提出购买某种产品的倡议者，他们在确定购买产品的品种、规格方面起着重要作用。

② 影响者。即在企业的内部或外部能够直接或间接地影响购买决策的人员或机构。企业的技术人员和外部咨询机构通常是最主要的影响者，他们通常协助企业确定所购买的产品的规格和购买条件，提供与购买相关的各种信息。

③ 采购者。即企业中具体执行采购决定的人。采购者被赋予权利进行采购洽谈、执行采购协议、处理与供应商之间的关系。采购者主要包括企业中负责采购工作的部门和人员，在大型和复杂的采购工作中，采购者还包括那些参加谈判的高层管理人员。

④ 决策者。即企业里有权决定采购条件、选择供应商和最后决定成交的人员。在例行的采购中，采购者就是决策者；而在复杂的采购中，决策者通常为企业的领导者，如总经理、CEO 等。

⑤ 信息控制者。即控制企业外界信息流入的人员，如采购代理商、技术人员、秘书，甚至是接待员、门卫等，他们可以阻止供应商与采购部门的主要成员见面。

需要特别指出的是，并非所有的购买决策都要有上述五类参与者参加决策。一个企业的采购部门的规模和参加的人员，会因欲购买产品种类的不同、企业自身规模的大小及企业组织结构的不同而有所区别。供应商必须了解采购部门的主要决策参与者，并采取有针对性的措施，接近并影响他们，以便达成交易。

小思考 4-3

推销员李宾的苦恼

推销员李宾销售一种安装在发电设备上的仪表，他工作非常努力，不辞劳苦地四处奔波，但收效甚微。

（1）李宾得悉某发电厂需要仪表，就找到该厂的采购部人员详细介绍自己的产品，经常请他们共同进餐和娱乐，双方关系相当融洽，采购部人员也答应购买，却总是一拖再拖，始终不见付诸行动。李宾很灰心，却不知原因何在。

（2）在一次推销中，李宾向发电厂的技术人员介绍说，自己推销的是一种新发明的先进仪表，技术人员请他提供详细技术资料并与现有同类产品做一个对比。可是他所带资料不全，只是根据记忆大致做了介绍，对现有同类产品和竞争者的情况也不太清楚。

（3）李宾向发电厂的采购部经理介绍本公司的各种仪表，采购部经理认为都不太适合发电厂使用，说如果能在性能方面做些小的改进就有可能购买。但是李宾反复强调本公司的仪表性能优异，认为对方提出的问题无关紧要，劝说对方立刻购买。

（4）某发电厂是李宾所在公司的长期客户，需购仪表时就直接发传真通知送货。该发电厂原先由别的推销员负责销售业务，后来转由李宾负责。李宾接手后采用许多办法与该发电厂的采购人员和技术人员建立了密切关系。一次，发电厂的技术人员反映有一台新购的仪表有质量问题，要求给予调换。李宾当时正在忙着同另一个重要的客户洽谈业务，拖了几天才处理这件事情，认为凭着双方的密切关系，发电厂的技术人员不会介意。可是那家发电厂后来再购买仪表时，转向了其他供应商。

（5）李宾去一家小型发电厂推销一种受到较多用户欢迎的优质、高价仪表，可是说破了嘴皮，对方依然不为所动。

（6）某发电厂同时购买了李宾公司的仪表和另一品牌的仪表，技术人员、采购人员和使用人员在使用两年以后对两个品牌进行评价，列举事实说明李宾公司的仪表耐用性不如另外那个竞争性品牌。李宾听后认为事实如此，无话可说，任凭该发电厂终止了同本公司的合作而转向竞争者。

请阅读资料，并思考：

你能从推销员李宾的推销过程中找出其工作收效甚微的原因吗？

资料来源：根据网络资料整理

4.3　中间商市场及其购买行为分析

4.3.1　中间商市场概述

1. 中间商市场的定义

中间商市场又称转卖者市场，是为批发商和零售商等各类中间商做销售转卖之用的产品和服务市场，是组织市场的一个重要组成部分。中间商市场的顾客主要是各类中间商，中间商是指处于生产者和消费者之间，专门促进产品流动的一切组织和个人。

2. 中间商市场的特点

中间商市场的购买行为既与组织市场上其他类型的市场的购买行为有较多相似的特点，也有其自身的特点。

① 市场需求属于衍生需求。同生产者市场一样，中间商市场的产品需求来源于消费者对产品的需求，因此中间商所购买的产品的品种、花色、数量、价格等受到消费者需求的影响和制约。

② 需求富有弹性。中间商作为转卖者，其购买产品是为了再转售，因此中间商的需求受价格变化的影响较大。

③ 营利性。中间商介于生产者和消费者之间，是产品流通的媒介，通过“先买后卖、贱买贵卖”获取利润。

④ 一次性购买的数量较大。中间商大多有固定的进货渠道，一次性购买的数量较大，定期进货。

⑤ 讲求产品配置、挑选性强。中间商购买产品时非常讲究产品的组合配置，以满足消费者的多样化、个性化需求及扩大销售、增加收益。

4.3.2　中间商市场的购买决策

一般而言，中间商市场的购买决策主要涉及以下四个方面。

1. 选择购买的时间及数量

由于经营的特殊性，中间商对购买时间的要求非常严格。他们通常是在准确地确定了消费者的需要后，才决定进货时间，以免造成产品积压、资金占用及增加经营风险。中间商对产品的出厂价比较敏感，一般情况下他们购买的数量较大。

2. 选择购买产品的编配组合

编配组合是指中间商准备提供给市场的产品和服务的组合。编配组合既是中间商经营特色的体现，又是吸引消费者的有力法宝。一般情况下，中间商可采取的编配组合有以下四种。

① 独家编配。中间商只经营某家厂商的产品。

② 专深编配。中间商同时经营多家厂商生产的不同规格、型号、花色的同类产品。

③ 广泛编配。中间商同时经营多家厂商生产的多种类产品，经营范围广泛，但没有跨行业经营。

④ 杂乱编配。中间商同时经营多家厂商生产的互不相关的多种类、多规格产品。

3. 选择供应商

中间商由于自身的特殊性，其购买活动具有较强的计划性和理智性，对供应商的选择较为慎重。面对众多供应商及其产品，中间商一般是根据交易的优惠条件、供应商合作的诚意、经营的能力，以及产品的销路等来筛选。

4. 选择购买条件

由于购买条件的优劣直接关系到中间商能否盈利，因此中间商总是力争从其供应商那里得到更好的购买条件，如价格折扣、促销津贴、推迟付款、信用担保、破损产品的调换、售后服务等条件。

4.4 非营利性组织市场及其购买行为分析

4.4.1 非营利性组织市场

1. 定义

非营利性组织是指不以营利为目的、向社会提供服务的机构、组织和团体。非营利性组织购买某种产品或服务并不是为了获取利润，而是为了满足服务对象的需要。

美国约翰斯·霍普金斯大学非营利性组织比较研究中心参照国际标准产业分类体系，结合世界各国实际情况，对非营利性组织进行了比较完整的分类，将非营利性组织分为 12 个大类、24 个小类。其中，大类包括：文化与休闲、教育与科学研究、卫生与保健服务、社会服务、环境与发展、就业与职业培训、法律推进与政治、慈善中介与志愿行为鼓励、国家性活动、宗教活动和组织、商会（专业协会）和工会、其他。

2. 购买方式

由于非营利性组织日常运行活动的主要经费来自政府财政拨款和社会捐助等，因此，其经费预算和支出受到了严格限制，其采购程序也非常规范。一般而言，非营利性组织的购买方式主要有公开招标、邀请招标等。本章重点介绍政府市场的购买行为。

4.4.2 政府市场

1. 定义

政府市场由为执行政府的主要职能而购买（租赁）产品或服务的各级政府机构组成。政府采购是指各级国家机关、事业单位和团体组织使用财政性资金采购依法制定的集中采购目录内的或者采购限额标准以上的货物、工程和服务的行为。

2. 特点

政府采购的目的在于维持政府机构正常运转、加强国防建设、刺激国内需求、扶持民族工业、加强社会福利建设等。因此，政府采购产品主要包括军事装备、通信设备、交通运输工具、公共设施、办公用品等。政府采购有以下特点。

① 政府采购受到较强的政策制约。一国或地区的政府采购深刻地受到政策的制约，集中表现为国家的方针政策对政府采购的时间、对象、数量等的影响和制约。例如，《中华人民共和国政府采购法》明确规定，政府采购应当采购本国货物、工程和服务，但需要采购的货物、工程或服务在中国境内无法获取或者无法以合理的商业条件获取的，或者为在中国境外使用而进行采购的，或者其他法律、行政法规另有规定的，不适用这一规定。一般情况下，当政府财政开支紧缩时，政府采购就会减少；反之，则会相应地增加。

② 政府采购目标的双重性。政府采购的目标既有满足生产需要又有满足消费需要，这就有别于其他市场。例如，政府对公共设施的建设要先进入生产阶段再提供给公众，而各级政府机构购买轿车则是为了直接供公务人员使用。

③ 政府采购的计划性较强、购买决策过程复杂。一国的政府采购是明确列入政府财政预算的，因此各级政府机构的采购行为都受到预算的限制。同时，由于政府采购的开支归根到底来源于公众的税收，会受到公共的监督，因此，为了提高资金的使用效率、节约支出、保证各项职能的顺利执行，政府机构的采购过程都很复杂。

④ 政府采购较为集中、数量庞大。一般而言，政府支出占据了一国国内生产总值的相当份额，这一点在发达国家尤为明显。随着各国政府采购制度的完善，越来越多的国家实行政府集中采购制度，即改变以前分散的自行采购的行为，转而由政府设立的采购中心集中采购。

3. 采购方式

由于政府采购的目的很多，因此，购买的产品或服务的种类繁多，政府采购的方式主要有公开招标、邀请招标等。

（1）公开招标

公开招标又称无限竞争性招标，是指由招标方按照法定程序，在公开出版物上发布招标公告，所有符合条件的供应商均可平等参加投标竞争，招标方从中择优选择中标者的招标方式。政府采购的公开招标是由供应商按照政府提出的采购要求进行投标，彼此展开竞争，政府从中选择报价最低、条件最优越的供应商。很明显，公开投标的采购方式对政府是最有利的，政府处在主动地位，可以获得最大的购买效益，因此，这种采购方式被众多国家采用。《中华人民共和国政府采购法》明确规定，公开招标应作为政府采购的主要采购方式。

（2）邀请招标

邀请招标又称有限竞争性招标，是指招标方选择若干供应商，向其发出投标邀请，由被邀请的供应商投标竞争，招标方从中选定中标者的招标方式。政府采购的邀请招标是指政府采购机构直接与一个或者几个供应商接触，经过谈判、协商、比较，最后选择一个最符合条件的供应商签订合同，进行交易。当政府采购涉及技术复杂、风险大的项目时，一般比较适合采用这种采购方式。

习　题

一、单项选择题

1. “不急不买，现用现买”体现了消费者购买行为的（　　）特点。

A. 单次交易数量小、交易频繁　　B. 多变性
C. 非专业性　　D. 非营利性

2. 汽车、家具、家电等产品属于哪类消费品？（　　）

A. 便利品　　B. 选购品　　C. 特殊品　　D. 非渴求品

3. SICAS 模型中的第一个“S”是指（　　）。

A. Stimulus（刺激）　　B. Search（搜索）
C. Share（体验分享）　　D. Sense（互相感知）

4. 消费者购买行为影响因素中属于非个人因素的是（　　）。

A. 个性　　B. 生活方式　　C. 动机　　D. 自我概念

5. 某对年轻夫妇，有一个六岁以下的孩子，该家庭处于家庭生命周期的（　　）。

A. 空巢阶段　　B. 新婚阶段　　C. 满巢阶段Ⅱ　　D. 满巢阶段Ⅰ

6. 在消费者购买角色分类中，履行购买行为的人是（　　）。

A. 发起者　　B. 影响者　　C. 决定者　　D. 购买者

7. 消费者参与程度低、品牌间差异程度小，这类消费者的购买行为属于（　　）。

A. 复杂性的购买行为　　B. 习惯性的购买行为
C. 多样性的购买行为　　D. 减少失调感的购买行为

8.（　　）是消费者购买决策过程的起点。

A. 需求确认　　B. 信息收集　　C. 选择判断　　D. 购买决策

9．原材料、半成品和零部件属于（　　）。

A．完全参与生产过程的有形产品　　B．部分参与生产过程的有形产品

C．完全不参与生产过程的有形产品　　D．无形产品

10．中间商同时经销多家厂商生产的多种类产品，经营范围广泛，但没有跨行业经营，该种产品编配组合属于（　　）。

A．独家编配　B．专深编配　C．广泛编配　D．杂乱编配

二、多项选择题

1．以下（　　）属于直接影响消费者购买行为的参照群体。

A．体育明星　B．邻居　C．家庭成员　D．同事

2．马斯洛将人的需要层次分为（　　）。

A．生理需要　B．安全需要　C．社会需要

D．自尊需要　E．自我实现需要

3．根据吉尔伯特和卡尔的观点，以下（　　）属于决定社会阶层的因素中的社会互动变量。

A．职业　B．个人声望　C．社会联系　D．社会化

4．消费者的信息主要有（　　）等几个方面的来源。

A．商业信息　B．公众　C．个人　D．经验

5．下列（　　）属于生产者市场的特点。

A．市场需求属衍生需求　　B．市场需求缺乏弹性

C．市场需求波动性较大　　D．购买专业性强

三、判断题

1．选购品和高档消费品受价格及收入变动的影响较大，属于需求富有弹性。（　　）

2．AISAS 是在全网全景的全数字营销环境下提出的用户消费行为心理变化模型。（　　）

3．消费者参与程度高，品牌间差异程度大，这类消费者的购买行为属于多样性购买行为。（　　）

4．广泛编配即中间商同时经营多家厂商生产的不同规格、型号、花色的同类产品。（　　）

5．政府采购受到较强的政策制约，其计划性较强，购买决策过程复杂。（　　）

四、简答题

1．消费者市场有哪些特点？

2．影响消费者购买行为的主要因素有哪些？请结合你自身的购物经历，举例说明。

3．消费者购买行为有哪些类型？各有何特点？

4．生产者市场有哪些特点？针对生产者市场不同的购买类型，供应商应该如何开展有效的营销活动？

5．中间商市场的购买决策涉及哪些方面？

五、案例分析

国货小仙炖：鲜炖燕窝成为燕窝市场新赛道

小仙炖成立于 2014 年，短短几年时间，就凭借其开创的鲜炖燕窝新品类赛道，迅速崛起成为燕窝界的“网红”。小仙炖从最初的行业黑马快速成长为鲜炖燕窝全国销量领先的品牌。

打破传统，品类创新

燕窝行业只有干燕窝和即食燕窝两个品类。就传统的干燕窝而言，消费者面临原料难鉴别，不知如何炖，不知如何吃，没有时间坚持等问题。而开盖即吃的即食燕窝，虽然保质期长且便于流通和储存，但不能满足消费者对于新鲜的需求。随着消费的升级，人们对滋补品的自用需求成为驱动燕窝消费的主力因素。而炖燕窝这样复杂冗长的流程和操作显然并不适合当下快节奏的生活，自然也很难打开市场。小仙炖深刻洞悉行业痛点，开创了鲜炖燕窝新品类赛道。

小仙炖创新研发鲜炖燕窝工艺，产品不含任何添加剂，保质期只有 15 天。小仙炖也是行业内首家采用 C2M 模式的燕窝品牌，其实现了当天下单、当天鲜炖，每周冷鲜配送到家，在保证新鲜口感的同时，确保燕窝营养不流失。燕窝市场“鲜炖潮”的背后，是燕窝消费人群和产品结构两方面的原因。一方面，人们对滋补品的需求上升，年轻人也开始注重养生，90 后成为养生主力。另一方面，燕窝的消费需求逐渐从礼品过渡到自用。在燕窝市场上，礼品消费曾经占到 70%～80%。但适合送礼的干燕窝需要自行炖煮，火候难以掌控。随着消费的升级，鲜炖燕窝销量快速增长。

鲜炖燕窝销量的快速增长，离不开冷链物流技术的成熟。即食燕窝产品沿用罐头生产工艺，在运输和储存的过程中，营养可能会流失，而且为了提高保存时间，可能会加入增稠剂、防腐剂等成分。小仙炖创新的鲜炖燕窝工艺，原料只有燕窝和水，保质期为 15 天，当天鲜炖，每周采用顺丰空运，配送全程保证 0～4 度，确保燕窝以最佳的营养状态和新鲜度送到消费者手中。

营销升级，私域固客

除了品类创新和产品打磨，营销也是小仙炖“组合拳”中的重要一环。

1. 名人流量势能背书及种草式传播

与普通的名人代言模式不同，名人则是作为投资合伙的身份加入小仙炖，为小仙炖带来了强大的名人流量势能背书。

小仙炖还通过与名人合作，将品牌的影响力逐渐渗透到小红书、抖音等年轻人聚集的空间，赢得了年轻消费者信任，从而树立品牌的行业话语权。此外，小仙炖品牌账号会对名人的推广笔记做二次创作传播，通过长尾效应来持续发力，将名人效应发挥到极致。

2. 直播不仅带货，更是品牌营销阵地

当下很多品牌将直播作为带货的利器，却忽视了品牌的打造。小仙炖则是将直播作为打造品牌的营销阵地。相对于静态广告，直播是更直观的宣传方式。就鲜炖燕窝而言，利用直播可以将燕窝的拉丝、弹性直观呈现，而且还可以和消费者进行实时互动。

3. 金字塔式圈层传播

小仙炖天生具有互联网品牌基因，深谙圈层传播的重要性，构建了金字塔式的圈层传播机制。即少数名人+大量腰部 KOL+海量素人，并且推出减肥、护肤、冻龄、养生、孕期保养等新消费场景标签，通过场景消费吸引消费者。在金字塔式圈层中，名人、KOL 和素人“各司其职”。

4. 年轻化沟通方式，传达品牌态度

小仙炖成立之初，就瞄准了年轻消费群体，因此，其在营销上选择了用年轻人的说话方式传达品牌态度。在营销表现方式上，花样较多，如跨界营销、国潮 IP 营销、联名营销等。比如，小仙炖曾和钟薛高合作燕窝雪糕，为品牌增加“新奇趣”的标签，突破了燕窝局限于中年老人的传统印象，使燕窝顺应新国货热潮；小仙炖借助“红楼梦”IP，推出了红楼梦限定特别版，将传统文化和流行元素融合，迎合了当下的国潮风，强化了新国货小仙炖品牌的年轻化形象。

资料来源：https://www.sohu.com/a/419987642_120370601（2020-09-22）[2023-10-13]

思考题：

（1）小仙炖找到了传统燕窝行业的哪些痛点？

（2）运用 SICAS 模型，说明该模型是如何为小仙炖的产品设计、品牌推广、运营活动提供指导，帮助小仙炖制订更加合理、有效的营销设计方案的？

（3）影响消费者对小仙炖购买决策的参照群体有哪些？

第 4 章　在线习题

第 5 章

市场营销调研

本章教学目的

市场营销决策者进行营销决策时需要以充分、准确的信息资料为基础，因此须建立市场营销信息系统。通过市场营销调研，市场营销决策者可以估计产品的潜在市场需求和销量，了解顾客的意见、态度、消费倾向、购买行为等。通过本章的学习，帮助学生理解市场营销信息、市场营销调研在市场营销管理中的地位与作用，掌握市场营销调研的程序，灵活运用各种调研方法开展调研活动。

本章主要知识点

- 市场营销调研
  - 市场营销信息系统
    - 市场营销信息的含义与特征
    - 市场营销信息系统的含义与构成
  - 市场营销调研概述
    - 市场营销调研的含义与类型
    - 市场营销调研的内容
    - 市场营销调研的程序
  - 市场营销调研的方法
    - 确定调研对象的方法
    - 收集资料的方法
    - 调查问卷设计

导入案例

市场营销作为一种组织职能，与企业其他职能一起，共同服务于顾客价值创造，其独特之处在于它主要通过发挥连接、匹配和交易功能来创造价值。市场营销的关键是识别、驱动和满足顾客的需求。为了成功地开展市场营销，营销人员必须确定顾客需求，实施以满足顾客需求为目的的营销战略和营销组合策略。在这个过程，营销管理人员需要做出许多营销决策。为了提高这些决策的正确性和有效性，营销管理人员需要大量有关宏观环境、市场状况、消费者状况、竞争者状况和企业自身状况的信息。因此，科特勒指出，营销越来越取决于信息，而非销售力量。本章将学习市场营销信息系统的构成、市场营销调研的程序和方法等内容。

5.1 市场营销信息系统

5.1.1 市场营销信息的含义与特征

企业开展各种营销活动，不仅需要资金、材料、设备、人力、能源等，还需要各种市场营销信息。

1. 市场营销信息的含义

市场营销信息是指一定时间和条件下，与企业的市场营销活动有关的各种事物的存在方式、运动状态及其对接受者效用的综合反映。市场营销信息包括的内容非常广泛、复杂，归纳起来，其主要包括市场环境信息、产品信息、价格信息、销售渠道信息、促销信息和竞争信息等。市场营销信息是企业经营决策的前提和基础，是制订企业营销计划的依据，也是企业进行营销控制和改进的必要条件。

2. 市场营销信息的特征

（1）系统性

市场营销信息不是零星的个别信息的集合，而是若干具有特定内容的同质信息在一定时间和空间范围内形成的系统集合。市场营销信息在时间上具有纵向连续性，在空间分布上具有广泛性，在内容上具有全面性和完整性。市场营销信息的收集、加工、传递、存储、检索是通过有组织的信息管理系统进行的。

（2）有效性

市场营销信息是为了开展营销而收集、整理的。有效性包括及时性和准确性。一个不准确的信息，会导致决策误入歧途；而不及时的信息，对企业营销决策是毫无价值的。

（3）双向性

企业通过信息传递对营销活动进行控制，控制的结果作为信息又反馈给企业，企业利用反馈的信息对营销计划进行调整和修正，并对营销活动进行控制。在企业营销中，信息的流动始终以市场为核心贯穿于企业营销活动的全过程。

5.1.2 市场营销信息系统的含义与构成

1. 市场营销信息系统的含义

营销管理人员进行营销决策和计划时都需要以充分、准确的信息资料为基础，因此，企业应有一套科学的信息管理办法和程序，对信息进行搜集、管理，使它们成为有用的信息，这就是市场营销信息系统。

具体来说，市场营销信息系统是一个由人员、机器设备和计算机程序所组成的相互作用的复合系统，它连续有序地收集、挑选、分析、评估和分配恰当的、及时的、准确的市场营销信息，为企业营销管理人员制定、改进、执行和控制营销战略和计划提供依据。其功能是评估营销管理人员的信息需要，收集所需要的信息，为营销管理人员适时分配信息。首先，由营销主管或决策者确定所需信息的范围；其次，由相关系统去收集环境提供的信息，再对所得信息进行处理；再次，由市场营销信息系统在适当时间，按所需形式，将整理好的信息送至有关决策者；最后，决策者做出的决策再流回市场，作用于环境，如图 5.1 所示。

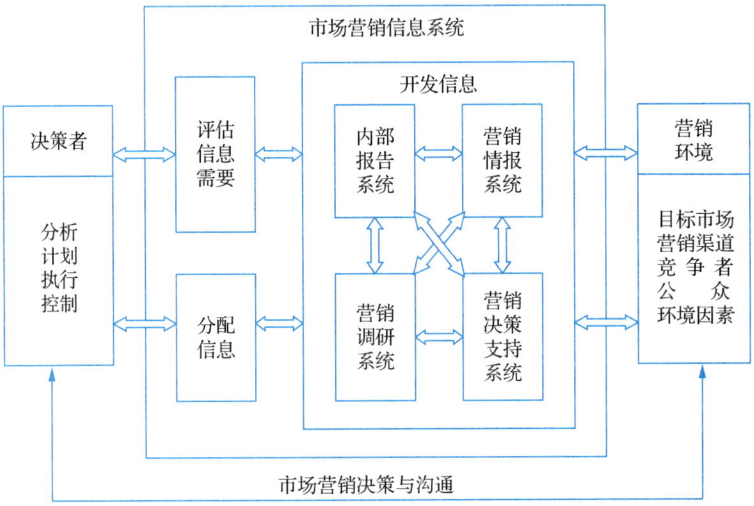

图 5.1 市场营销信息系统

2. 市场营销信息系统的构成

市场营销信息系统一般由内部报告系统、营销情报系统、营销调研系统和营销决策支持系统四个子系统构成。

（1）内部报告系统

内部报告系统提供企业的内部信息，是决策者利用的最基本的信息系统。该系统的特点是：①信息来自企业内部的财务、生产、技术、销售等部门；②通常是定期（如每天、每月）提供信息，用于日常营销活动的计划、管理和控制。内部报告系统提供的数据包括订单、销量、存货水平、费用、应收应付款、生产进度、现金流量等。通过分析这些数据，决策者能够发现市场机会，找出管理中存在的问题。

首先，内部报告系统是“订单—发货—账单”的循环，即销售人员将消费者的订单送至企业；负责管理订单的机构将有关订单的信息送至企业内的有关部门，有存货的立即备货，无存货的则要立即组织生产；企业将货物及账单送至消费者手中。其次，内部报告系统包含销售信息系统。销售经理需要及时、准确、全面地报告当天的销售情况，使企业能够把握正确的时机，更好地处理各环节存在的问题。最后，内部报告系统还包含数据库、数据仓库和数据挖掘。比如，消费者数据库包括每个消费者的姓名、地址、交易信息，甚至包括人口统计数据和心理画像（如生活方式、兴趣爱好和观点）。企业根据消费者购买时间、购买频率、购买总价等因素对消费者进行排名，并向得分高的消费者发送报价，而不是向数据库中的每个消费者进行“地毯式轰炸”，这样可以节省时间并得到更高的响应率。

（2）营销情报系统

营销情报系统是使公司管理人员获得日常的关于营销环境发展的恰当信息的一整套程序和来源。该系统的任务是利用各种方法监测、收集和向企业提供营销环境最新的信息。

企业通常可以采用以下方式改进营销情报的质量与数量。第一，训练和鼓励销售人员去发现和报告最新情况。销售人员是公司的“眼睛和耳朵”。他们身处市场，在收集信息上处于一个有利的地位，但是他们非常忙，因而常常不能把重要的信息及时转告，所以，企业必须向销售人员“推销”一个观念，即作为情报来源，销售人员是最重要的人。第二，鼓励分销商、零售商和其他中间商把重要的情报报告企业。这些中间商更接近消费者和竞争对手，能提供有用的见解。第三，从外界的情报供应商与信息研究公司购买信息。第四，在线收集情报信息。许多网站（如口碑网、大众点评网）、论坛、聊天室和博客上会披露消费者的消费体验或评价，企业可以收集这些信息以了解竞争对手产品的优势与劣势。

（3）营销调研系统

上述两个子系统的功能都是收集、传递和报告企业内外部日常的、经常性的情报信息，但是企业有时候还需要对营销活动中出现的某些特定的问题进行研究。营销调研系统与内部报告系统和营销情报系统的本质区别在于：它的针对性很强，是为解决特定的具体营销问题而从事信息的收集、整理和分析，其任务是系统地、客观地识别、收集、分析和传递有关市场营销活动各方面的信息，提出与企业所面临的特定的营销问题有关的研究报告，以帮助营销管理人员进行有效的营销决策。

（4）营销决策支持系统

营销决策支持系统是由软件和硬件组成的对数据进行处理的系统。它通过对复杂现象的统计分析、建立数学模型，帮助营销管理人员分析复杂的市场营销问题，做出最佳的市场营销决策。营销决策支持系统包含各种统计软件，可帮助营销管理人员深入了解数据之间的关系及其在统计上的可靠性。

案例 5-1

成都彩虹电器集团 PDCA 信息系统

成都彩虹电器集团（以下简称彩虹集团）是一家股份制民营企业，经过 40 多年的发展，已成为全球最大的电热毯制造企业，是全国家用柔性取暖器具行业的龙头企业和全国家用卫生杀虫用品行业的骨干企业。

2011 年，彩虹集团建立了电商团队，该团队成员以 85 后为主，是公司学历最高，平均年龄最小的“精锐部队”。对于彩虹集团来说，发展电商团队，意味着开启了网络销售渠道，电商团队是公司在“互联网+”时代下，获取消费信息、调整市场布局的强大动能。电商团队作为彩虹集团获取现代用户信息的重要渠道，与公司研发、制造、售后相结合，强调数据导向，形成了公司内部闭环的 PDCA 信息系统，并建立了以微信、微博为通道的销售反馈系统，使公司能不断增加产品科技含量和附加值，顺应产品发展趋势。通过电商运营的市场用户反馈信息，彩虹集团研发了新产品三项，改进了不合理的设计多项，改进产品外观设计五项。2012 年彩虹集团根据电商团队反馈，开发了可以盲操作的电热毯开关，次年上市就收获用户的好评，销量突破 50 万件；彩虹集团根据电商团队反馈改进了柔性暖手器的充电接口设计，让该产品销量增长了 50%，故障率降低了 80%。

2022 年以来，俄乌冲突影响持续发酵，欧洲能源危机愈演愈烈，给很多国家的工业和民生带来极大困扰，多个国家在加快推动能源结构转型的同时，发起了全民节能运动以应对能源短缺。由于电热毯是既经济，又节能环保的冬季御寒理想产品，因此，彩虹集团短时间就“斩获”数批欧洲订单。2022 年，在第 132 届广交会上，彩虹集团积极参与，展示了其最新研制的产品，更舒适环保的新产品上线后，颇受欧洲市场追捧，彩虹集团陆续收到大量询盘和订购意向。

资料来源：https://www.163.com/dy/article/FV3J99V005149D15.html（2020-12-30）[2023-10-13]；https://m.thepaper.cn/baijiahao_20411581（2022-10-22）[2023-10-13]

5.2 市场营销调研概述

5.2.1 市场营销调研的含义与类型

1. 市场营销调研的含义和特点

市场营销调研（Marketing Research），又称营销调研、营销研究等。它是针对组织特定的营销问题，采用科学的研究方法，系统地、客观地收集、整理、分析、解释和沟通有关市场营销各方面的信息，为营销管理人员制定、评估和改进营销决策提供依据的一项营销活动。从市场营销调研的定义中，我们可以看出它具备以下基本特点。

（1）科学性

有效的市场营销调研须使用科学的研究方法，调研活动的整个过程都要按照科学的原则和步骤来进行。

（2）系统性

每项市场营销调研都应针对研究程序进行周密的规划和安排，调研人员一般要遵循既定的研究程序和日程安排去开展活动。

（3）客观性

客观性要求调研人员在研究活动中以公正和中立的态度对信息进行收集、整理、分析与报告，而不应受个人或其他权威人士的价值取向及信仰的影响。

（4）针对性

市场营销调研是针对某个特定的营销问题而展开的，并不是组织中一项连续的营销职能，而是根据需要间断进行的。

（5）局限性

市场营销调研是一项复杂的工作，它能够在一定程度上提供营销决策所需要的信息，降低决策风险和失误率，但由于调研人员在认知上或操作上的局限性，有时会在某些环节出现失误，这就导致市场营销调研不一定能提供一项决策所需的全部的客观的信息，不能保证决策一定是正确的。

2．市场营销调研的类型

市场营销调研的分类方法很多，根据调研的目的与功能，市场营销调研可以分为探索性调研、描述性调研、因果性调研。

（1）探索性调研

探索性调研的目的是对营销问题的本质做一个初步评估，为确定进一步调研的范围和方向做准备。当研究人员对所需研究的问题不甚清楚时，可通过探索性调研确定问题的关键或产生的原因。例如，管理部门发现某产品市场占有率似乎在下降，在采取措施提高市场占有率之前必须搞清市场占有率下降的原因，这时就可以开展探索性调研来帮助解决这个问题。调研人员召集企业的销售人员、中间商、消费者等召开座谈会，发现该产品市场占有率下降的原因主要是消费者的偏好发生了转移。调研人员下一步需要对消费者的偏好进行调研，以指导企业进行产品设计与开发，通过销售更加符合消费者需求的产品来提高市场占有率。

探索性调研通常是一种非正式的、采用小样本的、小范围的定性调研，往往是在正式调研中的明确问题阶段采用。其收集信息资料的方法也比较灵活，包括二手资料收集、小组座谈、深度访谈、投影技法、个案分析等。

（2）描述性调研

描述性调研是通过详细的调查与分析，对市场营销活动的某个特定方面进行客观的描述，以说明其性质与特征。描述性调研是市场营销调研中使用最多的一种类型，与探索性调研相比，它研究的问题更加具体，资料收集的具体目标也已经明确，而且通常事先已形成了具体的研究假设。描述性调研需要事先拟定周密的调研方案，对准备收集的资料、收集资料的方法和步骤及调研活动的程序、路线和进度进行安排，而且需要较大的样本容量，其中资料收集通常采用询问法和观察法。

（3）因果性调研

因果性调研的目的是证明一种变量的变化能够引起另一种变量发生变化，这种调研方法是以实验为基础的。以实验为基础的调研与以询问或观察为基础的调研相比有着本质区别。在询问和观察的情况下，调研人员是一个被动的数据收集者，他们只是询问人们一些问题或是观察他们在干什么。而在以实验为基础的调研中，调研人员成了研究过程的积极参与者，他们会改变一些被称为自变量的因素，观察这些因素的变化对其他因素（因变量）有哪些影响。在营销实验中，因变量经常是衡量销售情况的一些指标，如销售额、市场份额等，而自变量则是营销组合中的一些因素，如价格、广告支出、产品质量等。

小思考 5-1

花旗银行在产品开发中采用不同类型的市场营销调研

花旗银行的市场营销调研很典型，其任务主要是测量消费者的产品认知度，监测他们对产品的满意度，追踪产品的使用情况，并在出现问题时及时判断。为了完成这些任务，花旗银行广泛使用探索性调研、描述性调研和因果性调研。为特定的消费者提供专门的财务一揽子计划产品是很有效的，在开发专为老年人设计的一款产品时，花旗银行按照以下七个步骤进行市场营销调研。

第一步：组建一个工作小组，以便更好地定义目标市场的参数，该参数应该能够满足花旗银行各支行的要求。最终确定的老年人特征参数为 55 岁以上、经济状况高于平均水平的美国退休人员。

第二步：为了确定市场需求及消费者对现在产品的满意度，工作小组对成年人或老年人市场的二手资料进行分析，并对竞争对手的产品进行调研，召开小组座谈。调研表明，不同老年人对产品的需求及对产品的满意度差异很大，造成差异的原因包括经济状况、年龄、配偶是否健在等因素。

第三步：工作小组进行头脑风暴，提出许多不同的针对老年人市场的财务一揽子计划产品的构想。经过头脑风暴，共产生 10 种不同的产品构想。

第四步：验证第三步产生的 10 种产品构想的可行性。这些构想需要通过一系列问题考察才能进入下一阶段。头脑风暴中产生的产品构想只有 1 种通过了考察并进入了下一步。

第五步：为该产品构想制订一个有创造性的计划。这个计划要侧重于规划产品的竞争优势，描述出产品的特征。

第六步：通过以上研究，新产品的特征基本明确，为了了解目标市场对新产品的看法，工作小组针对目标人群进行商场拦截访问。调查结果显示，列出的新产品特征太多，需要去掉一些竞争产品普遍具有的特征。

第七步：根据以上调查结果，工作小组对产品进行修正。最后花旗银行在 6 个分公司中针对目标群体进行产品测试，进一步确定该产品的重要特征，测试成功后，产品向全美国推广。

资料来源：马尔霍特拉，2020．营销调研：应用导向：第 6 版[M]．熊伟，郭晓凌，译．北京：中国人民大学出版社

请阅读资料，并思考：

花旗银行在进行新产品开发时采用的市场营销调研中，哪些属于探索性调研？哪些属于描述性调研？哪些属于因果性调研？三种不同类型的调研的关系是什么？

5.2.2 市场营销调研的内容

市场营销调研活动涉及组织营销管理的整个过程，对于每个环节出现的特定的营销问题，都可以通过市场营销调研活动来获得解决问题的参考信息。因此，市场营销调研的内

容涉及的范围可能非常广。常见的市场营销调研可能涉及以下内容。

1. 市场需求研究

研究和分析市场需求的主要目的在于掌握市场需求量的大小、市场规模的大小、市场占有率的大小，以及如何有效地运用经营策略和手段。市场需求研究的具体内容如下。

① 分析研究现有市场对某种产品的需求量和该产品的销量，即研究是供不应求还是供过于求。

② 分析研究市场潜在需求，也就是某种产品在市场上可能达到的最大需求量是多少。

③ 分析研究不同的市场对某种产品的需求情况，以及各个市场的饱和点及潜在的需求量。

④ 分析研究本企业的产品在整个市场的占有率，以及在不同细分市场的占有率，即研究哪些市场对企业的发展最有利。

⑤ 分析研究市场的进入策略和时间策略，从中选择和掌握最有利的市场机会。

⑥ 分析研究国内外市场的变化动态及未来的发展趋势，便于企业制订长期规划等。

2. 消费者购买行为研究

消费者购买行为研究的方向和内容主要包括以下几点。

① 了解消费者的人口、家庭、地区、经济等基本情况，以及它们的变动情况和发展趋势。

② 了解社会的政治、经济、文化、教育等发展情况对消费者的需要会产生什么影响或引起什么变化。

③ 了解不同地区和不同民族的消费者，他们的生活习惯和生活方式有何不同，分别有哪些不同需要。

④ 了解消费者的购买动机，包括理智动机、感情动机和偏爱动机，特别是研究理智动机对产品设计、广告宣传及市场销售活动的影响，以及产生这些动机的原因。

⑤ 研究消费者对特定的品牌或特定的商店产生偏爱的原因及各种相关的因素、条件。

⑥ 具体分析谁是购买产品的决定者、使用者和具体执行者，以及他们之间的相互关系。

⑦ 了解消费者喜欢在何时、何地购买，他们购买的习惯和方式，以及他们的反应和要求。

⑧ 了解消费者对某种产品的使用次数，每次购买的数量及对该产品的态度。

⑨ 调查某新产品进入市场时，哪些消费者最先购买，他们购买的原因和反映。

⑩ 调查和发现潜在的消费者等。

案例 5-2

大数据助力影视片排片率

自然纪录片《我们诞生在中国》上映第一周，排片率只有 1.9%，票房不足 300 万元。北京猫眼文化传媒有限公司通过平台大数据分析得知，这部纪录片的主要用户其实是女性用户。同时，该公司对这部纪录片的评论性用户原创内容（User Generated Content，UGC）

的关键词进行了提取分析，发现用户对这部纪录片口碑评价中出现比较多的几个词是“萌”“自然”“成长”“亲情”“父母之爱”。该公司发现这部纪录片其实不是一部常规意义上的纪录片，而是一部特别适合父母和孩子一起看的“亲子片”。因此，该公司通过与新美大亲子频道合作开展线上、线下活动，以及引导式话题预热及定向营销引导，引发持续观影热潮，排片率也翻了一番。

资料来源：洪杰文，归伟夏，2020．大数据营销[M]．北京：科学出版社

3．营销因素研究

（1）产品的研究

产品的研究内容包括：企业现有产品处在产品生命周期的哪个阶段，以及应采取的产品策略；产品的设计和包装；产品应采用的原料和制造技术，以及产品的维护和售后服务；等等。

（2）价格的研究

价格对产品的销量和企业的盈利情况都有着重要的影响。价格的研究内容包括：有哪些因素会影响产品价格；企业产品的价格策略是否合理；产品的价格是否为广大消费者所接受，价格弹性系数如何；等等。

（3）分销渠道的研究

分销渠道的研究内容包括：企业现有的销售力量是否适应需要，如何进一步培育和增强销售力量；现有的分销渠道是否合理，如何正确地选择和扩大分销渠道，减少中间环节，以便扩大销售、提高经济效益；等等。

（4）广告策略的研究

广告策略的研究内容包括：如何运用广告宣传促销产品，以及如何正确地选择各种广告媒介；如何制定广告预算，怎样才能以较少的广告费用取得较好的广告效果；了解广告的接收率及广告推销效果，以评估广告效果及确定今后的广告策略；等等。

（5）促销策略的研究

促销策略的研究内容包括：如何正确地运用促销手段，以达到刺激消费，创造需求，吸引消费者竞相购买的目的；企业促销的目标市场是哪个；企业促销策略是否合理，效果如何，是否为广大消费者所接受；等等。

4．宏观环境研究

宏观环境包括人口、经济、自然地理、科学技术、政治法律和社会文化等因素。一切营销组织都处于宏观环境之中，不可避免地要受到宏观环境各因素的影响、制约。因此，企业要对宏观环境因素进行研究。

5．竞争对手研究

市场经济下，竞争非常激烈，企业要在竞争中取胜，必须知己知彼，每个企业都应充分地掌握同行业竞争对手的各种情况，学会扬长避短，发挥竞争优势。竞争对手研究主要包括以下内容。

① 市场上的主要竞争对手及其市场占有率情况。

② 竞争对手在经营、产品技术等方面的特点。

③ 竞争对手的现有产品、新产品水平及其发展情况。

④ 竞争对手的分销渠道，以及产品价格策略、广告策略、销售推广策略等情况。

⑤ 竞争对手的服务水平等。

5.2.3　市场营销调研的程序

市场营销调研具有系统性的特点，遵循一个普遍适用的科学的程序。虽然不同的学者对市场营销调研的程序应该具体分为哪些步骤有着不同的看法，但是所有模式的程序所包含的内容却是相近的。典型的市场营销调研通常可分为六步：界定调研问题，确立调研目标；制订调研计划；实施计划，收集资料；整理与分析调研资料；提出调研报告；评估调研成果。

1．界定调研问题，确立调研目标

开展一个市场营销调研项目，首先要界定调研问题，包括界定营销管理决策问题和营销调研问题。企业的市场营销总会面临或多或少，或大或小的问题，市场营销调研正是为解决这些问题提供信息支持的，因此开展一项市场营销调研首先要确定企业亟须解决的营销管理决策问题是什么。营销管理决策问题关心的是决策者可以采取什么样的行动和如何行动（决策者应该做什么），它是行动导向的。例如，如何夺回失掉的市场份额？是否应该投放一种新产品？是否要调整现在的广告媒体？等等。决策者有时非常清楚企业面临的问题，有时候可能只是模糊地感觉到有问题，甚至不知道存在什么样的问题。为了准确把握决策者面临的决策问题，研究人员需要开展一些研究。这些研究包括与决策者讨论、访谈专家、分析二手资料和开展定性研究等。

界定了营销管理决策问题之后，研究人员就要确定为帮助决策者决策需要哪些信息，这就是要确定营销调研问题。营销调研问题涉及需要收集什么信息，以及如何最好地获取信息，它是信息导向的。

表 5-1 列举了一些营销管理决策问题与营销调研问题的例子。

表 5-1　营销管理决策问题与营销调研问题

营销管理决策问题	营销调研问题
是否应该推出一个新产品？	确定新产品的消费者偏好和购买意向
是否应该提高价格？	确定需求的价格弹性、了解价格水平的变动对销量和利润的影响
是否应该调整广告媒体？	分析媒体受众，测评媒体效果
新产品应该采用哪种包装？	进行不同包装的有效性测试

界定了营销调研问题之后，就要围绕着这个问题确定更具体的调研目标，也就是确定一项调研具体要收集哪些信息，以确保调研活动沿着正确路线展开。调研目标包括总目标与具体目标。总目标是对一项调研要收集的信息的总的概述；具体目标是对总目标的深入

细化。调研目标需要根据营销调研问题，利用相关的理论框架、分析模型来确立。有时，对一些调研目标还可以建立研究假设。所谓研究假设是指对所研究问题提出一个可能的暂时性的答案，用以指导调研人员收集必要的信息以检验假设的正确性，它可以使调研目标更加明确。

调研人员在界定调研问题时要注意避免两种错误：一是将问题定义得过宽，一个调研项目如果包含太多内容，就会导致对每个问题的研究都不够透彻，最终对决策帮助不大；二是将问题定义得过窄，得出无用的甚至是有误导性的研究结果。

2. 制订调研计划

调研计划是一项营销调研活动的重要指导性文件。制订调研计划一般应包含以下步骤。

（1）确定调研类型

市场营销调研包括探索性调研、描述性调研、因果性调研。每种调研的研究目的、特征、方法等都不一样。调研人员要根据研究问题的性质、调研的目的来确定开展哪一类调研，以便于研究人员采用正确的方法完成调研项目。三类调研之间的区别是相对的，在进行一个调研项目时有可能涉及多种调研类型。例如，在项目初期，调研人员对面临的问题所知甚少，为了准确确认决策问题、调研目标，需要进行探索性调研。在探索性调研之后，调研人员对问题有了一定的认识，为了回答探索性调研提出的问题和检验相关假设，需要开展描述性调研或因果性调研。当然并非每个调研项目都要从探索性调研开始，探索性调研也可以在描述性调研或者因果性调研之后进行。

（2）确定资料来源

信息资料可分为原始资料和二手资料。原始资料是指为了达到当前某种特定目的，由调研人员开展实地调查活动，直接从调查对象那里获取的信息；二手资料则是为了达到其他的目的，已收集、整理且通常是已经发表过的信息，如各种公开出版物，各类咨询公司、信息公司和数据库服务商提供的信息，企业营销信息系统内储存的各种数据。一般来说，专业调研人员应掌握主要二手资料的提供源，以尽可能利用二手资料，因为获得二手资料相对来说较容易、快捷，特别是互联网的发展为调研人员收集二手资料提供了极大的便利。不过，在正式的市场营销调研中，收集原始资料往往必不可少，其原因有两点：一是有些问题没有现存的二手资料可以利用；二是二手资料可能存在可获得性、时效性和准确性较低等方面的问题。调研人员一般会先尽可能地利用二手资料，如果它们无法满足调研需要，就必须利用一定的资料收集方法来直接收集原始资料。

（3）选择收集原始资料的方法

常用的收集原始资料的方法主要有四种：访问法、观察法、实验法与定性调研。其中，定性调研包括焦点小组访谈法、深度访谈法与投射法。这些方法在 5.3 节中将详细介绍。

（4）准备收集资料的工具

市场营销调研经常需要准备的工具就是调查问卷、观察表及访谈提纲。除此之外，随着科学技术的发展，越来越多的仪器设备被用于市场营销调研之中，如录音机、照相机、摄像机、收视率测试器、交通流量计数器等。零售商可以使用交通流量计数器来确定每天经过某一特定区域的人数，从而确定在那里开设商店是否合适。另外，当采用实验法来收集原始资料时，需要准备实验场所。

（5）抽样计划

大多数市场营销调研采用的都是抽样调查，利用样本结果来推断总体情况。抽样计划主要解决三个问题：谁是抽样对象？调查样本有多大？样本应如何挑选出来？常见的抽样方法有随机抽样和非随机抽样两大类。随机抽样包括简单随机抽样、分层抽样、整群抽样和系统抽样等具体方法；非随机抽样包括方便抽样、判断抽样、配额抽样和参考抽样等具体方法。这些方法各有利弊，需根据实际情况选择使用。

（6）拟订数据分析计划

针对将会收集的数据资料拟定一个详细的数据分析计划，包括对定性资料与定量资料的分析。

除以上内容外，调研计划还应包含实施的时间、人力安排和预算。

调研计划确定后，调研人员需要撰写营销调研计划书，以便获取调研资源并指导、监控调研工作的开展。营销调研计划书要阐述市场营销调研的所有步骤，并要估计项目的成本与时间进度，主要包括以下内容。

① 概要。概述计划书中各部分的要点，提供整个项目的概况。

② 背景。描述与调研问题相关的背景信息，阐述调研问题的起因。

③ 调研问题及研究目的。陈述清楚营销管理决策问题、营销调研问题及营销调研目标（包括总目标、具体目标、研究假设）。

④ 调研设计。明确调研项目所采用的调研类型，制订抽样计划，准备调研工具（调查问卷等），选择收集原始资料的方法等。

⑤ 现场工作及资料收集。包括谁去收集资料，怎样收集资料，保证资料收集质量的措施等。

⑥ 资料分析。拟采用哪些资料分析方法与工具。

⑦ 结果提交。明确提交研究结果的时间与形式，如是否要有阶段性成果的报告，最终报告的形式等。

⑧ 时间进度与预算。包括调研项目的各项费用的预算及详细的时间进度日程表。

⑨ 附录。调研项目中一些技术性的资料，如调查问卷、访谈提纲、抽样计划、数据分析计划等以附录的形式列出。

3. 实施计划，收集资料

按照调研计划的要求收集资料。这一阶段的工作量大，费用支出高，且容易出错。为了保证收集的资料达到要求，调研人员需根据调研任务及规模要求建立调查组织，训练调查人员，准备调查工具，实地开展调查。在调研人力有限的情况下，也可以请专业调查公司进行资料的收集。

4. 整理与分析调研资料

收集来的资料可能是大量的调查问卷，也可能是一些观察记录，或者是一些实验数据等，这些资料必须经过整理才能够用于分析，从而得出调研结论，提出建议供决策者使用。资料的整理包括编辑、编码、列表等。编辑是对收集到的资料进行检查以确定它们的有效性；编码是给调查问卷中每个问题及答案配上数字或符号以便做进一步统计分析；列表则是按照一定的目的，将资料中的信息用表格的形式展现出来。

资料的分析需要用到许多统计分析方法。简单的描述性统计方法有计算算术平均值、中位数和众数等反映集中趋势指标的方法，以及计算标准差、方差、全距等反映离散程度指标的方法等。对于较大规模的定量调研，还会用到参数估计、假设检验、方差分析、相关分析、回归分析、聚类分析等更加复杂的统计分析方法。通过这些统计分析，调研人员可以得出一些有益的结论，并提出一些建议。

5. 提出调研报告

调研的目的显然不是让大量的统计数字、表格和数学公式搅乱决策者的头脑，而是要对决策者关心的问题提出结论性的建议。正规的市场营销调研必须就它所研究的问题的结论提出正式的调研报告。调研报告是调研活动的最终成果，也是评价调研活动质量的重要文件。调研报告从形式上可分为书面报告与口头报告。书面报告没有完全统一的格式，但一份翔实、完整的书面报告应包含以下基本内容。

（1）概要

概要是对书面报告的高度概括和提炼。在概要中，应该明确调研目的，准确界定调研课题，简要说明调研设计，重点突出调研结果、结论与建议。决策者通常只阅读书面报告的概要部分，因此概要的篇幅不要太长，语言应通俗、精练，避免使用专业性强的技术术语。

（2）引言

引言部分提供进行本次调研的背景资料和相关信息，如企业背景、面临的营销问题、市场现状等，提出开展本次调研的原因和需要解决的问题，以及本次调研的必要性和重要性。

（3）正文

正文部分详细说明调研的目的、具体目标、调研过程、数据分析、结论和建议，以及可能存在的局限性。

（4）附录

附录部分用来罗列一些与调研有关的技术性较强的专业资料，包括样本分配、数据图表、问卷附件、访问记录、参考资料目录等。

6. 评估调研成果

调研报告提交后，调研人员的工作并未结束，他们还必须跟踪了解该调研报告的建议是否被决策者采纳？如果没有采纳，原因是什么？如果采纳了，采纳后的实际效果如何？是否需要提出进一步的补充和修正意见？评估调研成果这一工作，一方面可以提高调研成果的使用效率，另一方面也可以为今后的调研活动积累经验。

知识链接 5-1

大数据时代市场调查的特点

1. 大数据时代改变了市场调查方式

在大数据出现以前，尽管大家都知道普查是了解市场最好的一种调查方式，但是由于普查的范围太广、成本太高，企业往往没办法组织普查，一般只能进行抽样调查。大数据的出现，使传统最常用的抽样调查的地位受到了挑战。现在许多行业都可以以非常低的成本获得大数据，如服装企业可以从天猫、淘宝、京东等平台获取大数据，然后对大数据进行挖掘分析，以此来更加精准地了解顾客需求。在这个背景下，许多传统的市场调查方式就会被大数据分析所取代。企业既然很容易获得全部消费者的数据，那也就不需要抽样调查了，可以直接进行全面调查。当然并不是说传统的调查方式就会完全被大数据分析取代，在不同的场景和不同的调查需求情形下，可以选择不同的调查方式。大数据分析更加适合描述性调查，而传统的调查方式在因果性调查上仍然具有独特的优势。所以大数据分析和传统的调查方式并不是取代的关系，而是互补的关系。

2. 大数据时代实现了对市场信息的实时监控

在大数据时代到来以前，不管采用何种调查方式，都没办法实现对变化的市场信息的实时监控。尽管企业会通过软件对中间商的销售和库存情况进行实时监控，但也仅此而已，还是没有办法了解到实时的市场信息。大数据时代让企业对市场信息实时监控成了可能。例如，经营一家天猫商店，企业可以实时地监控消费者进店的流量信息、跳失率、平均停留时间等关键的店铺经营数据。通过购买平台的高级数据分析工具，企业可以实时监控整个品类的营销信息，然后根据这些信息迅速地调整营销手段。企业可以利用大数据跟踪消费者的整个消费轨迹——从最初的消费冲动、权衡阶段，到最终的购买阶段，同时，企业可以通过传统的市场调查方式了解消费者购买或者未购买的真正原因，找出企业在哪个环节出现了问题，从而为营销人员解决实际问题提供准确的依据。大数据为企业的营销提供了实时市场信息监控的便利。

3. 大数据时代改变了市场调查的重点

传统的市场调查往往比较侧重于对因果关系的探索，比如我们会问消费者为什么会喜欢红色而不喜欢蓝色？而随着大数据时代的来临，市场调查变得越来越关注相关关系而非因果关系。消费者为什么喜欢这类问题可能并不是最重要的，啤酒跟什么搭配来卖会更好卖等问题才是大数据时代的关注热点。企业卖的商品是否跟性别有关、跟年龄有关、跟生活习惯有关等会成为大数据时代的市场研究热点。当然如果需要进一步探寻因果关系还是需要采用传统的市场调查方式，如抽样调查。

资料来源：邹剑峰，卢丽丝，2018．大数据时代的市场调查[J]．现代企业（2），50-51

5.3 市场营销调研的方法

5.3.1 确定调研对象的方法

市场营销调研的原始资料来源于调研对象。确定调研对象可以采用普查和抽样两种方法。

1. 普查

普查就是将研究总体全部列为调研对象，对总体中的每个个体进行调查。从理论上说，普查的调研结果应该最准确、最有价值，但普查需要耗费大量的人力、经费，而且调研时间长，一般只适用于小总体的调研。市场营销调研的研究对象往往数目庞大，需要从研究总体中选取一定数量的有代表性的个体进行调研。

2. 抽样

抽样就是采取一定的方法从研究总体中选择若干有代表性的个体（样本）作为调研对象。抽样调查就是对样本进行调查，用样本反映总体的特征。根据抽样过程是否遵循随机性原则，抽样方法可分为随机抽样和非随机抽样。

（1）随机抽样

随机抽样即概率抽样。在随机抽样中，总体中的每个个体都有一个已知的、非零的概率被选入样本中，而这个概率由选择样本元素的具体程序来决定。随机抽样的基本方法有简单随机抽样、系统抽样、整群抽样和分层抽样。

① 简单随机抽样。简单随机抽样就是假设总体很均匀，随机抽取一部分个体作为样本，样本能够代表总体。这样可以根据需要在总体的 N 个个体中随机选择 n 个个体作为样本。这种抽样方法又有两种抽样方式：重复抽样和不重复抽样。重复抽样就是抽取了一个个体之后，把抽取的这一个个体放回总体中去再进行下一次抽样。采用这种方式时，样本单位有被重复抽中的可能。这种方式容易造成信息重叠，从而影响估计的效率，所以较少采用。不重复抽样就是抽取了一个个体之后，把抽取的个体拿出来，不再参加后面的抽样。采用这种方式时，每个样本单位最多只能被抽中一次，故不会因样本单位被重复抽中而提供重叠信息，所以这种方式比重复抽样有更高的估计效率。

在具体操作时，可以利用随机号码表、掷骰子、摇奖机、抽签或用计算机生成随机数字等方法来抽取样本。

但是，用 n 个个体完全代表总体，一般会因其不完全代表性而造成抽样误差。为了将抽样误差控制在一定的范围内，需要确定一个合适的样本容量。

在估计总体均值时，如果总体的标准差为 σ，要求抽样误差不大于 Δx，指定一定的置信水平并确定与其相对应的 t 值，应取的样本容量 n 为：

$$n = \frac{t^2\sigma^2}{\Delta x^2} \quad（重复抽样）$$

$$n = \frac{Nt^2\sigma^2}{N\Delta x^2 + t^2\sigma^2} \quad（不重复抽样）$$

如果估计总体比例 p（如客户满意率 $p = n_1/n$，即 n 个样本中有 n_1 个表示满意），则对应一定的比例值抽样误差 Δp，相应的样本容量应为：

$$n = \frac{t^2 p(1-p)}{\Delta p^2} \quad（重复抽样）$$

$$n = \frac{Nt^2 p(1-p)}{N\Delta p^2 + t^2 p(1-p)} \quad（不重复抽样）$$

② 系统抽样。系统抽样又称等距抽样。它的基本做法就是先将总体的所有个体进行有序排列，随机选择一个起点，然后按照一个固定的间隔逐一选择起点之后的个体，直到达到确定的样本容量。其中间隔数等于总体容量与样本容量之比。例如，在一个容量为 40 的总体中选取一个容量为 5 的样本，则间隔数为 8，我们首先可以在 1～8 中随机确定一个起点，如从第 5 号个体开始，则被选入样本的个体为第 5、13、21、29、37 号个体。

③ 整群抽样。整群抽样是把总体分为若干子群，每个子群都基本能够反映总体的情况，随机选择一个或若干个子群，将这些子群中的个体全部选入样本。整群抽样的基本特点就是子群间差异不大，子群内有差异。

④ 分层抽样。分层抽样是针对总体中各个个体特征差异较大的情况而采用的一种抽样方法。其做法是把总体中的所有个体按某种特征分成不同的层，然后分别在各层中采用随机抽样的方法来选择样本。分层抽样的基本特点就是各层间有差异、层内差异小，采用这种抽样方法可以提高样本的代表性。比如调查在校大学生的生活消费状况，大学生的家庭收入有明显不同，大学生的家庭可以按高收入家庭、中等收入家庭及低收入家庭分类，所以可先根据家庭收入情况将大学生进行分层，再在各层选择样本。

对于每层应抽取多少个体进入样本，可采用分层比例抽样、最佳分层抽样和最低成本抽样三种方法来确定。

第一，分层比例抽样。如果总体容量为 N，样本容量为 n。总体分成了 i 层，i=1，2，…，R，第 i 层个体数为 N_i，则按分层比例抽样方法，第 i 层应抽取的样本数 n_i 应为：

$$n_i = n\frac{N_i}{N}$$

第二，最佳分层抽样（又称纽曼分层抽样）。分层比例抽样考虑了总体中各层的大小，某一层的容量大，则应按比例抽取较多的个体进入样本。如果进一步考虑各层个体的差异，则可采用最佳分层抽样方法。设第 i 层的标准差为 δ_i，第 i 层应抽取的样本数 n_i 应为：

$$n_i = n\frac{N_i\delta_i}{\sum N_i\delta_i}$$

这样，某一层的容量越大，或该层中个体间的差异越大，则应从该层抽取越多的个体进入样本，以使样本更具有代表性。

第三，最低成本抽样，又称经济抽样或德明抽样。如果不仅要考虑总体中各层的容量大小，各层中个体间的差异，还要考虑每层中的单位调查费用 C_i，则根据最低成本抽样方法，第 i 层应抽取的样本数 n_i 应为：

$$n_i = n\frac{\frac{N_i\delta_i}{\sqrt{C_i}}}{\sum\frac{N_i\delta_i}{\sqrt{C_i}}}$$

（2）非随机抽样

非随机抽样又称非概率抽样，是指抽取样本时不依据随机原则，而是依据方便原则或调研人员的主观判断。由于无法了解总体中的个体被抽入样本的概率，因此评估非随机抽样的质量难度很大。尽管如此，在市场营销调研中，非随机抽样也是经常使用的，这是因为在有些情况下，由于客观条件的限制，无法采用随机抽样，如调研经费有限，难以采用随机抽样；或者对调研时间要求紧，无法从容进行随机抽样；或者调研人员有丰富的经验，凭经验可以抽出有代表性的样本。合理运用非随机抽样方法，也可能产生极具代表性的样本。非随机抽样的方法主要有方便抽样、判断抽样、配额抽样和参考抽样。

① 方便抽样。方便抽样就是根据方便原则抽取样本，最典型的方式就是拦截访问，即在研究对象经常出现的场所对其进行拦截。例如，想要了解大学生网上消费状况，可以在学校食堂、教学楼门口等地拦截学生进行调研。方便抽样操作简单，调查速度快，能节省费用。其局限性在于样本信息无法代表总体，即不能根据样本信息对总体进行推断。方便抽样适合探索性研究，通过调查发现问题，产生想法与假设。方便抽样也可用于正式调研前的预调查。

② 判断抽样。判断抽样是指根据专家的经验或判断，或调研人员的主观决定选取样本的方法。此方法要求调研人员有相关的知识与技能，对总体的有关特征熟悉。判断抽样选取的样本通常是比较典型的。例如，为了了解消费者对啤酒的口感的评价，可以选择经常饮用啤酒的消费者作为访问对象。判断抽样的优点是能够满足特殊需要，调查回收率高，抽样过程简单。判断抽样的缺点是容易因调研人员的主观判断偏差而导致严重的误差。

③ 配额抽样。配额抽样就是将总体中的个体按一定标准划分为若干类别，将样本数额分配到各类别中，在规定的数额内由调研人员采用非随机的方法从各类别中抽取样本。

配额抽样与分层抽样有相似之处，都是事先对总体按某种标准分层，将样本分配到各层中，但它们也有明显的区别。分层抽样是按随机原则在各层中抽取样本，所以分层抽样属于随机抽样；而配额抽样中的样本抽取不是随机的，调研人员可以根据主观判断或方便原则从各层中抽取样本，所以配额抽样属于非随机抽样。

④ 参考抽样。进行参考抽样时，调研人员要求初始被调查者推荐其他个体，加以选择后作为样本，这样样本容量会随着调查的进行而逐步增加，因此这种方法又称“滚雪球法”。当调研人员所要调查的个体很难寻找时，他们往往会选择参考抽样的方法，这样可以节约调查费用，但是，由于参考抽样的样本可能会具有较高的同质性，因此调研质量可能会受到影响。

5.3.2 收集资料的方法

市场营销调研的资料根据其来源可分为二手资料与原始资料。两种类型的资料有不同的收集方法。

二手资料的收集通常采用文案调查法。文案调查法的基本步骤包括：辨别所需信息、寻找信息源、收集二手资料、资料筛选、提出调查报告。文案调查法的具体方法包括查找、索讨、购买、交换、接收等。查找是获得二手资料的基本方法，查找的渠道包括企业内部和企业外部；索讨就是向占有信息资料的单位或个人无代价地索要；购买即付出一定的代价，从有关单位获得资料；交换是指与一些信息机构或单位进行对等的信息交流；接收是指接纳外界主动免费提供的信息资料。

原始资料是调研人员通过实地调查获取的第一手资料。原始资料收集是调研中一项复杂、辛苦的工作。收集原始资料的方法主要包括访问法、观察法、实验法及定性调研等。本部分我们重点介绍这几类资料收集方法。

1. 访问法

访问法是指调查人员通过各种方式促使被调查者回答他们所提出的问题，据此收集所需信息的一种方法。采用访问法进行调查时，一般都事先将所要调查了解的问题陈列在调查问卷中，按照调查问卷的要求进行询问。根据调查人员与被调查者接触方式的不同，访问法又可分为人员访问、电话访问、邮寄访问和网上访问四种方式。

（1）人员访问

人员访问是通过调查人员与被调查者面对面交谈以获取信息的调查方法。调查人员可以在街头拦截被调查者（拦截访问），也可以上门拜访被调查者（入户访问）。

这种方法具有以下优点。一是拒答率较低。面对面的交流使被调查者更不容易拒绝回答问题，因而与其他方式相比，人员访问容易得到较高的回答率。二是调查资料的质量较高。在访问过程中，由于调查人员在现场，因此，其既可以对访问的环境和被调查者的表情、态度进行观察，又可以对被调查者回答问题的质量加以控制，从而使调查资料的准确性和真实性大大提高。三是调查对象的适用范围广。由于人员访问主要依赖于口头语言，因此，它适用的调查对象范围十分广泛，既可以用于文化水平较高的调查对象，也可以用于文化水平较低的调查对象。

人员访问也存在以下缺点。一是调查费用较高。调查费用主要包括调查人员的培训费、交通费、工资，以及问卷和调查提纲的制作成本费等。二是对调查人员的要求较高。可以说，调查结果的质量很大程度上取决于调查人员的访问技巧和应变能力。三是匿名性较差。对于一些敏感性问题，很难用人员访问的方法来收集资料。四是访问调查周期较长。

（2）电话访问

电话访问是通过电话中介与选定的被调查者交谈以获取信息的一种方法。电话访问信息反馈快、费用低、辐射范围广。但受通话时间的限制，调查内容的深度远不及其他调查方法。同时由于调查人员不在现场，很难判断所获信息的准确性和有效性，因此，对于那些项目单一，问题相对简单明确，并需及时得到调查结果的项目而言，电话访问不失为一种理想的访问方式。

（3）邮寄访问

邮寄访问是一种将事先设计好的调查问卷邮寄给被调查者，由被调查者根据要求填写后寄回的调查方法。这种方法调查的空间范围广，费用低，匿名性较好。邮寄访问可以给予被调查者相对宽裕的时间作答，便于被调查者深入思考或从他人那里寻求帮助，而且可以避免人员访问中可能受到的调查人员的倾向性意见的影响。邮寄访问的最大的缺点是问卷回收率低，因而容易影响样本的代表性，其次是问卷回收期长、时效性差。

（4）网上访问

网上访问是一种随着互联网的发展而兴起的新型访问方式，是一场新的革命。网上访问同其他访问方式相比具有以下优点。第一，辐射范围广。第二，网上访问速度快，信息反馈及时。第三，匿名性很好，人们对于一些不愿在公开场合讨论的敏感性问题，会在网上畅所欲言。第四，费用低廉，与其他访问方式相比，网上访问的费用是最低的。第五，视觉效果好，声像并茂的网络调查问卷为网上访问提供了独特的优势。当然，网上访问也有缺点。其中最主要的缺点是样本对象的局限性，也就是说，网上访问仅局限于网民，这就可能因样本对象的阶层性或局限性问题而产生调查误差。其次是所获信息的准确性和真实性难以判断。比如调查女性对某某化妆品的意见时，并不排除"热心"该问题的男士出来讨论，而后者在某种意义上说并没有发言的权利。因此，在使用网上访问进行调查时，要特别注意调查对象的代表性，避免调查结果以偏概全。网上访问通常采用以下几种方式。

① 电子邮件调查。即将传统的邮寄访问通过电子邮件来开展。调查人员将设计好的调查问卷以文件的形式发送到被调查者的电子信箱里，被调查者通过电子信箱接收调查问卷，填好调查问卷后再通过电子邮件返回给调查人员。随着即时通信软件的普及，调查人员也可用即时通信软件（如QQ、微信）代替电子邮件来进行问卷调查。

② 网页问卷调查。调查人员将调查问卷放在被调查者经常访问的网站的某个网页上，说明调查的目的并邀请被调查者参加。被调查者根据自己对调查内容的兴趣来选择回答。调查人员通过后台及时记录并统计被调查者的回答内容。

③ 在线调查平台调查。一些调查公司或研究机构开发了一些专用平台，如"问卷星""问卷网"等。这些平台为开展网上问卷调查及数据分析提供了极大的便利。调查人员在在线调查平台上设计调查问卷，平台生成调查问卷的链接或二维码，调查人员将问卷链接或二维码通过微信、短信、QQ、微博、邮件等方式发送给被调查者，被调查者点击链接或识别二维码直接进入调查问卷界面并在线回答调查问卷。被调查者回答的内容直接在线发送到调查平台，由其进行数据统计分析。

访问法的四种方式各有优缺点，很难绝对地说哪种方式明显优于其他方式，应根据具体的调查内容和课题要求选择合适的方式。

知识链接 5-2

营销人员如何收集大数据？

大数据时代的到来给传统的营销带来了极大的冲击。大数据对营销的作用是全方位的，大数据能提升营销流程的科学性，增加营销决策的预见性，并提高营销活动的个性化程度，从而满足互联网时代的消费需求。

在大数据时代，消费者在企业网站上发生的各种行为都有可能被记录下来，如网页的搜索和浏览、对商品的打分和点评、将商品加入购物车、购买某商品和退货、使用优惠券等，甚至发生在支付平台、社交网络、电子购物平台、即时通信工具等虚拟化的平台上的相关行为也会留下痕迹。这些海量的数据隐藏于网络的各个角落，如何搜集营销所需的数据是企业关心的问题。目前，可以将搜集数据的方式分为以下三种。

1. 搭建自己的数字营销平台

如今，市场和消费者的行为都呈现出碎片化、互联网化和多样化的特点，为了尽可能地掌握市场的发展动向和消费者的行为习惯，企业应建立属于自己的综合性数字营销平台。该平台可整合多个新媒体资源，包括官方网站、淘宝天猫旗舰店、企业官方微博、微信公众号及手机 App 等。企业可以通过这些渠道来全方位、多维度搜集消费者信息。例如，通过 cookie 技术实现对消费者网页浏览记录的追踪，利用网络爬虫技术来获取并记录消费者的网络行为，从而获得更多的消费者行为数据；通过消费者在购物平台上的购物车、优惠券使用情况及订单详情、售后服务申请等来了解消费者的消费特征和消费习惯；不定期地在官方微博和微信公众号上发布新产品信息、产品组合优惠信息及产品价格信息等，收集和记录消费者反馈信息；通过洞察消费者在微博和微信上发布的内容、关注的领域等来进一步了解消费者的消费偏好；等等。

企业通过自己的数字营销平台，可以获取和完善消费者信息，抓住消费者的兴趣特征和消费偏好，为后续的精准营销打下牢固的基础。

2. 企业间资源共享

虽然企业在建立自身数字营销平台的基础上积累了大量的消费者数据，但是不管平台有多大，都没办法做到面面俱到，很难覆盖到每个消费者生活的方方面面。因此，企业为了能获取更加完善的营销数据，可以与其他企业共享各自积累的数据资源，对数据进行有效的整合，进而达到数据优势互补。

以购物平台和社交平台为例，购物平台有了社交平台的支撑，能做到更有效地掌握消费者除消费习惯以外的其他兴趣爱好和行为习惯。有了这些消费者的社交信息，购物平台可以为消费者提供一系列的定制服务，进而进行精准营销。同样地，社交平台与购物平台合作后，可以很方便地掌握消费者的消费偏好和消费习惯，这有助于其迎合消费者的“口味”，为消费者推荐更加精准的产品信息和广告。

3. 第三方数据服务供应商

除了建立数字营销平台和企业间资源共享，企业还可以通过第三方数据服务供应商来获取相关的营销数据。随着互联网经济的快速发展和电子商务的广泛应用，企业对第三方数据服务供应商的需求有了明显增加。第三方数据服务供应商是指那些专业搜集各行业的市场数据，并提供数据处理和数据解决方案的公司。这些公司会通过各种专业的渠道获得大量的数据，如搜集国家统计年鉴数据、购买企业年鉴及分析报告数据、购买消费者行为调查数据等，并将这些来自各种渠道的数据信息组合在一起，应用超级计算机、并行处理、神经元网络、模型化算法等信息处理技术手段进行处理和整合，然后将这些信息有偿提供给其他企业使用。

资料来源：洪杰文，归伟夏，2020．大数据营销[M]．北京：科学出版社

2. 观察法

观察法是指调查者凭借自己的眼睛或摄像录音器材，在调查现场进行实地考察，记录正在发生的市场行为或状况，以获取各种原始资料的一种非介入式调查方法。这种方法的主要特点是：调查人员同被调查者不发生直接接触，而是由调查人员从侧面直接地或间接地借助仪器把被调查者的活动的实际情况记录下来，避免让被调查者感觉到自己正在被调查，从而提高调研结果的真实性和可靠性，使取得的资料更加贴近实际。但这种方法只能观察到表面的行为特征，而无法获得导致行为发生的内在原因的相关信息。

案例 5-3

雪佛隆公司的市场调研

雪佛隆公司是美国一家食品企业。该公司在 20 世纪 80 年代初曾投入大量资金，聘请美国亚利桑那大学人类学系的教授对垃圾进行研究。教授和他的助手从每个垃圾收集日的垃圾堆中，挑选出数袋垃圾，把垃圾的内容依照其原产品的名称、质量、数量、包装形式等予以分类。如此反复地进行了近一年的分析和考察，获得了有关当地食品消费情况的信息。第一，低收入阶层所喝的进口啤酒比高收入阶层多。这一调查结果大大出乎一般人的想象，如果不进行调查，生产和销售后果不堪设想。得知这一信息后，调查专家又进一步分析研究，知道了他们所喝啤酒中各品牌的比率。第二，中等收入阶层比其他阶层所消费的食物更多，因为双职工都要上班，太忙碌了，以致没有时间处理剩余的食物。第三，了解到人们消耗各种食物的情况，如减肥清凉饮料与压榨的橘子汁属高收入阶层偏好的消费品。雪佛隆公司了解到这些信息后，根据这些信息进行决策，组织人力、物力投入生产和销售，最终获得成功。

资料来源：根据网络资料整理

3. 实验法

实验法是一种经过精心设计，并在高度控制的条件下，通过操作某些因素来研究变量之间因果关系的方法。开展因果性调研，须通过实验法来获得数据资料。实验法调研所需要的费用往往较高，但由于调研结果质量好，因此，这种方法得到了越来越多的运用。

4. 定性调研

在定性调研中有三种具体的调研方法得到了广泛的运用，它们分别是焦点小组访谈法、深度访谈法和投射法。

（1）焦点小组访谈法

焦点小组一般由 8～12 人组成，在一名主持人的引导下对某一主题或观念进行深入讨论。焦点小组访谈的目的在于了解和理解人们心中的想法及其原因。该方法的关键是使参与者对主题进行充分和详尽的讨论。“群体动力”所提供的互动作用是焦点小组访谈法成功的关键，正是因为有这种互动作用才会组织一个小组进行访谈而不是进行个人面谈。

（2）深度访谈法

深度访谈是一种无结构的、直接的、一对一的访谈。在访谈过程中，掌握高级访谈技巧的调查人员与被调查者进行深入的交谈，以揭示被调查者对某一问题的潜在动机、信念、态度和感情。深度访谈使得调查人员有机会认识、了解当事人的经验、观察和体会。这种方法适用于对问题进行深层了解的探索性调研，适用于个案分析，尤其是对一些政策部门相关人员的访谈、对专业人士的访谈等。

（3）投射法

一般情况下，被调查者受心理防御机制的影响，并不能用语言表达出内心的真实情感和态度，这时就可以使用一种来自临床心理学的方法——投射法。这种方法通过观察被调查者对一些刺激的表面反应，来探究隐藏在表面反应下的真实心理，从而获知被调查者的真实情感、意图和动机。市场营销调研中常用的投射法有词语联想法、句子和故事完成法、漫画测试法等。词语联想法是由调查人员快速说出一串词语，让被调查者在听到每个词语后迅速说出脑海中的第一反应；句子和故事完成法是由调查人员说出一个句子或故事的开头，由被调查者去完成它；漫画测试法是由一系列的漫画图像构成一个高度的投射机制，典型的漫画测试法是提供两个正在对话的人，其中一个人的对话框中写有对话，而另一个人的对话框中是空白的，需由被调查者来完成。

5.3.3 调查问卷设计

调查问卷又称调查表，是调查人员根据一定的调查目的和要求精心设计的，由一系列问题、备选答案、说明及代码表组成的书面文件，是用来搜集所需资料和信息的一种调查工具。调查问卷设计的好坏，直接决定了能否获得准确可靠的市场信息。

1. 调查问卷的基本要求

一份完善的调查问卷应能从形式和内容两个方面同时取胜。

从形式上来说，版面要整齐、美观、便于阅读和作答，这是总体上的要求，具体的版式设计、版面风格与版面要求，这里不做详述。

从内容上来说，一份好的调查问卷至少应该满足以下几方面要求。

① 问题具体、表述清楚、重点突出、整体结构好。

② 确保调查问卷能完成调查任务与目的。

③ 调查问卷应该有正确的政治方向，把握正确的舆论导向，注意对群众可能造成的影响。

④ 便于统计整理。

2. 调查问卷的基本结构

调查问卷一般包括四个部分，即说明信、调查内容、编码和结束语。其中调查内容是调查问卷的核心部分，是每一份调查问卷都必不可少的内容。

（1）说明信

说明信是调查人员向被调查者写的一封简短信，主要说明调查的目的和意义、选择的方法及填答说明等，一般放在调查问卷的开头。

（2）调查内容

调查内容主要包括各类问题、问题的回答方式及其指导语，这部分是调查问卷的主体，也是调查问卷设计的主要内容。

调查问卷中的问答题从形式上看，可分为开放式、封闭式和混合式三类。开放式问答题只提问题，不给具体答案，要求被调查者根据自己的实际情况自由作答。封闭式问答题则既提问题，又给出若干答案，被调查者只需在选中的答案中打“√”即可。混合式问答题又称半封闭式问答题，是在采用封闭式问答题的同时，在该题后附上一个开放式问题。

指导语就是填答说明，是用来指导被调查者填答问题的各种解释和说明。

（3）编码

编码一般应用于大规模的问卷调查中。因为在大规模问卷调查中，调查资料的统计汇总工作十分繁重，借助于编码技术和计算机，则可大大简化这一工作。

编码是对调查问卷中的调查项目及备选答案给予统一设计的代码，以便于数据的录入与统计。编码既可以在设计调查问卷时就设计好，也可以等调查工作完成以后再进行。前者称为预编码，后者称为后编码。在实际调查中，封闭式问答题常采用预编码；开放式问答题则采用后编码。

（4）结束语

结束语在调查问卷的最后，用来简短地对被调查者的配合表示感谢，也可用来征询被调查者对调查问卷设计和问卷调查本身的看法和感受。

3. 调查问卷设计的过程

调查问卷设计一般包括八个步骤：确定所需信息、确定问题的内容、确定问题的类型、确定问题的措辞、确定问题的顺序、进行调查问卷的排版和布局、调查问卷测试、调查问卷定稿。

（1）确定所需信息

确定所需信息是调查问卷设计的前提工作。调查人员必须在调查问卷设计之前就明确达到研究目的和验证研究假设所需要的信息，并决定分析这些信息的方法，如频率分布、统计检验等，然后按这些分析方法所要求的形式来收集资料，把握信息。

（2）确定问题的内容

确定问题的内容似乎是一个比较简单的问题。事实上则不然，它还涉及个体的差异性问题，因为一个人认为容易的问题在其他人看来可能是困难的；一个人认为熟悉的问题在其他人看来可能是生疏的。因此，最好将问题的内容与被调查者联系起来。分析一下被调查者群体，有时比盲目分析问题的内容效果要好。

（3）确定问题的类型

问题的具体类型有自由问答题、两项选择题、多项选择题和顺位式问答题等，其中后三种均可以称为封闭式问答题。

① 自由问答题。自由问答题又称开放式问答题，即只提问题，不给具体答案，要求被

调查者根据自身实际情况自由作答。自由问答题主要用于探索性调研，在实际的调查问卷中，这种问题不多。自由问答题的主要优点是被调查者的观点不受限制，便于深入了解被调查者的建设性意见、态度、需求等。其主要缺点是难以编码和统计。自由问答题一般应用于以下几种场合：作为调查的介绍；某个问题的答案太多或根本无法预料；由于研究需要，必须在研究报告中引用被调查者的原话。

② 两项选择题。两项选择题又称是否题，是多项选择的一个特例，一般只设两个选项，如“是”与“否”、“有”与“没有”等。

两项选择题的优点是简单明了。缺点是所获信息量太小，两种极端的回答类型往往很难了解和分析被调查者群体中客观存在的不同态度层次。

③ 多项选择题。多项选择题是从多个备选答案中选择一个或选择几个。这是各种调查问卷中采用最多的问题类型。

多项选择题的优点是便于回答，便于编码和统计；缺点是所提供的答案的排列次序可能引起偏见，有时选项不能穷尽被调查者群体的具体答案。

④ 顺位式问答题。顺位式问答题又称序列式问答题，是在多项选择题的基础上，要求被调查者对询问的问题答案，按自己认为的重要程度和喜欢程度排序。

在现实的调查问卷中，往往是几种类型的问题同时存在，单纯采用一种类型问题的调查问卷并不多见。

（4）确定问题的措辞

调查问卷设计是一项文字性工作，需要注意措辞。在措辞时，应遵循以下原则：①问题的陈述应尽量简洁；②避免提带有双重或多重含义的问题；③最好不用反义疑问句，避免否定句；④注意避免问题的从众效应和权威效应；⑤问题不能对回答者有诱导性。

（5）确定问题的顺序

调查问卷中的问题应遵循一定的排列次序，问题的排列次序会影响被调查者的兴趣、情绪，进而影响其合作积极性。所以一份好的调查问卷应对问题的排列做出精心的设计。

一般而言，调查问卷的开头部分应安排比较容易的问题，这样可以给被调查者一种轻松、愉快的感觉，以便于他们继续答下去。中间部分最好安排一些核心问题，即调查人员需要掌握的资料，这一部分是调查问卷的核心，应该妥善安排。结尾部分可以安排一些背景资料问题，如职业、年龄、收入等。背景资料虽然也属事实性问题，十分容易回答，但有些问题，如收入、年龄等属于敏感性问题，因此一般安排在结尾部分。当然在不涉及敏感性问题的情况下也可将背景资料安排在开头部分。还有一点就是注意问题的逻辑顺序，有逻辑顺序的问题一定要按逻辑顺序排列，即使打破上述规则。

（6）进行调查问卷的排版和布局

调查问卷的设计工作基本完成之后，便要着手调查问卷的排版和布局。对调查问卷的排版和布局的总的要求是整齐、美观，以及便于阅读、作答和统计。

（7）调查问卷测试

调查问卷的初稿设计工作完成之后，不要急于投入使用，特别是一些大规模的问卷调查，最好先组织调查问卷测试，如果发现问题，就及时修改。测试通常选择 20～100 人，样本数不宜太多，也不宜太少。如果第一次测试后有很大的改动，可以考虑组织第二次测试。

（8）调查问卷定稿

当调查问卷测试工作已完成，确定没有必要再进一步修改时，可以考虑定稿。调查问卷定稿后就可以交付打印，正式投入使用。

习　题

一、单项选择题

1. 在调查吸烟行为时，调查问卷中出现了“专家研究认为，吸烟有害健康。你认为呢？”问句。这个问句属于（　　）。

A. 陈述不简洁的问题　　B. 多重含义的问题
C. 带有从众效应的问题　　D. 带有权威效应的问题

2. 一个调研项目需要调查 30 家零售商店，规定要调查大型商店 3 家，中型商店 9 家，小型商店 18 家，这属于（　　）。

A. 方便抽样　　B. 判断抽样　　C. 参考抽样　　D. 配额抽样

3. 为了了解企业在市场中可能遇到的问题，可以开展（　　）。

A. 探索性调研　　B. 描述性调研　　C. 因果性调研　　D. 预测性调研

4. 为了获得某电视栏目的收视率，理想的调研方法是（　　）。

A. 人员访问　　B. 电话访问　　C. 邮寄访问　　D. 网上访问

5. 调查问卷的初稿完成后，一定要进行（　　）之后才能定稿使用。

A. 调查　　B. 抽样　　C. 测试　　D. 编码

6. “你喜欢这款手机的颜色与外观吗？”调查问卷中这个问题的设计违背了哪项措辞原则？（　　）

A. 陈述简洁　　B. 词义明确
C. 避免双重含义的问题　　D. 避免诱导性

7. （　　）是制订市场营销调研计划时要开展的工作。

A. 设计抽样计划　　B. 撰写调研报告
C. 收集资料　　D. 整理资料

8. 关于被调查对象的背景资料，通常应安排在调查问卷内容的（　　）。

A. 最前面　　B. 中间　　C. 结尾　　D. 随意

9. 对营销活动中出现的某些特定问题进行专门研究的市场营销信息系统的子系统是（　　）。

A. 内部报告系统　　B. 营销情报系统
C. 营销调研系统　　D. 营销决策支持系统

10. 确定调研目标就是要（　　）。

A. 明确如何收集资料　　B. 明确具体收集哪些信息
C. 明确如何进行抽样　　D. 明确如何分析资料

二、多项选择题

1. 连续系统地收集、传递和报告日常发生的经常的情报信息的市场营销信息系统的子系统是（　　）。

A. 内部报告系统　　B. 营销情报系统

C. 营销调研系统　　D. 营销决策支持系统

2. 二手资料往往不能完全满足一项营销调研的要求，原因是（　　）。

A. 有时没有现存的二手资料可利用

B. 二手资料收集更加困难

C. 二手资料可能存在时效性较低的问题

D. 收集二手资料不经济

3. 一份完整的调查问卷，除了调查内容外，一般还包括（　　）。

A. 标题　　B. 说明信　　C. 编码　　D. 结束语

4. 描述性统计分析所要分析的统计量包括（　　）。

A. 平均值　　B. 中位数　　C. 方差　　D. 标准差

5. 探索性调研的主要方法包括（　　）。

A. 深度访谈　　B. 大样本问卷调查

C. 焦点小组访谈　　D. 分析二手资料

三、判断题

1. 一个市场营销调研项目，一定是从探索性调研开始。（　　）

2. 调查问卷中的两项选择题不适合用来分析被调查者的不同态度层次。（　　）

3. 在企业的营销管理过程中，营销人员可以完全利用自己的经验做出正确的决策。（　　）

4. 市场营销调研就是通过问卷调查来收集资料。（　　）

5. 大数据时代的市场营销调研需要将传统的市场营销调研与大数据的利用结合起来。（　　）

四、简答题

1. 什么是市场营销信息系统？市场营销信息系统包括哪些子系统？它们各有什么作用？

2. 网上访问的方法有哪些？

3. 市场营销调研按研究的目的可以分为哪几种类型？它们在研究目的与收集资料的方法上有什么不同？

4. 市场营销调研包括哪些收集资料的方法？

5. 如何设计调查问卷？

五、论述题

论述市场营销调研的程序。

六、案例分析

鸭飞何处？

周黑鸭国际控股有限公司（以下简称周黑鸭）于 2016 年在香港联交所上市，其前身为 2006 年 6 月成立的武汉周黑鸭控股有限公司。周黑鸭位于湖北省武汉市东西湖区，是一家专业从事熟卤制品深加工、零售的企业。

周黑鸭产品包括三个大类：卤肉类、卤海鲜类、卤素食类。卤肉类包括鸭类、鸡类等。卤鸭类是卤肉类的主打产品，包括卤鸭脖、卤鸭锁骨、卤鸭翅、卤鸭舌、卤鸭掌、卤鸭胗、卤鸭腿、卤鸭头、酱板鸭、卤鸭翅中、卤鸭肉干等品种；卤鸡类包括卤鸡翅尖、卤凤爪、卤鸡蛋等品种；卤海鲜类包括卤鱿鱼、麻辣小龙虾等品种；卤素食类包括卤香菇、卤豆腐干、卤藕等品种。

除了卤制品外，周黑鸭还推出了风味酱类与饮料类产品。风味酱类包括牛肉酱、鸭肉酱、辣椒酱、豆豉酱、竹笋酱等品种；饮料类包括周小伴维生素水果汽水与周小伴啤酒等品种。

周黑鸭产品包装采用真空装、气调锁鲜装等形式，包装有多种规格。

在生产工艺上，周黑鸭采用先进的现代化生产设施和包装技术及自动化生产线，实现了高效量产，同时保留了传统卤味产品的美味。周黑鸭有湖北武汉、河北沧州、广东东莞三大现代化工厂，正在稳步推进全国五大区工厂布局，以辐射全国门店。

在产品的销售上，周黑鸭主要采用直营门店的形式进行分销。周黑鸭的门店数量保持了较快的增长速度。截至 2018 年年底，周黑鸭在 90 多个城市开设了 1288 家直营门店，是 2013 年的三倍多，其中四成以上（562 家）分布在华中地区。周黑鸭 2013—2018 年门店数及增长率如表 5-2 所示。

表 5-2　周黑鸭 2013—2018 年门店数及增长率

时间	2018 年年底/家	2017 年年底/家	2016 年年底/家	2015 年年底/家	2014 年年底/家	2013 年年底/家
门店数	1288	1027	778	641	468	389
同比增长（%）	25.41	32.00	21.37	36.97	20.31	—

周黑鸭积极开辟网上销售渠道。2010 年，周黑鸭电子商务部正式成立，并开启了 B2C 模式，通过与第三方电商平台合作，实施电商策略以促进网上销售。截至 2018 年 12 月 31 日，周黑鸭已覆盖了 22 个国内主要电商平台。为了迎合主力消费群体生活习惯的改变，2018 年周黑鸭还开发了微信小程序，提供外卖服务，周黑鸭的产品在 90 个城市提供外卖服务。周黑鸭一方面保持了较高的门店增长率，并广泛开展网上销售，另一方面不断进行新产品开发，以实现现有市场的渗透与新市场的扩展。

随着卤制休闲食品行业的竞争越来越激烈，周黑鸭的销售收入年增长率也放慢了脚步，2018 年甚至出现了负增长，税前利润更是快速下滑。周黑鸭 2009—2018 年销售收入与税前利润如表 5-3 所示。

表 5-3　周黑鸭 2009—2018 年销售收入与税前利润

年份	2018 年	2017 年	2016 年	2015 年	2014 年	2013 年	2012 年	2011 年	2010 年	2009 年
销售收入/千元	3211521	3248943	2816489	2432009	1809082	1217577	780630	562850	190980	60710
同比增长（%）	−1.2	15.4	15.8	34.4	48.6	56.0	38.7	194.7	214.6	—
税前利润/千元	726971	999414	963366	748188	550402	347089	—	—	—	—
同比增长（%）	−27.3	3.7	28.8	35.9	58.6	—	—	—	—	—

资料来源：根据网络资料整理

思考题：

（1）案例中的周黑鸭面临什么样的管理问题？可以采取哪些行动方案？

（2）针对问题（1）确定的行动方案，为了帮助管理者进行决策，需要提供哪些信息？

（3）为收集这些信息设计一份调查问卷，在问卷星平台制作问卷，生成问卷的链接与二维码。

第 5 章　在线习题

第3篇

制定营销战略

第 6 章

市场营销的 STP 战略

本章教学目的

任何企业的产品和服务都不可能吸引全部的顾客，企业必须洞察和了解顾客的需求，即根据现有的顾客的购买行为和背景特征来细分市场，选择并确定营销的目标对象，选择具有竞争力的价值定位。

通过本章的学习，帮助学生理解 STP 战略的内涵，理解 STP 战略中有效的市场细分、准确的目标市场和成功的市场定位对企业市场营销活动的重要性。

本章主要知识点

- 市场营销的STP战略
  - 市场细分
    - 市场细分的定义及意义
    - 市场细分的标准
    - 市场细分的原则
    - 市场细分的程序
  - 目标市场选择
    - 目标市场及其选择
    - 目标市场选择模式
    - 目标市场营销战略
    - 影响目标市场营销战略选择的因素
  - 市场定位
    - 市场定位概述
    - 市场定位的步骤
    - 市场定位战略的类型

导入案例

因为资源是有限的，企业只能满足某一部分顾客的某些特定需求，而顾客也只能用有限的资金来满足自己最强烈的某部分需要，所以企业与顾客其实是处在一个相互筛选的过程当中。

目标营销战略即 STP 战略，包括市场细分（Market Segmentation）、目标市场选择（Market Targeting）和市场定位（Market Positioning）。如图 6.1 所示，整个 STP 战略需要经过三个步骤：首先是市场细分，即根据购买者需求的差异性，将一个整体市场分为若干个不同的细分市场；其次是目标市场选择，即结合企业资源和竞争优势选择要进入的一个或多个细分市场；最后是市场定位，即使产品和企业形象在顾客心中有一个富有竞争性的地位。STP 战略是企业筛选顾客群体最终达到精准营销的过程。

图 6.1　STP 战略

市场细分是 STP 战略活动的基础，在对整体市场进行细分后，还要对细分市场进行有效的评价，并选择目标市场。在完成这两项基础性的步骤之后，就要进行一个更为重要的环节，即市场定位。

6.1　市 场 细 分

6.1.1　市场细分的定义及意义

1. 市场细分的定义

市场细分理论是美国市场学家史密斯（W. R. Smith）于 20 世纪 50 年代中期提出来的。它是营销学中继“以消费者为中心”观念的又一次革命。市场细分又称市场分割，是指企业按照一定的标准，根据顾客需求和购买行为的差异性把一个整体市场划分为若干个细分市场（或子市场）的过程。每个需求特点相似的顾客群体就是一个细分市场，不同细分市场的需求存在着明显的差别。可以从以下几方面来理解市场细分的定义。

① 市场细分的对象并非产品，而是对某种特定的产品或服务具有现实和潜在需求的顾客群体。例如，佳明（Garmin）按照顾客的年龄、收入、职业、生活方式、追求的利益等细分标准将整体市场划分为若干个细分市场，佳明智能手表主要服务于热爱运动和健身的顾客群体。

② 市场细分的理论基础是市场的异质性和企业资源的有限性。

第一，市场的异质性。实践证明，对于少数产品市场，顾客对产品的需求差异性较小，甚至可以忽略不计，且顾客对企业同一营销策略的反应也较为相似，我们称之为同质市场。而对于绝大多数产品市场，由于受到地理位置、性别、年龄、职业、文化程度、收入水平、社会阶层、生活方式等因素的影响，顾客对产品的功能、质量、价格、服务等方面的需求存在显著的差异性，我们称之为异质市场。

第二，企业资源的有限性。市场营销学把卖方的集合称为行业，把买方的集合称为市场。从行业的角度来看，一方面，任何一个企业的资源、人力、物力、资金都是有限的，不论企业规模有多大、资本有多雄厚、经营管理水平有多高，都很难满足所有顾客的需求；另一方面，行业内一般存在着大量的竞争者，企业不可能在经营中总是占据绝对优势。因此，选择最有利可图的细分市场，集中企业的资源，制定有效的竞争策略，有助于企业在局部市场获得并增强竞争优势。

③ 市场细分的目的在于帮助企业正确选择并确定目标市场。企业按照一定的细分标准进行市场细分，是为了辨别和区分具有不同需求和欲望的顾客群体，进而结合自身资源和竞争优势选择一个或多个细分市场作为自己的目标市场，发挥企业在一个或多个细分市场上的竞争优势，创造更好的经济效益。

2. 市场细分的意义

（1）进行市场细分，有利于企业发掘最优的市场机会

市场机会往往是市场上客观存在的未被满足或未被充分满足的消费需求。通过市场细分，企业可以更准确地发现市场需求的差异性和需求未被满足的程度，发掘最优的市场机会。

（2）进行市场细分，有利于企业集中资源投入目标市场

企业通过细分市场，集中有限的资源投放到适合自己的目标市场，去争取局部市场上的优势，使自己在激烈的市场竞争中求得生存和发展。市场细分的这一意义对中小企业尤为重要。

（3）进行市场细分，有利于企业设计并调整市场营销策略

一方面，企业通过市场细分，对每个细分市场的购买潜力、满足程度、竞争情况等进行对比分析，从而掌握不同细分市场的需求差异，并相应地制定市场营销策略。另一方面，由于细分市场消费者需求及竞争态势会发生变化，且细分市场可再细分，因此，企业可以进一步探索出有利于本企业的市场机会，适时调整市场营销策略，以便更好地满足市场需求的变化。

知识链接 6-1

满足细分需求 激发消费潜力

随着我国消费升级趋势越来越明显，以单一的性别、年龄、收入等指标对消费人群进行分类的方法已难以精准反映消费者的需求，小众化、定制化消费应运而生，相关企业应瞄准需求变化，不断提升供给能力。消费细分化的趋势显而易见，但细分市场的商机并不好抓。传统制造业的批量化、标准化生产，传统服务业的大众化、流程化服务，都难以满足消费者日益个性化、多元化的需求。

当前，消费升级是主流，消费细分是常态，消费者对产品和服务有什么需求，企业就

要想办法去满足。认清趋势、抓住机会是关键，聚焦细分人群需求的企业会迎来更多发展机遇。中国贸促会研究院副院长赵萍建议，企业应注重利用消费大数据对市场进行细分，从购买频次、消费习惯等维度入手，更精准地描述消费者行为特征，更准确地勾勒消费者“画像”，从而更好地把握市场需求。同时，企业应通过精准研发、精益生产和精准营销来提高对消费需求的满足程度，不仅要善于利用大数据来分析市场，还要优化供应链，提升反应速度，通过及时地开展研发、生产和营销来抓住市场机遇。

以家政服务业为例，一部分消费者不仅需要常规的上门打扫服务，还对个人生活空间的舒适性提出了高要求。为满足这一细分需求，出现了整理、护理、管家等专业家政服务模式。不少商家还捕捉到来自单身群体的商机：“一人食烤肉”“一人食火锅”很受欢迎；小巧又兼具多种功能的小家电的销量快速增长；小户型单身公寓的租赁需求强劲；小包装商品，如 500 克装大米、500 毫升装食用油等非常受欢迎。专家建议，服务业要通过云计算、大数据等技术，实现供需精准对接，优化内部管理流程，有效提升经营管理效率。

资料来源：https://baijiahao.baidu.com/s?id=1722377462281279942&wfr=spider&for=pc（2022-01-19）[2023-10-13]

6.1.2 市场细分的标准

在市场营销学中，那些能够导致顾客群体对某种产品的需求产生差异的因素，被称为市场细分的标准。在进行市场细分时，企业可根据实际情况选择一个或者多个标准作为市场细分的依据。由于消费者市场和组织市场有不同的需求特点，因此，市场细分所采用的标准也不尽相同。

1. 消费者市场的细分标准

消费者市场的细分标准主要有四类，分别是地理标准、人口标准、心理标准和行为标准，每个细分标准又包含多种细分变量。消费者市场的细分标准如表 6-1 所示。

表 6-1　消费者市场的细分标准

细分标准	细分变量
地理标准	国家、地区、城镇、气候、地形等
人口标准	年龄、性别、收入、职业、受教育程度、民族、家庭类型、家庭生命周期、宗教等
心理标准	社会阶层、生活方式、价值观念、兴趣爱好、个性等
行为标准	态度、购买时机、消费习惯、使用者情况、使用频率、追求的利益、品牌忠诚度等

（1）地理标准

地理细分是将消费者的地理位置进行分类。地理标准主要包括国家、地区、城镇、气候和地形等细分变量。地理标准易于识别、相对稳定且操作简便，因而成为大多数企业细分市场的重要标准。地理细分的主要理论依据是：地理特征不同的地区，消费者对产品的需求存在较大差异。

知识链接 6-2

基于 LBS、POI 和地理围栏的精细化运营

1. LBS

基于位置的服务（Location Based Services，LBS）利用各种类型的定位技术来获取定位设备当前所在位置，通过移动互联网向定位设备提供信息资源和基础服务。用户可先利用定位技术确定自身的空间位置，随后便可通过移动互联网来获取与位置相关的资源和信息。

LBS 融合了移动通信、互联网、空间定位、位置信息、大数据等多种信息技术，利用移动互联网服务平台进行数据更新和交互，使用户可以通过空间定位来获取相应的服务。

LBS 目前的应用非常广泛，主要是由百度地图、高德地图、腾讯地图等地图厂商提供基础的位置信息，各个 App 通过接入或调用地图服务接口，衍生出各种基于位置的产品功能。

（1）基于位置的产品搜索或召回服务

通过大众点评，可以了解城市旅游景点、酒店住宿、周边的休闲娱乐等信息，可见，大众点评提供的就是典型的基于位置的服务。其他如社交软件中的附近的人、短视频应用中的同城周边都属于 LBS 的范畴。

（2）地图导航或搜索服务

到陌生的地方利用地图查交通路线，搜索周边加油站、停车场，以及查询快递或外卖配送员的实时位置，都属于 LBS 的范畴。

2. POI

POI 是“Point of Interest”的缩写，中文可以翻译为“关注点”。在地理信息系统中，一个 POI 可以是一栋房子、一家商铺、一所学校、一个工厂等。POI 包含四方面信息：名称、类别、坐标、分类。

3. 地理围栏

POI 是关注点，即点的概念。而实际上，产品召回或者 LBS 营销应用会在更大范围的区域进行，即通过多边形的方式，将 POI 周围的区域圈定起来，就像建篱笆围栏。

地理围栏（Geo-fencing）是 LBS 的一种新应用，就是用一个虚拟的栅栏围出一个虚拟地理边界。当手机进入或离开某个特定地理区域，或在该区域内活动时，手机可以自动接收通知和警告。有了地理围栏技术，位置社交网站就可以帮助用户在进入某一地区时自动登记。比如，坐高铁经过某座城市时，会收到××欢迎您的短信。

由上述内容可以看出，LBS 应用范围更加广泛，一切基于位置的服务或者营销触达，都可以归属于 LBS，而 POI 更多强调的是某一个位置点的属性信息，即到底是商务楼宇、学校，还是工厂。而地理围栏则是基于目标点的范围扩展，对进入多边形区域内的用户（设备）进行差异化。基于以上手段，运营人员可以实现精准营销和精细化运营。

资料来源：https://baijiahao.baidu.com/s?id=1715953190325939808&wfr=spider&for=pc（2021-11-09）[2023-10-13]

（2）人口标准

当谈到“市场细分”时，人口细分通常是企业首先想到的。这也是定义消费者群组最直接的方法。人口标准主要包括年龄、性别、收入、职业、受教育程度、民族、家庭类型、家庭生命周期、宗教等细分变量。由于消费者的需求及偏好与人口标准的各细分变量有着密切的关系，再加上人口标准较其他因素更容易衡量，有关数据更容易获取，因此人口标准是市场细分时最常用、最重要的细分标准之一。

（3）心理标准

心理细分针对的是消费者的个性和兴趣。心理标准主要包括社会阶层、生活方式、价值观念、兴趣爱好、个性等细分变量。消费者受心理因素的影响往往比受其他因素影响要深，心理因素会直接导致消费者购买动机和购买行为不同。心理标准是互联网市场最重要的细分标准之一。互联网带来了价值观的改变，在互联网生态下，形成了一个个有共同兴趣爱好和生活方式的“部落”。企业最重要的就是与消费者共建“部落”，并成为这个“部落”的产品和服务的提供者。例如，海尔集团旗下有海尔（大众品牌）、卡萨帝（高端品牌）、统帅（互联网品牌）等品牌，其中，卡萨帝洞察精英人群普遍追求更有品质的精致生活（关注健康、优雅、方便、高科技、装饰性），致力于满足精英人群享受极“质”的潜在需求，并提供应对未来趋势的高端生活解决方案。

知识链接 6-3

圈层细分时代已经来临，品牌从这里找到破解Z世代之钥

Z世代一般是指1995年到2009年之间出生的人。根据高盛公司研究报告，中国目前约有2.51亿人口属于Z世代。在互联网文化环境之下成长起来的Z世代群体，正在成为圈层文化的消费主力，同时也是品牌争夺的主力消费人群。数据显示，2020年，Z世代的消费力占整体消费力的40%。《Z世代人群圈层研究报告》基于微博、抖音、B站三大Z世代常驻社交媒体，细分得出饭圈、国风圈、游戏圈等Z世代圈层。

饭圈：借势热门明星，打造定制爆款。饭圈的消费能力让任何品牌都不能等闲视之，饭圈文化已是品牌营销人的必修课。

国风圈：这些年，Z世代的消费观有了新的特点。比如他们逐渐表现出对国产品牌、民族品牌的强烈喜爱和自信，他们不会过分关注或相信外来品牌，随着国风越来越流行，众多品牌纷纷跨界，在国风上大展身手。比如百雀羚和故宫合作推出的中国风限定梳妆礼盒“燕来百宝奁”，上市35秒就售罄了。《Z世代人群圈层研究报告》显示，国风圈受众更加年轻，00后是其中的主力，他们为兴趣钻研，为高颜值国风产品买单，更热衷于弘扬传统文化。

游戏圈：热门IP仍是不二之选。作为和风卡牌类游戏，《阴阳师》画面精美，吸引了大量玩家，上市后不到一个月时间就登上应用商店畅销榜，其火爆程度可见一斑。农夫山泉根据游戏角色推出13个不同包装的定制瓶身，正符合阴阳师玩家的卡牌收集属性，同时，玩家可以通过微信扫描瓶盖内二维码参与游戏互动，赢取游戏道具，农夫山泉成功将虚拟

人气转化为真实的产品销量。如今，游戏已经成为年轻人重要的娱乐和社交平台。对于品牌来说，如果想精准地触达游戏圈玩家，那么精心挑选一款热门游戏或许将事半功倍。品牌也可以尝试与游戏圈 KOL 合作，借助他们的影响力实现更广泛的触达。此外，还可以结合游戏玩家关注社交媒体的特点，在微博上制造话题，在抖音上通过游戏主播进行软性植入，在 B 站上借助热门赛事、UP 主做内容等调动游戏玩家的参与热情，提高品牌曝光度。

资料来源：https://www.sohu.com/a/357122116_610458（2019-11-28）[2023-10-13]

（4）行为标准

行为细分是基于消费者在与品牌互动或做出购买决策时的行为模式将消费者分为不同的类别。行为标准包括态度、购买时机、消费习惯、使用者情况、使用频率、追求的利益、品牌忠诚度等细分变量。消费者的行为是一种客观的外在表现，相较于其心理活动而言更容易被企业所掌握。行为标准能更直接地反映消费者的需求差异，因而成为重要的细分标准。例如，快时尚服装品牌基于消费者的购买时机、消费习惯、购买频率等因素细分市场，重视制版到上架的速度，致力于为年轻群体提供更新速度快、款式众多、价格优惠的服装。

小思考 6-1

啤酒市场新细分：“鲜啤+场景”

随着健康概念的逐渐崛起，消费者对于饮品的健康性提出了更高的要求，消费需求向多元化、健康化和品质化转变，作为啤酒消费主力的 80 后、90 后起到了巨大的推动作用。由于主力消费人群多在聚会或者自饮的场景中选择啤酒，因此啤酒被视作“气氛担当”，口味、品质、健康这几个因素更受到人们的重视。

“口味”是消费者选择啤酒的首要因素，其目前最明显的趋势是多元化。口味方面，主流的有清爽型、麦香型、纯正型以及醇厚型，小众的有果香型、甜味型、奶油型。品质方面，消费者的饮酒态度从看“量”转变为看“质”。健康方面，调研显示，消费者选择啤酒时，比较关注是否健康，如关注配料表和麦汁浓度等。

根据灭菌方式，啤酒可分为鲜啤和熟啤。其中，鲜啤以保留天然酵母和活性氨基酸著称，口感有所升级且营养物质丰富，这对于追求健康、多元化、高端化的人群，是更好的选择。新鲜化已然是目前啤酒行业发展的主要趋势之一。比如，燕京啤酒推出产品“鲜啤2022”，并设立“燕京社区酒号”完善鲜啤布局；青岛啤酒通过布局酒馆来延伸业务，推出啤酒吧，专卖各类新鲜啤酒产品。

为了抢夺市场，培育自己专属的“啤酒+”场景成了各大啤酒品牌的策略之一。在多元化渠道的探索中，体育、音乐、文化等因素成了啤酒消费场景重点关注的领域。比如，珠江啤酒以“啤酒+体育”倡导健康生活，连续 6 年赞助广东省男子篮球联赛。“啤酒+体育”这一方向，帮助啤酒品牌建立了更健康正面的形象，使啤酒不再是“借酒消愁愁更愁”的代名词。除了与体育结合，啤酒还与音乐、文化结合，不断加强与消费者的互动，提升产品的年轻度，赋予产品更多元化的特色。

总体来看，啤酒品牌通过“啤酒+”的形式赋予了产品更深层次的意义，将原本只能在酒吧或者商务场景才能看到的啤酒带上了更大的舞台。

资料来源：https://baijiahao.baidu.com/s?id=1781884009753953158&wfr=spider&for=pc（2023-11-07）[2023-12-16]

请阅读资料，并思考：

“鲜啤+场景”策略采用了哪些市场细分标准及具体的细分变量是什么？

2．组织市场的细分标准

许多用来细分消费者市场的标准，同样可用于细分组织市场。但由于组织市场的顾客在购买动机及购买方式方面有自己的特点，因此，除了运用消费者市场的细分标准外，还可考虑其他一些细分标准。美国营销学者博纳玛和夏皮罗提出了以下组织市场细分标准。

（1）人口变量

①行业：我们应该把重点放在购买这种产品的哪些行业上？②公司规模：我们应该把重点放在多大规模的公司上？③地区：我们应该把重点放在哪些地区上？

（2）经营变量

①技术：我们应该把重点放在哪些顾客重视的技术上？②使用者或非使用者情况：我们应该把重点放在大量、中量、少量使用者身上，还是非使用者身上？③顾客能力：我们应该把重点放在需要很多服务的顾客身上，还是需要很少服务的顾客身上？

（3）采购方法

①采购职能组织：我们应把重点放在采购职能组织高度集中的公司上，还是采购职能组织高度分散的公司上？②权利结构：我们应该把重点放在工程技术人员占主导地位的公司上，还是财务人员占主导地位的公司上？③现有关系的性质：我们应该把重点放在现在与我们关系牢固的公司上，还是追求最理想的公司上？④总采购政策：我们应该把重点放在乐于采用租赁服务合同及系统采购等贸易方式的公司上，还是采用秘密投标等贸易方式的公司上？⑤购买标准：我们应该把重点放在追求质量的公司、追求服务的公司上，还是追求价格的公司上？

（4）情境因素

①紧急：我们应该把重点放在那些要求迅速交货的公司上，还是那些要求提供服务的公司上？②特别用途：我们应该把重点放在产品的某些用途上，还是放在产品的全部用途上？③订货量：我们应该把重点放在大宗订货上，还是少量订货上？

（5）个性特征

①购销双方的相似点：我们是否应该把重点放在那些员工价值观与本公司相似的公司上？②对待风险的态度：我们应该把重点放在敢于冒风险的公司上，还是避免冒风险的公司上？③忠诚度：我们是否应该把重点放在那些对供应商非常忠诚的公司上？

6.1.3 市场细分的原则

市场细分的标准很多，企业可以根据单一因素，亦可根据多种因素对市场进行细分。在营销实践中，并非所有的细分市场都是有意义的。因此，企业在进行市场细分时要遵循一些原则，以达到事半功倍的效果。一般而言，进行市场细分时应遵循以下几个基本原则。

1. 可衡量性

即细分的市场可被量化。这一方面要求细分市场范围界定明确，细分市场的规模能够判断；另一方面要求细分市场的顾客特征、购买能力是可以用数据进行测算的。如果细分市场无法衡量，难以描述和说明，那么市场细分就失去了意义。

2. 可进入性

即细分出来的市场应是企业市场营销活动能够影响及服务的。一方面，有关产品的信息要能够通过一定的媒介顺利传递给该细分市场的顾客；另一方面，企业要能在一定时期内将产品通过一定的分销渠道运送到该细分市场。也就是说，基于企业的资源及营销组合情况，企业不能进入或难以进入的细分市场是没有意义的。

3. 可盈利性

即细分出来的市场，其市场容量及发展潜力足以使企业实现盈利目标。开发细分市场通常需要企业投入大量的资金，如果细分市场上顾客的购买量偏少、购买能力不强或购买频率过低，企业就会成本高但收益低，市场细分就失去了意义。

4. 可区分性

即各细分市场的顾客对同一市场营销组合方案会有不同的反应。企业进行市场细分的客观依据来自市场上顾客需求的差异性，如果不同细分市场顾客对产品的需求差异性不大，那么这样的市场细分就没有任何意义。

6.1.4 市场细分的程序

美国市场学家麦卡锡提出了一整套逻辑性较强、直观且有价值的市场细分程序，这套程序包括七个步骤。

第一步：明确市场范围，即界定产品的消费群体边界。

第二步：列举潜在顾客的基本需求。

第三步：分析潜在顾客的不同要求。

第四步：剔除潜在顾客的共同要求，以特殊需求作为细分标准。

第五步：划分不同的子市场，命名细分市场。

第六步：进一步分析每个细分市场的特点，做进一步细分或合并。

第七步：评估各子市场的市场规模、盈利性及发展潜力，从中选择企业的目标市场。

6.2 目标市场选择

6.2.1 目标市场及其选择

1. 目标市场的定义

在 STP 战略中，目标市场选择是承上启下的一环。在这一步，企业需要确定对其最具价值和吸引力的细分市场，实现其资源的高效运用和利益的最大化。选择目标市场，明确企业应为哪一类顾客服务，满足他们的哪一种需求，是 STP 战略中的一项重要工作。

目标市场是企业所选择和确定的营销对象，即企业能够为之提供有效产品和服务的顾客群体。例如，女装品牌歌莉娅 GOELIA 以 28 岁女性为核心顾客，拥有五大服装系列：优雅百搭的“COLLECTION”系列，精致浪漫的“RELAX”系列，帅气时尚的“JEANS”系列；高级不过时的“LUXURY”系列；IP 原创设计的“HEADY”系列。

2. 目标市场选择的定义

目标市场选择是指企业在对诸多细分市场进行分析评价的基础上，选择具有竞争优势、最能有效为之服务的细分市场作为企业目标市场的过程。

一般而言，企业在目标市场选择的过程中应考虑以下几点。

（1）有一定的市场规模和发展潜力

一般情况下，市场规模主要由顾客的数量及购买力所决定，既然目标市场是企业选择和确定的营销对象，那么企业就期望有利可图，因此，正确评估企业要选定的目标市场的规模是非常必要的。另外，还要考虑目标市场的发展潜力。因为，即使目标市场现有规模够大，但如果没有发展潜力，企业仍然无法长期发展。

（2）符合企业的经营目标

企业面对的市场机会较多，应切忌“胡子眉毛一把抓”，要对市场机会进行分析评估，放弃那些虽然有较大吸引力但不符合企业经营目标，甚至会分散企业精力的市场机会。所以，企业在选择目标市场时，要考虑其是否符合企业的经营目标和发展方向。

（3）符合企业的资源条件

企业在目标市场的经营还需要各种资源的支持。如果该细分市场当前和未来都有一定的规模，也符合企业的经营目标，但企业的资源，如经营规模、技术研发、资金、人员素质等，无法保证企业在目标市场的经营，那企业也不得不考虑放弃这个市场。

（4）企业应具有竞争优势

如果细分市场上竞争者较少，而且进入壁垒较低，那么企业可以选择进入该市场。如果细分市场上竞争者实力较弱，竞争不激烈，企业也可以选择该市场作为目标市场。如果细分市场上竞争非常激烈，而且竞争对手实力强大，这时企业的进入成本就会非常高。很明显，企业选择那些竞争相对较小，有竞争优势的细分市场作为目标市场是最有意义的。

6.2.2 目标市场选择模式

企业在完成对不同细分市场的评估后，就必须对进入哪些市场和为多少个细分市场服务做出决策。一般来讲，企业可选择的目标市场选择模式有五种，如图 6.2 和表 6-2 所示。

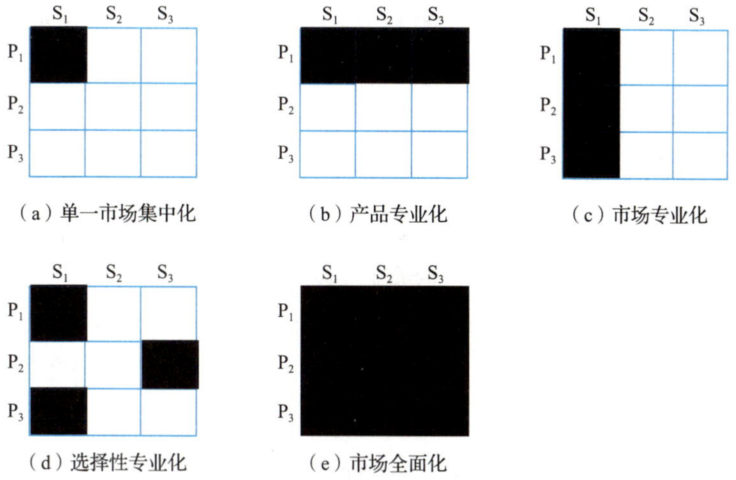

图 6.2 目标市场选择的五种模式

表 6-2 目标市场选择的五种模式

目标市场选择模式	特征
单一市场集中化	企业只选择一个细分市场进行集中营销，为某一类顾客提供一种产品或服务。这种模式一般适用于资源有限的小型企业，特别适合初创企业、市场补缺型企业
产品专业化	企业专门生产一种产品，服务于几个细分市场，按照不同的细分市场对产品加以调整，使其适应不同的顾客需求。企业可以在特定的产品领域树立良好声誉
市场专业化	企业专门为一个特殊的细分市场服务，并为该细分市场提供一系列不同的产品
选择性专业化	企业选择若干个细分市场，为不同顾客群体提供不同的产品或服务。这种模式一般适用于资源丰富、实力较为雄厚的企业
市场全面化	企业要为整个市场的所有顾客群服务，市场全面化可以通过大市场战略或多重细分市场战略来实现。这种模式适用于具有一定实力的大企业

1. 单一市场集中化

单一市场集中化是最简单的一种模式，即企业只生产一种产品，选择一个目标市场实行集中营销。采用这种模式的好处是：企业通过单一市场集中化，可以更加了解该细分市场的需求，因而可以在该细分市场建立并巩固市场地位。另外，这种模式有助于企业开展特色经营，树立特别的声誉，如果企业能占据领导地位，将会获得很大的经济效益。但需要注意的是，如果目标市场上的顾客群体需求发生变化或者有更强大的竞争者进入，就会对企业造成很大的打击。

2. 产品专业化

产品专业化，即企业生产一种产品，并向不同的细分市场销售这种产品，以满足几个细分市场的需求。实施这种战略，一方面有利于企业集中优势，在某个特殊产品市场上树立起较高的声誉；另一方面，避免了市场集中化带来的巨大风险。例如，一家为民用建筑、商业建筑、市政交通、工业厂房、桥隧管廊等提供防水服务的企业，根据不同的需要生产防水材料。采用这一模式的局限性表现在：当市场上出现了质量更好、功能更强的新产品时，企业就会面临危机。

3. 市场专业化

市场专业化，即企业专门服务于某个顾客群体，以满足他们的各种需要。企业通过实施这种战略，可以有效地分散风险，同时在它为之服务的顾客群体中建立良好的口碑。采用这一模式的局限性表现在：如果该类顾客群体购买力下降或者他们减少在该产品方面的支出，企业的收益将受到较大影响。

4. 选择性专业化

选择性专业化，即企业结合自身的经营目标和资源条件选择若干个细分市场，满足这些细分市场的需求，各细分市场之间关联性不强，但企业在每个细分市场上都有可能盈利。选择性专业化是一种典型的多元化战略，该模式为许多实力较强的企业所采用。该模式可以较好地分散企业经营风险，即便某个细分市场的经营出现问题，企业仍可继续在其他细分市场获取利润。企业采用该模式时应该十分谨慎，所选定的市场应该符合企业的经营目标，企业在该市场上要具有竞争优势并且可以盈利。

5. 市场全面化

市场全面化，即企业生产各种产品，用以满足整体市场上所有顾客群体的需求。在经营实践中，只有一些实力雄厚的大企业才能采用该模式。

小思考 6-2

“小白兔”儿童牙膏的目标市场选择

“哎哟哟，牙齿疼……原来是牙细菌在捣乱。没关系，让我用小白兔儿童牙膏来对付它！”相信很多 70 后、80 后对这个广告都不陌生。他们儿时可能每天早晨起来的第一件事情，就是拿出“小白兔”牙膏刷牙。很多年过去了，“小白兔”牙膏深深地留在了很多 70 后、80 后的记忆里。

20 世纪 80 年代，陈瑞华任杭州牙膏厂厂长，他关注到龋齿在儿童中发生率很高，儿童中患龋齿者比例非常高。经过一番市场细分，儿童牙膏市场的潜力就显现出来了。如果采用防龋齿成分，配以国际流行的草莓香料生产新一代儿童牙膏，可谓是“投孩所好”，于是杭州牙膏厂把目光投向了防龋齿儿童牙膏的研发和生产。

该厂生产的“小白兔”牙膏迅速打开了儿童牙膏的市场，但要让孩子们养成爱刷牙的习惯，还得寓教于乐。杭州牙膏厂买下了中央电视台一档儿童节目全年广告时段，“小白兔吃萝卜”的电视广告乐得小朋友合不拢嘴。当时，每逢开学，“小白兔”书皮就送到了小学生的手里，6 月 1 日还被定为“小白兔”的生日，“小白兔”每年会进行一次声势浩大的宣传。由此“小白兔”牙膏名声大振，年销售 3000 多万支，占当时全国儿童牙膏市场销量的 2/3 以上。1985—1991 年，“小白兔”牙膏连续 7 年被全国 42 家大型商场推举为“全国最受消费者欢迎的轻工产品”。

目前，“小白兔”隶属杭州皎洁口腔保健用品有限公司，该公司每年生产几百万支“小白兔”牙膏，现在的“小白兔”牙膏多了好几种口味，包括水蜜桃、哈密瓜等，在膏体上也做了改进。“小白兔”牙膏目前主要在浙江销售。

资料来源：https://www.pp918.com/guideinfo_11297.html（2019-08-13）[2023-10-13]

请阅读资料，并思考：

“小白兔”牙膏选用了哪些细分标准进行市场细分？“小白兔”牙膏目标市场选择模式属于哪一类？

6.2.3　目标市场营销战略

从目标市场选择模式可以看出，不同企业选择的目标市场的范围是不一样的，所以采取的营销战略也就不同。一般而言，可供企业选择的目标市场营销战略有三种，分别是无差异性营销战略、差异性营销战略和集中性营销战略，如图 6.3 所示。

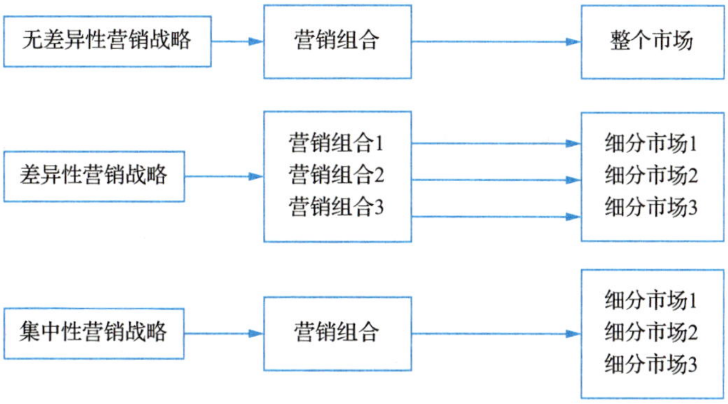

图 6.3　可供企业选择的目标市场营销战略

1. 无差异性营销战略

无差异性营销战略是指企业将产品的整个市场看作一个大的目标市场，企业提供标准化的产品，用单一的营销组合策略开拓市场，吸引尽可能多的顾客。无差异性营销战略最大的特点是看重顾客需求的共性，认为市场上顾客的需求不存在差别，或者即便有差别但差别很小，可以忽略不计。例如，20 世纪初期风靡世界的福特 T 型轿车，便是企业实施无差异性营销战略的代表。

无差异性营销战略的主要优点是：①企业通过减少品种、扩大产量，可实现规模经济；②单一的产品降低了储存和运输成本，也便于企业管理；③企业大大节省了研发费用和促销费用。主要缺点是忽视了市场需求的差异性，当其他竞争者针对不同细分市场提供更有特色的产品和服务时，就极易被竞争者击败。

无差异性营销战略仅适用于那些市场同质性高且能大量生产、大量销售的产品。随着顾客需求更加个性化、多样化，市场细分愈加明显，这使得实施无差异性营销战略变得更加困难。

2. 差异性营销战略

差异性营销战略是指企业按照某种标准把整个市场划分为若干个细分市场，分别为各细分市场提供互有差异的产品并实施各具特色的营销策略。例如，汽车公司针对单身女性、三口之家、三孩儿家庭等顾客需求的差异性，推出了不同风格和不同价位的汽车，并分别制定了不同的营销组合策略。这就是采用了差异性营销战略。

差异性营销战略的主要优点是：避免了产品单一的缺陷；针对性强；通过提供不同的营销组合来服务于不同的细分市场，更好地满足了顾客的需求；在多个细分市场上经营，对降低企业经营风险有重要意义；有利于企业树立良好的产品及企业形象，培养顾客的品牌忠诚度。该战略的主要缺点是：一方面，易分散企业资源，使企业的资源不能有效集中，甚至会在企业内部出现相互争夺资源的现象；另一方面，对产品开发、分销渠道维护和整合营销传播的投入，大大增加了企业的生产、运输、管理、销售等成本。由于差异性营销战略对企业的要求较高，因此，一般是那些资金雄厚、管理水平高、研发力量强的大型企业采用该战略。

3. 集中性营销战略

集中性营销战略是指企业将整个市场划分为若干个细分市场后，集中力量只进入主要目标市场，为之提供一种或少数几种产品，实行专业化生产和销售。该战略基于这样一种营销管理哲学，即“企业集中有限的资源用于单一的细分市场，要做就做得最好。”

集中性营销战略的主要优点是：有利于企业集中有限的资源在主要目标市场上，形成竞争优势，提高市场占有率，提高企业知名度；生产和营销的专业化有助于企业节省经营成本，获得较高的投资收益率；企业易于掌握目标市场的需求特点和变化情况。该战略的主要缺点是：潜伏着较大的经营风险，一旦目标市场上顾客需求发生变化或有强大的竞争者进入，或质量更好、功能更强的替代品出现，极有可能使企业陷入困境。

集中性营销战略特别适合实力不强、资源有限的中小企业或者初次进入某个市场的大企业。中小企业由于受财力、技术、管理水平等因素的制约，在整体市场上可能无力与大企业抗衡，但如果集中资源优势在大企业尚未顾及或尚未建立绝对优势的某个或某几个细分市场进行竞争，那么它们成功的可能性更大。大量经营实践证明，实施该战略的企业因在某个主要目标市场拥有较高的市场份额，具有竞争优势，而获得了良好的经济效益。

小思考 6-3

HCK 哈士奇：复古冰箱创立者

冰箱是家庭必备的家电产品，随着新时代消费者对高品质生活和高品位家居的追求，传统的冰箱已经无法满足多样化场景的使用，冰箱也开始从“实用时代”走向“美学时代”，复古冰箱因其具有美学的外观和彰显的怀旧内涵，逐渐成为一股新的家居流行风尚。复古冰箱除满足传统冰箱制冷、冰鲜功能以外，还具有外形圆润、线条流畅、色调饱满、颜色多样和简约复古设计等特征。

HCK 哈士奇是源自北欧芬兰的品牌，是一家专注于研发和生产用于饮品存放和售卖的制冷设备的现代化企业，产品主要包括冰箱、冰吧、红酒柜等，是复古冰箱行业的佼佼者。1971 年，托马森创造了 HCK 哈士奇初代原型机，随后，他以哈士奇（HCK）为品牌命名，以此纪念在创业时期陪在他身边与其同甘共苦的雪橇犬。

HCK 哈士奇首创的 80° 圆弧边角设计成为其独有的视觉符号。在此基础上，2014 年 HCK 哈士奇攻克了一体式箱体技术难题，实现整个冰箱箱体一体无缝焊接成型，没有多余缝隙，冰箱圆角线条流畅，箱体圆润光滑。2006 年，HCK 哈士奇带来了行业内首台户外冰吧，缔造了冰爽的户外生活。2009 年，HCK 哈士奇创造出了行业内首台负温冰吧，该冰吧能够保持啤酒的口感。

HCK 哈士奇定位于年轻的时尚潮流人群。从 2020 年开始，HCK 哈士奇复古冰箱出现在年轻人关注的综艺节目、音乐节、春节档电影、热播偶像剧、设计周。HCK 哈士奇不断突破边界地满足消费者对于外观、储藏功能等的追求，在钻研制冷技术的同时融合艺术并跨界时尚，引领个性定制、跨领域技术应用，从而奠定了其在复古冰箱、冰吧、美妆冰箱细分品类创立者和引领者的地位。

资料来源：根据网络资料整理

请阅读资料，并思考：

（1）HCK 哈士奇的目标市场选择模式属于哪一类？

（2）HCK 哈士奇的目标市场营销战略是什么？说明这种战略的优势。

6.2.4　影响目标市场营销战略选择的因素

如 6.2.3 节所述，三种目标市场营销战略各有利弊，企业应结合实际情况并综合多方面因素选择目标市场营销战略。影响企业目标市场营销战略选择的主要因素有以下几方面。

1. 企业的实力及资源

企业的实力及资源主要包括财力、物力、人力和经营管理能力等。当企业规模较大、技术力量较强、资金雄厚时，可以考虑采用差异性营销战略或无差异性营销战略。若企业实力较弱，则宜采用集中性营销战略，走专业化经营之路。

2. 产品特性

产品特性可以从产品的同质性、产品的异质性两方面分析。产品的同质性是指同类产品在性能、特点等方面的相似程度。相似程度高，则同质性高；反之，则同质性低。同质性产品在外观、质量等方面难以辨别，标准化程度高，因而竞争主要集中在价格和服务上。这样的产品适合采用无差异性营销战略，如电力、自来水等产品。异质性产品在质量、型号、式样、规格等方面存在较大差别，因而更适合采用差异性营销战略或集中性营销战略，如服装、化妆品、汽车等产品。

3. 市场特性

市场特性也可以从市场的同质性、市场的异质性两方面分析。市场同质性是指各细分市场上顾客需求、购买行为等方面的相似程度。如果市场同质性高，那么企业可考虑采用无差异性营销战略；反之，则宜采用差异性营销战略或集中性营销战略。

4. 产品所处的生命周期

产品的生命周期是指产品从正式进入市场到被淘汰退出市场的整个活动过程，一般分为介绍期、成长期、成熟期和衰退期。在介绍期，同类竞品不多，竞争不激烈，企业可考虑采用无差异性营销战略。当产品进入成长期或成熟期，同类产品增多，竞争日益激烈，企业可考虑采用差异性营销战略，以开拓新的细分市场。当产品步入衰退期，为保持市场地位，延长产品生命周期，企业可考虑采用集中性营销战略。

5. 竞争者的目标市场营销战略

市场经济中，竞争无处不在，竞争又是一个相互博弈和制衡的过程，所以企业在选择目标市场营销战略时，一定要充分考虑竞争者尤其是主要竞争者的目标市场营销战略，要及时调整自己的目标市场营销战略。

6.3 市场定位

6.3.1 市场定位概述

1. 市场定位的定义

在完成了对市场细分和目标市场选择的讨论后，就进入了有效 STP 战略规划的最后一步，即如何在业已选好的目标市场清晰地定位产品或服务。更明确地说，市场细分和目标市场选择告诉营销管理者在哪里竞争这一问题，而市场定位则要解决如何竞争这一问题。

定位（Positioning）最先出现在美国的两位营销专家里斯和特劳特于 1972 年发表在《广告时代》上的文章中，他们提出了“定位时代”。他们认为，定位始于产品，是指企业要针对潜在顾客的心理采取行动，即要给产品在顾客心目中定一个适当的位置。定位，改变了

“满足需求”的旧营销认识，开创了“胜出竞争”的营销之道。

市场定位是指企业根据目标市场上同类产品的竞争状况，对其产品或服务及企业形象进行设计，以便在目标顾客的心目中占有独特地位的一系列活动。企业的市场定位战略是为本企业的产品及形象塑造强有力的、与众不同的鲜明个性（价值主张），形象生动地传递给顾客，以求得顾客认同。其实质是使本企业与其他企业严格区分开来，使顾客明显感觉和认识到这种差别，从而在顾客心目中占有特殊的位置。

市场定位可以从产品属性体现，如功能、形状、包装、成分、价格等。市场定位也可以从使用者角度体现，如使用者的类型、使用场景、个性、得到的利益等。市场定位亦可以从企业品牌形象体现，如品牌精神等。市场定位还可以通过与竞争对手的定位对比体现。

案例 6-1

红旗轿车“国家品牌”的盛誉，“民族尊严”的象征

“红旗”在中国是一个具有特殊意义的名字，它诞生于中国百业待举的时代，红旗不仅是中国自主生产的第一辆轿车，也是国家领导人参加重大活动的专属用车。它不仅意味着中国轿车发展史的开篇，还承载着中国人民自强不息的奋斗精神。从诞生至今，红旗轿车见证了中国汽车工业的每一步发展。

1958 年，我国第一辆自主研发的轿车正式诞生，它是红旗轿车的前身，被命名为东风 CA71。这款车的设计运用了很多具有民族特色的元素，它的诞生对我国汽车工业来说有着重要意义。

1959 年，红旗样车 CA72 正式调试完成，也是从这款车开始品牌 logo 从“龙”造型变成了红旗标志。车头的前隔栅采用了中国扇面形状设计，车头两侧为毛泽东同志手书“中国第一汽车制造厂”汉字，尾灯采用宫灯形式，车头有一面飘扬的红旗旗标，尾标为“红旗”二字，整车内外体现了浓郁的民族特色。红旗车的问世，极大地增强了当时人们的民族自尊心和自豪感。

1959 年 10 月 1 日，红旗检阅车出现在国庆 10 周年阅兵式上，自此开始，红旗轿车也成了阅兵式的“标配”。

1962 年，斯里兰卡总理访华期间，红旗轿车第一次承担接待外宾的礼仪任务，被誉为“国车”。

从 1964 年 10 月 1 日起，红旗轿车被正式定为国宾车。这一殊荣一直保持到今天。

1965 年，红旗 CA72 进行第一次更新换代，从内到外都进行了重新设计，由此开始了红旗的自主研发。从红旗 CA770 开始，红旗轿车正式摆脱了借鉴模仿的设计路线，该款车外形沉稳大气，极具中国特色。

1966 年 4 月，首批 20 辆红旗 CA770 三排座高级轿车送到北京，新型“大红旗”很快分配给中央领导正式乘用。至此，红旗 CA770 开始全面取代进口轿车，成为国家领导人的公务用车和国宾车。

1984 年，在国庆 35 周年阅兵式上，邓小平同志乘坐红旗 CA770TJ 检阅车检阅了三军。

1999 年，在国庆 50 周年阅兵式上，江泽民同志乘坐红旗 CA772TJ 检阅车检阅了三军。

2009 年，在国庆 60 周年阅兵式上，胡锦涛同志乘坐红旗 CA7600J 检阅车检阅了三军。

2019 年，在国庆 70 周年阅兵式上，习近平同志乘坐红旗 T196 检阅车检阅了三军。

红旗作为中国的豪华品牌，是备受中国汽车消费者关注的品牌之一。随着红旗的转型，其在品牌营销方面进行了更多投入，通过品牌体验、产品体验和用户形象，立体化提升品牌豪华感。例如，联合中国女排、故宫等 IP，强化红旗品牌独有的属性，创造红旗品牌的专属标签，进而达到“破圈”传播的效果。红旗轿车 2018 年销量突破 3 万辆，2020 年接近 20 万辆，2021 年超过 30 万辆。

资料来源：https://weibo.com/ttarticle/p/show?id=2309404707782200000914（2021-11-26）[2023-10-13]

2. 市场定位的关键因素

市场定位的目的是为企业及其产品创造出并维持住一个独特的市场位置。这一差异化优势的创造是通过市场营销组合得以实现的，包括产品的差别性设计，定价策略反映的高性价比优势，更方便的销售渠道，促销策略及营销沟通传达的独特的产品印象。一个成功的市场定位，必须确保四个关键因素：竞争性、可信性、简明性、一致性，如图 6.4 所示。

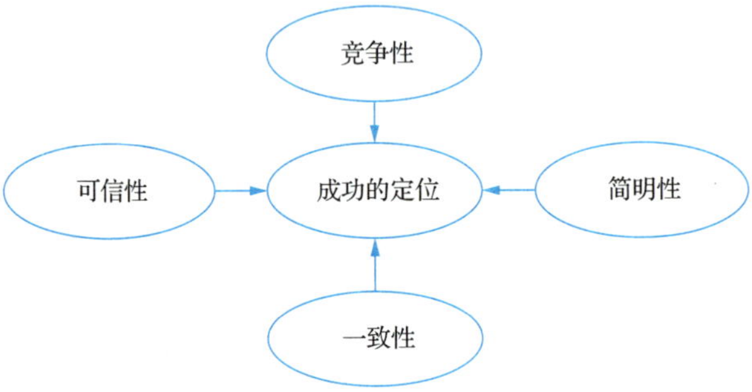

图 6.4　成功的市场定位的四个关键因素

（1）竞争性

市场定位的差异化优势对顾客有足够的吸引力，企业提供的产品或服务是基于自身强势资源的最优化使用，因而顾客高度认可此产品或服务的价值，而竞争对手由于资源稀缺，难以对这种差异化优势进行复制或模仿。

（2）可信性

企业确定的市场定位必须是可以令顾客信服的，所营造的产品形象不能与顾客长期以来的基本认知相悖。市场定位是可以创造和艺术化的，但绝不能与现实脱离得太远。

（3）简明性

市场定位传达的形象和信息都应是简单明了的，复杂或晦涩的定位容易产生歧义，也不易被顾客记住，任何时候，简明清晰的市场定位都是最佳的选择。

（4）一致性

顾客每天面对的是大量的产品信息，所以成功的市场定位必须长期保持一致性，频繁地更换定位会增加顾客的困惑，并直接导致其对产品的不信任。

6.3.2 市场定位的步骤

企业的市场定位一般有三个步骤，分别是确定竞争优势、选择正确的竞争优势和显示独特的竞争优势。

1. 确定竞争优势

进行市场定位时，首先应该确定本企业的竞争优势，以达到比竞争对手更好地赢得目标顾客满意的效果，企业可以通过低成本竞争优势和差异化竞争优势来达到这一效果。低成本竞争优势可以通过优化企业的价值链实现；差异化竞争优势可以通过产品、服务、人员和形象等体现。

2. 选择正确的竞争优势

企业也许拥有一个或多个构建竞争优势的差异点，但并非每一个差异点都能形成竞争优势，必须准确地选择可以形成竞争优势的差异点并以此作为市场定位的基础。例如，某棉纺企业在产品的成本、质量、技术和服务方面都具有竞争优势，该企业通过与主要竞争对手进行对比，选择了最具有竞争力的成本因素并据此确定了低成本竞争优势。对于是以一个差异点还是以多个差异点作为定位的基础，有两种明显不同的观点。一种观点认为企业应该只宣传一个差异点，定位为一种差异，通过宣传一个独特的卖点使顾客记住“第一位”的品牌，如“怕上火，喝王老吉”。另一种观点认为企业应当向顾客宣传多个差异点，以多种差异作为定位基础，如顺丰特快提供“快速、准时、稳定”的高品质、门到门的标准快递服务，顺丰标快提供“价格更优、时效稳定、托寄无忧、服务范围广”的门到门的标准快递服务。特别需要注意的是，企业在市场定位中要避免三种定位错误：定位不足（Under- positioning）、定位过头（Over-positioning）和定位混乱（Confused Positioning）。

3. 显示独特的竞争优势

企业的竞争优势不会自动在市场上显示出来，因而企业需要及时准确地向目标市场传播和表述自己的竞争优势，以便让目标顾客对企业的市场定位充分认识、了解、熟悉、认同、喜欢，直至形成偏好。

6.3.3 市场定位战略的类型

1. 对抗定位战略

对抗定位战略又称迎头定位战略，这种定位战略最大的特点就是“对着干”，即企业将本企业的产品定位于与竞争对手相似的位置上，同竞争对手展开激烈的竞争。实行对抗定位战略虽然风险较大，但一旦成功就会取得巨大的市场优势。企业必须做到知己知彼，明确自己是否拥有比竞争对手更多的资源和更强的能力，是否可以比竞争对手做得更好。一般情况下，除非企业是市场领袖或有足够的实力等，否则选择该种定位战略时要非常谨慎。

2. 避强定位战略

避强定位战略又称补缺定位战略，这种定位战略最大的特点就是“寻找缝隙填空补缺”，即企业不与竞争对手直接对抗，避开强有力的竞争对手，定位于市场的“空白”地带或缺口。这种定位战略的优点是：能够迅速地在市场上站稳脚跟，并尽快在顾客心中树立起一定形象。由于这种定位战略市场风险较小，成功率较高，常常为企业所采用。

3. 侧翼定位战略

这种定位战略最大的特点就是“避实击虚”，即与主要竞争对手适当拉开距离。当企业尤其是中小企业的产品和市场策略与主要竞争对手有较大的差异，而其自身实力又不足以和竞争对手抗衡时，要避免与强大的竞争对手的正面竞争。

4. 重新定位战略

定位是指在潜在顾客的心中实现差异化，从而获得认知优势，而重新定位是指调整顾客心中已经存在的认知，使顾客对新形象有一个重新的认识。这些新认知可以是关于企业自身的，也可以是关于竞争对手的。一般来讲，重新定位战略是企业为了摆脱经营困境，重新获得竞争力和增加利润的手段。

习　题

一、单项选择题

1. NFC 果汁精选一、二线城市的高端商超、咖啡店等，通过口碑营销打造品牌效应。NFC 果汁使用的市场细分标准是（　　）。

A. 地理标准　　B. 人口标准　　C. 心理标准　　D. 行为标准

2. 绫致时装是较早进入中国的外资服装公司，旗下品牌有 ONLY、VERO MODA、JACK&JONES、SELECTED 等近 20 个知名品牌，ONLY、VERO MODA 服务于青年女性市场，JACK&JONES、SELECTED 服务于青年男性市场。绫致使用的市场细分标准是（　　）。

A. 地理标准　　B. 人口标准　　C. 心理标准　　D. 行为标准

3. 58 同城和赶集网侧重于服务“蓝领人群”，前程无忧和智联招聘侧重于服务“白领人群”。上述企业使用的市场细分标准是（　　）。

A. 地理标准　　B. 人口标准　　C. 心理标准　　D. 行为标准

4. 中国移动根据顾客对通话时长、上网流量、短信服务等的需求设计了不同的话费套餐业务。中国移动使用的市场细分标准是（　　）。

A. 地理标准　　B. 人口标准　　C. 心理标准　　D. 行为标准

5. 某企业只生产一种产品，选择一个目标市场实行集中营销，该企业的目标市场选择模式是（　　）。

A. 单一市场集中化　　B. 产品专业化

C. 市场专业化　　D. 选择性专业化

6．探路者专为户外探险人士提供一系列配套产品，该企业的目标市场选择模式是（　　）。

A．单一市场集中化　　B．产品专业化
C．市场专业化　　D．选择性专业化

7．在（　　）的情况下最适合采用无差异性营销战略。

A．顾客需求多样化，企业能批量生产
B．顾客需求同质化，企业能批量生产
C．顾客需求同质化，企业产品有特色
D．顾客需求多样化，企业产品有特色

8．市场定位是可以创造和艺术化的，但必须是可以令顾客信服的。这体现了成功的市场定位的关键因素中的（　　）。

A．竞争性　　B．一致性　　C．简明性　　D．可信性

9．由莫里斯公司生产的“万宝路”香烟诞生于 1924 年，该产品最初是专为女士设计的。“万宝路”香烟销路一直不佳并最终被迫在 20 世纪 40 年代初停产。第二次世界大战后，莫里斯公司把“万宝路”的定位由女士香烟改为男士香烟，让“万宝路”成为英雄、浪漫和性感的代名词，从而吸引广大男性烟民。“万宝路”采用的市场定位战略是（　　）。

A．对抗定位战略　　B．避强定位战略　　C．重新定位战略　　D．侧翼定位战略

10．某家电企业根据市场调研的结果，推出冰温（-5～10℃）台式冷柜，抢先占领仍处于空白状态的零售鲜肉保鲜冷柜市场。这种定位战略属于（　　）。

A．对抗定位战略　　B．避强定位战略　　C．侧翼定位战略　　D．重新定位战略

二、多项选择题

1．下列市场细分标准中，不属于心理细分标准的是（　　）。

A．兴趣爱好　　B．生活方式　　C．追求的利益　　D．购买时机

2．下列选项中，属于市场细分原则的有（　　）。

A．可衡量性　　B．可进入性　　C．可盈利性　　D．可区分性

3．一般而言，企业在目标市场选择的过程中应考虑的因素包括（　　）。

A．有一定的市场规模和发展潜力　　B．符合企业的经营目标
C．符合企业的资源条件　　D．企业应具有竞争优势

4．提出定位理论的市场营销学者包括（　　）。

A．里斯　　B．特劳特　　C．波特　　D．科特勒

5．影响目标市场营销战略选择的因素包括（　　）。

A．企业资源　　B．产品特性
C．市场特性　　D．产品所处的生命周期

三、判断题

1．市场细分的对象是产品。　　（　　）

2．市场细分是分得越细越好。　　（　　）

3．目标市场选择是目标营销战略中承上启下的一环。　　（　　）

4．以多种差异作为定位基础优于仅以一种差异作为定位基础。（　）

5．中小企业适合采用对抗定位战略。（　）

四、简答题

1．市场细分的作用有哪些？常用的消费者市场细分标准有哪些？

2．什么是目标市场？可供企业选择的目标市场营销战略有哪些？

3．常见的市场定位战略类型有哪些？

4．企业市场定位应该避免哪些错误？这对企业的经营有什么好处？

五、思考题

选择一个熟悉的产品，尝试运用细分标准描述各细分市场的需求及行为特点，并开展有效性评估，判断哪个细分市场最适合自己创业。

六、案例分析

亿利甘草良咽的 STP 战略

调查机构的调查数据显示：咽喉类产品市场是一个具有稳定结构的饱和市场，该市场有咽喉药和咽喉糖两类产品，其中咽喉药市场稳定、成熟，由四五个主要竞争者分割地盘后，连续几年都没有新品牌能够打破既定格局，成为有威慑力的挑战者，但内蒙古亿利制药有限公司生产的亿利甘草良咽（以下简称亿利）却成功地进入了这一成熟市场。

在进入市场前，亿利通过市场调研发现市场中产品同质化严重：第一，从产品诉求来看，大家都是从“保护嗓子、治疗咽喉炎”的角度出发，针对的是所有咽喉不适的人群；第二，大多数产品包装粗糙、缺乏个性，消费者会有比较强的尝试新产品的愿望，因为买东西不仅是买产品本身，还是买这个产品从品质、包装、品牌方面给他们带来的心理上的满足感。

同时，市场调研显示：在整个咽喉不适并使用咽喉类产品的人群中，57%的人的咽喉不适是由上呼吸道感染引起的，12%（特殊职业人员）是用嗓子过度引起的，18%是烟酒过度造成的。在细分市场的基础上，亿利把吸烟过度造成咽喉不适的人群作为自己的目标市场，这个市场的总规模在 2.5 亿 ~ 3.8 亿元。可以说，这个市场的总量比较小。但亿利的总经理说：“我们在行业外头的时候，最重要的是如何成功地进入这个行业，在这个行业中占有一席之地。不管地方多大，我们要先找到它并站稳了，然后才有机会去扩大地盘。”

在产品定位方面，亿利根据目标顾客群体的特点，将自己的产品明确定位在“为咽喉不适的烟民们提供的一种解决方案”，从而与金嗓子喉宝、草珊瑚含片等产品加以区分。

为了突出产品定位，使亿利在目标市场深入人心，亿利采取了一系列措施。在包装设计方面，产品的外包装像一个烟盒，上面有一拉撕条的烟膜。在广告方面，“抽、抽、抽，抽完你给我含一片，从这儿到这儿都舒服”强调吸烟者与产品的联系。在口感方面，是超强的辣和凉，满足口味比较重的人，因为大部分吸烟者的味觉敏感度会下降。在品名方面，侧重于“咽”，产品全名叫“亿利甘草良咽”。“亿利”是企业的品牌名，“甘草”强调了这种对“咽”有独特功效的原料，“咽”是“烟”的谐音。

资料来源：根据网络资料整理

思考题：

（1）亿利是采用什么细分标准及采用了哪些具体的细分变量进行市场细分的？其目标市场是哪些顾客群体？

（2）亿利采用了哪一种目标市场选择模式？简要评价该模式的优缺点。

第 6 章　在线习题

第 7 章

竞争性市场营销战略

本章教学目的

现阶段，企业面对的竞争局势越来越复杂，企业要想在激烈的竞争中赢得持久优势，就不能再把希望寄托在一些简单的策略上，即企业仅仅依靠改变竞争的手段是不行的，战略已成为竞争制胜的关键。企业要学会从更深的层次、更广的角度去获取符合企业自身的竞争优势，在竞争中做大做强。通过本章的学习，帮助学生了解竞争战略的基本类型，理解并掌握市场定位不同的企业分别应如何选择竞争战略。

本章主要知识点

- 竞争性市场营销战略
  - 竞争战略的基本类型
    - 总成本领先战略
    - 差异化战略
    - 集中化战略
  - 市场领导者战略
    - 市场领导者的定义
    - 市场领导者的战略
  - 市场挑战者战略
    - 市场挑战者的定义
    - 挑战对象的选择
    - 进攻策略的选择
  - 市场追随者与市场补缺者战略
    - 市场追随者
    - 市场补缺者

导入案例

7.1　竞争战略的基本类型

企业战略是一个战略体系，竞争战略被认为是企业战略的一部分。竞争战略是指在企业总体战略的制约下，企业依据自己在行业中所处的地位，为实现竞争优势或适应竞争形势而采用的各种具体的行动方式。企业竞争战略要解决的核心问题是，如何通过确定顾客需求、竞争对手产品及本企业产品这三者之间的关系，来奠定本企业产品在市场上的特定地位并维持这一地位。

波特提出了可供企业选择的参与市场竞争的三种基本战略，即总成本领先战略、差异化战略和集中化战略。

7.1.1　总成本领先战略

1. 总成本领先战略的定义

总成本领先战略是指企业通过实现规模经济，提高劳动生产率，尽一切可能降低和控制总成本，使企业的总成本低于竞争对手的成本，达到平均总成本最低化，以创造和赢得竞争优势的战略。规模经济是指生产单位产品的成本随着生产规模的扩大而降低。波特认为，规模经济的存在迫使行业新加入者如果以大的生产规模进入，就要冒着现有企业强烈反击的风险，或者以小的生产规模进入，但要长期承受产品成本高的劣势。

案例 7-1

格兰仕的总成本领先战略

总成本领先战略，又称低成本战略，是指公司通过有效途径降低成本，使公司的全部成本低于竞争对手的成本，甚至低于行业中的最低成本，从而获得竞争优势的一种战略。

总成本领先战略成功运用的典型是格兰仕。格兰仕是一家国际化综合性健康家电和智能家居解决方案提供商，是中国家电业中具有广泛国际影响力的企业之一。格兰仕的总成本领先战略主要包括：

第一，在总成本不变或降低的前提下，不断开发新产品和专有技术；

第二，利用总成本领先的优势，向市场推出质优价廉的产品，提高市场占有率；

第三，在上述基础之上，利用自己的技术力量开发关键元器件，并投入生产，进一步降低总制造成本。

格兰仕的核心竞争力在于价格。格兰仕通过大批量生产、低成本、大的管理跨度、采购方垄断等，赢得了成本优势。格兰仕一方面迅速扩大生产能力，实现规模经济；另一方面通过降价和立体促销来扩大市场容量，提高市场占有率，从而在短期内使自己的实力迅速提高。格兰仕通过努力，在微波炉领域实现了规模化经营，使企业走上了良性发展的轨道。随着微蒸烤一体机、蒸烤炉等一系列微蒸烤产品的发布，格兰仕在家电行业频频刷屏。据统计，目前格兰仕垄断了国内 60%、全球 35%的市场份额，成为中国乃至全世界的“微波炉大王”。

资料来源：https://baijiahao.baidu.com/s?id=1695904542898571946&wfr=spider&for=pc（2021-04-02）[2023-10-13]

2. 总成本领先战略的特点

（1）优点

① 当竞争对手在竞争中处于不能获利或只能保本的情形时，企业由于处在低成本位置上，仍可获利。

② 企业可以利用价格竞争（尤其是针对价格需求富有弹性的产品）将行业内实力弱小的企业清除出去，扩大市场份额。

③ 企业可以以较低的价格销售产品，增加销售额，提高市场占有率，从而成为市场的主导者。

④ 企业由于实现了规模经济，因此可以通过较低的价格提高潜在进入者的进入壁垒，甚至不用竞争就能使新进入者望而却步。

⑤ 企业在生产主导产品的同时还能生产辅助产品，使主导产品成本降低，从而迫使新进入者也必须能生产辅助产品，否则其在竞争中就会处于不利的地位。

⑥ 企业由于实现了规模经济，当现有产品面临着替代品的威胁时，可采用降价的方法稳定现有顾客的需求，使现有产品不被替代品所替代。

（2）缺点

① 实施总成本领先战略的企业重视的是如何最大可能地降低生产成本，这极易导致企业忽视顾客需求的变化，当竞争对手实施差异化战略时，就会大大降低企业的总成本领先优势，让企业措手不及。

② 一般而言，当企业具有成本优势时，为了单纯地追求市场占有率的提高，极易通过实施价格战同竞争对手“血拼”，这会导致整个行业平均利润下降，伤人伤己。此外，只有当市场需求富有弹性时，企业实施价格战才会有效；而面对缺乏弹性的市场需求，企业实施价格战的收效是很小的，甚至是徒劳的，这时候非价格竞争就变得更有意义。

③ 实现总成本领先战略的企业必须拥有先进的设备，这样才能更好地提高劳动生产率。随着生产规模的急剧扩大，对生产资料的采购支出也将增加，这又需要企业的大量投资。

④ 行业内生产技术和经营方式一旦发生重大变革，就会直接导致企业在成本方面的竞争优势大打折扣，甚至迅速丧失，还会给予竞争对手以更低成本进入的机会。

⑤ 实施总成本领先战略的企业通常会形成庞大的规模，但实际上，当面临产品结构或产业结构调整、升级的市场机会时，过大的规模反而可能成为严重的障碍。

所以，波特告诫说，企业规模的扩大、协调工作负责程度的提高，可能会导致某项价值活动中规模的不经济。因此，企业应该根据所在行业的特点、发展现状、企业自身实力等确定适当的规模，企业必须明白“大的并不一定是好的，做大不等于做强”。

7.1.2　差异化战略

1. 差异化战略的定义

差异化战略是指企业为了使本企业的产品或服务有别于竞争者，具有鲜明的个性和特色，着力培育顾客对品牌的忠诚度，以创造和提升企业竞争优势的战略。企业可以在产品、品牌形象、技术和服务等方面实施差异化战略，上述几方面均可以形成企业在行业内独特的产品及企业形象。

小思考 7-1

滋源无硅油洗发水如何脱颖而出

洗护发市场长期被联合利华与宝洁所把持，它们凭借品牌影响力和雄厚的资金实力，通过各种策略，在渠道上几乎形成垄断。硅油本是护发剂中的成分，昔日国际巨头如宝洁、联合利华进入中国的时候，为了传播洗护二合一的利益点，推出大量含硅油的洗发水，以便让头发更柔顺，后来这逐渐成为市场主流产品。随便从超市拿一瓶洗发水，往往成分中都标注着二甲基二氯硅烷。2013 年 9 月 20 日，央视新闻频道《新闻直播间》栏目报道了硅油对人体健康的危害。2013 年 9 月 23 日，郑州工商局官方微博发布一条消费指引称，大多数洗发水含有头发顺滑剂“硅油”，它能使头发顺滑无比。然而，硅油无害却不溶于水，会堵住毛囊导致头屑、头痒、头油，使头发干枯受损。官方对护发产品的报道为广大消费者敲响了警钟。

2014 年 3 月，无硅油头皮护理品牌——滋源诞生，从产品利益点的角度来看，天然、无硅油、不刺激、头皮护理等都是滋源洗发水的明显特征，最终聚焦在“无硅油”这一点上，是从消费者和竞争者两个层面进行考虑的。因此，“无硅油，不刺激”的诉求，成为滋源开拓市场的利剑，同时也是抵御强敌的坚盾。2015 年年中开始，滋源投入重金，以“洗了一辈子头发，你洗过头皮吗”为突破口，以“无硅油洗头水”为定位，借助强大的媒体攻势，在洗护类市场上快速撕开一个口子。不但使滋源后来居上，还带动了整个无硅油品类的快速发展，成为护发市场的一匹黑马。转瞬间，“无硅油”洗发水成为洗护产品里的新宠，从细分概念已经足够多的洗护产品中脱颖而出，让消费者发现，原来在“柔顺、去屑、滋养”之外，还有这样的品类。

资料来源：https://www.sohu.com/a/146244614_560100（2017-06-05）[2023-10-13]

请阅读资料，并思考：

（1）滋源在塑造产品形象及个性、找寻目标市场方面，是如何实施差异化战略的？

（2）其他洗发水品牌是如何实施差异化战略的？

2. 差异化战略的特点

（1）优点

① 企业实施差异化战略，一旦获得成功，就会大大增强顾客对企业的信任感，提升企

业形象并提高市场占有率，从而提高企业控制市场的能力。

② 顾客对企业的产品或服务形成的忠诚，将成为强大的市场进入壁垒，潜在进入者面临着很大阻碍。

③ 企业实施差异化战略，能够有效地将顾客的注意力吸引到本企业的产品或服务的特色上来，由此可以降低顾客对产品的价格敏感性，使企业避开价格竞争。特别是当企业有多种使产品或服务差异化的途径，并且这些差异化能给顾客带来某种价值时，这种战略就更有效。

④ 由于顾客别无选择，对价格的敏感度又低，因此企业可以运用产品差异化战略来削弱顾客的讨价还价能力。

⑤ 实施差异化战略会使企业非常重视产品等方面的创新，这有利于提高企业的核心竞争力。

（2）缺点

① 在经营实践中，尽管有些企业实施了差异化战略，但效果并不明显。其中很重要的一个原因就是一部分顾客对价格更加敏感。另外，当顾客购买或享受差异化的产品或服务所额外支付的费用超出了其最大接受能力时，他们就有可能放弃选择实施差异化战略的企业的产品，这时实施总成本领先战略的企业就显得更有竞争力。

② 增加企业生产及营销成本。企业在实施差异化战略时，不断创新是保持企业特色的关键，这就需要企业投入大量资金用于产品研发、广告宣传等方面的工作。针对这一缺点，波特认为，以竞争对手的同类产品作为衡量企业产品相对性能的参照物，可以使企业更加具有说服力地证明自己产品的优越性，或者降低企业实行差异化的成本。

差异化是现代营销的一把利器，越来越多的企业通过实施差异化战略取得了长足的发展。但企业必须认清的是：一方面，在经营实践中，竞争者的学习和效仿往往会导致企业间竞争的趋同从而削弱差异化战略的效力；另一方面，差异化也常常会使企业陷入深深的泥沼，因此需要时时警惕，不能单纯地为了差异化而差异化，从而忽略了一些重要的环节，结果得不偿失。实施差异化战略要加强营销全过程的管理和监控，最重要的是要时刻注意目标市场的信息反馈，发掘新的市场机会；同时，企业还要重视持续创新，使自己时刻处于创新领先者地位，不断改变和制定新的竞争规则，作为规则的制定者的企业也必定是最大的受益者。

小思考 7-2

这一年，白象、三只松鼠、元气森林……都做了重大调整！

俗话说，看人看脸，看品牌看 logo。消费者对一个品牌产生基本认知往往是从 logo 开始的。logo 如同桥梁，用视觉形式紧密连接着品牌与消费者。企业在调整战略布局或迎来重要变化时，总会希望能以新姿态面向市场，拥抱消费者。而 logo 的变化，往往也传递出企业未来的发展方向。2020 年，白象、元气森林、三只松鼠、味全、脉动、伊利、回头客的 logo 都发生了变化，这些品牌都结合企业的经营变化和战略规划做了重大调整。

2020 年 11 月，白象发布了全新的品牌 logo，以新形象开启品牌升级新篇章。张开手臂、面带微笑的新白象，亲和力更强；去除“手持面碗”，代表着多品类发展；蓝色元素的增加，象征着创新与自然、纯真与活力。“幸福，就是一碗真材实料的好面。”从方便面、挂面、面粉等品类的丰富可以看出，白象正在构建更能满足消费者的不同需求的产品矩阵。通过一碗面，将人们生活中的小幸福聚集起来，塑造出贴心温暖、治愈人心的品牌形象，传递出“稳稳的幸福”。

2020 年 7 月，三只松鼠的 logo 中，平面的三只松鼠变成立体的三只松鼠，平面插画变成 3D 渲染的视觉呈现，且仅仅保留了头部元素。尤其是表情的变化很大，原本向三个不同方向看的眼睛睁得更大了，且都看向了同一方向，更加聚焦。而在与之搭配的字体设计上，增加了褐色的叠底效果，使得原本平面化的字体更加立体，颜色也是现在年轻人喜欢的草绿色。作为一个互联网品牌，三只松鼠创立之初便瞄准了年轻人，此后在以 logo 为核心的视觉设计上，进行过多次细微调整。此次 logo 在视觉上变得更加立体和直观，这是因为三只松鼠的“小松鼠”形象，伴随着品牌的发展成长为一个超级 IP，以及陪伴消费者的虚拟伙伴角色。变立体的三只松鼠不仅是在塑造自己的 IP 形象，也是在以更加精细化的视觉设计与消费者产生共情。

2020 年 10 月，凭着小清新的包装设计及微创新的饮料产品成功出圈的元气森林换 logo 了。可以看到，元气森林的新 logo 将“気”改成“气”，除此之外，“元、森、林”的字体也相应地进行了细微的调整，使其整体看起来更加融洽。元气森林是靠苏打气泡水成功出圈的，其火遍大江南北，引发了众多企业跟进推新。可以说，“気”曾是元气森林最大的标签。此次元气森林官网启用新 logo，从官网主标识到产品宣传海报都换成了汉字“气”。

资料来源：https://baijiahao.baidu.com/s?id=1689188075048479108&wfr=spider&for=pc（2021-01-18）[2023-10-13]

请阅读资料，并思考：

（1）上述企业在哪些方面实施了差异化战略？这种差异化战略给企业品牌赋予了哪些新的价值观？

（2）这些新的价值观是如何增强品牌和消费者之间的黏性并引发共鸣的？

7.1.3　集中化战略

1．集中化战略的定义

集中化战略是指企业将资源集中在某一特定顾客群，或产品线的某一细分部分，或某一特定地域的市场上，树立良好的企业形象，建立企业竞争优势及市场地位的竞争战略。集中化战略通常有两种形式：企业在目标细分市场中寻求成本优势的成本集中；在目标细分市场中寻求差异化的差异集中。集中化战略根据集中化的内容可分为：产品集中化、顾客集中化、地区集中化等。例如，某公司始终强调其果汁饮品“营养健康”，并根据不同人群的特征，研究开发出不同的技术，生产不同类型的产品，如针对女性顾客，推出益气补血的枣类饮品、富含维生素 C 的番茄汁、胡萝卜汁等，针对肥胖人群推出果蔬汁、减肥瘦身饮等。集中化战略根据实施方法可分为：单纯集中化、成本集中化、差别集中化和业务集中化等。总成本领先战略和差异化战略是在整个行业范围内达到目的的，而集中化战略是为了更好地服务于某一特定的目标，它的关键在于提供比竞争对手效率更高的服务。

案例 7-2

采乐去屑，寻求差异化的集中

作为中国最早的跨国制药企业之一和强生公司在华最大制药子公司的西安杨森制药有限公司（以下简称西安杨森）成立于 1985 年，总部设在北京，生产基地位于西安。西安杨森生产的“采乐”（酮康唑洗剂）是一种去头屑特效药（非处方药），用于头皮糠疹（头屑）、局部性花斑癣、脂溢性皮炎的治疗，对于脂溢性皮炎和头皮糠疹，每周使用两次，连续使用 2～4 周，可以使症状得到改善。采乐的成功主要源于产品创意——把洗发水当药来卖，同时，其别出心裁的营销渠道“各大药店”也是功不可没。去头屑特效药，在药品行业里找不到强大的竞争对手，在洗发水的领域里更是如入无人之境！采乐找到了一个极好的市场空白地带，并以独特的产品品质，成功地占领了市场。“头屑是由头皮上的真菌过度繁殖引起的，清除头屑应杀灭真菌。普通洗发水只能洗掉头发上的头屑，我们的方法，能杀灭头发上的真菌。使用 8 次，针对根本。”以上独特的产品功能性描述，有力地抓住了目标消费者的心理需求，使消费者在想要解决头屑问题时，就会想起采乐。

资料来源：根据网络资料整理

无论实力大还是小，企业的财力、精力和能力都是有限的，即便是实力雄厚的跨国集团也不能为所有的市场提供服务。因此，在当前经济全球化和竞争激烈化的形势下，每个企业都应该善于集中，学会争取和发展企业相对优势，趋利避害、扬长避短，切忌无原则的多元化，更不要盲目地进入企业不擅长的领域。从中小企业在规模、资源等方面存在的特点来看，集中化战略可能是中小企业最适宜采取的战略。

2. 集中化战略的特点

（1）优点

① 实施集中化战略，便于企业集中整个企业的力量和资源，更好地服务于某一特定的目标，从而迅速占领市场，获得竞争优势。

② 实施集中化战略，将目标集中于某一特定的市场，使得企业可以更好地调查研究与产品有关的技术、市场、顾客及竞争对手等各方面的情况，做到心中有数，从而百战百胜。

③ 企业实施集中化战略时，战略目标明确，经济成果易于评价，战略管理过程也容易控制，因而实施集中化战略可以给企业带来管理上的便利。

（2）缺点

① 企业实施集中化战略时，由于集中了全部力量和资源投入一种产品或服务的一个特定市场，因此，当顾客偏好发生变化、技术出现创新或有新的替代品出现时，就会给企业带来很大的冲击，甚至是毁灭性的打击。

② 如果竞争者进入了企业特定的目标市场，并且采取了优于企业的更集中化的战略，就会对企业构成严重威胁。

③ 当企业营销环境发生变化，并成为企业经营的威胁时，企业的竞争优势将会削弱，甚至消失。

由于可供企业选择的一般性竞争战略对企业经营理念、经营能力等的要求不同，需要企业制订不同的营销计划，因此，企业必须坚持一切从实际出发，结合自身特点选择最可行的战略。

7.2　市场领导者战略

在目标市场中，由于不同企业市场占有率不同，其在竞争中所处的地位也不同，因而不同企业采取的竞争战略也不同。一般而言，根据企业在目标市场中所处的竞争地位，可以将企业分为以下四种类型：市场领导者、市场挑战者、市场追随者和市场补缺者。本节将详细介绍市场领导者的战略。

7.2.1　市场领导者的定义

市场领导者是指在某一产品或服务市场上市场占有率最高的企业，它在价格调整、新产品开发、分销渠道和促销力量方面处于领先地位。大多数行业都有一个市场占有率最高、被同行所公认的市场领导者。

7.2.2　市场领导者的战略

由于具有特殊的行业地位，市场领导者的市场行为会对同行业其他企业造成广泛的影响，是竞争者挑战、效仿或回避的对象。市场领导者的领先地位是在竞争中自然形成的，但并非固定不变。正如“不想当将军的士兵不是好士兵”，市场领导者并非总是高枕无忧的，因为它必然面临着竞争者的挑战，有时它甚至是竞争者群而攻之的对象，如可乐行业的后起之秀“百事可乐”曾向行业老大“可口可乐”发起的挑战。因此，企业必须随时保持警惕并采取适当的措施，尤其是要关注挑战者的动态，随时根据挑战者的行为调整自己的战略。一般来说，市场领导者为了保持自己的行业领先地位，通常可采取以下三种战略：一是扩大市场总需求；二是保护现有的市场份额；三是进一步扩大市场份额。

1. 扩大市场总需求

由于市场领导者在目标市场上具有独特的主导地位，因此，当一种产品的市场总需求扩大时，市场领导者无疑会成为最大的受益者。市场领导者可以考虑从以下三个方面扩大市场总需求。

（1）开发新用户

企业可以吸引未使用者、进入新的细分市场，以及开发新的地理市场，即采取市场渗透、市场开发和地理扩展策略。例如，在市场开发方面，随着我国男性护肤意识的提高，男性护肤品消费需求不断提升，欧莱雅深入研究细分领域的发展，不断在产品内容设置、差异化竞争、品类设计等方面满足男性日益多样化的消费需求。

（2）增加产品的新用途

企业可以通过发现并推广产品的新用途来扩大市场，一旦发现产品的新用途，就会给企业带来一个新的巨大的市场。例如，海尔陆续研发了“能洗红薯的洗衣机”“打酥油洗衣机”“洗龙虾洗衣机”“削土豆皮洗衣机”“洗荞麦皮洗衣机”等多种“神器”。

（3）增加现有顾客的使用量

企业促使现有顾客提高使用率、增加单次使用量、增加使用场所等也是扩大市场总需求的一种重要手段。例如，牙膏制造商通过牙科医生劝说消费者每天养成早晚及餐后刷牙的习惯，牙刷制造商劝说消费者定期更换牙刷，这就增加了产品的使用量。免洗消毒凝胶制造商引导消费者在家里备一瓶，出门携带一瓶，车上放一瓶，办公桌上放一瓶，劝说不管是去餐厅、超市还是医院等公共场所，都要及时给手消毒，这就增加了产品的使用场所。

2. 保护现有的市场份额

市场领导者在努力扩大市场总需求的同时，还必须通过有效的防御和进攻措施来维持其市场霸主地位，保持其市场份额不被蚕食。

（1）防御战略

波特认为，在挑战发生之前，市场领导者可以通过防御战略来降低挑战者的威胁。他认为，防御战略能把挑战者的进攻引向对自己威胁较小的方面或者起到减轻进攻强度的作用。就本质而言，防御战略是一项长期战略，其目的是使企业的竞争优势更持久，而不是简单地增加企业的优势。具体来说，有六种防御战略可供市场领导者选择。

① 阵地防御。阵地防御是指集中大量的人力、物力和财力在现有的市场上建造防御工事，保护现有产品。阵地防御意味着市场领导者要占领消费者心中最理想的地位，使品牌形象坚不可摧。例如，可口可乐除了开发一系列低糖产品，还在寻求产品组合的多元化，将瓶装水、咖啡、酒精饮料……都纳入其旗下业务。

② 侧翼防御。市场竞争者都会分析对手的弱点，然后以此为突破口，向对手发起进攻。因此，在防卫好整个“阵地”的同时，市场领导者应特别注意自己侧翼的薄弱环节，保护企业的要害部位，不让竞争者从某一点找到“突破口”。

③ 先发防御。这种更积极的防御策略是指市场领导者在挑战者对自己发动进攻之前，先发制人，抢先攻击。例如，当某个企业的市场占有率逐步上升，正接近并威胁到自己的时候，市场领导者可以在新产品开发、价格、促销等方面采取更为积极的先发制人的防御战略。这是一种以攻为守的防御策略，防患于未然将收到事半功倍的效果。

④ 反攻防御。当市场领导者遭到竞争者降价、促销，或改进产品、市场渗透等进攻时，不能只是被动应战，应主动反攻。

⑤ 运动防御。运动防御要求市场领导者不但要积极防守现有阵地，还要扩展到可作为未来防御和进攻中心的新阵地，这样可以使企业在战略上有较多的回旋余地。市场扩展可通过两种方式实现，即市场扩大化和市场多角化。例如，某市场领导者在意识到本行业受到的政策限制越来越多后，便着手进入健康饮料、轻食、工程机械租赁服务等新的行业，实行市场多角化经营。

⑥ 收缩防御。当市场领导者发现企业资源过于分散，竞争力减弱，无力保住所有的细分市场，竞争者会进一步吞食市场的时候，最好的行动是实行战略收缩——收缩防御，即放弃某些薄弱的市场，把力量集中于具有优势的市场阵地中。例如，宝洁对部分食品业务进行调整，将薯片品牌品客卖给了谷类食品巨头家乐氏。

小思考 7-3

明月镜片的防御战

2019 年 2 月，第十九届中国（上海）国际眼镜业展览会在上海盛大开幕。中国镜片行业领导品牌明月镜片，携新一代眼镜店及全套终端 SI 系统强势登陆，同时带来的还有针对现代人互联网生活的新产品“防蓝光 Pro”镜片。

明月镜片是上海明月眼镜有限公司旗下品牌。自 2006 年开始，明月镜片屡次拒绝外资收购，是当之无愧的民族品牌。其多年来一直坚持自主创新，成立镜片原料工厂，为国人提供品质更放心的镜片，获得社会广泛好评。2018 年明月镜片通过战略升级、品牌升级、发布镜片消费白皮书等一系列动作全面发力，希望引领镜片行业从中国制造迈向大国品牌。明月镜片进行了全新的品牌形象升级，发布了全新的 logo 与全套视觉形象。“全国销量领先”“品质放心”的标语口号既体现了明月镜片全国销量第一的市场地位，又道出了消费者最关心的利益点（品质放心），可迅速抓住消费者心理，简化购买决策。明月镜片凭借多年的技术积累和自建镜片原料工厂的优势，推出了 1.71 非球面高折射率低色散镜片，其产品覆盖日常生活、数码场景、户外防护等场景，在满足人们不同场景佩戴需求的同时，让镜片更轻更薄，保持高清晰度，让近视用户享受到更舒适的佩戴体验，因而备受市场欢迎。

随着消费者工作生活的场景的变化，有害蓝光越来越多，明月镜片推出的防蓝光产品满足了现代人互联网生活中“防蓝光”的需求。明月镜片针对消费者使用场景进行了细分，有些场景需要长时间看电子产品屏幕，如工作、追剧、打游戏等；有些场景则是偶尔看手机屏幕，如日常使用手机等。明月镜片的“防蓝光 Pro”系列产品蓝光阻隔率高达 40%（参照 ISO 标准），适用于长时间看屏幕场景。在偶尔看屏幕的日常生活场景中，建议佩戴明月镜片“防蓝光”系列，该系列产品能够阻隔 20%（参照 ISO 标准）的蓝光，同时基本无底色，实现护眼不偏色。明月镜片建议消费者同时配备“防蓝光”与“防蓝光 Pro”系列，在不同的场景佩戴不同的镜片，以保护视觉健康。

资料来源：https://baijiahao.baidu.com/s?id=1626700783269831620&wfr=spider&for=pc（2019-02-28）[2023-10-13]; https://www.163.com/ad/article/DUFK78JD000189DG.html（2018-10-19）[2023-10-13]

请阅读资料，并思考：

本案例中，作为镜片行业的市场领导者，明月镜片实施了什么样的防御战略？

（2）反击战略

波特认为，当挑战真正开始时，市场领导者不仅要考虑自己相对于挑战者的地位，还要考虑如何对挑战者的行为予以有力的反击。反击应该越快越好，当挑战者退出壁垒加大时，市场领导者就错过了良好的时机，因为此时反击难度增加，甚至可能出现领导地位丧失的糟糕局面。市场领导者要想成功地进行反击，必须正确分析挑战者做出挑战决定的原因，即必须了解“挑战者为什么进攻及挑战者自身的能力如何”。只有这样，反击才有针对性，才能最大限度地降低反击成本，在阻止挑战行为的同时保存自己的实力。

3. 进一步扩大市场份额

市场领导者可以通过进一步扩大市场份额来增加收益、保持自身成长和市场领导地位。进一步扩大市场份额的具体措施包括：洞察市场需求及重视场景化设计，根据顾客的要求不断完善产品、改进服务，加大整合营销传播的投入，进一步巩固并提高产品及品牌在顾客心中的地位，根据顾客需求的变化和对顾客需求变化趋势的预测，不断推出新产品等。

市场领导者进一步扩大市场份额时应考虑：是否会激起反垄断行为？投资报酬率是否会下降？采取的营销策略是否准确？日益增长的市场份额并不意味着企业能自动获得更高的利润，只有当具备以下两项条件时，企业利润才会增加。

① 产品的单位成本能够随市场占有率的提高而下降。市场领导者常常拥有较高的生产和经营能力，能够通过提高市场占有率来获得规模经济成本，从而追求行业中的最低成本，并以较低的价格销售产品。

② 产品价格的提高超过为提高产品质量所投入的成本。通常来说，具有较高质量的产品才可能得到市场的认可，并获取较高的市场占有率，但高质量并不意味过高的投入成本。

案例 7-3

豆浆机市场领导者九阳玩转年轻化转型

在豆浆机市场上，九阳凭借着扎实过硬的产品质量和不断进取的创新意识，始终占领着这块阵地的领先地位。这家中国最早的豆浆机品牌已成长为一个耳熟能详的小家电领军品牌。在豆浆机市场份额排名中更能看出九阳豆浆机受欢迎的程度，九阳、美的、苏泊尔等十个品牌占据了整个豆浆机市场 99%的份额，其中作为领头羊的九阳，在豆浆机这个领域以绝对优势碾压其他品牌，九阳豆浆机销量连续多年在市场上占据榜首。

在消费升级的大趋势下，能否推出满足消费者个性化需求的产品，是每个企业未来发展的关键。九阳不仅通过新技术、新产品解决时代“痛点”，让受众生活更便利，还引导消费需求。九阳与年轻受众做了一场精神层面的沟通，它不是让自己的品牌变年轻，而是让品牌保持与新生代的同龄感。九阳将“健康、轻巧、暖科技”的设计理念融入传统小家电的每个设计细节，积极尝试与年轻人共建全新厨房场景的解决方案。

2019 年，九阳推出了领先科技、萌潮、一人食等系列产品，满足不同圈层对于“品质生活”“下厨玩的就是潮”“一个人也要好好吃饭”等不同生活态度的需求。比如，不用手洗豆浆机登上伦敦时装周，让传统国民饮品豆浆成为国际超模、潮人的新宠；不用手洗破壁机让米其林大厨、西方美食达人刮目相看；小红绳保温杯席卷上海时装周，引发年轻人“争抢好运”潮……九阳携手“卖萌天团”LINE FRIENDS 让超级 IP 形象化身养生壶、豆浆杯、暖杯垫、折叠壶、烤箱、面条机、奶锅、多功能锅等造型可爱、功能多样的厨房小家电，陪伴在年轻人身边。这些产品一上市，就在年轻人群中掀起抢购热潮。2020 年 4 月 30 日，九阳携手 LINE FRIENDS 打造的萌潮厨房主题店在南京淮海苏宁店正式揭幕，这是全国首家萌潮厨房主题店，店内打造出集青春浪漫、可爱元气与动感活力于一体的超梦幻厨房场景，布朗熊、可妮兔、莎莉等也化身九阳萌趣伙伴，与消费者亲密互动，为年轻人的厨房生活制造更多惊喜。

2020 年上半年，九阳在线上发起“宅居免疫大挑战”打卡活动，让网友在有趣的互动中把宅居创意美食“玩”成了热门话题。抖音话题榜“宅居免疫大挑战”观看量突破 5000 万，该活动还吸引了知名文化、美食、营养大咖参与，进一步引流店铺，提升了产品转化率。

资料来源：https://baijiahao.baidu.com/s?id=1662556918386244061&wfr=spider&for=pc（2020-03-30）[2023-10-13]；https://www.digitaling.com/projects/36917.html（2018-08）[2023-10-13]

7.3　市场挑战者战略

7.3.1　市场挑战者的定义

竞争是市场经济的基本特征，市场竞争所形成的优胜劣汰机制迫使企业不断研究市场，改进生产技术，开发新产品，更新设备，降低运营成本，提高经营效率和管理水平，从而获得最佳效益并推动社会进步。市场挑战者是指有能力且积极向市场领导者或其他竞争者发动进攻以扩大其市场份额的企业。相对于市场领导者而言，市场挑战者在行业中是名列第二、第三或名次稍低的企业，市场挑战者如果要向市场领导者和其他竞争者挑战，必须先确定自己的战略目标和挑战对象，再选择适当的进攻策略。

7.3.2　挑战对象的选择

市场挑战者首先要选择合适的挑战对象，其挑战对象有以下三种类型。

1. 市场领导者

当市场挑战者选择市场领导者作为自己的进攻对象时，其目标是成为市场领导者，这种战略风险很大，但一旦成功，收益会很可观。为了确保进攻的成功，市场挑战者必须认真研究市场领导者的弱点和失误，寻找市场上的潜在需求及顾客不满意的地方，还可以通过开发新产品展开进攻。

2. 与自己实力相当的对手

市场挑战者将与自己实力相当的对手作为进攻对象时，可选择其中经营不善、资金不足的对手进行进攻，夺取它们的市场，从而扩大自己的市场份额。

3. 中小企业

市场挑战者还可以将区域市场上经营不善、资金困难的中小企业作为进攻对象，夺取它们的市场，提高市场占有率。

7.3.3 进攻策略的选择

市场挑战者在确定了战略目标和进攻对象之后，就要考虑进攻策略的选择问题。市场挑战者可选择的进攻策略有正面进攻、侧翼进攻、包围进攻、绕道进攻和游击进攻五种。市场挑战者的进攻策略是多样的，一个市场挑战者既不可能同时运用所有策略，也很难单靠某一种策略取得成功，通常的做法是设计一套组合策略，通过组合策略来达到目的。

1. 正面进攻

正面进攻，即企业集中优势在竞争对手的强项上，与之正面交锋，进攻者只有在产品、广告、价格等主要方面远远领先对手，才有成功的可能。正面进攻可分为全面正面进攻和局部正面进攻。波特认为，即使市场挑战者再强大，也不要轻率地用模仿的战略去进攻市场领导者，尤其是选择正面进攻时要慎之又慎，因为市场领导者的强大实力可以让它轻而易举地击退市场挑战者，并实施更迅猛的反击，最终取得胜利，坐稳市场领导者的位置。

2. 侧翼进攻

侧翼进攻，即企业避开对手的强项，集中优势进攻对手的薄弱环节，在对手经营薄弱的地区或细分市场发起进攻。侧翼进攻是一种最有效和最经济的策略，较正面进攻有更多的成功机会。

3. 包围进攻

市场挑战者也可以凭借其强大的资源优势，全方位、大规模地对对手进行包围进攻。进攻者可向市场提供多种多样的产品，满足各个细分市场上顾客的需要。这种策略，对企业的经营资源及经营水平要求很高，企业必须具有较对手更强的资源优势，挑战才会见效。

4. 绕道进攻

绕道进攻是一种最间接的进攻策略，它通过开发新产品、开拓新市场和实施多角化经营，发展新业务，避开了对手的现有阵地而绕道进攻。

5. 游击进攻

游击进攻主要适用于规模较小、力量较弱的企业。企业可以通过有选择的降价、突袭式的促销行动等展开进攻。虽然游击进攻较正面进攻、侧翼进攻等花费较少，但其产生的效果也是有限的，如果想打败对手，还需要配合强度更大的进攻策略。

7.4 市场追随者与市场补缺者战略

7.4.1 市场追随者

1. 市场追随者的定义

市场追随者又称市场跟随者，是指安于次要地位，不热衷于挑战，在战略上追随市场领导者的企业。“边看边学”和“跟进”是市场追随者最主要的特点。在技术研发方面，市场追随者不会投入资金去研发新技术，它们不做新技术的开拓者，而是做学习者或改进者；在市场开拓方面，市场跟随者不会积极主动地培育市场，而是充分利用市场领导者对现有市场的培育开发，搭便车。市场追随者不是盲目、被动地追随市场领先者，它们的策略是确定一个不致引起竞争性报复的追随战略，其在不同的情形下有自己的策略组合和实施方案。市场追随者必须提防市场挑战者的进攻，因为市场追随者是市场挑战者的首选进攻目标。

对市场领导者的追随方法有两种。一种是成为建设性追随者。这是具备一定实力的大中型企业的追随方法，可以称它们为“典型市场追随者”。这类追随者应该重视对市场领导者进行有建设性的学习与模仿，重视价值链建设，通过技术创新推动研发，推出具有特色的产品。另一种是在某一较小的市场上成为领导者或补缺者，寻找并专注于补缺市场，这类追随者可以称为“非典型市场追随者”。中小企业对大企业无论是采取性价比竞争，还是搞价格竞争，都是以卵击石。它们正确的目标应是服务于小市场或大企业不感兴趣的市场。

2. 追随战略的选择

市场追随者必须懂得如何维持现有顾客的数量，并争取一定数量的新顾客；必须设法给自己的目标市场带来某些特有的利益，如地点、服务、融资等；还必须尽力降低成本并保持较高的产品质量和服务质量。追随并不等于被动挨打，或是单纯模仿市场领导者，市场追随者必须找到一条不会招致竞争者报复的成长途径。市场追随者可选择的追随战略有以下三种。

（1）紧密追随。市场追随者密切关注市场领导者的动向，模仿市场领导者的产品、品类名称等，但稍有区别，并且在价格、渠道、广告、包装上自成一体。例如，市场追随者可以采取在产品品牌名称和包装上与市场领导者相似、价格略低的策略。

（2）有距离的追随。市场追随者在产品、价格、品牌、包装和分销渠道等主要方面追随市场领导者，但会有所改变或改进，它们将产品销售到市场领导者力量薄弱的市场或其他目标市场。

（3）有选择的追随。即市场追随者并非盲目追随，而是根据自身的条件，择优追随，在追随的同时还要发展自己的独创性。

7.4.2 市场补缺者

1. 市场补缺者的定义

市场补缺者一般是指在竞争中避免与实力强大的企业正面冲突，精心为某些未被满足和需要未实现的细分市场提供专门性服务，在产品、顾客、营销方式等方面实行专业化，以求得生存与发展的企业。具体来说，市场补缺者往往会在最终用途、垂直层次、顾客规模、特殊顾客群、地理区域、产品或产品线、产品特征、加工服务、质量与价格水平、服务及分销渠道等方面实行专业化。市场补缺战略不但对小企业有意义，而且对某些大企业来说，在其初次进入市场时也有重要意义，因为它们也常设法寻找一个或多个既安全又有利的“缝隙市场”。所谓缝隙市场，是指那些被行业中实力强大、有绝对优势的企业忽略的细分市场。缝隙市场有以下特点：一是该市场是行业内较为冷门的领域，不为有资金和规模优势的大企业所关注；二是该市场有特殊的、高资本的门槛；三是有产品需要直销和服务反应迅速的要求；四是产品和企业现有的制造技术及生产工艺匹配；五是产品有较高的边际贡献率。

市场补缺者通常会瞅准市场上未被大企业重视的“缝隙”部分。一般来说，理想的补缺市场应具备以下几个条件。

① 要有足够的规模和成长潜力。

② 市场未被大企业重视。

③ 企业本身具备必需的能力及资源，能为顾客提供优质的服务。

④ 企业已在顾客中建立起良好的信誉，足以对抗强大竞争者的入侵。

⑤ 能获得较好的投资收益。

案例 7-4

卡士 YO KEEP 酸奶，市场补缺者成功的范例

卡士乳业（以下简称卡士）于 1999 年在中国注册，是一家集研发、生产、销售、冷链物流于一体的现代化专业生物乳品企业，也是一家专注于酸奶生产的规模化乳制品企业。多年来，卡士始终坚持“高品位、高品质、高标准”的产品策略，聚焦于高端酸奶，成功打造了卡士酸奶系列产品，并成为单位接待、白领消费市场、高端乳品消费市场的首选品牌。卡士坚持 100%生牛乳发酵，从 1000 多株优质菌种中挑选 5 种最佳益生菌，2000 多次配比实验和口味测试成就了卡士独一无二的口感与丰富的营养。卡士专门配备了专业冷藏车，每辆车都装有黑匣子和 GPS 定位，以实现在运输过程中对车厢温度的实时监控和记录。卡士通过食品安全管理体系 HACCP 认证，建立了“HACCP+ISO 9001”双质量认证体系内控标准。

从产品诉求来看，卡士发现在经济发达的地区，喝酸奶是帮助身体塑形的一种有效方式，高蛋白、无糖、无脂肪的酸奶可以是健身后的必备饮品，中国的年轻人也越来越喜爱运动健身，因为这种形体管理的自律能为他们带来自信感。围绕现代都市青年或上班族对

形体管理的需求，2019 年卡士推出新品 YO KEEP。YO KEEP 有两个版本，一个是 0 蔗糖、0 脂肪的自律生活版，另一个是即便添加了白砂糖，碳水依然没有超过 10g 的休闲轻食版。休闲轻食版的酸奶更接近自家发酵酸奶的理想状态，奶香四溢、口感绵密、甜味也恰到好处，YO KEEP 定位于精英健身人群，以高蛋白、低卡路里、有助于塑形为产品卖点，在产品口感、包装设计、传播策略、渠道建设与用户运营上多管齐下，着重强调健康和塑形，让消费者充分体验和感知到这一点。

YO KEEP 准确定位目标人群后，对销售渠道也做出了有针对性的规划。以前卡士主要面向家庭消费者，因而选择在大卖场、超市等渠道铺货。借助 YO KEEP 的重新定位，卡士进入了高端写字楼的连锁便利店网络，拓展出新的市场空间，将产品直接链接到了城市精英人群的日常场景中。

资料来源：根据网络资料整理

2. 补缺战略的选择

市场补缺者的主要战略是专业化，一般而言，可供市场补缺者选择的战略有以下几种。

① 按最终用户专业化，即专门致力于为某类最终用户服务。

② 按垂直层次专业化，即专门致力于为生产—分销循环周期的某些垂直的层次经营业务。

③ 按顾客规模专业化，即集中力量专门为小规模的顾客群服务。通常市场补缺者可以选择被大企业忽视的小规模顾客群并为之服务。

④ 按特定顾客专业化，即只对一个或几个主要顾客服务。

⑤ 按地理区域专业化，即专为国内外某一地区或地点服务。

⑥ 按产品或产品线专业化，即只生产一大类产品。

⑦ 按顾客订单专业化，即专门按顾客订单生产其预订的产品。

⑧ 按特殊服务专业化，即专门提供一种或几种竞争者所没有的服务。

习　题

一、单项选择题

1. 三只松鼠考虑到顾客使用场景时的各种尴尬，在销售产品时附赠了手套、垃圾袋、湿纸巾等，这种差异化形式属于（　　）。

A. 产品差异化　　B. 技术差异化

C. 品牌形象差异化　　D. 服务差异化

2. 日本汽车企业针对能源短缺导致油价上涨，欧美国家用户出现停车难、停车贵等问题，集中生产物美价廉的小型节油轿车，市场占有率不断提高。根据集中化的内容，这种集中化属于（　　）。

A. 产品集中化　　B. 顾客集中化　　C. 地区集中化　　D. 服务集中化

3. 凡士林问世时是用作机器润滑油的，之后企业发现凡士林可用作润肤脂、药膏和发胶，这种扩大市场总需求的方法是（　　）。

A. 开发新用户　B. 增加使用量　C. 增加新用途　D. 保持市场占有率

4. 香水企业说服男性使用香水属于（　　）。

A. 开发新用户　B. 增加新用途　C. 增加使用量　D. 开发新产品

5. 调味品制造商将容器的开孔变大属于（　　）。

A. 开发新用户　B. 增加新用途　C. 增加使用量　D. 开发新产品

6. 市场领导者放弃某些薄弱的市场，把力量集中于具有优势的市场，这种防御战略属于（　　）。

A. 阵地防御　B. 侧翼防御　C. 运动防御　D. 收缩防御

7. 对于市场挑战者来说，风险大，吸引力也大的进攻情况是（　　）。

A. 进攻市场领导者　B. 进攻中型企业

C. 进攻与自己实力相当者　D. 进攻小型企业

8.（　　）是一种全方位、大规模的进攻策略。

A. 正面进攻　B. 侧翼进攻　C. 包围进攻　D. 游击进攻

9. 不做新技术的开拓者，不做新市场的培育者，这是哪一类企业的竞争战略（　　）。

A. 市场领导者　B. 市场挑战者　C. 市场追随者　D. 市场补缺者

10. 市场补缺战略的主要特点是（　　）。

A. 发起挑战　B. 寻找缝隙　C. 紧密追随　D. 回避竞争

二、多项选择题

1. 根据企业在目标市场上所处的竞争地位，可以将企业分为（　　）。

A. 市场领导者　B. 市场挑战者　C. 市场追随者　D. 市场补缺者

2. 差异化战略主要包括（　　）。

A. 产品差异化　B. 服务差异化　C. 技术差异化　D. 品牌形象差异化

3. 根据实施方法，集中化战略可分为（　　）。

A. 单纯集中化　B. 成本集中化　C. 差别集中化　D. 业务集中化

4. 下列选项中，属于市场领导者扩大市场总需求的具体做法的是（　　）。

A. 开发新用户　B. 增加产品的新用途

C. 增加现有顾客的使用量　D. 阵地防御

5. 理想的补缺市场应具备的条件有（　　）。

A. 有一定的规模　B. 有较好的发展前景

C. 能够阻止任何企业进入　D. 大企业尚未进入

三、判断题

1. 实施差异化战略的企业不能再选择集中化战略。（　　）

2. 集中化战略通常包括在目标细分市场上寻求成本优势的成本集中和寻求差异化的差异集中两类形式。（　　）

3. “边看边学”和“跟进”是市场挑战者最主要的特点。（　　）

4. 市场领导者可以任意采取策略以进一步扩大市场份额。（　　）

5．市场补缺战略只适用于中小企业，大企业不宜采用市场补缺战略。（　　）

四、简答题

1．可供企业选择的基本竞争战略有哪几种？它们各自有什么特点？

2．请以你熟悉的某一具体企业为例，简述该企业采用了哪种基本竞争战略。

3．简述市场领导者可以采取哪些策略保护现有的市场份额。

4．请以某一具体企业为例，简述该企业是如何实施市场补缺战略的。

五、案例分析

狂卖 30 亿元，大窑的品牌启示录

国产汽水中有知名度的品牌很多，可以说几乎每个区域都有其代表性的汽水品牌，如大家熟悉的北冰洋汽水、崂山汽水、天府可乐等品牌至今仍深受当地人喜爱。与这些品牌相比，发展较晚的大窑其实没有什么优势。

2021 年，大窑汽水销售额突破 30 亿元，这是什么概念？可以对比来看，2021 年农夫山泉旗下果汁饮料销售额为 26.14 亿元; 2021 年统一集团旗下的果汁业务销售额为 22.19 亿元。从发迹于内蒙古的区域品牌到渗透全国，终端网点超过 30 万家，一举打破汽水品牌在各自区域市场“划疆为王”的竞争格局，从默默无闻到“北方饮品大王”，大窑汽水是如何异军突起的?

1．大瓶装：反者道之动也

向成功的领导品牌学习可以增加销量，减少试错成本，但想超越领导品牌却很难。当可口可乐成为中国的碳酸饮料大王后，几乎所有的饮料品牌都在向它学习，相似的瓶型、相似的包装、相似的味道和颜色，除了价格。在同行普遍推出 240 毫升小瓶装时，520 毫升和 550 毫升的大窑汽水就显示出了巨大的差异。在夏日的高温下，大瓶装汽水的“大气”“酣畅”能让众多消费者过足清凉解渴的瘾，在聚餐场景也不用担心不够喝。

2．性价比：价格即战略

在汽水品类里，3 元曾是一个战略型的价格，更是可口可乐的价格封杀线。当冰峰把价格提至 3 元时，被多少西安网友痛批；当北冰洋 330 毫升装售价超过 5 元时，又失去了多少民心。而 550 毫升的大窑汽水售价仅为 5 元，其用大瓶装的性价比巧妙地规避了可口可乐部署的价格困境。

3．渠道深耕：占据餐饮消费场景

深耕一个渠道、打透一个消费场景是建立品牌和提升销量的重要路径。大窑早在内蒙古发展时就主要布局面馆、麻辣烫等餐饮店，从而成为当地一代人和旅游消费者的记忆符号。其布局餐饮渠道的原因有以下几点。

一是餐饮渠道比商超和便利店更拼“客勤关系”，业务员和经销商的送货态度和及时性非常重要。

二是餐饮渠道的进驻成本低，没有商超和便利店里一系列的进驻费、条码费、堆头费、导购费和促销费等。

三是大窑的包装设计与餐饮属性非常符合，在开车不能喝酒的餐饮场景下，大窑啤酒瓶似的包装使其理所当然成为啤酒的最佳替代品，甚至很多年轻人还会用“吹瓶一口干”

大窑的方式来展示魅力。大窑所具有的“北方餐饮引领品牌”势能，对大窑提升知名度和走向全国市场具有非常大的帮助。

资料来源：https://business.sohu.com/a/586265167_99890220（2022-09-19）[2023-10-13]

思考题：

（1）大窑采用了何种竞争战略？具体而言，大窑是通过哪些策略来实施这种竞争战略的？

（2）大窑开拓全国市场的营销实践对其他企业有哪些启示，谈谈你的看法。

第 7 章　在线习题

第4篇

设计营销策略

第 8 章

产 品 策 略

本章教学目的

产品策略是企业市场营销组合的核心，是企业市场营销活动的支柱和基石，是价格策略、分销渠道策略和促销策略的基础。企业成功与发展的关键在于产品能在多大程度上满足目标市场的需要。因而，企业在制订市场营销组合策略时要先解决好产品策略问题。本章的教学目的是帮助学生理解产品整体概念、产品组合、产品生命周期理论、包装策略等知识，理解并掌握新产品开发及品牌管理对于企业营销活动的重要性。

本章主要知识点

- 产品策略
  - 产品概述
    - 产品整体概念
    - 产品分类
    - 产品组合
  - 产品生命周期
    - 产品生命周期的概念
    - 产品生命周期营销策略
  - 新产品开发
    - 新产品的概念及分类
    - 新产品开发的程序
    - 新产品的市场扩散
  - 品牌与包装
    - 品牌、商标与品牌资产
    - 品牌策略
    - 包装策略

导入案例

8.1 产品概述

企业的市场营销活动是以满足目标市场需求为中心的，而目标市场需求的满足只能通过向其提供适当的产品来实现。企业为了提供市场满意的产品，就应对产品整体概念有一个全面的认识。

8.1.1 产品整体概念

通常，人们将产品理解为一种有形的、具有某种用途的物品，这是狭义上的产品的概念。随着社会经济的发展，消费者需求的日趋个性化及市场竞争的日益激烈，产品的内涵和外延也在不断扩大。所谓产品，是指能提供给市场的用于满足人们某种需求和欲望的任何事物，不仅包括产品实物等有形的东西，还包括消费者所获得的精神上的满足和效用。因此，现代营销学强调产品整体概念。科特勒教授认为，产品具体可分为核心产品、形式产品、期望产品、附加产品和潜在产品五个层次，如图 8.1 所示。

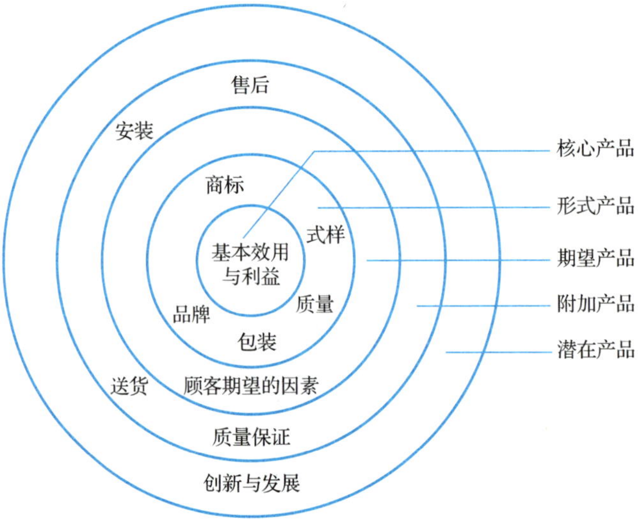

图 8.1　产品整体概念

1. 核心产品

核心产品是产品整体概念中最基本的层次，是消费者购买某一特定产品时追求的基本效用与利益，是其需要的中心内容。消费者购买某种产品，并不是为了获得这一产品本身，而是要通过对该产品功能的利用来满足自己的特定需要，由此获得基本利益。比如，人们购买书籍，并不是为了得到纸张本身，而是通过对书籍的使用来获得信息，以增加知识、增添生活乐趣等。企业营销人员向消费者销售的任何产品，都必须具有反映消费者核心需求的基本效用或利益。对企业而言，在设计产品时，必须先确定产品给消费者带来的核心利益是什么，这对保证营销工作的有效性是非常重要的。

2. 形式产品

形式产品是核心产品的存在形式和载体，是产品实体和服务的外观，它通常向消费者展现出一些可以使人感知的特征，如产品的式样、质量、包装、品牌及商标等。产品的基本效用必须通过特定的形式才能实现，而具有相同效用的产品在存在形态上却可能有较大的差别，这种形式产品的不同和多样化，可以满足消费者不同的或变化了的需求。因此，企业在立足于消费者追求的基本效用的基础上，应注意通过产品的差异化与多样化策略，努力寻求更加完善的外在形式，提高产品的市场适应能力，使之更能满足消费者的需求。

3. 期望产品

期望产品是指消费者在购买产品时，所期望得到的与产品密切相关的一整套属性和条件。期望产品代表了消费者希望产品具备的特性，产品具备了这种特性并不意味着消费者一定会采取购买行为，但是如果产品不能达到消费者心中的期望，购买行为就不会发生。比如，旅馆的客人期望得到清洁的床位、洗浴用品等服务，因为大多数旅馆均能满足旅客这些一般期望，所以旅客在选择档次大致相同的旅馆时，一般不会考虑哪家旅馆能提供期望产品，而是根据哪家距离远近、出行方便来决定。企业必须了解消费者的期望，并将这种期望赋予自己的产品。

4. 附加产品

附加产品是指消费者在购买某一特定的形式产品时所得到的其他方面的服务与利益的总和，包括送货、安装、质量保证、售后等服务。附加产品代表了企业之间竞争的延伸。美国学者莱维特指出，新的竞争不是各个公司在其工厂中生产什么，而是其产品能提供何种附加利益，如包装、服务、广告、咨询、融资、送货、仓储等。

5. 潜在产品

随着科学技术的发展和消费者需求的变化，现有产品可能会发生一定的创新与变化，并通过更新换代逐步发展成未来的最终产品。潜在产品指出了现有产品的可能的演变趋势、未来的发展方向和前景。对企业来说，要保持产品对消费者的吸引力，占据市场主导地位，就要时刻注意潜在产品的发展。

核心产品、形式产品、期望产品、附加产品与潜在产品作为产品的五个层次是密不可分的。其中，核心产品是基础，通过一定的形式产品提供给消费者。人们在购买某一特定产品时，不仅要考虑核心产品部分，还要考虑形式产品和期望产品部分能否满足自己的需求。企业在提供产品的同时，还要提供广泛的服务和附加利益，形成附加产品，同时发掘潜在产品。

产品整体概念的提出，进一步体现了现代市场营销学中的消费者导向，体现了以消费者需求为中心的市场营销观念。首先，产品层次的划分表明，对企业而言，明确消费者所追求的核心利益非常重要。其次，产品整体概念反映了消费者对产品多层次、多侧面、多样化和不断发展变化的需求。在动态的营销环境中，企业要想获得持续的发展，就必须时刻把握住消费需求的特点与具体内容。再次，产品整体概念表明，企业在产品上的竞争可以在多个层次上展开。最后，产品整体概念的提出为企业提供了新的竞争思路，帮助企业在产品的不同层次上建立竞争优势和赢得市场地位。

小思考 8-1

文创雪糕：“夏天的新味道”

进入夏天之后，雪糕是清凉解暑的必备食品。如今，单纯“吃冰消暑”的时代已经成为历史。现在的雪糕，不仅是解暑利器，还成了刷爆朋友圈的夏日必备单品。大到全国各地的博物院、5A 级旅游景区，小到市级主题公园、城市地标，五花八门的文创雪糕层出不穷。

2017 年，北京玉渊潭公园在一年一度的樱花节上推出了一款“樱花雪糕”，该雪糕一炮而红，成为国内文创雪糕的鼻祖。因为造型别致、色彩鲜艳，又与玉渊潭的樱花相得益彰，樱花雪糕成了玉渊潭的保留项目。拿着樱花雪糕，以樱花为背景拍照成了标准打卡姿势。此后全国各地景区、博物馆纷纷追随，推出个性文创雪糕。2019 年，圆明园在古莲子开花之际，推出了“荷花冰激凌”。2020 年，敦煌莫高窟推出了“草莓九层楼”“巧克力石窟外景”“牛奶月牙泉”三款定制版雪糕。吃完雪糕后的雪糕棒，清洗过后还是一枚精美的定制版九色鹿书签，十分有创意，一度成为网红文创产品。2021 年清明节期间，很多去武汉打卡的游客都发现黄鹤楼广场前的文创用品售卖亭里多了一样产品——能够捧在手上的千年名楼“黄鹤楼雪糕”，飞檐、瓦片、阁楼，每个细节都清晰可见。除了景区，各大博物馆也纷纷推出文物雪糕，让国宝在舌尖上“活”了起来。国家博物馆的“说唱俑”和“云纹犀尊”雪糕、沈阳故宫博物院的“神兽雪糕”、北京故宫博物院的“瑞兽雪糕”等都成为粉丝追捧的网红食品。

这些文创雪糕和景点、文物绑定，背靠历史文化 IP，颜值高、有内涵。据统计，国内已经有百余家景区推出文创雪糕，市场上的文创雪糕有数百种之多，售价一般在 15 ~ 30 元不等。文创雪糕摇身一变成了蕴含着历史风情与人文内涵的艺术品，还是游客尝鲜、打卡、分享的“神器”。在旅游旺季，如果朋友圈里没有发一张拿着景点雪糕，以景点天空为背景的照片，那么这趟旅途多少有点不完整。

拼口味、拼颜值、拼创意……各式各样的雪糕接二连三地挑战着食客们的想象力。雪糕与历史文化 IP 的跨界合作，让国潮元素融入了快消食品。

资料来源：http://www.cnfood.cn/article?id=1389930916546187266（2021-05-06）[2023-10-13]

请阅读资料，并思考：

如何运用产品整体概念分析文创雪糕走红的现象？

数字化时代，数字经济的发展催生了数字产品，并不断推动着传统产品朝数字化方向发展。企业广泛采用数字化的营销管理策略，努力实现产品的数字化。产品的数字化是指传统产品利用数字技术，实现向数字化与智能化方向的转变。一般而言，产品的数字化主要体现在核心产品、形式产品、期望产品、附加产品、潜在产品这五个层次的数字化升级上，如产品功能的智能化、产品互动的虚拟化等。

8.1.2 产品分类

企业在市场营销活动中要根据不同的产品来制订不同的营销策略，因此，对产品进行适当的分类是科学决策的前提。关于产品分类的内容已在第 4 章中介绍过，本节不再赘述。

8.1.3 产品组合

企业为了满足目标市场的需求，以及分散风险、增加利润，往往会根据自身的情况，生产不止一种产品。不同产品对企业的重要性不同，在企业的整体经营领域及目标市场中所处的地位也不同。随着外部环境的变化和企业的发展，企业经营的各种产品也会发生相应的变化。企业需要依据市场需求和自身情况，确定生产哪些产品，明确产品之间的相互关系，这是企业产品组合决策的主要内容。

1. 产品组合的概念

产品组合是指企业生产经营的全部产品及其品种、规格的组合或搭配，是企业全部产品线和产品项目的有机组合方式。产品线又称产品系列或产品大类，是指能满足同类需求，在功能、使用与销售等方面具有类似性质的一组密切相关的产品。产品项目是指产品线内各种不同规格、型号、款式、档次、特色、价格水平的具体产品。例如，某企业一直开展流体控制阀和控制系统的研究、开发和制造，专注于“控制阀专家”的产业定位，拥有油气控制产品线、供热控制产品线、燃气控制产品线、空调控制产品线、内燃机配件产品线五大产品线。

企业的产品组合主要可以从广度、深度和关联度三个方面进行分析。

（1）产品组合的广度

产品组合的广度又称产品组合的宽度，是指企业生产经营的产品线的数目，它表明企业的经营范围。产品线越多，代表企业的经营范围越广。一般而言，综合性企业经营的产品线较多，产品组合的广度较宽；而专营性企业经营的产品线较少，产品组合的广度较窄。

（2）产品组合的深度

产品组合的深度是指每条产品线中包含的产品种类数。一个企业不同产品线包含的产品种类往往并不相同。比如，有的产品线按照花色、品种、规格等可以划分为较多个产品种类，这时产品组合的深度就较大。

（3）产品组合的关联度

产品组合的关联度又称产品组合的密度，是指企业各条产品线在最终用途、生产条件、销售渠道或其他方面相互关联的程度，它表明产品种类之间的一致性。通常来说，实行专业化经营的企业旗下各产品线之间的关联度较大，而实行多元化经营的企业由于同时涉及几个行业，各产品线之间的关联度相对较小。

产品组合的广度、深度与关联度为企业进行产品组合决策提供了依据。由于产品组合的广度、深度或关联度不同，因此，就形成了不同的产品组合。企业可以通过选择和决定产品组合的广度、深度和关联度，灵活制订和实施不同的产品组合策略，来调整和扩展企业的产品业务。

2. 产品组合决策

所谓产品组合决策，是指企业根据市场需要、营销环境、自身资源条件及企业战略计划等方面的要求，对产品组合的广度、深度和关联度进行不同组合的策略。

企业在调整和优化产品组合时，根据不同的情况，可选择的产品组合决策主要有以下几种。

（1）扩大产品组合决策

扩大产品组合决策是指扩大产品组合的广度或增加产品组合的深度，通过增加产品系列或产品项目，扩大经营范围，生产经营更多的产品来满足市场需求，主要包括两方面的内容：第一，在原有产品组合中增加一条或几条产品线；第二，在现有的产品线内增加新的产品项目。新增的产品线可以与原有产品线紧密联系，也可以与原有产品线关联度不大或没有关联度。这主要取决于企业战略目标是在一个业务领域获得充分发展还是涉足多个领域。当企业计划为更多细分市场提供产品时，企业可以选择在原有产品线内增加新的产品项目，但是新增的产品项目必须和原有的产品项目有所区别，以避免同企业产品之间不必要的竞争。

当市场繁荣，企业实力雄厚或拥有一定的资源条件时，可以考虑采用扩大产品组合决策。扩大产品组合决策有利于企业把握新的市场机会，综合利用企业资源，扩大生产规模和经营范围，进入新的细分市场，提高市场占有率，同时有利于企业分散经营风险，提高竞争能力。

（2）缩减产品组合决策

缩减产品组合决策是指压缩产品组合的广度或深度，去掉部分产品线或产品项目，集中资源生产少数产品，提高企业的经营效率和利润水平。扩大产品组合决策能够在市场繁荣时为企业带来较多的赢利机会，而当市场萎缩或企业资源有限、原材料紧张、劳动力成本增加时，缩减产品组合却为企业提供了生存和发展的途径。缩减产品组合决策有利于企业将资源集中于那些盈利性好或有潜力的产品线与产品项目，放弃那些获利甚微或没有发展前景的产品，从而提高企业的利润率。

（3）产品延伸决策

任何一个企业都有其特定的市场定位，产品延伸决策是指企业全部或者部分地改变某一产品线内原有产品的市场定位，主要包括向下延伸、向上延伸和双向延伸。

① 向下延伸是指企业原来生产高档产品，后来决定增加生产低档产品。在企业原有高档产品的销售增长缓慢或受到激烈竞争等情况下，企业可以采用这种策略。

② 向上延伸是指企业原来生产低档产品，后来决定增加生产高档产品。在高档产品市场需求大、销售增长快、利润率较高，高档产品市场上的竞争者实力比较弱，同时企业又想成为生产种类全面的企业等情况下，企业可以采用这种策略。

③ 双向延伸是指原来定位于中档产品市场的企业在控制了中档产品的市场后，决定向产品大类的上、下两个方向延伸，扩大产品的市场阵地。

产品延伸有利有弊。其正面作用是可以满足更多消费者的需求，迎合消费者求异求变的心理，适应不同层次价格的需求，以及降低企业开发新产品的风险等。其负面作用是品牌忠诚度降低，产品的不同项目难以区分，成本增加等。因此，把握好延伸的度至关重要，企业应当及时关注产品利润率的情况，集中生产利润较高的产品，削减那些利润低或者亏损的产品；当需求紧缩时，缩短产品线；当需求旺盛时，延伸产品线。

小思考 8-2

“清江野渔”的产品组合决策

湖北土老憨生态农业集团（以下简称土老憨集团）成立于2005年。土老憨集团已发展成农业产业化国家重点龙头企业、全国农村三产融合示范企业、国家高新技术企业、国家知识产权示范企业和湖北省柑橘产业链龙头企业。土老憨集团建有占地500亩的土老憨科技园，员工2000余人，联结柑橘标准化种植基地10万亩，旗下注册商标“土老憨”“清江野渔”均为中国驰名商标。

“清江野渔”是土老憨集团的一个淡水鱼类休闲食品品牌。湖北有着“千湖之省”的美称，境内湖泊众多、河网密布交织，水质优良、环境优美，好水自然养好鱼。“清江野渔”休闲食品利用湖北省丰富且优质的渔业资源，选用优质鲜鱼，将鲜鱼去头去内脏洗净，用密料腌制，采用欧盟标准生产线，高温杀菌后再细火慢烤，成品全部采用真空包装，肉质鲜嫩可口。“清江野渔”休闲食品适合在旅游、课间休息、家庭野餐等休闲时光享用。

目前“清江野渔”休闲食品包括三个系列：清江野渔系列、熊小灰系列、礼盒系列。其产品种类、口味、典型包装规格如表8-1所示。

表 8-1 “清江野渔”的产品

产品系列	产品种类	口味	典型包装规格
清江野渔系列	小鱼仔	泡椒味、香辣味	60g、110g、180g
	蟹味棒	香辣味、烧烤味	168g
	鱼肉干	香酥味、烧烤味、糖醋味、芝麻味、香辣味、五香味、泡椒味、桔香味	500g
熊小灰系列	鱼肉干	甜辣味、香辣味、原味、泡椒味	20袋装/箱
	小鱼仔	麻辣味、香辣味、泡椒味	
礼盒系列	清江野渔礼盒	香辣味、香酥味、泡椒味、烧烤味、豆豉味、五香味等	580g/盒、248g/盒
	鱼肉干礼盒	泡椒味、香辣味、香酥味、烧烤味	200g/盒
	蟹味棒礼盒	香辣味、烧烤味	500g/盒

资料来源：本案例由刘昌华编写

请阅读资料，并思考：

“清江野渔”产品组合在广度、深度和关联度上有哪些特点？

8.2 产品生命周期

任何产品进入市场后都不可能永远畅销，其销售状况与利润水平会随着时间的推移逐步发生变化。企业一般会根据不同时间段产品销售的特点进行有针对性的管理。

8.2.1 产品生命周期的概念

企业的新产品进入市场之后，会像人和其他生命体一样经历一个从诞生、成长到成熟，最终走向衰老死亡的过程。在现代营销学中，这样一种新产品从投入市场到最后被市场淘汰的全过程，被称为产品生命周期，又称产品市场寿命。

产品生命周期与产品使用寿命周期是两个不同的概念。产品生命周期是指产品的经济寿命，即产品在市场上的销售时间，其时间的长短由产品自身的特点、价值、消费者认识与接受的程度、供求关系的变化、技术发展水平及产品更新换代的速度等各种因素决定。而产品使用寿命周期是指产品的自然寿命，即产品实体从投入使用到报废的时间，其时间的长短由产品自身的材料、生产技术、物理性能、使用条件、使用频率等因素决定。就具体产品而言，产品的生命周期与使用寿命周期没有必然联系。比如，一次性用品（如环保餐具、医疗器具）的使用寿命周期很短，但生命周期却很长；流行性用品（如某些时尚小工艺品）生命周期不长，但使用寿命周期却可以很长。

在产品研制、试销成功并正式投入市场之后，产品生命周期就真正开始了；当产品退出市场时，产品生命周期就宣告结束。在完整的产品生命周期的不同阶段，产品销售量随着产品进入市场时间的变化而发生变化，通常表现为类似 S 形的曲线，如图 8.2 所示。

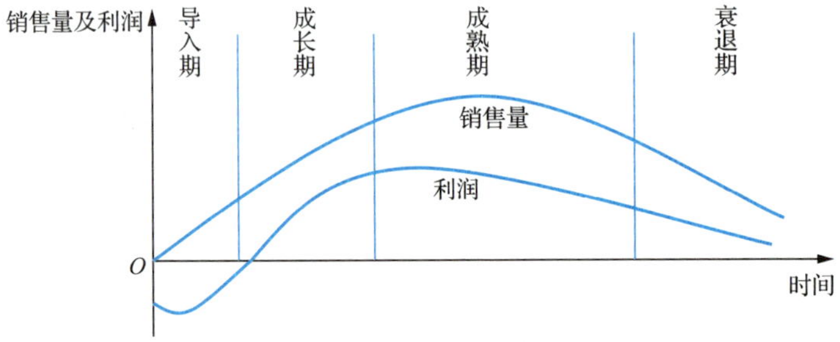

图 8.2 典型的产品生命周期

产品生命周期按照市场销售量与利润的变化趋势，可以分为导入期、成长期、成熟期和衰退期。

① 导入期：产品进入市场的初级阶段，销售量缓慢增长，利润多为负数。

② 成长期：市场销售量迅速增加，利润快速增长。

③ 成熟期：市场销售量增长放慢，利润停止增长或下降。

④ 衰退期：市场销售量急剧减少，利润下降。

S形的产品生命周期曲线是产品生命发展变化的最典型的表现形态，是对产品的市场销售状况的一种抽象描述，现实中并非所有产品的生命周期曲线都是标准的S形。不同的产品，其生命周期往往不相同，不仅生命周期的长短可能有差异，生命周期曲线的形状也可能各具特色。比如，有的产品进入市场后就迅速掀起销售高潮，很快迈入成熟期；有的产品经历成熟期后，并不依序进入衰退期，而是又进入第二个成长期；还有的产品经历导入期后，尚未成长起来就直接进入了衰退期。

8.2.2 产品生命周期营销策略

在产品生命周期的不同阶段，产品自身特点、消费者购买行为及市场竞争状况等都呈现出不同的特点，企业应该针对不同阶段采取相应的营销策略。

1. 导入期的主要特点和营销策略

导入期是指新产品正式上市销售的最初时期。在这一阶段，许多顾客对产品并不熟悉，只有少数创新者会购买产品，产品市场销售量小且增长缓慢，生产制造成本和促销费用高，企业通常处于亏损或微利状态，同类产品的生产者较少，竞争不激烈。处于这一阶段的企业的营销策略重点在于大力促销，建立产品的市场知名度，促使顾客尽快接受产品。企业促销的重点对象是少数创新者，他们是最早使用产品的顾客，企业可以通过这些顾客带动产品的消费，加快产品在市场上的扩散速度，缩短导入期的时间。

此时，企业的市场定位和营销组合策略要符合产品和市场的客观实际需要。企业必须主动收集顾客的意见并迅速改进产品，以满足市场需求。产品的广告宣传应主要采用说明型广告，以宣传产品的用途为主，同时辅之以派送赠品等形式，尽快让更多的顾客了解该产品。根据产品促销强度和价格的不同，导入期的营销策略主要可分为以下几种。

① 快速撇脂策略，即企业以高价格和高促销费用推出新产品，迅速扩大销售量以取得较高的市场占有率，快速收回投资。采取这种策略必须以一定的市场环境为前提条件，如目标顾客具有较强的求新心理，急于求购该新产品，并且愿意以比较高的价格购买；产品本身有特色，有吸引力，但市场知名度不高，需要大力宣传；企业面临潜在的竞争者威胁，必须迅速使顾客形成对自己产品的偏好，建立品牌形象。

② 缓慢撇脂策略，即企业以高价格和低促销费用推出新产品。高价格是为了从每件产品上获得最大化的利润，而低促销费用是为了节省费用。这种策略适用于以下情况：市场规模有限，目标顾客愿意为产品支付高价格；产品有特色，并且已经具有一定知名度；企业潜在的竞争威胁不大。

③ 快速渗透策略，即企业以低价格和高促销费用将产品迅速打入市场。企业采用这种策略的目的是获得较高的市场占有率，同时随着产销量的增加，降低产品成本，取得规模效益。在市场容量大，顾客不了解这种产品，但是对价格非常敏感，潜在竞争激烈，企业在随着生产规模的扩大可以降低单位生产成本的情况下，适合采用这种营销策略。

④ 缓慢渗透策略，即企业以低价格和低促销费用推出新产品。低价格可以扩大产品销售量，低促销费用可以降低营销成本，增加利润。在市场潜力巨大，目标顾客对价格十分敏感，产品已经具有一定的市场知名度，潜在竞争对手威胁不大等情况下，企业可使用这种营销策略。

2. 成长期的主要特点和营销策略

产品进入成长期后，其生产设计和工艺已基本定型，大批量生产可以带来单位生产成本的下降。此时，大部分顾客对产品已熟悉，对产品的需求旺盛，广告等促销费用相对减少，销售量与利润均快速增长，但这些也导致新的竞争者不断进入，市场竞争加剧。这一阶段企业的市场营销策略重点在于提高市场占有率，维持市场地位，尽可能延长产品的成长期。企业可采取以下营销策略。

① 进一步改进和完善产品。根据顾客在导入期的反馈，从功能、质量、品种、款式等方面对产品进行改进，提高产品的竞争力，满足顾客更加广泛的需求，以便吸引更多的顾客，增加销售额。

② 寻求新的细分市场。随着竞争的加剧，企业可以进一步细分市场，通过细分市场，找到新的尚未满足的市场空间，然后根据顾客需要组织生产，同时建立新的分销渠道，以便快速进入这一新的市场。

③ 建立品牌形象。企业广告宣传的重点从导入期的介绍产品转到建立产品的形象、塑造产品的品牌上来，必须突出产品的优点，促使顾客形成对本企业产品、本品牌的偏好，从而购买本企业产品。

④ 在适当的时期采取降价策略。降价可以吸引那些对价格比较敏感的顾客采取购买行动，同时能够打击竞争对手。

上述四种策略实质上都是进行大范围的市场扩张，在拓宽企业市场空间、加强产品竞争力的同时，也增加了营销费用。因而企业面临着“高市场占有率”和“高利润率”之间的选择。从长期来看，实施扩张战略有利于维持和扩大企业的市场份额，企业单位产品的营销成本必然会随着市场份额的扩大而下降，因此，企业可以获得更多的利润。

3. 成熟期的主要特点和营销策略

当产品的市场增长率到达某一点后，增长将放缓，产品进入相对成熟阶段。成熟期的标志是市场趋于饱和，企业销售量和利润维持在一个较稳定的水平，同类产品繁多，竞争十分激烈，在成熟期末期企业利润有下降趋势。处于成熟期的产品，因销售速度减缓，企业生产能力过剩而供给大于需求，这导致竞争力较弱的企业开始退出市场，市场将由一些地位牢固的竞争者组成。此时，企业只要能维持市场占有率，就能获得稳定的利润。因此，这一阶段企业市场营销策略的核心是保持市场占有率并争取利润最大化。成熟期企业可以采用的营销策略主要有以下几种。

（1）市场开发策略

市场开发策略是指在不改变产品本身的前提下，发掘产品的新用途或者寻找尚未被开发的新市场，以扩大产品销售。市场开发策略的主要方式有三种。①在现有市场上，寻找能够刺激顾客消费的方法，充分挖掘现有市场的潜力。即采取相应措施使目前使用某品牌的顾客增加对该产品的消费，从而增加购买量。例如，牙膏生产企业通过加宽牙膏管口的直径，来加快顾客对牙膏的消耗，最终增加了牙膏的销售量。②在现有市场之外，寻求新的细分市场。企业可以通过发掘产品的新用途，拓宽产品的应用领域，将产品打入新的细分市场。例如，自行车最早是作为一种交通工具的，随着汽车、火车等交通工具的发展，传统自行车市场逐渐萎缩，企业开始宣传自行车的健身功能，从而将自行车引入新的细分市场，获取新的利润。③市场重新定位，以寻找新的顾客。每种产品都有吸引顾客的潜力。针对有些顾客或是不知道这种产品，或是出于某些原因不想买这种产品的情况，企业可以利用市场渗透策略来寻找新顾客。比如，茶叶作为一种传统饮品，一直以中老年人为主要消费群体，企业可以通过宣传茶叶也适合年轻人饮用来吸引年轻人购买。

（2）产品改进策略

产品改进策略又称产品再推出策略，是指通过改变产品特性来满足顾客的不同需求，以扩大产品的销售量。对产品整体概念中任何一个层次特征的改变都可视为产品的再推出，具体来说，主要包括以下几种方式。①品质改进，即提高产品质量，增强产品的耐用性、可靠性。实施品质改进的条件是产品质量有改善的余地，多数顾客期望产品质量的提高。②特色改进，即扩大产品的使用功能，增加产品的特色，提高产品使用的安全性、方便性和适用性。比如，企业在规格、材料、附件等方面对产品加以改进，能够更好地满足顾客需求，促进产品销售。③式样改良。随着社会的发展，人们对产品审美功能的要求越来越高。企业可以对产品的外观、花色、款式、包装等进行改变，提高产品对顾客的吸引力，从而扩大销售。④附加产品改进。服务是产品的重要组成部分，适当增加服务内容对提高产品的竞争力，扩大产品的销售，具有一定的促进作用。

（3）市场营销组合调整策略

市场营销组合调整策略是指企业针对市场的变化，及时改变市场营销组合的因素，刺激销售，以达到延长产品的成长期、成熟期，尽可能多地获取利润的目的。企业可以通过调整价格来吸引顾客，提高产品的竞争力；或者通过开展多样化的营销推广活动来提高促销水平；还可以通过扩大和完善销售网络，增加服务项目等来吸引顾客。

案例 8-1

洽洽：如何在零食红海中乘风破浪

瓜子是中国的传统零食，从街头巷尾的炒货店到琳琅满目的超市，人们都可以见到它的身影。对瓜子生产商来说，怎样把平平无奇的瓜子玩出新花样，是吸引顾客、应对市场竞争的永恒话题。洽洽从炒瓜子开始，用 20 多年的时间，成长为产品远销近 50 个国家和地区的食品生产、制造、销售企业，并成功在竞争激烈的零食红海市场上走出一条“年轻化”的道路（推出年轻化的产品，打造年轻化的营销）。

面对相对成熟的瓜子市场，洽洽首先选择对传统瓜子进行口味创新。2015 年年底，在普遍是原味和五香味的瓜子市场上，洽洽推出了山核桃味和焦糖味两种新口味瓜子，迅速俘获了消费者的味蕾，获得销量的持续增长，后来又乘胜追击，陆续推出海盐味、藤椒味、番茄味、蜂蜜黄油味、咖啡味等年轻人喜欢的新口味。季节限定的樱花白桃味更是成为瓜子届的“小清新”，顺利挤进春季气氛组。

考虑到零食市场上瓜子品类已处于成熟阶段，规模见顶，洽洽果断进行了新品类的延伸，2017 年推出每日坚果小黄袋，成功打入尚处于发展初期，规模不断增长的坚果品类市场，还在坚果基础上研发了“坚果+益生菌”“坚果+燕麦片”，为消费者提供更多附加产品和选择。同时，洽洽在包装上进行改变，做到了规格小、易携带。

此外，洽洽还玩了一把“跨界营销”，与丸美联合推出“瓜子脸”面膜，与 Rico 联合推出 1 秒售出 1 万份的坚果盲盒，与青岛啤酒跨界“上头了瓜子”，与飞跃联名定制单品等。这些举措迅速拉近了品牌与年轻人的距离，提升了企业的创新能力。

考虑到零食市场同质化严重，洽洽选择用深度内容来触及消费者，建立品牌与消费者的情感联结。通过发掘产品自身的亮点——瓜子具有缓解情绪、解压的功能，洽洽在社交平台发起“压力大，磕洽洽”的话题，鼓励年轻人说出自己的压力，倡导轻松易上手的解压方式，使年轻人在对内容产生共鸣的同时接受了品牌内涵和产品本身。2020 年 9 月，洽洽在抖音发起“跳起洽洽，快乐一下”全国挑战赛，一时间全网开启“蹦迪”模式。快节奏的生活下，年轻人的压力需要一个出口，于是洽洽就给了一个“出口”。在营销过程中，洽洽将品牌与“健康、快乐”绑定，无缝衔接了洽洽舞及洽洽食品“洽一口快乐味道”的概念，做到创意与产品完美结合，用多元化的创意内容俘获消费者的心，让洽洽的核心价值及品牌形象在消费者心目中留下了深刻的印象。

资料来源：徐梦迪，2021．年轻人就这样被洽洽圈粉了[J]．销售与市场（管理版）（6）：93-95

4．衰退期的主要特点和营销策略

当产品进入衰退期时，顾客对产品的需求明显萎缩，产品销售量迅速下降，利润急剧减少，企业甚至会出现亏损，替代品大量涌入市场，竞争对手相继退出。这一阶段，企业营销策略的重点在于选择在何时、采用何种方式退出市场。可供企业选择的营销策略主要有以下几种。

（1）维持策略

企业继续沿用过去的策略，仍面向原来的细分市场，使用相同的销售渠道、定价及促销方式，直到这种产品完全退出市场为止。这种策略主要用于新老产品交替阶段，考虑到部分顾客有使用老产品的习惯，企业会将原有的营销策略维持一段时间，一旦时机成熟便停止老产品的生产。

（2）集中策略

企业放弃无希望的顾客群，把资源集中在最有利的细分市场，最有效的销售渠道和最易销售的品种上，以最有利的局部市场获得尽可能多的利润。

（3）放弃策略

对于衰退比较迅速甚至会带来亏损的产品，企业应该当机立断，放弃经营。企业可以采取完全放弃的形式，如把产品完全转移出去或立即停止生产；也可以采取逐步放弃的方式，将其所占用的资源逐步转移到其他的产品上，力争使企业损失降低到最低限度。

8.3 新产品开发

在激烈的市场竞争中，企业要想立于不败之地，就必须加强研发工作，不断地根据市场需求开发出适销对路的新产品。

8.3.1 新产品的概念及分类

市场营销学中所说的新产品是从企业和市场两个角度来体现的，它与传统上所指的因科学技术在某一领域的重大发展而产生的新产品的概念并不完全相同。从企业角度来说，凡是在用途、性能、结构或材料等方面较原有产品有了显著改进和提高的产品就是新产品；从市场角度来说，凡是在当地市场上首次出现的产品或者与市场上现有产品有明显差异、能够为消费者提供新效用的产品均可认为是该市场上的新产品。

按照新颖程度，新产品可以分为以下几种。

1. 全新产品

全新产品是指采用新原理、新技术、新结构研制而成的前所未有的产品。全新产品因是首次开发，其研制与生产往往伴随着科学技术的重大突破，如视听技术的发展带来了电视机的问世，并给人们的生活带来长远影响。全新产品的开发需要企业投入大量资金、技术支持，与其他新产品相比，全新产品的开发难度与市场风险均很大。

2. 改进新产品

改进新产品是指在原有产品的基础上，采用各种技术对原有产品结构、功能、款式、质量等做出一定改变和更新的产品。一方面，改进新产品与原有产品相比，结构更合理，功能更完善，款式更新颖，质量更可靠，更能满足变化了的消费者需求。另一方面，改进新产品以原有产品为基础，比全新产品的开发费用低，也更容易为市场所接受。

3. 换代新产品

换代新产品是指在原有产品的基础上，部分采用新技术、新材料、新结构研制而成的在性能上有显著提高的产品。换代新产品是在原有产品大类下开发出来的新的品种、规格等，与原有产品属于相同的产品系列，不同的产品项目。换代新产品的出现，是对企业原有产品线的延伸和拓展，扩大了产品的目标市场。换代新产品与改进新产品的研发都是建立在企业原有产品基础上的，所需投资有限，在企业开发的新产品中占有较大比重。

4. 仿制新产品

仿制新产品是指企业模仿市场上已有的产品生产出来的产品。合法的仿制也是企业新产品开发的重要途径之一，因为开发市场上已有的产品一般投入相对较少，风险也较小。如果企业选择仿制那些具有较高市场增长率和较大市场潜力的产品，可能会获得较大的发展机会。

5. 降低成本新产品

降低成本新产品是指通过利用新科技、改进生产工艺或提高生产效率来削减成本但保持原有功能不变的新产品。随着竞争的加剧，企业为了获取持续竞争优势，必须通过不断提高产品质量、完善产品功能、改变产品外观等差异化战略提高产品的竞争力，否则只能设法降低产品成本，通过总成本领先战略来战胜竞争对手。

6. 重新定位新产品

现有产品进入新的目标市场时被称为该市场的新产品，即重新定位新产品。因为同一产品在不同细分市场上所处的生命周期阶段不一定相同，在某些市场上处于衰退期的产品在另一些市场上可能处于成长期，所以企业通过寻找新的目标市场，将已有产品有意识地在不同市场之间转移，可以适当地延长该产品的生命周期。

8.3.2 新产品开发的程序

新产品开发是一项艰难的工作，不但需要投入大量的资金，而且过程复杂、成功率低，具有很高的风险性。因此，企业的新产品开发应该按照一定的程序进行。新产品开发的基本步骤包括：新产品构思、构思的筛选、产品概念的形成与检验、制订市场营销战略规划、营业分析、产品试制、市场试销、商业化生产。

1. 新产品构思

新产品构思，就是进行新产品开发的构想和创意。在这个阶段，企业应系统地收集各方面的有关信息。虽然不是所有的构想或创意都可以转化成实际的产品，但寻求尽可能多的创意可为新产品开发提供较多的思路和机会。

新产品创意的来源主要有消费者、竞争对手、经销商、广告代理商、市场研究公司、企业内部员工等。

对消费者的观察和倾听能够帮助企业形成好的产品构思。企业可以通过分析消费者的咨询和投诉、与消费者见面听取其意见和建议、调查了解消费者的需要和愿望等，发现能够更好地解决消费者问题的新产品，或者发现新的市场机会并为其提供新产品。除消费者外，竞争对手的广告或其他信息也是企业搜集新产品线索的重要来源。通过分析竞争对手的产品的功能与原理、市场销售情况等信息，企业可以决定是否研制自己的新产品。此外，经销商、广告代理商、市场研究公司等机构由于接近市场，掌握了有关消费者与行业的大量信息，往往也会为企业提供好的产品构想。企业还可以靠激发内部员工的热情来寻求创意，这也是企业新产品创意的重要来源。为此，企业要建立各种激励制度，对提供新产品构想的职工给予奖励。

案例 8-2

海尔集团：始于用户，走向用户

截至 2022 年，海尔集团已连续 14 年蝉联欧睿国际全球大型家电第一品牌。海尔集团经历了“传统家电—智能家电—智慧家庭—智慧生活”的迭代，它坚持以用户为中心，实现了从高端家电品牌到物联网生态品牌的转变。为了强化科技创新能力，以便更好地服务于用户需求，海尔构建了“10+N”开放式创新生态体系，10 代表在全球的 10 个研发中心，N 代表根据用户痛点随时并联的 N 个创新中心、创新网络和逾万人的创新合伙人专家社群。同时，海尔打造了 HOPE 创新生态平台，聚集了高校、科研机构、大公司、创业公司等群体，覆盖100余个核心技术领域，服务于家电、能源、日化、汽车、材料等20多个领域。基于遍布全球的资源网络和用户网络，海尔集团真正实现了“用户需求、创新资源在哪里，海尔的研发就在哪里”。

以智能家居业务为例，海尔集团为了给全球家庭带来更美好的生活体验，从“产品”向“场景”升级，不断满足用户需求。比如海尔智能家居产品考虑到亚洲女性平均身高，推出150cm黄金高度的洗干护一体机，该机型操作舒适自然，无须垫脚、抬臂，同时一键即可完成智慧洗护、热泵烘干、空气洗护理等多种功能，兼顾用户洗衣、干衣和护衣等需求；针对智慧厨房，推出“全景系列”高端法式冰箱，以透明材料，加上三面环绕式的全景光源，让新鲜食材变化通透可见，满足用户对于高端健康饮食生活的需求；针对老人、小孩等家庭成员的不同温度需求，推出全新的三立柱三风口“镂空三塔”设计，实现了对不同区域立体式送风，配合射流匀风科技将空调风、自然风、水氧风混合，达到凉而不冷，更好地满足全家人的不同温度需求。

资料来源：根据网络资料整理

2．构思的筛选

构思的筛选，就是对取得的产品构想加以评估，研究其可行性，并筛选出可行性较高的产品构想。筛选构思的目的就是淘汰那些不可行或可行性较低的产品创意，使企业将有限的资源集中在成功率较高的创意上。

筛选构思时，一般要考虑以下两类因素：一是外部环境因素，涉及市场的规模与构成、产品的竞争程度与前景、国家的法律与政策规定等方面；二是企业内部因素，主要包括企业发展目标与企业资源条件。从企业发展目标的角度，主要是考察新产品构思是否与企业的战略任务、发展目标和长远利益相适应，涉及企业的战略任务、利润目标、销售目标、形象目标等方面；从企业资源条件的角度，主要是考察企业在现有资源基础上是否有足够的能力开发与实施该产品构思，涉及企业的经营管理能力、资金能力、技术能力、销售能力等方面。在筛选构思的过程中、企业要尽量避免将有发展前景、适销对路的新产品构思舍弃或将没有什么发展前景的产品构思付诸实施，这两种失误都会给企业造成重大的损失。

3．产品概念的形成与检验

产品构思和产品概念具有不同的含义。产品构思是企业从自身的角度考虑的有关企业可能向市场提供的产品的构想，如一种新型饮品、一种新的书写工具等。经过筛选后保留下来的产品构思只是为新产品开发指明一个方向，它必须经过进一步的开发、完善才能形成产品概念。产品概念是企业从消费者的角度对特定的产品创意所做的详尽的描述，如产品的性能、外观、价格、名称、包装，以及提供给消费者的具体效用等，它能真正指导新产品的开发。

从产品创意到产品概念一般要经过两个步骤：第一个步骤是产品设计，要求将产品创意用文字、图形、模型等明确地表现为产品的几种设计方案，即几种不同的产品概念；第二个步骤是产品鉴定，要求结合市场定位对每个产品的几种产品概念进行认真的评价修改，通过市场调研了解主要消费者对这些产品概念的反应，进一步完善和确定最终的产品概念。

4. 制订市场营销战略规划

产品概念形成后，企业的有关人员应该拟定一个有关新产品的市场营销战略规划。这份市场营销战略规划主要包括三部分：第一，说明目标市场的规模、结构、行为、新产品的市场定位，未来几年的销售额、市场占有率、利润率等；第二，简述新产品的计划价格、分销渠道、促销方式，以及第一年的市场营销预算等；第三，阐述新产品的未来发展情况并提出设想，如长期销售额和利润额目标、产品生命周期不同阶段的营销组合策略等。

5. 营业分析

在提出新产品市场营销战略规划的基础上，企业需要对新产品未来的销售情况、经营成本和利润率做出进一步的评估，从财务、技术、市场环境等角度判断其是否具有可行性，是否符合企业目标的要求，以便决定是否进入新产品的正式开发阶段。营业分析具体包括以下两个步骤。

（1）预测新产品的销售情况

企业可以参照以往开发新产品的情况，对比市场上同类产品的销售发展状况，通过分析竞争因素和市场条件，推算出新产品的销售情况。其中企业需要重点预测以下三方面的数据。

① 上市销售量。这要根据新产品的市场潜力和市场渗透率来做出推断。

② 重复购买率。通过预测重复购买率，企业可以估计新产品（特别是非耐用品）销售的稳定性和生命周期的长短。

③ 未来可能达到的最高和最低销售水平。预测未来的最高和最低销售水平有助于企业了解将承担的风险和可能达到的盈利水平。

（2）推算新产品的成本和利润率

企业首先对新产品的研制开发费用、新产品进入市场可能发生的各项营销费用及其他各项支出编制预算；然后把这些费用汇总，计算出新产品开发的总成本；最后根据新产品开发总成本和销售情况测算出各年度的销售利润率。

6. 产品试制

通过营业分析后，新产品就可以进入开发试制阶段。只有通过开发试制，企业才能把抽象的产品概念转化为实体形态的产品样品。

在产品概念转化为产品样品后，企业还要对其进行严格的测试，主要包括以下几种试验。

① 功能性试验，主要从技术角度测试新产品的功能性与安全性是否达到了规定的质量标准。

② 消费者试验，主要从消费者使用的角度测试新产品是否受欢迎。企业把一些样品交给消费者试用以征求他们对新产品的意见，从而发现新产品在使用中的问题并对其进行必要的改进。只有通过试验过程，才能真正检验新产品概念在技术上和商业上是否可行。

7. 市场试销

市场试销，就是企业将新产品配合一定的品牌、包装和初步市场营销方案，小批量投入市场，观察市场反应，以检验新产品是否真正受到市场欢迎的过程。试销的目的主要有以下三个。

① 了解消费者和经销商对新产品的反应，如果反应不佳可以暂停投产，以减少盲目大批量上市造成的损失。

② 通过试销收集市场信息，为下一步的营销活动提供依据，提高市场营销决策的合理性。

③ 在试销过程中，企业可以发现新产品存在的问题，以便加以改进。

市场试销的规模主要取决于以下两个方面。

① 投资费用和风险的高低。如果新产品的投资费用和风险高，试验的规模就应大一些；反之，就可以小一些。

② 市场试销费用的多少和需要时间的长短。新产品的市场试销费用越多、时间越长，市场试销的规模就应越小一些；反之，就可以大一些。一般来说，市场试销费用不宜在新产品开发投资总额中占太高比例。

对产品试销结果的分析主要依据产品试用率和再购买率两个指标，如图 8.3 所示。

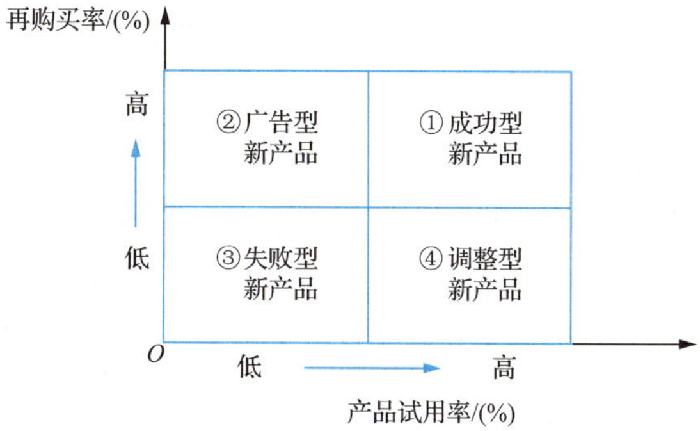

图 8.3 产品试销结果分析

由图 8.3 可以看出，按照市场试销过程中产品试用率与再购买率的高低，可以将新产品分为以下四类。

① 成功型新产品，其特点是试用率与再购买率双高，企业的营销对策是抓紧时间尽快上市。

② 广告型新产品，其特点是试用率低、再购买率高，说明产品自身竞争力强，但是市场知名度不够，企业的营销对策是采取强劲的广告攻势。

③ 失败型新产品，其特点是试用率与再购买率双低，企业的营销对策是放弃。

④ 调整型新产品，其特点是试用率高、再购买率低。根据造成产品再购买率低的原因的不同，企业应该采取不同的营销对策：对于因产品不可能具有广告宣传的功效而造成的再购买率低，企业可采取向后撤退的策略，放弃该产品；如果造成产品再购买率低的原因并不是产品的质量或功效有问题，而是产品价格过高、使用周期过长或者分销网点不健全，企业可采取向前改进的策略，针对具体原因调整相应的营销组合方案，如适当降低价格、

扩大分销网络等。

应注意的是并非所有新产品都必须经过试销，如果企业已经通过各种方式收集到了消费者和经销商的意见，并已经根据这些意见对新产品和营销组合方案进行了改进，而且对新产品的市场潜力也有比较准确的把握，就可以不经试销而直接将新产品大量投放市场。

8. 商业化生产

新产品试销成功后，企业就可以组织批量生产，将产品全面推向市场。在这一阶段，企业需要投入大量资金用于生产条件的配置和市场营销的开展，因而企业应选择适当的上市时机和地点、理想的目标市场，并有针对性地制订营销组合策略，以确保新产品经营成功。

（1）上市时机

新产品上市需要选择最佳时机。如果新产品是季节性产品，则应在最适当的季节上市，以争取达到最大销量；如果新产品是作为原有产品的替代，则应尽量在原有产品库存较少的时候上市，以减少对原有产品销量的影响。

（2）上市地点

新产品上市地点的选择主要取决于企业的规模、实力和市场条件等因素。一般而言，企业往往选择某一地区的市场集中开展营销活动，取得一定市场份额之后再向其他地区的市场扩展。但是实力雄厚的大企业在拥有完备的分销渠道、市场已经成熟的情况下，有时也会直接将新产品推向整体市场。

（3）目标市场

企业可以通过在市场试销阶段收集的信息来选择和确定目标市场，理想的目标市场是由愿意抢先尝试新产品、愿意大量购买，以及在用户群体中具有一定的影响力的顾客构成的市场。企业可以通过这些顾客带动一般顾客，尽快提高产品的市场份额。

（4）营销组合策略

企业应在新产品正式投放市场之前就制订尽可能完善的营销组合策略。新产品的营销费用预算要在各个营销组合要素之间合理分配。针对不同地区、不同目标市场，企业要制订不同的营销组合策略，并根据未来市场的变化不断调整。

小思考 8-3

吉利的“用户思维”

几年前，一位互联网媒体工作者发现了一个奇怪的现象：很多车主买完车之后，都需要再次去 4S 店或者汽配城购买并安装一个行车记录仪。后装的行车记录仪容易导致诸多问题，如车内的走线会影响用户体验。如果是隐藏式的走线，就需要撬开内饰盖板，这就导致很多车出现内饰异响的问题，且无法根除。如果是外露式的走线，则会影响车内美观，降低驾驶时的愉悦感。要解决这个问题，只需要装配原厂行车记录仪即可，这对车企而言，是很容易的事情。但是当他把这个问题反馈给多位汽车厂商时，大家都是一笑了之。国内第一个发现并解决这个问题的车企是吉利汽车。2016年10月25日，吉利新帝豪百万款成为国内首个搭载了原厂集成式高清行车记录仪的车型。对此，吉利提出"'拎包入住'就是吉利的用户思维"，要让买了帝豪的顾客就像是买了"精装修"的房子一样，不必担心包装改造的问题。

在竞争激烈的汽车市场上，吉利汽车作为中国知名汽车品牌，坚持"用户思维"，由用户定义产品，由用户定义服务，要求从设计到研发再到生产的每一个环节，都要全面地站在用户需求的角度上。

当用户关注呼吸健康时，吉利就推出了"全方位健康汽车"ICON，采用CN95空气滤芯、抗菌转向盘等，直指用户的消费痛点。

在"二胎时代"到来的时候，吉利旗下"豪越"SUV将"大空间"作为核心卖点，配备了电子挡杆、抬头显示、电子手刹、360度全景影像、全景天窗、一键启动等配置，汽车后座放倒就是"2m大床"，极大地满足了多子女家庭的出行需要。"买车送床"等成为该车型的独特标签，直接吸引了大量关注，甚至成为市场的潮流风向标。

互联网时代，吉利更加注重用户体验，在设计研发新车"星越L"时，发起了一场用户招募互动，累计招募了11129名星享体验官。这期间，吉利不断收集用户的分享内容和反馈信息，不断改进产品，从而优化用户体验。吉利认为，当下社会已由"产品时代"步入"用户时代"。对Z世代而言，他们在意产品，但也不仅仅在意产品，他们更需要价值认同和情感共鸣。从用户出发，"星越L"不仅考虑动力、燃油经济性、售后保养保修等方面的传统需求，还采用了5G-AVP 1km无人泊车系统和全域FOTA在线升级技术等，满足智能驾驶需要，更配置了全景人生一体式座舱、Bose音响系统及长1m的IMAX屏。该车代表用户移动生活的"全能空间"。

资料来源：https://baijiahao.baidu.com/s?id=1635035237077443605&wfr=spider&for=pc（2019-05-31）[2023-10-13]; https://www.sohu.com/a/396043553_184090（2020-08-04）[2023-10-13]; https://baijiahao.baidu.com/s?id=1697106931046060975&wfr=spider&for=pc（2021-04-15）[2023-10-13]

请阅读资料，并思考：

（1）基于吉利的新产品开发案例，你是如何理解"用户思维"的？

（2）互联网的发展可能给企业新产品开发带来哪些影响？

8.3.3 新产品的市场扩散

企业在成功开发新产品之后，需要向市场批量投放产品，并促进新产品在市场上迅速扩散。新产品的市场扩散是指新产品上市后随着时间的推移逐步取代老产品，不断地被越来越多的消费者接受的过程，也就是新产品上市后逐渐扩张到其潜在市场的各个部分的过程。

1. 新产品特征与市场扩散

新产品能否迅速被广大消费者接受，受到许多因素的影响，新产品自身的特征就是其中一个关键因素。

① 新产品的相对优点。新产品对消费者的吸引力主要建立在新产品相对于原有产品有优点的基础上。新产品的相对优点越多，即与原有产品相比，在诸如功能、效用、可靠性、便利性、新颖性等方面的优越性越大，满足消费者需要的程度就越高，市场接受和扩散速度就越快。比如近几年市场流行的智能手机、平板电脑等电子数码产品，其扩散速度就比较快，这是因为这些产品与原有产品相比具有显而易见的优越性。

② 新产品的复杂性。消费者是否乐意尝试新产品，与新产品的使用方法、维修保养等是否复杂也有关系。一般而言，如果新产品的结构和使用方法简单，适应消费者操作简单、使用方便的心理要求，新产品就容易被消费者接受。相反，如果使用一种新产品需要掌握复杂的知识和技能，那这种新产品就不容易被消费者接受。

③ 新产品的适应性，即新产品与目标市场的消费习惯、消费方式和价值观念等是否协调一致。如果新产品与目标市场的消费习惯、消费方式和价值观念相适应或较为接近，新产品就容易被消费者接受，就有利于新产品的推广使用。反之，一种新产品的使用，如果需要改变消费者原有的消费习惯、消费方式和价值观念，那么新产品的扩散速度就会受到影响。

④ 新产品的可传播性，即新产品的性能或优点是否容易被人们观察和认识到，是否容易说明、描述、示范和传播。如果新产品的属性、使用效果等易于认知且信息传播较便捷，则其市场扩散速度一般比较快；反之，则比较慢。

此外，影响新产品市场扩散速度的新产品特征还有新产品的可试性、购买成本、使用成本、技术可靠性等。如果新产品允许消费者试用，那么将有助于促进消费者对产品的认知，加快产品的扩散速度，尤其是那些在试用后短时间内即可体现出明显使用效果的产品更是如此。如果新产品的购买成本与使用成本较高，技术有待完善，就会阻碍消费者接受新产品。因此，企业在研制开发新产品时，要综合考虑以上多种因素，以促进新产品上市后的市场扩散。

2. 消费者采用新产品的模式

美国学者罗杰斯（E. M. Rogers）在 20 世纪 30 年代调查了数万人接受新产品的情况，提出消费者个人接受和采用新产品依次经历了五个阶段，即知晓→兴趣→评价→试用→采用。图 8.4 描述了消费者采用新产品的基本模式。

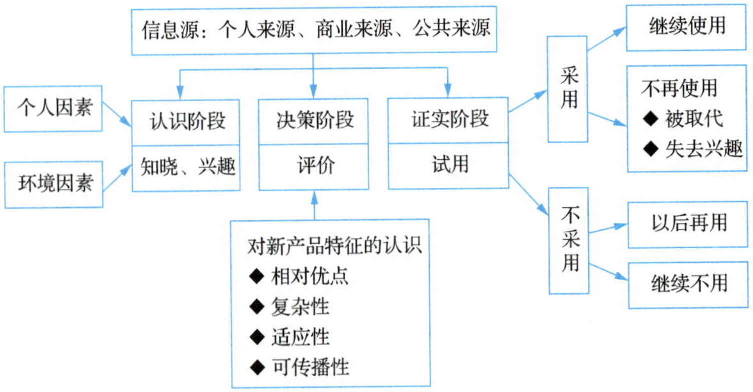

图 8.4 消费者采用新产品的基本模式

(1)知晓

消费者获得新产品信息是其采用新产品的前提条件。新产品信息的主要来源有个人来源(从个人交往中获得的信息,如他人谈论)、商业来源(从广告、商品说明书、产品发布会等渠道获得的信息)、公共来源(从大众媒体、在线评论等渠道获得的信息,如新闻报道)。在这一阶段,消费者知道了新产品的存在,但是获取的新产品信息比较零散,不够系统全面,对新产品仅是一般的了解。

(2)兴趣

在这一阶段,消费者知道了新产品,并且对新产品产生了兴趣,开始积极主动地寻找和收集有关新产品的资料,进行对比分析,研究新产品的功能、使用方法、特点等。

(3)评价

在尽量收集和分析新产品信息的基础上,消费者会综合衡量采用新产品可能获得的收益及可能承担的风险,从而判断新产品是否值得购买。

(4)试用

消费者开始尝试少量试用新产品,并通过试用的感受和体验来调整自己对新产品的评价,修正相关购买决策。

(5)采用

消费者试用后对新产品的使用效果满意,从而真正接受新产品,开始重复购买。

3. 新产品采用者的类型

在现实市场中,新产品的市场扩散在不同的消费群体中表现不同,受消费者的社会地位、消费心理、消费观念、个人性格、文化背景、收入水平、性别等诸多因素的影响,不同消费者对新产品的接受程度表现出态度和时间上的差异。罗杰斯在对新产品的市场扩散过程的研究中发现,性格上的差异是影响消费者接受新技术和新产品的重要因素。就消费品而言,罗杰斯按照消费者接受新产品的快慢程度,把新产品的采用者分为五种类型,如图 8.5 所示。

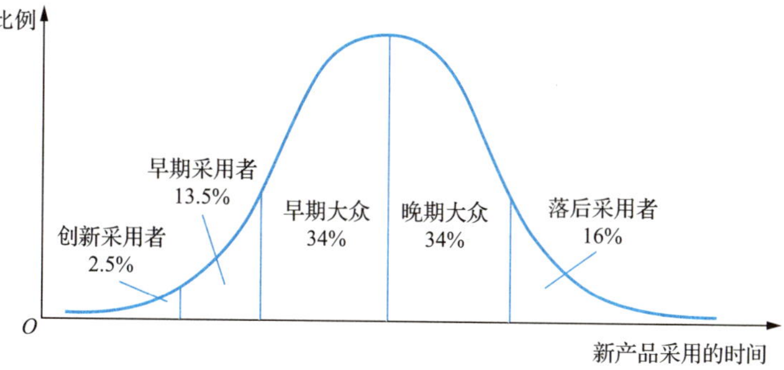

图 8.5 新产品采用者的类型

(1)创新采用者(Innovators)

创新采用者约占全部潜在采用者的 2.5%,他们是率先采用新产品的人,通常思想开放,乐于尝试新鲜事物,极富冒险精神。他们的收入水平、社会地位和受教育程度较高,交际广泛且信息灵通,对新产品广告等策略较为敏感,他们的消费行为对其他消费者具有较强的示范效应。因此在向市场推出新产品时，企业的促销宣传活动应集中在创新采用者身上。如果他们认为使用效果较好，就会大力宣传，从而影响后面的采用者。

（2）早期采用者（Early Adopters）

早期采用者占全部潜在采用者的 13.5%，大多是某个领域的意见领袖或者某个群体中具有很高威信的人，他们往往富有探索精神，经济状况良好，容易受到营销传播活动的影响，常常会收集有关新产品的各种信息资料。早期采用者多在产品的导入期和成长期采用新产品，他们对后面的采用者有较强的引导作用。

（3）早期大众（Early Majority）

经过早期采用者认可的新产品会向一大批关注社会潮流又谨慎购买的消费群体扩散，这类消费群体就是早期大众。他们采用新产品的时间较市场平均采用时间要早，占全部潜在采用者的 34%。他们通常有较好的工作和收入，对意见领袖的消费行为有较强的模仿心理，又具有谨慎做购买决定的特点。这使得他们虽然也希望在一般人之前接受新产品，但却是在经过早期采用者认可后才购买，他们是时尚的追求者。

（4）晚期大众（Late Majority）

新产品被早期大众采用后，其目标市场接受率约达 50%，开始向那些观望犹豫的消费群体扩散。这类消费群体就是晚期大众，他们采用新产品的时间较市场平均采用时间稍晚，占全部潜在采用者的 34%。他们的受教育程度与收入水平一般，对新鲜事物持怀疑态度，从不主动采用或接受新产品，只有当多数人都已采用且反映良好时才会行动。

（5）落后采用者（Laggards）

落后采用者占全部潜在采用者的 16%，是采用创新的落伍者。他们思想保守，受到传统消费观念与行为模式的束缚，社会地位和收入水平较差。他们对新事物或者时尚潮流比较抗拒，只有在产品进入成熟期后期或衰退期，并且绝大多数人已经采用时才会接受。

罗杰斯对新产品采用者的划分，是分析企业新产品市场扩散的重要理论，对指导企业开展新产品市场扩散过程中的营销管理活动有很大作用。虽然新产品在质量、功能与服务、使用效果、价格方面能给人们带来比原有产品更多的利益，但由于采用新产品往往会在一定程度上引起消费者生活习惯、生活方式的改变，再加上消费疑虑心理与购买风险的存在，消费者接受新产品通常都要经过或快或慢，或简单或复杂的心理过程，表现在图 8.5 中，就是创新采用者和早期采用者占全部潜在采用者的比重比较小。但是这两类群体对新产品的市场扩散极为重要，因为他们具有更开放的心态，对企业营销活动更敏感，更容易尝试和接受新产品，经过他们试用后，新产品的相对优点得到展示与证实，其他消费者就会减少或消除疑虑心理，增强对新产品的信任感，从而形成人数较多的早期大众和晚期大众，直到最后落后采用者也开始使用。因此，企业要重点研究创新采用者和早期采用者的消费心理、信息获取途径等特征，将这两类群体作为新产品投放市场初期的主要目标顾客，充分调动其对新产品的关注，诱导其对新产品进行试用，利用这两类群体的示范效应，促进新产品在主体市场上的扩散。同时，企业也要根据大众消费群体的特征，在包装、产品说明书、广告、服务等方面采取有效措施，加速新产品的流行。

8.4 品牌与包装

在经济领域的竞争能力中，品牌与包装显示出越来越强大的影响力。品牌与包装策略是企业产品策略的重要内容，了解品牌与包装的含义及其在市场营销中的作用，掌握制订和实施品牌与包装策略的原理与方法，既有利于优化产品组合，又有利于优化营销组合。

8.4.1 品牌、商标与品牌资产

1. 品牌

品牌是指用以识别某个销售者或某群销售者的产品或服务，并使之与竞争对手的产品或服务区别开来的商业名称及其标志，通常由文字、标记、符号、图案和颜色等要素或这些要素的组合构成。根据这个定义可知，创造一个品牌的关键是选择名称、标志、包装设计，或其他能识别一个产品，并同其他产品区别开来的要素，我们称这些要素为品牌要素。

品牌是一个集合概念，它包括品牌名称（Brand Name）和品牌标志（Brand Mark）两部分。品牌名称是指品牌中可以用语言称呼的部分，如“五方斋”“科龙”等；品牌标志是指品牌中可以被认出，易于记忆，但不能用语言称呼的部分，一般是图案、符号、独具特色的色彩、字体或其他特殊设计，如“海尔”的图形标志、字体标志及颜色标志等。

品牌，就其实质来说，代表着销售者对交付给消费者的产品的特征、利益和服务的一贯性承诺，久负盛名的品牌就是优质的保证。不仅如此，品牌还是一个更为复杂的符号，它蕴含着丰富的市场信息。为了深刻揭示品牌的含义，还需从以下几个方面透视。

① 属性。品牌代表着特定的产品属性，这是品牌最基本的含义。例如，奔驰汽车意味着工艺精湛、制造优良、昂贵、耐用、信誉好、声誉高、再转卖价值高、行驶速度快等，这些属性是奔驰生产经营者广为宣传的内容。

② 利益。品牌不仅代表着一系列属性，还体现着某种特定的利益。消费者购买产品的实质是购买某种利益，这就需要将属性转化为功能性或情感性利益。或者说，品牌利益在一定程度上受制于品牌属性。就奔驰而言，“工艺精湛、制造优良”的属性可转化为“安全”这种功能性利益。

③ 价值。品牌体现了生产者的某些价值感。例如，奔驰代表着安全、声望等。品牌的价值感客观要求企业营销者必须分辨出对这些价值感兴趣的消费者群体。

④ 文化。品牌还附着着特定的文化。从奔驰汽车给人们带来的利益等方面来看，奔驰品牌蕴含着“有组织、高效率和高品质”的文化。

⑤ 个性。品牌也反映了一定的个性。如果品牌是一个人、一种动物或一个物体，那么，不同的品牌会使人产生不同的品牌个性联想。

⑥ 用户。品牌暗示了购买或使用产品的消费者类型。例如，人们常认为驾驶奔驰汽车的应该是有成就的企业家或成功人士。

在以上六个方面中，品牌的价值、文化和个性是品牌的深层内涵和品牌中最持久的部分，它们构成了品牌的实质。在数字化时代，基于数字技术的创新与应用，品牌方开始重视通过数字营销等手段实现品牌价值提升。数字化品牌管理是企业的一种重要的营销战略，它是指企业利用先进的数字技术分析品牌内外部环境的变化，然后通过数字技术和数字营销手段塑造品牌和传播品牌，进而提升品牌价值的管理过程。

小思考 8-4

周黑鸭：鸭脖中的“星巴克”

出游聚会、追剧看球，对当代年轻人来说，这些时候怎么能少了鲜香麻辣的鸭脖呢？“周黑鸭”以憨态可掬的卡通小人与小黑鸭形象将“啃鸭脖”这一舌尖上的享受牢牢植入消费者心中，成为风靡全国的熟食制品品牌。

“周黑鸭”这一品牌诞生于卤鸭制品竞争激烈的武汉市场，与“精武鸭脖”等老品牌不同的是，它认为熟食行业绝大部分产品并不存在独家配方和独家技术，好口味与好包装很容易被仿制，必须打造差异化的品牌形象，做鸭脖中的“奢侈品”。周黑鸭 CEO 提出，一个成功的企业，必须有明确的发展愿景，周黑鸭的对标品牌是星巴克。

周黑鸭将企业的目标人群确定为 18～35 岁喜欢零食的年轻人（尤其是年轻女性白领）。这些消费者在经济上独立，有一定的消费能力，追求时尚、休闲、娱乐，希望尽情享受生活。对他们来说，吃周黑鸭这类食品，除了重视卫生安全、味道和口感，还重视产品的包装和品牌形象，希望自己消费的产品具备一定的“格调”。在他们看来，吃不仅仅局限于口味，也代表一种生活方式甚至美食文化。在吃东西的同时，他们也在追求心理上的满足，尤其是吃休闲类食品，更是将“吃”与“玩”视为一体，看作是生活消遣，希望能获取更多的愉悦情绪。

针对年轻人想玩、爱玩、敢冒险、爱尝鲜的心理特征，周黑鸭提出了“会娱乐更快乐”的品牌理念，将吃“周黑鸭”这一行为界定为生活中的乐趣。2011 年，周黑鸭重新设计了 logo，将品牌形象塑造为时尚的、有活力的拟人化形象，同时确定了娱乐化的营销发展方向。这一品牌定位明显将周黑鸭与其他同类企业区分开来，赋予了周黑鸭年轻、时尚、好玩、潮流等特色标签，以吸引目标人群并获得他们的好感。周黑鸭不再是普通的熟卤制品，而是具有娱乐性、话题性的休闲食品，为消费者创造快乐的体验。2020 年，为更贴近消费场景，周黑鸭的广告口号变为“没滋味？就吃周黑鸭”，同时通过与乐事、徐福记等品牌跨界联动，进一步推动品牌年轻化。

考虑到当时市场上常见的卤味食品（包括精武、绝味等）包装与门店色调一般都采用红色，为了获得品牌辨识度，周黑鸭的新 logo 以黄黑色为主色调，活泼醒目、与众不同，极易被识别。同时包装上附上了年轻人喜欢的趣味简笔画及趣味横生的广告口号，增加包装的“颜值”，因而更易于在一众传统包装的产品中脱颖而出，俘获年轻人的心。

资料来源：本案例由张婵编写

请阅读资料，并思考：
（1）在该案例中，周黑鸭为何选择通过打造品牌来应对市场竞争？
（2）本案例中的“周黑鸭”品牌的内涵是什么？

2. 商标

商标是一个法律概念，是在政府有关部门注册并获得专用权而受法律保护的一个品牌或品牌的一部分。

现代商标作为一种产权，不但受到各个国家法律的保护，而且在国际上受到以《保护工业产权巴黎公约》（1883）为基础的国际工业产权制度的保护。1985年3月19日，中国成为该公约成员国（中国政府加入时声明：不受第28条第1款的约束）。

品牌与商标的联系与区别如下。

（1）联系

所有的商标都是品牌，但并非所有的品牌都是商标，商标是品牌的重要组成部分，商标是受法律保护的品牌。

（2）区别

品牌是一个市场概念，是产品或服务在市场上通行的牌子；商标是一个法律概念，它是品牌的法律化，是注册人在某些产品上受法律保护的专用标记。

3. 品牌资产

品牌资产是指一种超过产品或服务本身利益的价值，它通过为消费者和企业提供附加利益来体现其价值，并与某一特定的品牌紧密联系着。如果某种品牌给消费者提供的超过产品或服务本身的附加利益越多，则该品牌对消费者的吸引力就越大，品牌资产价值也就越高；如果该品牌的名称或标志发生变更，则附着在该品牌上的资产也将全部丧失。品牌给企业带来的附加利益，最终源于品牌对消费者的吸引力和感召力，可以说，品牌资产是企业与消费者关系的反映，而且是长期动态关系的反映。一般来说，具有价值的品牌，不仅有助于向消费者进行解释，处理和储存大量与该品牌及该品牌标定下的产品相关的信息，还会大大增强消费者购买和使用该品牌产品的信心。品牌资产包括品牌核心价值、品牌知名度、品牌信任度、品牌美誉度、品牌忠诚度、品牌溢价能力等。

（1）品牌核心价值

品牌核心价值是指品牌的价值、文化和个性，它是品牌的深层内涵和品牌中最持久的部分，是一个特定品牌最不易被他人模仿的东西。它们构成了品牌的基础，揭示了品牌间差异的实质。品牌核心价值是品牌资产的主体部分，它让消费者明确、清晰地识别出并记住品牌的利益点与个性，是促使消费者认同、喜欢乃至爱上一个品牌的主要力量。核心价值是品牌的终极追求，是一个品牌营销传播活动的原点，即企业的一切价值活动都要围绕品牌核心价值展开，要能够体现与演绎品牌核心价值，并强化品牌核心价值。例如，三棵树的核心价值是高端、自然、绿色的“健康漆”，滋源洗发水的核心价值是“无硅油、不刺激、养头皮”的天然头皮护理，舒肤佳的核心价值是“有效去除细菌、保护家人健康”的除菌。

（2）品牌知名度

品牌知名度是指消费者对一个品牌的记忆程度，也指潜在的消费者认出或想起某品牌属于某一产品类别的能力。它包含了品牌与产品类别间的联系，一方面它依赖于产品本身的因素，如质量、价值、用途、声誉等，另一方面它又依赖于营销和传播活动。品牌知名度高就意味着消费者很熟悉这一品牌，如进入 BrandZ 最具价值中国品牌 100 强的华为、腾讯、阿里巴巴、海尔、茅台等。人们对熟悉的事物自然会有一种安全感与特殊的亲近感。这就是为什么诸多品牌的广告并没有十分明确地表达出独特的卖点与核心价值，但由于其名气大，许多人仍然会购买这些品牌的原因。

（3）品牌信任度

品牌信任度是指消费者的一种判断，它是消费者对于具有某品牌标志的产品或服务的全面质量或优势的感性认识，是对品牌无形的、全面的感知。这种感知由于不同消费者的目的、意图、喜好的不同而具有选择性，好的或坏的、高档的或低档的，都会在感知中产生判断。比如，很多消费者认为奔驰、宝马、奥迪等德国车的品质，尤其是耐用度、安全性要高于日本车。具体而言，品牌信任度主要涉及功能，产品特色，漂亮、新颖、高档的外观，可信赖度，耐用度和服务品质。

（4）品牌美誉度

品牌美誉度是指消费者对产品或服务的喜好程度。对品牌而言，品牌美誉度就是自身所拥有的美感和信誉，具体体现在品牌的内在价值和外在形态上，其美誉度高，则获得的赞美声声不绝；对消费者而言，品牌美誉度就是消费者喜欢及爱好的程度，消费者喜爱，则品牌自然声誉日隆。根据消费者的喜好程度，品牌美誉度可分为以下几个层次：很不喜爱、不怎么喜爱、无所谓、比较喜爱、很喜爱。

（5）品牌忠诚度

品牌忠诚度是指消费者喜欢并持续不断地购买同一品牌，即使竞争者提供更好的产品或服务，消费者也不会轻易转向购买竞争品牌。品牌忠诚度依赖于知名度、品牌联想和传播，但主要依赖于消费者的产品使用经历。客户满意度与客户关系管理就是围绕客户使用过程中满意度的提高而展开的，其最终目的就是建立品牌忠诚度。

（6）品牌溢价能力

品牌溢价能力是指同样的产品能比竞争品牌卖出更高价格。如果品牌能支持产品的价格高于一般同类产品，那么溢价部分就是企业的超额利润。企业可以将此反哺于产品研发、品牌建设与传播，以提升产品与品牌的感知价值，从而不断获得高溢价，最终形成企业赢利的良性循环。

案例 8-3

中国 500 最具价值品牌

2021 年 6 月 22 日，《中国 500 最具价值品牌》分析报告在北京发布。在这份基于财务数据、品牌强度和消费者行为分析的年度报告中，国家电网以 5576.95 亿元的品牌价值荣登 2021 年最具价值品牌榜首。占据榜单前五名的还有中国工商银行（4962.76 亿元）、海尔

（4575.29 亿元）、中国石油（4425.79 亿元）、中国人寿（4366.72 亿元），这些品牌已经迈进世界级品牌阵营。报告显示，2021 年中国 500 最具价值品牌的总价值为 278953.20 亿元，同比增加 32032.62 亿元，增加幅度为 12.97%。2021 年是世界品牌实验室编制中国品牌报告的第 18 个年头，该报告 2004 年入选门槛仅为 5 亿元，前 500 名品牌的平均价值为 49.43 亿元。18 年以后的 2021 年，入选门槛已经提高到 30.68 亿元，而前 500 名品牌的平均价值高达 557.91 亿元。

据世界品牌实验室分析，一个区域的竞争实力，主要取决于其比较优势，而品牌效益直接影响着地区比较优势的形成和发展。品牌是一个地区发展的重要标志，品牌带动区域经济的发展，区域经济的发展又促进当地品牌的成长。从 2021 年中国 500 最具价值品牌的区域分布来看，北京有 91 个品牌入选，名列第一，主要原因是赢利能力强的央企总部集中在北京；广东和山东分别有 86 个和 44 个品牌入选，位居第二和第三。根据入选品牌影响力范围大小，可按照全国性、世界性品牌进行划分。榜单中具有全国性影响力的品牌有 439 个，占 87.80%；具有世界性影响力的品牌有 61 个，占 12.20%，比上年略有增加。

资料来源：https://baijiahao.baidu.com/s?id=1703340394763276465&wfr=spider&for=pc（2021-06-23）[2023-10-13]

8.4.2　品牌策略

企业在从事品牌运营时，科学合理地制订品牌策略是其核心内容。品牌策略主要包括品牌有无策略、品牌归属策略、品牌统分策略、品牌延伸策略和品牌重新定位策略等。

1. 品牌有无策略

品牌运营的第一个环节就是确定企业生产经营的产品是否应该拥有品牌。

不言而喻，想拥有自己的品牌，必然要付出相应的费用（如包装费、法律保护费等），这会增加企业运营总成本，同时企业要承担一定的市场风险，然而品牌对消费者或营销者的益处是不可低估的，品牌的积极作用是企业选用有品牌策略的重要原因。但并不是所有的产品都必须有品牌，企业要根据品牌运营的投入产出测算而定。任何企业，如果不管其自身状况与条件而一味地去争创品牌，很可能会适得其反、得不偿失。实践中，有的营销者为了节省包装、广告等费用，降低产品价格，从而吸引低收入购买者，提高市场竞争力，也常采取无品牌策略。尤其对一些实力较差的中小企业来说，采取无品牌策略，以退为进，也不失为其立足市场、求生存和发展的良策。

中小企业可采取的无品牌策略包括不使用品牌策略和采用零售商品牌策略两种。

（1）不使用品牌策略

有的产品之所以不使用品牌，一方面是因为这些产品本身就是无差异的，难以通过品牌形成“产品差别”，或质量难以统一保证和衡量，无须进行特别的辨认，如电力、基础化学品、原材料等；另一方面是因为这些产品是人们在日常生活中经常接触的，消费者对其质量要求不高，品牌效应不明显，如低价位的日用品等。上述产品不使用品牌，可使生产企业省去品牌设计、注册、广告宣传、保护等工作及其相应的一些费用，从而降低产品成本。企业通过大批量生产，薄利多销，能以低价格的竞争优势，获得比较好的经济效益。

（2）采用零售商品牌策略

零售商品牌是商业竞争发展到一定阶段的产物。它是零售商为了突出自身形象、维持竞争地位，充分利用自身的无形资产和优势而采取的一种竞争战略。具体做法是零售商通过了解消费者信息，提出产品的设计开发要求，并指定制造商进行生产，然后贴上零售商品牌标签在自己的卖场销售。自有品牌在国外已有几十年的历史，目前日益受到零售企业尤其是大型零售企业的重视。欧美的大型超级市场、连锁商店等几乎都出售自有品牌商品，如惠宜（沃尔玛）、麦臻选（麦德龙）等。改革开放后，我国的零售商也开始尝试创建自有品牌。目前，我国的零售商品牌品类多集中在生活必需品（如食品和家居用品）上如优颂（永辉超市）、惠寻（京东）、盒马日日鲜（盒马鲜生超市）、武商优选（武商超市）等。

必须说明的是，企业采用无品牌策略也有对品牌认识不足、缺乏品牌意识等方面的原因。当然，产品有无品牌不是一成不变的，近年来，随着品牌意识的增强，我国企业品牌化程度不断提高，农产品品牌（如七河源大米、洪山菜薹等）更是引人注目。

2. 品牌归属策略

确定产品应该有品牌之后，企业就要考虑品牌归属的问题。

企业有四种可选择的策略：一是企业使用属于自己的品牌，这种品牌称企业品牌或生产者品牌（制造商品牌），如华为的产品用的就是企业品牌；二是企业将其产品出售给中间商，由中间商使用它自己的品牌将产品转卖出去，这种品牌称中间商品牌（或私人品牌、商店品牌、零售商品牌），如沃尔玛、家乐福等大超市；三是企业对部分产品使用自己的品牌，而对另一部分产品使用中间商品牌，这种品牌称共同品牌；四是经过申请许可，采用其他企业已经创立的品牌名称或符号，只要支付一笔费用，这些名称就可以立即成为合法的品牌，这种品牌称特许品牌，如以麦当劳、肯德基等为代表的连锁经营企业，经常采取特许经营的方式来发展加盟店。

在早期的品牌运营实践中，由于产品的设计、质量水平和产品特色等都取决于生产者，加之市场供求关系对生产企业的压力还不太大，因此，品牌几乎都为生产者所有，可以说，品牌是由生产者设计的制造标记。但是，随着市场经济的发展，市场竞争日趋激烈，品牌的作用日益为人们所认识，中间商对品牌的拥有欲望也越来越强烈，中间商品牌数量呈明显的增长趋势。许多市场信誉较好的中间商（百货公司、超级市场、服装商店等）都争相设计并使用自己的品牌。虽然中间商品牌很难建立，并且库存和促销费用也很大，但是，它们也能为中间商带来较高的利润。同时，由于产品品牌是中间商的专营品牌，顾客不能从竞争商那儿购得同样的产品，因此增加了商店的客流量，提高了顾客对产品的忠诚度。

企业在选择生产者品牌或中间商品牌，即品牌归属生产者还是中间商时，要全面考虑相关因素，综合分析得益损失，关键要看生产者和中间商谁在这个产品分销上居主导地位，谁拥有更好的市场信誉和拓展市场的潜能。一般来讲，在生产者市场信誉良好、实力较强、产品市场占有率较高的情况下，宜采用生产者品牌；相反，在生产者资金拮据、市场营销薄弱的情况下，不宜采用生产者品牌，而应以中间商品牌为主，或全部采用中间商品牌。必须注意的是，如果中间商在某个目标市场拥有较好的品牌忠诚度及庞大、完善的销售网络，那么即使生产者有自营品牌的能力，也应考虑采用中间商品牌，这是在进军海外市场的实践中常用的品牌策略。

小思考 8-5

电商浪潮中的农产品品牌创建

与工业产品相比，传统的农产品销售并不太重视品牌的力量。在农贸市场上，消费者先通过看一看、掂一掂来判断农产品的品相与质量，再决定是否带回家，有无品牌似乎并不重要。随着电商浪潮的兴起，各地特色农产品纷纷“上网”，以方便网络另一端消费者的识别与选择，因而创建农产品品牌成为大势所趋。

农产品标准化、品牌化不高一直是制约新疆地区农产品卖不出“好价钱”的原因，2018 年，新疆喀什地区岳普湖县岳普湖镇艾吾再力库木村第一书记祝贺香联合当地政府推动县域电子商务品牌“天赐岳礼”上线，全县特色农产品均可利用这一品牌统一走向市场。为细分品牌，她为本村土豆起了个“洋气”的名字——“天赐金芋”。像艾吾再力库木村这样打造本地农产品专属品牌的现象在各地农村已经不再少见。

为了推动各地农产品的线上销售，苏宁易购等电商平台也开始尝试打造农产品领域的相关品牌。“酥田”是苏宁易购旗下自主品牌之一，以“为您的健康生活而劳作”品牌理念服务用户，产品类目涵盖大米、面粉等，帮助东北、江浙、云南等多个地区的多种农产品打开了线上销售渠道。

资料来源：根据网络资料整理

请阅读资料，并思考：

（1）从无须创建品牌到主动打造品牌，造成农产品品牌变迁的根本原因是什么？

（2）农户自建品牌与电商自主品牌两种策略各有哪些特点？

3．品牌统分策略

在单一产品格局下，营销传播活动都是围绕提升同一个品牌的资产而进行的，在企业规模扩大、产品种类增加后，企业会面临很多难题：究竟是进行品牌延伸，让新产品沿用原有品牌，还是采用一个新品牌？若新产品采用新品牌，那么原有品牌与新品牌之间的关系如何协调？企业总品牌与各产品品牌之间的关系又该如何协调？这是一个理论上非常复杂、实际操作上又具有很大难度的课题。如何对此进行决策，事关品牌运营成败。企业通常有以下几种策略可以选择。

（1）统一品牌策略

统一品牌（综合品牌、年代品牌）策略是指多种不同门类的产品共用同一个品牌，其表现形式为一牌多品。既有门类相近的产品用同一品牌的情形，如海尔、飞利浦、TCL、长虹等麾下的大量产品共用同一品牌，这些产品虽形态各异，但都属于家电或消费电子产品；也有差异很大、关联度很低的产品用同一品牌的情形，如雅马哈既是摩托车品牌又是钢琴品牌，两个产品门类相差甚远；还有如三菱的汽车、家电、银行业共享一个品牌的情形。

企业采用统一品牌策略，可节省大量的品牌建设成本，有利于集中资源塑造一个大品牌，而一个大品牌的高知名度、信赖感、安全感和高威望能带动很多产品的销售。统一品牌旗下每一种产品的畅销都有利于品牌价值的提升。当然，一个品牌旗下产品太多，难免会模糊品牌个性，因为专业品牌的传播具有占位优势，消费者在选购产品时更容易想到专业品牌。另外，采用统一品牌策略时，如果某一种产品由于某种原因（如质量）出现问题，那么就可能导致其他种类产品受到牵连，从而影响全部产品和整个企业的信誉。

统一品牌策略适用于以下情形。

① 运用统一品牌策略的根本前提——品牌核心价值兼容各种产品。

② 新老品牌之间有较高的关联度。

③ 技术与品质成为购买主要动机的产品（如电器）。

④ 企业财力不是很雄厚或品牌管理能力较弱。

⑤ 企业处于推广品牌成本很高的市场环境。

⑥ 企业产品的市场容量不大。

⑦ 竞争者品牌是非专业品牌或也采用统一品牌策略。

⑧ 企业发展新产品的目的仅是搭便车，多卖点儿。

统一品牌策略一般是通过品牌延伸形成的，如海尔最先生产冰箱，然后陆续开发、生产空调、洗衣机、热水器、彩电、小家电等。

（2）个别品牌策略

个别品牌（产品品牌）策略是指给每一个产品或每一类产品都冠上一个或一个以上的独立品牌，其主要表现形式为一品一牌和一品多牌。比如联合利华个别品牌策略既有一品一牌，也有一品多牌，冰激凌是和路雪、红茶是立顿、调味品是老蔡、洗衣粉是奥妙，这些属于一品一牌，即同一类产品使用同一个品牌，不同产品类别使用不同品牌；牙膏有洁诺、中华，洗发水有力士、夏士莲，这些属于一品多牌，即同一类产品同时使用多个品牌，又称多品牌策略。

一品一牌策略的运用十分简单，在此不再赘述。

企业为什么要采用一品多牌策略呢？原因有以下几个：可多占货架面积；给低品牌忠诚者提供更多的选择机会；降低企业风险；鼓励内部合理竞争、激扬士气；各品牌具有不同的个性和利益点，能吸引不同的消费者。

运用一品多牌策略时，应注意如下几点。

① 各品牌之间实施严格的市场区隔，并协同对外，兄弟之间不打架。

② 在营销和广告策略上应充分体现各品牌之间的差异。

③ 新品牌的独特卖点应有足够的吸引力。

④ 采用一品多牌策略要依据产品与行业特点而行。相对而言，名表、名车、日常生活用品、食品、服饰等适合采用一品多牌策略。

⑤ 每一品牌所面对的细分市场具有规模性。如果某个细分市场的容量较小，销售额尚不足以支持一个品牌成功推广和生存所需的费用，就无法实施一品多牌策略。

⑥ 顺应市场的需要，及时调整品牌数量与定位，并确定重点。随着社会经济的发展，消费者的需求也在不断变化，有些品牌细分市场可能会萎缩，这时就要剔除这一品牌或进行品牌再定位。

⑦ 要充分考虑风险性。风险首先表现在高度竞争环境下推出新品牌的高成本，其次为每一品牌的市场规模较小、获利低。比如通用汽车最高峰时曾有30多个品牌，结果不但出现品牌的个性不突出、目标市场相互重叠、市场销售不理想的状况，而且由于投资过于分散，妨碍了大品牌的培育。后来，通用汽车对品牌进行筛选，砍掉了很多品牌，集中资源培育凯迪拉克、雪佛兰、别克等品牌。

（3）分类品牌策略

分类品牌（系列品牌）策略是指对不同类消费需求的产品采用不同的品牌。比如上海家化的三大主力品牌可归为分类品牌策略："六神"品牌针对的是"偏爱中药草本原料，喜欢清凉感受"的人群，产品有沐浴露、香皂、花露水等；"美加净"则是平价而具有亲和力的品牌；"佰草集"专门研究中国女性肤质，是中高档特色本草护肤品牌。

（4）来源品牌策略

来源品牌（双品牌、联合品牌）策略的形式为企业品牌—产品品牌、产品品牌—产品品牌。如雀巢—宝路薄荷糖、雀巢—美极酱油、花王—飞逸洗发水、花王—乐而雅卫生巾都属于企业品牌—产品品牌；产品品牌—产品品牌用得较少，一般由合资双方或联合技术开发双方共同组成双重品牌，如霞飞—奥丽斯、惠尔浦—水仙洗衣机、三洋—科龙冷柜等。来源品牌策略有以下特点。

① 企业品牌一般是有较长历史和很高知名度、威望，以及具有无形资产的大品牌，企业品牌几乎不花钱就能让消费者对产品产生基本的认同、信任与安全感。

② 产品品牌则个性张扬，通过锦上添花使消费者更喜爱产品。

③ 企业品牌与产品品牌在品牌核心价值与识别上不存在冲突，每个产品品牌必须在演绎出企业品牌的核心价值的基础上发展自己的个性，故企业品牌与产品品牌是在互动中相互促进与提升的。

当产品急需依赖产品品牌张扬个性，但产品品牌的知名度和威望不足以单独打动消费者，需企业品牌的帮助才能马上让消费者接受时，就可采取来源品牌策略。但如果各种产品之间差异较大，产品品牌的核心价值与企业品牌核心价值较难协调，则需深度的专业思考。

4. 品牌延伸策略

品牌延伸策略是指企业利用其成功品牌的声誉来推出改良产品或新产品，即将同一个品牌使用在多个产品上。品牌延伸一般伴随着业务多元化。一个品牌获得了较好的市场信誉，赢得了较高的品牌忠诚度以后，该品牌是否可用在其他产品上而使该品牌得以延伸或扩展呢？这也是品牌运营过程中的重要课题。

采用品牌延伸策略要考虑的因素有：品牌核心价值与基本识别、新老产品的关联度、行业与产品特点、产品的市场容量、企业所处的市场环境、企业发展新产品的目的、市场竞争格局、企业财力与品牌推广能力等。在上述因素中，品牌核心价值与基本识别是最重要的因素。一个成功的品牌有其独特的核心价值，若这一核心价值与基本识别能包容延伸产品，就可以大胆地进行品牌延伸。比如万宝路从香烟延伸到牛仔服、鸭舌帽、腰带，获得了很大的成功。这些关联度较低，甚至风马牛不相及的产品共用一个品牌居然也获得了成功，说到底是因为品牌的核心价值能包容表面上看上去相去甚远的系列产品。因为这些产品虽然物理属性、原始用途相差甚远，但其品牌精神是一致的。再如，海尔集团成功推出了海尔冰箱之后，又利用这个品牌及其图样特征，成功地推出了洗衣机、电视机等产品。显然，如果不利用“海尔”这个成功的品牌，这些新产品就不一定能很快地进入市场。

品牌延伸通常有以下三种方式。

① 同产品类别延伸，如“娃哈哈”在儿童营养液、果奶、纯净水、非常可乐、茶饮料等“喝”上做文章。

② 同行业类别延伸，如海尔集团的产品，从电冰箱一直延伸到空调、洗衣机、手机、热水器、计算机，从家用电器到信息产品，都使用“海尔”这个品牌。

③ 非同产品和非同行业类别的跨度延伸。这种延伸须在统一的品牌核心价值形象之下进行，在品牌的消费拥趸上往往存在较大的重叠。不过，这种重叠更多地体现在相类似的消费价值观、消费能力等方面。这是难度最大的一种品牌延伸方式，除万宝路、派克、雅马哈、都彭等少数几个品牌外，还鲜见成功者。娃哈哈进军童装业，推出号称绿色健康的童装，就是在其十几年来为少年儿童提供健康产品的核心价值统领之下进行受众重叠的跨度延伸。

虽然采用品牌延伸策略可以使新产品借助成功品牌的市场信誉，在节省促销费用的情况下顺利地进入市场，但是，品牌延伸策略也是一把双刃剑。若利用已成功的品牌开发并投放市场的新产品不尽如人意，消费者不认可，就会影响该品牌的市场信誉。所以，新产品的产品定位与原品牌的品牌定位应该是一致的，不能自相矛盾。企业进行品牌延伸还有一个重要条件，就是要在原有产品线上占有一席之地、形成规模，即最好保持与原有产品的关联性和一致性，使消费者产生联想，从而发挥原有品牌的影响力。但如果不考虑新产品的特性，盲目地使用原有品牌，就会适得其反。比如，“活力 28”在进行品牌延伸时推出同品牌的纯净水，虽然该企业耗费巨资从国外引进设备，生产的纯净水的各项指标均达到国家优级水平，但是，“做洗衣粉的生产纯净水”让消费者在心理上很难接受，即使“水”的质量非常好，消费者也都心存疑虑。

5. 品牌重新定位策略

品牌重新定位策略又称再定位策略，是指全部或部分地调整或改变品牌原有的市场定位。一种品牌即使最初的市场定位非常适宜，但到后来品牌经营者可能也不得不对它重新定位。这是因为：竞争者可能在该品牌之后推出新的品牌，削减了该品牌的市场占有率；消费者的兴趣偏好已经转移，对该品牌的产品需求减少；市场前景发生了变化。因此，对品牌进行重新定位很有必要，品牌重新定位的目的是使现有产品具有与竞争者产品不同的特点，与竞争者产品拉开距离。例如，王老吉原来的定位是“中药凉茶”，而消费者普遍认为“药”是无须也不能经常饮用的。王老吉跳出药茶行业，赋予自己一张饮料的面孔，即植物凉茶饮料，“怕上火，就喝王老吉”通俗易懂、深入人心，很快便名声大振。因此，品牌的重新定位总是与竞争者品牌逼近、消费者偏好转移以及品牌自身这三个因素相伴而行。

企业在进行品牌重新定位时，要综合考虑两方面影响因素。一方面，要考虑再定位成本，即企业把自己的品牌从一个市场定位点转移到另一个市场定位点所支付的成本费用，包括改变产品品质费用、包装费用和广告费用等。一般认为，重新定位的距离越远，其再定位成本就越高。另一方面，要考虑再定位收入，即把企业品牌定在新位置上所能增加的收入。

小思考 8-6

百雀羚：老品牌的涅槃

说起百雀羚，很多人首先想到的是曾经的蓝色小铁盒，好像只有妈妈辈的人才会使用。作为国民老字号，创立于 1931 年的百雀羚经历了诸多波折。百雀羚产品曾以其独特香味、优良品质，获得轻工业部部优产品称号，长期畅销全国，20 世纪 80 年代，年产量已达 4000 万盒。但由于长期被定位在价格低廉的大众护肤品行列，赚取的利润不高，这导致百雀羚缺少更新和发展的空间。20 世纪 90 年代，外资化妆品品牌大举进入中国，百雀羚作为本土品牌渐渐沉寂。“必须给品牌注入新内涵，才能焕发生机。”百雀羚市场部的高层坦言，要让老字号重新散发活力，就得另辟蹊径。

2004 年，百雀羚做了一次全国性的市场调研，调研团队从一线城市到三线城市，共走访了 30 多个城市，寻找百雀羚在消费者心中的价值。结果喜忧参半，消费者信赖百雀羚的品质，却觉得它过时了。不过，百雀羚也吃了一颗定心丸，因为品牌与消费者的情感纽带还在。只不过原有的消费者已经老去，年轻的消费者对其还有认知隔阂，品牌年轻化势在必行。

为此，百雀羚调整方针，对品牌进行新的定位：为年轻女性做草本类的天然配方护肤品。确定这个全新定位，主要源于年轻消费者对“天然配方”的诉求。当代中国年轻人受传统文化与自然生态观的影响，追求具有“天然有机”特质的产品。百雀羚与国际领先的日化科研实验室合作，升级配方，让产品更为清爽，香味以清淡为主，同时聘请世界顶尖的设计公司设计产品包装，就连包装呈现的绿色渐变也要经过反复调试来寻找到年轻消费者喜欢的那一种。2008 年，百雀羚推出全新的“草本护肤”系列产品，以“天然无刺激”为亮点，满足了消费者对安全的需求。从此，百雀羚的单品扩展到上百个，完成了经典、草本、水嫩三个系列的梯级设置。

如今，国际品牌的影响力变得越来越小，年轻群体对品质和个性表达的追求已经成为重要趋势。针对不同群体，百雀羚推出了不同的定制化跨界产品。针对 95 后、00 后等喜好二次元文化人群，百雀羚携国内超人气虚拟歌手跨界合作，独家定制新品，全球首发洛天依定制面膜；针对 80 后、90 后等追求品质人群，百雀羚邀请故宫文化珠宝首席设计顾问钟华，跨界设计了东方簪及燕来百宝奁礼盒；针对 70 后、80 后等爱回味、爱经典人群，百雀羚特地推出“四大美人版拉洋片礼盒”，通过个性化定制的方式将产品打造成艺术品，以满足消费者对个性和品质的追求。

百雀羚专注挖掘传统文化的价值，将传统文化置入现代语境中，用年轻人关注较多的新媒体、视频等方式，通过“反差萌”的设定来让内容更容易被年轻人接受、传播，满足年轻人的好奇、快乐、趣味等情绪体验。比如在聚集大量年轻人的 B 站开设账号，打上“我是小仙女，我不管”的标签。2016 年 10 月，百雀羚推出了一则《四美不开心》的视频广告，重新编排四大美人的故事，也获得了很好的传播效果。2017 年上半年，百雀羚和“局部气候调查组”合作推出的一个脑洞大开、画风清奇、一镜到底的民国风长图《一九三一》刷爆朋友圈，带来了 3000 多万的阅读量。这种创意内容传播对百雀羚的消费群体——更注重感性的女性来说是十分重要的。

20 年前，百雀羚几乎遭受灭顶之灾，从市场消失。20 年后，百雀羚却转身变成了护肤品市场占有率最高的国货品牌。百雀羚上演了一场涅槃重生，成功赢得了当下年轻消费者的心。

资料来源：应琛．百雀羚：老品牌的焕新记[J]．新民周刊，2018（25）：26-29

请阅读资料，并思考：

（1）在该案例中，百雀羚品牌重新定位的动因是什么？

（2）百雀羚采取了哪些策略来实现“品牌年轻化”？

8.4.3 包装策略

1．包装

产品包装有两层含义：一是产品的外部包扎和容器，即包装器材；二是对产品进行包装的操作过程，即包装方法。商品包装与装潢是实现产品使用价值、吸引消费者、树立产品和企业形象、促进市场竞争、增加产品价值的重要手段。包装是产品实体的一个重要组成部分，一般分为以下三个层次。

① 内包装，是产品的直接容器，如牙膏的软管、饮料的瓶子等。

② 中层包装，用来保护内包装和促进销售，如白酒外的纸盒等。

③ 外包装，也称运输包装，主要是便于储存、搬运、辨认产品，如装运酒类的纸箱等。

包装主要有以下作用。

① 保护产品，方便运输。这是产品包装的基本作用。产品在从生产领域向消费领域转移的过程中，要经过运输、装卸、储存、销售等环节，良好的包装可以使产品在空间转移和时间转移过程中避免因震动碰撞、风吹日晒而受损，保护产品完好。包装便于产品装卸，节约运力，加速流转，为产品的销售和购买提供了方便。

② 提升形象，促进销售。包装具有识别和推销功能。在现代市场经济条件下，产品包装是一种“视觉语言”，它通过一定的形（状）、色（泽）、质（地），用理想方式快捷、准

确、有效地传达产品信息，加强消费者、生产者、经销者之间的联系，达成产品交换的目的。美观大方、漂亮得体的包装不仅能够吸引消费者，提升品牌形象，而且能够刺激消费者的购买欲望。美国杜邦公司研究发现，63%的消费者是根据产品包装做出购买决策的，可以说，包装是“沉默的推销员”。

③ 增加盈利。优良、精美的包装不仅可以使好的产品与好的包装相得益彰，避免“一等产品，二等包装，三等价格”的现象，还能够抬高产品的身价，使消费者愿意以较高的价格购买，从而增加企业销售收入。此外，实现产品包装化，还可使产品损耗率降低，提高运输、储存、销售各环节的劳动效率。这些最终都可使企业增加利润。

案例 8-4

月饼大战，全靠包装？

又是一年中秋节，围绕口味、包装、创意的“月饼大战”再次上演。螺蛳粉、藤椒牛肉、大闸蟹……企业不但坚持开发更奇葩、更搞怪的月饼口味，而且在月饼的包装上下足了功夫。比如，美心推出小黄人外形的月饼礼盒；好利来与美国国家航空航天局推出的联名月饼，包装以太空为主题，还搭配了太空船票和太空徽章。另外，其他非食品企业，如互联网大厂、博物馆、新品牌等，也都跨界推出了不同主题的月饼礼盒，借着中秋节做一波品牌宣传，如上海市精神卫生中心推出的“精神饼”，金沙遗址博物馆设计的金箔月饼+考古盲盒，新华书店推出的“识字月饼”，等等。

深圳上善设计创始人贾思源认为，月饼是一个很好的推广媒介。“每年中秋我们都会看到不同创意的月饼和包装，其中很多有创意的包装并非出自传统的食品品牌，而是出自互联网和科技公司。对它们来讲，月饼就是一个承载企业或者品牌文化的载体。不少消费者会把创意兼具实用的月饼包装留下来，这也促使企业在包装创意上下足了功夫。”据贾思源介绍，月饼礼盒的包装设计一般会提前半年就开始筹备，通常是过了端午节，但有的在春节过后就开始了。

在贾思源看来，好的包装设计应该是既出乎意料又在情理之中的，包装要给人冲击和新鲜感，并且这种冲击最好出现在从最初看到、触摸，再到打开的每个阶段，这是一种层次丰富的体验，能让消费者感慨，原来月饼还可以这么做。

显然，当月饼的口味越来越趋同时，各品牌便只能在包装设计上大展拳脚了。只是，如何让口味与包装相辅相成，达到最佳效果，仍是一门艰深的学问。

资料来源：https://m.thepaper.cn/baijiahao_14549131（2021-09-17）[2023-10-13]

2. 包装策略

（1）类似包装策略

类似包装策略是指企业生产的各种产品，在包装上采用相同的图案、相近的颜色、相同的包装材料和相同的造型，体现出共同的特点，又称产品线包装策略。企业对其生产的产品采取类似包装策略进行包装，便于消费者识别出本企业产品。对于忠实于本企业的消费者，类似包装无疑具有促销的作用，企业还可节省包装的设计、制作费用。但类似包装策略只适用于质量相同的产品，对于品种差异大、质量水平悬殊的产品则不宜采用。

（2）等级包装策略

等级包装策略是指企业将产品分成若干等级，对高档优质产品采用优质包装，一般产品则采用普通包装，使包装产品的价值和产品质量相称，表里一致，等级分明，以方便购买力不同的消费者选购。

（3）异类包装策略

异类包装策略是指企业的各种产品都有自己独特的包装，设计上采用不同的风格、色调和材料。这种包装策略使得企业不致因某一种产品营销失败而影响其他产品的市场声誉，但是增加了包装设计费用，新产品进入市场时需要更多的销售推广费用。

（4）配套包装策略

配套包装策略是指企业按各国消费者的消费习惯，将数种有关联的产品配套包装在一起成套供应，以便于消费者购买、使用和携带，扩大产品的销售。如果在配套产品中加进某种新产品，可使消费者不知不觉地习惯新产品，有利于新产品的上市和普及。

（5）再使用包装策略

再使用包装策略是指包装物内产品用完之后，包装物本身还有其他用途，如各种形状的香水瓶可作装饰物，精美的食品盒也可被再利用等。这种包装策略可使消费者感到一物多用而激发起其购买欲望，而且包装物的重复使用也起到了对产品的广告宣传作用。但企业需谨慎采取该策略，避免因成本增加引起产品价格过高而影响产品的销售。

（6）附赠品包装策略

附赠品包装策略是指在包装物内附有赠品或附赠奖券，以诱导消费者重复购买，这是一种有效的营业推广方式。比如儿童市场上的玩具、糖果等附赠连环画、认字图；化妆品包装中附有赠券，消费者积累到一定数量，可以得到不同的赠品等。

（7）改变包装策略

改变包装策略是指企业随市场需求的变化而改变或放弃原有的产品包装，改用新的包装。随着包装技术、包装材料的不断更新，消费者的偏好不断变化，采用新的包装可以弥补原包装的不足，企业在改变包装的同时必须配合好宣传工作，以消除消费者以为产品质量下降或其他的误解。例如，雪碧宣布从 2022 年 8 月 1 日起放弃已使用 60 多年的标志性的绿色瓶子包装，转为使用更加环保的白色透明包装。企业宣传的是，绿色塑料瓶子很不环保，它们含有绿色聚对苯二甲酸乙二醇酯（PET），透明的 PET 雪碧瓶可以回收后轻松地重新制成新瓶子，这有助于推动塑料循环经济。产品包装上的改变，如产品本身的改进一样，对于扩展销路具有重要意义。当企业的某种产品因与同类产品质量相近而销路不畅时，就应注意改进包装设计。如果一种产品的包装已采用较长时间，也应考虑推陈出新，变换花样。当然，这种通过改变包装来达到扩大销路的目的的策略是有条件的，即产品的内在质量必须达到使用要求。如果不具备这个条件，产品的内在质量不好，那么，即使在包装上做了显著的改变，也无助于销量的增加。

习　题

一、单项选择题

1．产品大类中每种产品有多少花色、品种、规格，称为产品组合的（　　）。
A．宽度　B．广度　C．深度　D．关联度

2．企业原来生产高档产品，后来决定增加低档产品，这种产品组合策略称为（　　）。
A．扩大产品组合　B．缩减产品组合　C．产品延伸　D．市场延伸

3．不属于企业增加产品组合深度的方式的是（　　）。
A．增加产品项目　B．增加产品花色　C．增加产品规格　D．增加产品大类

4．产品提供给顾客的利益或效用是产品整体概念中的（　　）。
A．形式产品　B．核心产品　C．附加产品　D．潜在产品

5．将一个现有的成功品牌名称使用到另一个新类别的产品上，称为（　　）。
A．产品线扩展策略　B．品牌延伸策略
C．新品牌策略　D．多品牌策略

6．宝洁公司的洗发产品使用了海飞丝、潘婷、飘柔、沙宣等品牌，这种策略称为（　　）。
A．品牌质量策略　B．家族品牌策略　C．品牌扩展策略　D．一品多牌策略

7．当产品竞争激烈，销售量大，新加入消费者越来越少，销售量和利润的增长放慢，我们说，产品已经进入（　　）。
A．投入期　B．成长期　C．成熟期　D．衰退期

8．当人们购买空调时，（　　）属于所获得的附加产品。
A．空调机　B．制造新鲜空气　C．终身保修　D．调节室内温度

9．使用了新原理、新技术、新结构研制而成的前所未有的产品是（　　）。
A．全新产品　B．改进新产品　C．换代新产品　D．仿制新产品

10．在市场试销中试用率高，再购买率低的新产品属于（　　）。
A．成功型新产品　B．广告型新产品　C．失败型新产品　D．调整型新产品

二、多项选择题

1．产品组合延伸策略的实现方式有（　　）。
A．向下延伸　B．双向延伸　C．向上延伸　D．中间延伸

2．新产品创意的主要来源包括（　　）。
A．消费者　B．竞争对手
C．企业销售人员和经销商　D．市场研究公司和咨询公司

3．在产品生命周期的成长期和成熟期，企业产品的推广对象包括（　　）。
A．创新采用者　B．早期采用者　C．早期大众　D．晚期大众

4．以下属于品牌统分策略的是（　　）。

A．一品多牌策略　　B．一品一牌策略

C．制造商品牌策略　　D．品牌延伸策略

5．产品的包装策略包括（　　）。

A．类似包装策略　B．配套包装策略　C．等级包装策略　D．附赠品包装策略

三、判断题

1．消费者之所以购买产品，根本目的在于获得并拥有产品本身。（　　）

2．在产品整体概念中，形式产品包括产品质量水平、外观特色、品牌等方面的特征。（　　）

3．企业拥有的产品线越多，说明该企业的产品组合越有广度。（　　）

4．产品生命周期的长短是由产品的使用寿命决定的，故产品生命周期也就是产品的使用寿命周期。（　　）

5．多品牌策略就是企业的多个产品使用多个品牌。（　　）

四、简答题

1．如何理解产品整体概念？

2．什么是产品生命周期？各阶段有何特点？企业在各阶段可采取哪些策略？

3．新产品开发包括哪些环节？

4．什么是新产品扩散？新产品采用者包括哪几种类型？

5．简述包装的含义与主要作用。

五、论述题

如何理解品牌、商标与品牌资产之间的关系？品牌对企业来说意味着什么？

六、案例分析

“国民辣条”的崛起

辣条是许多 80 后、90 后的童年记忆之一，长期被贴着廉价、辛辣过瘾、不卫生等标签，但是近年来卫龙辣条摇身一变成为零食界的新一代“网红”，在微博、朋友圈频频刷爆存在感，甚至出现在美国亚马逊网站上，售价为 7.2 美元，那么，曾经 0.5 元的辣条是如何逆袭成为零食中的“高富帅”的？

（1）严格管控产品质量

辣条的营销首先要突破以往“垃圾食品”的固有印象，卫龙声明，他们将永远从消费者的角度审视产品，做到严格控制，精益求精，站在消费者的立场控制自己的产品质量，秉承卫龙“健康、快乐、共赢”的经营理念，通过精挑细选的原材料供应、科学的产品研发、严格的品控，以及国内领先的全自动生产线等，推出味美、质优、价实的产品。

（2）全新的产品名称与包装设计

辣条是大家耳熟能详的名称，但是为了争取网络时代“新新人群”的关注，卫龙别出心裁打造了一个全新的名字“Hotstrip”。为了提升辣条在消费者心中的格调，卫龙灵机一动借助 iPhone 7 上市的热潮，推出了“Hotstrip 1.0”“Hotstrip 2.0”“Hotstrip Mini”等系列

产品，产品包装和网上旗舰店的设计都走极简风，记忆中朴实的、油乎乎的、透明塑胶袋被精美、简洁、高大上的冷色系包装取代，网上“辣条中的奢侈品”“来根辣条冷静冷静”等一时成为流行段子。

（3）增加产品类别，丰富产品线

当卫龙食品在辣条市场中异军突起，牢牢占据优势地位后，卫龙又乘势推出了不同类别的休闲食品，扩充了产品线。卫龙旗下有“卫龙系列”和“亲嘴系列”，涵盖了魔芋辣条、豆干豆皮、海味素菜、肉食卤味、膨化速食等多种产品。

资料来源：https://baijiahao.baidu.com/s?id=1700432230728165975&wfr=spider&for=pc，2021-05-02/2021-08-30（2021-05-22）[2023-10-13]

思考题：

（1）在产品组合、品牌、包装方面，卫龙辣条采取了什么样的产品策略？

（2）你从卫龙辣条的产品策略中获得了哪些启示？

第 8 章　在线习题

第9章

价格策略

本章教学目的

通过本章的学习，学生能够理解价格在市场营销管理中的地位与作用；熟练掌握基本的定价方法和价格策略；能够在准确分析定价影响因素的基础上，正确选择定价方法，灵活采用定价策略，并对价格进行恰当的调整，实现企业的定价目标。

本章主要知识点

- 价格策略
  - 影响定价的主要因素
    - 定价目标
    - 产品成本
    - 企业的营销组合
    - 消费者的购买心理
    - 市场竞争状况
    - 市场供求状况
    - 国家政策与法律
  - 定价的一般方法
    - 成本导向定价法
    - 需求导向定价法
    - 竞争导向定价法
  - 定价的基本策略
    - 新产品定价策略
    - 心理定价策略
    - 地理定价策略
    - 折扣与让价策略
    - 产品组合定价策略
  - 价格调整
    - 主动调价
    - 被动调价

导入案例

产品价格涉及生产者、经营者、消费者等各方面的利益，是市场营销组合中最为灵活、敏感和难以控制的因素，它直接影响着企业产品的市场竞争力、市场份额和企业的盈利。在营销组合的4P's模式中，价格是直接影响销售收入的因素，而其他因素则涉及成本。因此，价格策略是企业市场营销组合中一个极其重要的组成部分。正如英国经济学家和价格理论专家马歇尔所说："一个企业将定价权委托给谁，即意味着企业的命运将维系于谁。"价格策略包括两方面内容：一是首次为新产品制定价格并形成企业产品组合和市场组合的合理价格体系；二是适时调整价格。企业进行产品定价时，要根据企业经营战略要求，明确定价目标，遵循定价原则，按照科学的定价程序，采取适当的定价方法，灵活运用定价策略，来正确制定和及时调整企业产品的价格。本章主要介绍影响产品定价的因素、产品定价方法、产品定价策略及价格调整策略。

9.1 影响定价的主要因素

在市场经济条件下，除少数实行政府定价和政府指导价的产品和服务外，企业作为独立的产品生产者与经营者，可以独立地给自己的产品和服务制定价格。因此，价格是营销组合的可控制变量之一。但是，这种独立定价并不是随心所欲，不受任何制约的。价格的制定受到一系列企业内部和外部因素的影响，企业进行定价决策时必须全面认真地考虑这些因素。

9.1.1 定价目标

定价目标是指企业通过产品定价所要达到的目的。企业的定价目标从根本上来说是由企业经营目标所决定的，是企业经营目标在定价上的具体反映。企业经营目标是尽可能多地获取利润，因此，定价的终极目标也是尽可能多地获取利润。但是，由于营销环境、产品特征，以及市场供求、市场竞争等情况不同，对不同产品或同一产品所处的不同阶段，企业应确定不同的定价目标。

1. 利润导向目标

利润导向目标是指企业在定价时直接以利润的高低作为企业的定价目标，通常包括短期利润最大化目标、预期投资收益目标和适当利润目标三种。

（1）短期利润最大化目标

当企业处于有利的环境时，企业可以抓住机会，通过高价的形式，在短期内获得最大利润。实行短期利润最大化目标须具备一定的条件，主要包括以下几个。

① 产品的需求弹性小，不会因高价而导致销量过分下降。

② 企业在市场竞争中处于优势地位（如占据垄断地位，拥有核心技术，产品质量及服务好等）。

③ 产品在市场上供不应求且替代品少。

④ 国家的价格管理法规和政策允许。

（2）预期投资收益目标

这种定价目标是指企业以一定的收益作为目标。企业都希望在一定的时期内收回所投入的资金并能获得一定的收益，因而产品定价可以是在成本的基础上加上一定的预期收益。收益可以采用资金收益率、成本收益率、销售收益率等计算。收益率有长期和短期之分。一些企业为了迅速收回投资，获取高额利润，会把收益率定得较高，以实现短期收益目标；另一些企业为了防止竞争，获得长期稳定的收益，会将收益率定得比较适中。多数企业采用长期收益目标。采用预期投资收益目标的企业，一般是实力雄厚、经营状况稳定、生产规模较大和具有一定市场垄断力的大中型企业。

（3）适当利润目标

适当利润一般是指一种中等程度的，能使企业经营者和所有者都比较满意的平均利润。采用这一定价目标的企业通常属于以下几种情况。

① 处在市场竞争十分激烈的行业中的弱小企业，对价格的控制能力十分有限，无法与实力强大的对手竞争，往往在竞争中采取追随或补缺的策略，相应地会在定价上采用适当利润目标，以获得平均利润。

② 处于行业中领导地位的领导者，为了排斥市场竞争者，长期占领市场，获得长期的稳定利润，往往也采用适当利润目标。企业采取适当利润目标作为定价目标时，应了解行业的平均利润水平，使本企业产品的利润与行业的平均利润相协调，以保证企业利润目标的实现。

2. 销售导向目标

销售导向目标是指企业以促进产品销售为定价的目的，通过销量或销售额的增长来提高利润。销售导向目标包括以下几种。

（1）销售收入最大化目标

销售收入最大化目标是指企业在保证一定的利润水平的情况下，谋求销售收入的最大化。这是一种常见的定价目标。美国经济学家鲍莫尔认为，一旦企业的利润达到可以接受的水平，企业的利润目标与收入目标相比，就会处于次要的地位。这是因为销售收入的提高对企业具有重要意义。销售收入的增加意味着企业产品被认可程度的提高、企业在市场中的竞争地位的提高和企业经营规模的增长，即说明企业是一个有发展前途的企业。企业在采取销售收入最大化目标时，要处理好销售额的提高与利润增长及市场份额扩大的关系，不要因为提高销售额而损害了企业的利润和市场份额。

（2）提高市场占有率目标

一般而言，企业的利润与市场占有率会朝同一方向变化，即市场占有率提高了，企业的利润也会相应地增加。特别是当市场占有率达到一定水平时，企业往往可以在一定程度上控制和左右产品的市场价格。因此，许多企业把提高市场占有率作为定价目标。企业在具体实施这一定价目标时，应注意以下两方面问题。

① 企业要有充足的产品和较强的生产能力。因为扩大市场占有率必然导致产品销量增加，企业必须有充足的产品供应，如果产品供应不上，竞争者就会乘虚而入。

② 企业要掌握低价的限度。为了扩大市场占有率，除采用其他营销策略外，企业往往会以较低的价格来吸引顾客。这就存在一个如何控制低价限度的问题。价格太低，会使单位产品的利润过少，即使市场占有率大幅度提高，总利润也不增加。因此，低价一般以平均利润为限，以总利润增加为前提。

（3）保持与分销渠道良好关系目标

分销渠道是实现产品销售的重要条件。企业必须与分销渠道建立良好的关系。定价要有利于产品在中间流通环节的分销。这就要求企业充分研究价格水平对中间商的影响，顾及中间商的利益，制定对中间商有吸引力的价格，激励中间商销售本企业的产品。对于新企业、刚入市的新产品，以及对中间商依赖性较强的产品，这种定价目标尤其重要。企业通常采用低价让利、价格折扣、价格补贴等措施来保持与分销渠道的良好关系。

3. 竞争导向目标

竞争导向目标是根据市场竞争的需要而制定的定价目标。常见的竞争导向目标有以下四种。

（1）维持企业生存目标

当企业处于经济萧条、生产过剩、竞争加剧的经营环境，或面临消费者需求和偏好发生变化的情况时，生存就可能成为企业主要的定价目标。此时，为了维持经营，企业将不得不按等于甚至低于成本的价格定价，企业对利润的追求只能让位于生存的需要。维持企业生存目标只能是短期定价目标，从长期来看，企业要么设法改变处境，获得利润；要么退出市场。

（2）稳定价格目标

稳定价格目标是企业为了保护自己，准备长期经营、巩固市场占有率的定价目标。稳定的价格能避免恶性价格竞争，降低企业经营风险，为企业带来较为稳定的收益。这一目标一般为实力雄厚、规模较大，在同行业中处于领先地位的大企业所采用。

（3）避免和应付竞争目标

这一定价目标往往为中小企业所采用。中小企业为了适应或避免产品在价格方面的竞争，通常以本行业中对价格起支配作用的大企业的价格为标准，使本企业产品价格与之保持平衡，以避免在竞争中失败。

（4）战胜竞争者的目标

战胜竞争者的目标是指企业通过所制定的价格使产品销量迅速增长，以扩大市场份额，实现战胜竞争对手的目的。实施此目标往往会引起价格战，有可能造成两败俱伤的后果。

9.1.2 产品成本

产品成本由产品在生产、流通过程中的所有支出费用构成。企业要想进行再生产，就必须通过产品交换以补偿支出，否则企业就无法进行下一轮生产。因此，企业在进行定价决策时要以产品成本作为定价的最低界限，如果定价低于这个界限，企业连成本都无法补偿，企业的经营也就无法延续。

在管理决策中，常把成本分为固定成本和变动成本。

1．固定成本

固定成本是指企业在固定投入要素上的支出。在一定的生产规模条件下和一定时期内，当产品的产量发生变化时，这种成本并不会随之发生相应的变化。如企业的房屋建筑物、机器设备等发生的折旧费，厂部管理人员的工资、办公费等，就属于固定成本。不管企业当期产品产量是多少，固定成本都会按相同的总额发生。也就是说，即使企业当期没有生产产品，或者当期产品产量属于正常水平，又或者当期产品产量超过正常水平，固定成本都会按同一个总额出现。将固定成本除以当期产品产量，就是平均固定成本。虽然固定成本不随产品产量的变化而变化，但是平均固定成本却是随产品产量的变化而变化的：产品产量越大，则平均摊销到每一件产品上的平均固定成本就越小。因此，提高产品产量可以降低产品成本，提高产品利润。

2．变动成本

变动成本是指企业在可变投入要素上的支出，其总额是随着产品产量的变化而相应变化的，如生产产品必需的原材料费用，产品的包装费用，车间生产工人的计件工资，企业直接营销费用等。当当期产品产量上升时，变动成本随之上升；而当当期产品产量下降时，变动成本也随之下降；如果企业不进行产品生产和销售，那么变动成本就为零。将总变动成本除以产品产量，就是平均变动成本。平均变动成本在短期内相对稳定，一般不会发生大的变化。

3．总成本

固定成本和变动成本的总和就是总成本。根据上面的阐述可以知道，当产品产量为零，即企业当期没有生产产品时，变动成本没有发生，因此变动成本为零，则这时的总成本实际上就等于固定成本。这一点能够帮助人们更好地了解为什么定价决策首先要考虑成本因素。当期产品的总成本除以当期产品产量，就是当期每一件产品的单位成本。单位成本随产品产量增加而呈下降趋势，但这个趋势并不是一直持续的。当产品产量达到一定规模时，单位成本就表现为某一个最低值，如果继续增加产量，这时单位成本就会上升。之所以如此，是因为当生产规模超出企业承受界限时，企业必须投入资金，进行厂房扩建、购买机器设备等扩大生产行为，这就必然导致固定成本上升，这种上升的成本使得单位成本也随之上升。因此，企业进行定价决策时必须掌握这些变化规律。

另外，企业进行定价决策时，还有必要了解机会成本。当企业进行定价决策时，因为选择某项经营活动而必须以放弃另一项经营活动的机会为代价，或者因为获得某种收入而必须放弃另一种收入，这种代价或收入就是企业正在从事的经营活动的机会成本。在定价决策中，了解机会成本是为了提醒决策者正确选择和决策，使企业实际得到的收益超过机会成本。

9.1.3 企业的营销组合

定价策略是营销组合中的一个重要组成部分，营销决策者选择定价策略时，必须考虑其与其他营销策略的相互影响，尽量使定价策略与其他营销策略相适应，发挥最佳的综合效应。比如营销组合中的渠道因素，对企业的影响不仅表现在产品的销量上，还表现在产品的定价决策上。可以说，渠道的长度对产品价格的影响相当明显。如果渠道长，企业必须考虑到渠道上的每一个环节，因为代理商和销售商必须赚取满意的利润，才会全力去销售他所代理的产品，因此，产品渠道越长，定价也就越高。同时，渠道上的代理商和销售商通常存在一定的依赖心理，等待产品生产商的广告宣传支持，产品生产商因此必须投入大量的宣传费用，这种投入又转化为产品成本，从而使得产品价格上升。

9.1.4 消费者的购买心理

知识链接 9-1

梯子定价策略

梯子定价策略是指以分阶段对商品进行由低到高打折的方式促进商品销售。它利用了消费者这种心态："我今天不买，明天就会被他人买走，还是先下手为强。"美国有一位商人在波士顿市中心开了一家商店，广为宣传采用"梯子价格"降价销售商品的信息，对具体商品只标出价格、上架时间和"售完为止"。其做法是：前 12 天按全价销售，第 13 天到第 24 天降价 25%；第 25 天到第 30 天降价 75%；第 31 天到第 36 天，如仍未售出，则送给慈善机构。事实上，许多商品往往未经降价就被顾客买走了。这种定价策略虽然是折价，但折价比例的不确定性和折价活动时间的不确定性使消费者形成一种焦虑心理，因担心赶不上便宜，消费者反而顾及不到具体的折扣和质量。

资料来源：闫小艳，2011．浅谈心理定价策略与技巧[J]．新西部（下旬．理论版）(8)，90

消费者的购买心理是营销决策者难以考察的一个因素。消费者的购买心理通常会受到许多内、外部因素的影响，如年龄、生活方式、性格、习惯、家庭环境、宗教文化、经济状况等，因此具有难以人为控制的特点。但是，难以人为控制并不表明没有规律可循。消费者的购买心理有以下几种类型。

1．求实心理

求实心理是指消费者以追求商品的使用价值为主导倾向的购买心理。消费者在选择商品时，高度重视商品的质量、功能和耐久性，表现出典型的"一分钱一分货"心理。消费者对商品的象征意义、造型款式并不看重。低收入者、老年人群消费者往往有这种心理。

2．求廉心理

求廉心理是指消费者追求商品价格低廉的消费心理。有这种心理的消费者对价格十分敏感，往往以价格为首选因素，对商品质量、包装、外形、品牌、功能等并不看重。低收入者往往有这种心理。

3．求便心理

求便心理是指消费者以购买时的方便和省时为主要倾向的消费心理。在这种心理因素主导下，消费者特别重视时间和效率，对产品本身可能不太挑剔，但要求等候和寻找商品的时间短，要求商品携带方便、便于使用和维修。成就感高、时间观念强的企业高级管理者或知识分子往往有这种心理。

4. 求新心理

求新心理是指消费者以追求商品的新颖、独特、时尚为主导的消费心理。在这种心理因素主导下，消费者选择商品时特别注重流行性、时尚性、新奇性，他们往往将商品的价格放在次要位置。具有这种心理的消费者主要是对时尚很敏感的年轻人和收入水平高且社交活动多的人群。

5. 求美心理

在求美心理的作用下，人们更注重商品的欣赏价值和艺术价值，在购买商品时，会特别重视商品的外观、包装、颜色、造型，讲究商品的包装和装潢。调查显示，在近四百名各类消费者中，购买商品首先考虑其美观和艺术性的人占总调查人数的 41.2%，其中教育工作者、文艺工作者、政府机关工作人员和大学生占了 80%以上。

6. 求名心理

消费者更注重商品的品牌效应、档次与地位，其购买的主要出发点是提高、显示、追求自己的身价、地位，其购买行为的实质是购买者渴望得到他人的肯定和认可。大学生、高收入人群、政治地位较高人群的求名心理消费行为表现得更明显。

7. 从众心理

具有这类心理的消费者在购买商品时往往会于不知不觉中模仿他人，他们往往缺乏主见，很容易受到他人购买行为的影响。很多企业选择文艺、体育明星作为商品形象代言人，实质上就是为了影响具有从众心理的消费者。这类消费者并非对商品价格不注重，他们经常会在跟随他人购买之后产生后悔心理，特别是对一些不急用而且价格较高的商品。

8. 嗜好心理

嗜好心理是指消费者为满足个人的兴趣和爱好而进行购买的消费心理。具有这类心理的消费者往往有个人嗜好，如爱好搜集古董和书籍、集邮等。他们往往具有一定的专业知识，购买行为较理智，不会轻易受他人影响。

企业在进行定价决策时，有必要了解商品的目标消费者的主要购买心理，并制定符合他们心理需求的价格，以促进商品的销售。

9.1.5 市场竞争状况

竞争和成本一样，也是影响定价决策的核心因素。企业所处的市场竞争环境深刻地影响着营销决策，因此也深刻地影响着定价决策。按照市场上企业的数量和规模的大小、企业所生产的产品的差异化程度、企业进入或者退出一个行业的难易程度等特征，市场可分为完全竞争、完全垄断、垄断竞争和寡头垄断四种类型。每一种类型的市场，其竞争状况不同。企业应识别本行业市场的类型，适应不同的竞争状态，采用不同的定价策略。

9.1.6 市场供求状况

无论是消费者还是生产者，都受到商品供求关系的深刻影响。之所以如此，是因为商品的供求关系与价格相互影响。供求关系规律是市场经济的基本规律之一，它告诉人们，供求决定了价格，而价格也反过来影响供求。

1. 供求与价格的关系

（1）需求与价格的关系

一种商品的需求是指消费者在一定时期内在各种可能的价格水平下愿意而且能够购买的该商品的数量。需求与价格的关系表现为：商品价格下降时，市场需求量上升；商品价格上升时，市场需求量下降。也就是说，价格与需求之间存在反方向变动的关系。

（2）供给与价格的关系

一种商品的供给是指生产者在一定时期内在各种可能的价格水平下愿意而且能够提供出售的该种商品的数量。供给与价格的关系表现为：商品价格上升，刺激生产者为追求更多利润而进一步扩大生产和供应，导致市场上该商品供应量上升；当商品价格下降时，若生产者认为利润不理想就会收缩生产规模，从而导致市场上该商品的供应量下降。供给与价格的变动方向相同。

（3）均衡价格

在市场经济条件下，供给与需求必须互相适应。因此，供给与需求在价格的变动中最终会趋于平衡，即它们在某一个价格点上最终相交，这个价格点被称为价格均衡点，这时市场供求处于平衡状态。此时，商品的价格是买卖双方都能接受的“均衡价格”。一种商品的均衡价格是指该商品的市场需求量和市场供应量相等时的价格。均衡价格是市场上供给与需求两种力量相互作用的结果，当市场上其他一些影响供给与需求的因素（如消费者的收入水平、生产者的技术水平等）发生变化时，会导致供给与需求发生变化，从而带来均衡价格的变化。因此，均衡价格仅仅是相对稳定的。

2. 需求价格弹性

（1）定义

需求价格弹性又称需求弹性，它反映了需求量对价格变动的反应的灵敏程度，一般用需求弹性系数来衡量这种灵敏程度。

（2）需求弹性系数的计算

需求弹性系数是用需求量变动百分比除以价格变动百分比来计算的。用公式表示为：

$$Ed=-\frac{\frac{\Delta Q}{Q}}{\frac{\Delta P}{P}} \tag{9-1}$$

式中，Ed 为需求弹性系数；ΔQ 为目标期与基期需求量的差（需求量的变动量）；Q 为基期需求量；ΔP 为目标期与基期价格的差（价格变动量）；P 为基期价格。在通常情况下，商品的需求量和价格是反方向变动的，式（9-1）等号右侧加了一个负号，以使需求弹性系数取正值。

（3）影响需求弹性系数的因素

需求弹性系数的大小往往受到商品的可替代性、用途的广泛性、对消费者生活的重要程度、消费支出在消费者总支出中所占的比重，以及所考察的消费者调节需求量的时间因素的影响。

（4）需求价格弹性的类型

由于不同的产品具有不同的需求价格弹性，因此，定价决策需要考虑需求价格弹性，即通常要考虑以下三种情况。

① 富有弹性（$Ed>1$）。当商品需求量的相对变动大于其价格的相对变动时，此种商品的需求富有弹性。价格的升降会引起需求量更大幅度的变化，因此，降低价格会增加企业的销售收入；相反，提高价格会减少企业的销售收入，即销售收入与商品的价格呈反方向变动。“薄利多销”的经营理念适合这种商品。

② 缺乏弹性（$Ed<1$）。当商品需求量的相对变动小于其价格的相对变动时，此种商品的需求缺乏弹性。价格的升降会引起需求量较小幅度的变化，因此，降低价格会使企业的销售收入减少；相反，提高价格会使企业的销售收入增加，即销售收入与商品的价格呈同方向变动。对于缺乏弹性的商品，定价时可适当采取高价以增加销售收入。

③ 单一弹性（$Ed=1$）。当商品需求量的相对变动等于其价格的相对变动，即需求量与价格等比例变化时，此种商品的需求为单一弹性。如果该商品的价格下降10%，其销量会上升10%；相反，如果该商品的价格上升10%，其销量会下降10%。企业对于这种商品一般采用市场通行的价格，主要通过其他营销手段去扩大销售、提升利润，而不以调整价格为主要手段。

小思考 9-1

（1）校园超市每桶爆米花的价格由2元上升至2.3元，导致其日销量由100桶降至80桶。此时，爆米花的需求弹性系数为多少？

（2）香烟的需求弹性系数是0.4，如果现在每盒香烟为12元，政府想减少20%的吸烟量。那么香烟的价格应提高多少？

（3）某商品原来的价格为10元/千克，销量为1000千克，该商品的需求弹性系数为2.4，如果该商品价格降至8元/千克，则此时的销量是多少？降价后总收益是增加了还是减少了？

9.1.7 国家政策与法律

在市场经济条件下，企业产品定价并非只受市场供求和价值规律的影响，还受国家相关政策的影响。国家政策对企业产品定价的影响表现为显性和隐性两个方面。所谓显性影响是指直接对企业产品定价产生的影响，如国家的价格政策、规定的价格基数和控制的价格浮动幅度，就属于显性影响。隐性影响是指国家政策对企业产品定价的影响并不是直接表现出来的，而是通过其他方面影响着企业。例如，国家在行业调控方面的政策，往往会影响企业的成本，并影响到企业产品定价。同样，国家一定时期的货币政策也会对企业产品定价产生隐性影响。例如，国家提高粮食的价格，则粮食深加工企业的成本必然增加，这些企业就会采取提价策略，而粮食产品的销售商肯定也会相应地提高粮食的售价，在这里，同时表现出了隐性和显性两方面的影响。另外，国家的价格法规也是企业在进行定价决策时必须遵守的，企业应随时关注这些法规的变化。

9.2 定价的一般方法

影响企业定价的因素很多，在一定时期内，企业定价时主要考虑成本、需求与竞争三大因素。企业制定的价格既不能低得无利可图，也不能高得无法产生需求，而应是介于其间。成本、需求、竞争三个主要因素对企业定价的影响主要表现为：产品成本是定价的下限，竞争者的价格和替代品的价格是定价的定向点，消费者对产品独特的评估是定价的上限。产品的定价方法是指企业在一定的定价目标指导下，参考产品成本、市场供求、市场竞争等因素，具体对产品价格进行计算的方法。企业在选择定价方法时，都会考虑上述一个或一个以上的因素，企业的产品定价方法可以分为三类：成本导向定价法、需求导向定价法和竞争导向定价法。

9.2.1 成本导向定价法

成本导向定价法是一类主要以成本为依据来制定价格的方法。这一类方法操作简单，在实际工作中得到较为广泛的应用。

1. 成本加成定价法

成本加成定价法就是在单位产品成本的基础上加上按照单位产品成本的一定比率所确定的利润作为产品价格的一种定价方法。其计算公式如下。

$$单位产品价格=单位产品成本\times(1+成本加成率)$$

成本加成率为预期利润占产品成本的百分比。确定成本加成率需考虑企业产品的需求价格弹性。如果某品牌产品的需求价格弹性高，成本加成率就应相对低些；如果某品牌产品的需求价格弹性低，成本加成率则应相对高些。当需求价格弹性保持不变时，成本加成率也应保持相对稳定，以制定出最合适的价格。

成本加成定价法之所以被很多企业采用，主要原因在于：①成本的不确定性一般比需求的不确定性小，将价格盯住单位产品成本，可以大大简化企业定价程序，使企业不必根据瞬息万变的需求情况而做调整；②若行业中所有企业都采取这种定价方法，则价格在成本与成本加成率相似的情况下也大致相似，价格竞争也会因此降至最低限度；③许多人认为成本加成定价法对买方和卖方都比较公平，当买方需求强烈时，卖方不需要利用这一有利条件谋取额外利益就能获得公平的投资报酬。

成本加成定价法的不足表现在：①不能反映市场需求与消费者对于产品价值的理解；②成本分摊比较困难，比如，当产品销量不确定时，固定成本在单位产品上的分摊难以确定；当企业经营多品种时，很难找到一种通行的成本分摊方法，特别是间接费用的分摊难以确定。

小思考 9-2

派克汉尼汾的产品定价

派克汉尼汾是一家为航天、运输和制造行业生产零部件的制造商。在唐纳德成为该公司的首席执行官之前，该公司定价方法只有一种：计算产品的生产和运输成本，然后在此之上加上一个统一的比例（通常是 35%）。虽然这个方法以前很管用，但唐纳德却要求公司像零售商一样思考问题——收取顾客愿意支付的价格。这个做法最开始遭到公司中一些部门的抵制，于是唐纳德征集了在反对者看来新定价方法会失败的 50 个最常见理由，并宣称他只会接受不在该清单上的理由。在这个新的定价方法下，派克汉尼汾的产品根据竞争程度分为了 4 类。其中，大约 1/3 的产品处于利基市场，在这一市场，派克汉尼汾提供独特的价值，竞争程度很低，可以制定高价。唐纳德在每一个部门安排一个定价专家来协助定价。生产工业接头的部门重新审核了 2000 种产品，发现其中有 28%的产品定价过低，提价幅度可为 3%～60%。这个新的定价方法帮助公司获得了更高的利润，在下一个财年派克汉尼汾的利润增加了 10 亿美元。

资料来源：科特勒，凯勒，2016．营销管理：第 15 版[M]．何佳讯，等译．上海：格致出版社

请阅读资料，并思考：

成本加成定价法有哪些不足？

2．盈亏平衡定价法

盈亏平衡定价法就是利用盈亏平衡分析法来制定产品价格。盈亏平衡分析法又称保本分析法或量本利分析法，是通过考察产量（或销量）、成本和利润的关系，以及盈亏变化的规律来为管理决策提供依据的方法。使用这种方法进行分析时，需要将产品的总成本划分为固定成本和变动成本，并假定生产的产品都能销售出去，即产品的产量与销量相等。此方法简单、实用，是管理决策中常用的定量分析方法，也可以用于企业的定价决策。

设 Q 为产品产量，F 为总固定成本，v 为单位变动成本，C 为总成本，p 为产品价格，S 为销售收入，π 为盈利，则：

$$S = p \cdot Q$$

$$C = F + v \cdot Q$$

$$\pi = S - C$$

盈亏平衡时，$\pi = 0$，

则盈亏平衡时的产品价格为：

$$p^* = \frac{F}{Q} + v \qquad (9\text{-}2)$$

目标盈利为 $\pi(\pi \neq 0)$ 时的盈利价格为：

$$p_{盈}=\frac{F+\pi}{Q}+v \tag{9-3}$$

3. 变动成本定价法

变动成本定价法又称边际贡献定价法，是一种以变动成本为基础的定价方法。其计算公式为：

单位产品价格=单位变动成本+单位边际贡献

边际贡献是销售收入与总变动成本之差。单位边际贡献是单位产品价格与单位变动成本之差。边际贡献、成本、盈利（或亏损）之间的关系如图 9.1 所示。

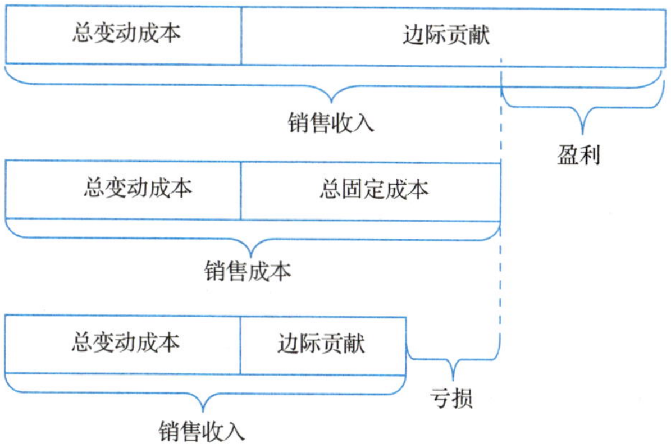

图 9.1 边际贡献、成本、盈利（或亏损）之间的关系

这种定价方法没有考虑固定成本，这是因为单位产品价格大于单位变动成本的部分可以补偿固定成本，补偿后的余额即为盈利。

企业在市场竞争激烈、产品供过于求或订货不足时，采用变动成本定价法来增强企业的竞争能力和生存能力，是非常有效的。

【例 9.1】某企业 A 产品的生产能力为每年 1000 台，全年固定成本总额为 50 万元，单位变动成本为 1000 元/台，每台售价 2000 元，目前企业已有订货 600 台。现有顾客提出订购 400 台，但每台出价只有 1200 元，问：顾客的订货是否可以接受？

解：如果按照企业现行的价格水平，该顾客的出价显然是不能接受的，但是，如果采用变动成本定价法的思想，这批订货就完全可以接受。

这是因为，如果不接受这批订货，那么企业的盈利为

盈利=销售收入−总成本
=销售收入−(变动成本+固定成本)
=600×2000−(600×1000+500000)
=100000 (元)

如果接受订货的话，则盈利为

盈利=[600×2000−(600×1000+500000)]+(400×1200−400×1000)
=180000 (元)

接受订货比不接受订货多盈利 8 万元，原因在于固定成本不随销量的变化而变化。由于固定成本已经被已有的 600 台订货所分担，新增加的 400 台订货只要售价大于单位变动成本，就有盈利。

9.2.2 需求导向定价法

成本导向定价法的出发点是成本，没有考虑市场需求与竞争，适合于卖方市场；而需求导向定价法的出发点是市场需求，是根据市场需求状况和消费者对产品的感觉差异来确定价格的定价方法，它的特点是价格随需求的变化而变化。这一方法符合现代市场营销中以消费者需求为中心的营销理念。它主要包括认知价值定价法、需求差异定价法、反向定价法。

1. 认知价值定价法

认知价值定价法是根据消费者对产品价值的主观判断来确定价格的方法。所谓“认知价值”，就是消费者对产品价值的主观评价，通俗地说，就是企业提供的产品在消费者心目中值多少钱。这种定价方法认为，对于某一产品的性能、质量、服务、品牌、包装等，消费者心目中都有一定的认知与评价。消费者往往会根据他们对产品的认知、理解或感受的价值水平，综合购物经验、对市场行情和同类产品的了解而对价格做出评判。企业产品的价格如果与其在消费者心目中的价值相吻合，就会更有利于产品的销售。

企业实施认知价值定价法面临的首要问题是如何准确地获得消费者对产品的认知价值，解决这一问题要求企业进行广泛的市场调研。调研方法包括以下三种。

① 直接价格评定法。先邀请与产品有关的人员，如中间商、消费者、产品专家等，直接对产品的价值进行评定，给出他们认为合理的价格，然后在调研数据的基础上，利用一定的技术方法确定产品的最终价格。

② 相对价值评分法。先邀请有关人员对本企业的产品和其他企业同类产品进行打分，按照评分结果排序，然后根据其他产品的市场平均价格，为本企业产品确定最终价格。

③ 诊断评议法。在使用相对价值评分法，邀请相关人员给各企业的产品打分时，还可以先请相关人员根据产品的不同属性特征给出一个分值，然后根据每种属性的重要性及对价格的影响力，确定相应的权数，最后用加权平均法计算出各企业产品的最终得分。

同时，企业还可以运用各种营销策略和手段，如建立一个强势品牌，来影响消费者对产品价值的认知，使其形成对企业产品有利的认知价值。一瓶法国香水与一瓶国产香水的价格相差几十倍，甚至上百倍，这种差价形成的主要原因不是成本和质量，而是法国香水的品牌极大地提高了消费者的认知价值。

2. 需求差异定价法

需求差异定价法又称差别定价法，是指根据因销售的对象、时间、地点等不同而产生的需求差异，对相同的产品采用不同价格的定价方法。在这里，同一产品的价格差异并不是产品成本不同引起的，而主要是由消费者需求的差异所决定的。这种定价方法可以使同一产品在同一市场上有两个或两个以上的价格，或使不同产品价格之间的差额大于其成本之间的差额。这种方法的好处是可以使企业的产品定价最大限度地符合市场需求，促进产品销售，有利于企业获取最佳的经济效益。

事实上，这种价格差异的基础是消费者需求、地区及时间的差异等。采用这种定价方法，一般是以产品的历史定价为基础，根据市场需求变化的具体情况，在一定幅度内变动价格。这种方法通常有以下三种具体实施方式。

① 基于消费者需求差异的差别定价。即根据不同消费者在消费性质、消费水平和消费习惯等方面的差异，制定不同的价格。比如，会员制下的会员顾客与非会员顾客的价格差别；学生、教师、军人与其他顾客的价格差别；新老顾客的价格差别；国外顾客与国内顾客的价格差别；等等。企业可以根据消费者群体购买能力、购买目的、购买用途的不同，制定不同的价格。

② 基于地区差异的差别定价。由于地区间存在差异，同一产品在不同地区销售时，可以制定不同的价格。

③ 基于时间差异的差别定价。在实践中往往可以看到，同一产品在不同时间段的效用是完全不同的，消费者的需求强度也是不同的。在需求旺季，产品需求价格弹性较小，企业可以提高价格；在需求淡季，产品需求价格弹性较大，企业可以采取降低价格的方法吸引更多消费者。

知识链接 9-2

价格歧视：一种极为有趣的商业现象

用学生证购电影票为何能半价？KTV 的下午场和深夜场为何那么便宜？对于同样的服务项目，美发店为何会给会员价格折让？景点为何会向老年人、军人、残疾人、学生等提供价格优惠？价格歧视是一个非常有趣的商业现象，不仅能够让你赚到更多钱，还能使社会资源配置更优。在移动互联网时代，在价格透明度这么高的环境下，我们如何实现利润最大化，用同样的产品卖出不同的价格呢？

首先，要了解什么是价格歧视。

有一种商品，成本是 10 元，有 100 人愿意以 20 元购买，有 20 人愿意以 50 元购买，有 5 人愿意以 100 元购买，价格该定多少呢？20 元吗？最高境界的定价是以 20 元卖给愿意出 20 元的，以 50 元卖给愿意出 50 元的，以 100 元卖给愿意出 100 元的。如此，才能实现利润最大化目标，赚取最多的利润。上述商品定价法就是价格歧视定价法，即把有支付能力的人找出来，对不同人群制定不同的价格策略，让有钱人为同一件商品多付钱，让各个消费层次的人尽可能掏出口袋里的钱。价格歧视定价法的核心是要对不同消费者进行区分，而区分的唯一标准就是“消费者剩余”。

价格歧视实质上是一种价格差异，它是指商品或服务的提供者在向不同的接受者提供相同等级、相同质量的商品或服务时，在接受者之间实行不同的销售价格或收费标准。经营者在没有正当理由的情况下，就同一种商品或者服务，对条件不同的若干买主实行不同的售价，就构成了价格歧视行为。

其次，要了解什么是消费者剩余。

比如，一件商品的成本是 10 元，有人最多愿意出 50 元购买，结果 30 元就成交了，那么他在这件商品上的消费者剩余就是“50−30=20(元)”，即愿意成交价和实际成交价之间的差价就是消费者剩余。再如，有人最多愿意出 35 元，但实际用 30 元完成了交易，那么他的消费者剩余就是 5 元。到此，你应该不难发现，价格歧视定价法的目的就是吃掉消费者剩余，实现利润最大化。

最后，要了解如何实施价格歧视。

（1）地域歧视

家电、服装、汽车等行业是典型利用地域来进行价格歧视定价的行业。一般来讲，经济发达地区的价格会高于经济欠发达地区。这就是发生窜货的原因（不同区域之间价格有落差）。苹果手机、欧洲奢侈品等在中国的售价都要高于国外，华为手机在欧洲的售价要比中国高，这些都属于利用地域进行价格歧视定价。

（2）群体歧视

电影票针对学生的定价就是典型的利用不同群体进行价格歧视定价的行为，以此类推，老人票、儿童票也是如此。除此之外，企业推出各类优惠券、团购的目的就是让低收入者经种种复杂而烦琐的动作取得优惠券或团购价，促进此类人群消费，并使高收入者因怕麻烦依旧保持高消费。

（3）机会成本歧视

把价格高的卖给机会成本高的消费者。比如 KTV、电影院的晚场比较贵，就是因为此时间段有高消费能力的人无须上班，不需支付昂贵的机会成本。同样，若是商务人士因公务紧急，需从长沙飞到深圳，一般就不太会去计较机票的价格；若是学生乘飞机去旅游，可能就会选择最经济的航班，不同时间的航班的价格不同，也是基于机会成本的价格歧视定价。

资料来源：根据网络资料整理

采用需求差异定价法必须具备一定的条件，具体如下。

① 符合国家的相关法律法规和地方政府的相关政策。

② 市场能够细分，且产品在各细分市场上具有不同的需求价格弹性。

③ 各个市场之间是分割的，低价市场的产品无法向高价市场转移。低价市场和高价市场是相互独立的，不能进行交易，否则低价市场的购买者会将低价购进的商品在高价市场上出售，使企业差异定价不能实现。

④ 差别价格不会引起顾客的反感，不会使他们产生被歧视的感觉，从而放弃购买、抵制购买。

⑤ 企业实行不同价格的总收入要高于实行同一价格的收入。差别价格能促进销售的增加。同时，细分市场和控制市场的成本费用不得超过因实行差别价格而获得的额外收入，也就是说，不能得不偿失。

⑥ 竞争者不能在企业以较高价格销售产品的市场上以低价竞销。

小思考 9-3

向不同的乘客提供不同价格的机票合理吗？

如果让你调查一下乘坐某航班的乘客，问一下他们的机票价格，你会得到多少个不同的价格？你会发现乘客的机票价格是不同的。由于航空公司想把每一个座位都卖出去，因此，航空公司会销售打折机票，并采取超额订票的方法销售机票。如果向每一位乘客销售打折机票，航空公司就会损失大量收入，从而无法赚取利润，所以，航空公司会在飞机起飞前销售打折机票，以便把所有位置都卖出去。同时，航空公司也保留一些价格较高的座位，以便销售给那些因行程发生紧急变化而愿意出高价买机票的人。

请阅读资料，并思考：

提供同样服务的航空公司被允许向不同的乘客出售不同价格的机票吗？有些数周前就订票的人买了高价票，而另一些仅提前几天买票的乘客却买到了低价票，这合理吗？航空公司向所有乘客收取同样的价格（机票的平均价格比现行平均价格稍微高点），不是更合理吗？

3．反向定价法

反向定价法又称可销价格倒推法或倒算法，是指企业根据产品的市场需求状况和消费者能够接受的最终销售价格，通过价格预测和试销、评估，先确定消费者可以接受和理解的零售价格，然后倒推批发价格和出厂价格的定价方法。因其定价程序与一般成本定价法相反，故称反向定价法。另外，因为它是根据市场需求确定出厂（进货）价格的，所以它属于需求导向定价法。

其计算公式为：

出厂价格=市场可销零售价格×(1−批零差价率)×(1−进销差价率)

显然，这一方法仍然是建立在最终消费者对产品认知价值基础上的。它的特点是：价格能反映市场需求情况；有利于企业巩固与中间商的良好关系，保证中间商的正常利润，使产品迅速向市场渗透；企业可根据市场供求情况及时调整，定价比较灵活。

9.2.3　竞争导向定价法

竞争导向定价法是指企业根据应对竞争或避免竞争的要求，以市场上的竞争者的产品价格作为企业定价的依据，结合本企业与竞争者的产品特色，制定出具有竞争力的产品价格，并根据竞争者产品价格的变动进行调整。竞争导向定价法包括随行就市定价法和密封投标定价法。

1．随行就市定价法

随行就市定价法又称流行水准定价法，是根据同行业企业的现行价格水平来为本企业产品制定价格的定价方法。

随行就市定价法是处于竞争市场中的企业通常采用的一种定价方法。采用这种方法时，企业既可以追随头部企业的产品价格来定价，也可以根据市场的一般价格水平来定价。在完全竞争市场上，任何企业都无法独立影响市场价格，它们定价时只能随行就市，根据市场的一般价格水平来制定价格；在垄断竞争市场上，一些中小企业经常会根据在市场中处于领导地位的大企业的产品价格来定价，它们没有实力用价格手段与大企业竞争，只能充当市场追随者的角色；而在寡头垄断市场上，各竞争企业相互比较了解，它们在长期的互相试探中可能形成一定的价格默契，任何一家企业都不会贸然改变价格，以避免产生恶性竞争。

随行就市定价法具有以下优点：首先，随行就市价格水平代表了整个行业中所有企业的集体智慧，在成本接近、产品差异小、交易条件基本相同的情况下，采用这种定价方法可以保证各企业获得利润；其次，各企业保持价格一致，易于与同行业竞争者和平相处，避免价格战和竞争者的报复，也有利于促进整个行业的稳定发展；最后，在竞争激烈、市场供求复杂的情况下，单个企业不易了解消费者对价格变化的反应，采用随行就市定价法既可以为企业节省调研时间和费用，又避免了因价格突然变动带来的风险，因而这是一种较为稳妥的定价方法。

2. 密封投标定价法

这是企业在参与投标、竞争大型采购项目时采用的定价方法。

在投标过程中，企业对标的物的报价是决定其竞标成功与否的关键因素。在不知道竞争对手报价的情况下，企业报价过高自然会得到更多的利润，但是却减少了中标的可能性；反之，报价过低，可以增加中标的可能性，但是失去了可能得到的更多的利润。因此，企业在投标前往往会拟几套投标方案，计算出各方案的利润，并根据对竞争者的了解和以往参与类似投标的经验，预测各方案可能中标的概率，然后计算各方案的期望利润，期望利润最大的投标方案中的价格就是企业的报价。

【例 9.2】某企业参与一项投标，期望利润的计算如表 9-1 所示。

表 9-1　期望利润计算表

方案	投标价格/万元	利润/万元	估计中标概率	期望利润/万元
A	8000	1000	10%	100
B	7600	800	15%	120
C	7200	500	20%	100
D	6800	300	25%	75

一般情况下，企业应选择期望利润最大的投标方案，即方案 B。当然，企业还可以考虑企业的整体目标，假如此时企业开工不足，急需获得项目，也可选择中标概率最大的方案，即方案 D。

知识链接 9-3

网上拍卖竞价

网上拍卖竞价是互联网时代产品定价的一种新方式，其中英式拍卖是目前较为流行的一种方法。这种拍卖方式是指：当竞买人发现感兴趣的产品时，通过网络浏览当前的最高出价，决定是否竞价，并且继续关注产品拍卖状态，一旦当前竞价高于该竞买人的竞价，拍卖站点会自动通知竞买人。网上英式拍卖与传统拍卖方式的主要差别是，网上英式拍卖需要事先确定拍卖起止时间。

此外，还有一种逆向拍卖方式，即允许购买者规定规格和愿意支付的价格，给参与的销售商提供相应的出价，即把传统零售商市场的功能倒过来。目前，网上拍卖已逐渐从单件物品拍卖，向多件相同物品拍卖和组合拍卖方向发展。网上拍卖竞价也因此成为互联网企业的一种产品定价方式。

资料来源：高孝平，2017．互联网企业产品定价策略试析[J]．商业经济（1）：75-77

9.3 定价的基本策略

企业采用不同的定价方法得出产品的基础价格后，还要根据不同的销售渠道、产品条件及消费者的具体情况，实行灵活多变的定价策略，以便更好地实现企业的定价目标与总体营销目标。所谓定价策略，是指企业在一定的定价决策目标指导下，根据产品的特点、市场状况、竞争状况和消费者购买行为而采取的定价手段。定价策略表现出定价决策的艺术性。

9.3.1 新产品定价策略

新产品上市之初，由于没有一个可供借鉴的价格和参考资料，定价比较困难。定价低了会影响企业的盈利，定价高了则可能无法为消费者接受。新产品定价策略包括撇脂定价策略、渗透定价策略和满意定价策略。

1．撇脂定价策略

撇脂定价策略是指企业以高价格将新产品投入市场，以便在产品生命周期的开始阶段取得较大利润，尽快收回成本，之后再逐渐降低价格的策略。这种先高后低的定价策略就像从鲜奶中撇去富有营养、有价值的奶油一样，从厚到薄，从精华到一般，故称撇脂定价策略。

撇脂定价策略具有以下优点：①高价格与高利润高度相关，有利于企业快速收回投资；②有利于企业掌握调价的主动权，企业在上市初期将价格定得较高，为以后调整价格留下余地，使企业在市场竞争中占据主动地位；③提高产品身价，树立高品质形象，刺激消费者购买。

撇脂定价策略也有一些不足：①在新产品的市场形象尚未树立之前，定价过高会使大多数消费者难以接受，从而不利于企业开拓市场；②过高的市场价格所带来的丰厚利润会引起大量竞争者进入市场，从而加剧竞争，迫使价格提前下跌，不利于企业的长期经营。

结合撇脂定价策略的优缺点可以看出，企业要实施这一策略，应该具备一定的条件：①新产品具有一定的垄断性，供给缺乏弹性，即新产品或技术独特，不易模仿，或受专利保护，使竞争者不能轻易进入市场；②新产品的需求价格弹性较小，消费者对产品的需求不会因高价而受到抑制；③新产品（如手表、珠宝）的高价格容易使消费者产生高档印象，会让消费者感觉到该产品符合自己的身份，是一种地位的象征；④如果新产品是短期需求的产品且对其未来需求难以预测，那么这类产品的生命周期较短，必须用高价格在短期内获得足够的利润，否则企业就可能亏损；⑤企业生产能力有限，新产品供不应求，小规模生产仍有较大的盈利空间。

小思考 9-4

“珍珠陈皮”的新产品定价

在20世纪80年代和90年代初，罐头在中国市场上有很大的销量，尤其是水果罐头，更是受到广大消费者的喜爱。汕头有一家罐头厂，以生产橘子罐头出名，该厂对剩下的橘子皮一直没有很好的方法处理，于是便将橘子皮以每500克0.09元的价格销售给药品收购站。橘子皮难道只有做成陈皮才有用吗？经过一段时间的研究，该厂开发出“珍珠陈皮”这一新用途，即将橘子皮做成小食品，这种小食品具有养颜、保持身材等功能。

以什么样的价格销售这一产品？经市场调查发现，妇女和儿童喜欢吃零食，且在此方面不吝花钱，但又怕吃零食会导致肥胖，珍珠陈皮正好可以解决这一问题，且市场上尚无同类产品。于是，该厂决定每袋（15克）售价1元。该产品投放市场后销售火爆。

请阅读资料，并思考：

（1）该厂采取了哪种定价策略？

（2）为什么要采用这种策略？

（3）低价销售是否能获得与高价销售同样多甚至更多的利润？

资料来源：根据网络资料整理

2. 渗透定价策略

渗透定价策略是指在新产品上市之初将价格定得较低，以吸引大量购买者，迅速占领市场，取得较高市场占有率的一种定价策略。

这种定价策略的优点是：①有利于新产品尽快被市场接受，企业可借助大宗销售来降低成本，以低成本的竞争优势获得长期稳定的市场份额；②低价微利会使许多竞争者望而却步，从而降低了市场竞争的激烈程度。

这种定价策略的不足是：①风险较大，一旦销量达不到预期水平，就可能给企业造成亏损；②在低价微利的情况下，研制新产品的投资不可能在短期收回，因而会影响企业资金周转；③过低的价格容易使消费者对产品质量和性能产生怀疑。

企业实施渗透定价策略，必须具备一定的条件：①产品的需求价格弹性较大，低价能较大幅度地增加销量；②新产品存在规模经济效益，大批量生产能显著降低成本，这样才能保证企业利用低成本竞争优势来维持低价格；③产品生命周期较长，市场的需求潜量足够大。如果产品在短时期内就会被其他产品所取代，那么低价可能导致企业无法收回投资。

3. 满意定价策略

满意定价策略又称温和定价策略，是指企业为了兼得撇脂定价策略和渗透定价策略的优点，将价格定在适中水平上的定价策略。这种定价策略介于撇脂定价策略和渗透定价策略之间，是一种居中的定价策略，它既能保证企业获得满意的利润，又能为消费者所接受，对买卖双方都有利。该策略具有风险小、易为各方接受和有利于企业实现目标利润等优点。其缺点是特点不突出且较为保守，产品难以打开销路，易使企业失去市场机会。

小思考 9-5

智能手机的新产品定价策略

苹果公司自 2007 年推出苹果手机以来，除第一代未在中国上市，定价是 599 美元之外，每一款新机型的起价皆为 5000 元以上，配置高的版本为 1 万元以上，即苹果手机采取的一直是撇脂定价策略。

2007 年 1 月 9 日，乔布斯向全世界宣布推出第一款苹果手机。它被认为是一款革命性的产品，具有革命性的操作系统，有革命性的触控体验——全触屏，最重要的是革命性的互联网功能，即将电脑功能与手机融合在一起了。就这样，一家原本做电脑的企业，基于其不断的创新精神，彻底改变了手机市场的格局。其独有的专利，使其敢于一直为其产品做撇脂定价。

苹果手机的撇脂定价给苹果公司带来了丰厚的利润，但撇脂定价却有一个致命的缺点，那就是高价格，这个缺点可能会导致苹果手机的市场份额被低价格的产品迅速瓜分掉。

2011 年，一个新兴的国产手机品牌横空出世，并创造了销量奇迹，它就是采取渗透定价策略的小米。小米在 2011 年推出了第一款智能手机，当时定价是 1999 元。面对苹果的高价格，很多消费者选择了低价格的小米。短短三年，小米就成为全球第三大手机厂商。

在尝到了低价渗透的好处之后，2013 年小米更是将渗透定价策略发挥得淋漓尽致，推出了红米系列手机。红米第一代手机创下了首发 90 秒售出 10 万台的销售纪录，红米系列凭借其低价优势和不俗的性能获得了大量消费者的喜爱。

渗透定价策略可以帮助企业创造如此惊人的销量奇迹，但它并非对每个企业都适用。小米创始人雷军就说过，如果按照传统手机推广策略，将广告、宣传、线下门店的各项费用加入其中，小米是很难盈利的，因此，小米为了维持其低价格，采取的是线上销售，按单加工，保持零库存的状态。

根据小米手机的案例，我们可以总结出渗透定价策略的适用条件，首先产品应是成熟产品的模仿品，其次产品是市场需求量大的产品，最后企业有最大限度降低产品成本的能力。也就是说，只有满足这三个条件，产品才可以实行渗透定价策略。

小米为了降低成本，采用了线上推广的方式，但正因为没有线下门店，小米也发生了一些损失，那就是损失了一部分习惯于门店购买的消费者群体。因此小米在 2016 年面临了巨大的威胁，这个威胁来自擅长传统推广方式的手机厂商 vivo 和 OPPO，它们的主要策略就是广泛地开设门店，大量地进行广告宣传。现在，我们再来看看手机市场的格局。2016 年，OPPO 首次在中国智能手机市场季度排名中位居第一，vivo 凭借 X7 的热销位居第二，华为（含荣耀）位居第三，小米和苹果分别位居第四、第五。小米的市场份额被明显挤占。所以说，这是一场线下推广的胜利。但线下推广又会增加成本，因此，vivo 和 OPPO 采取的都是价格居中的满意定价策略。

资料来源：赵雨，2018．通过智能手机发展历史解析新产品定价策略[J].现代营销（下旬刊）(1)：88

请阅读资料，并思考：

（1）苹果、小米、vivo、OPPO 分别采取了哪种定价策略？

（2）苹果、小米、vivo、OPPO 为什么可以采用不同的定价策略？

9.3.2 心理定价策略

心理定价策略是指运用心理学的原理，根据消费者购买产品或服务时的各种心理动机来制定产品或服务的价格，引导和刺激购买的定价策略。在实际应用中，心理定价策略主要包括尾数定价策略、整数定价策略、声望定价策略、习惯定价策略和招徕定价策略等。

1. 尾数定价策略

尾数定价策略又称零数定价策略、非整数定价策略，是指利用消费者对数字认知的某种心理，以低于某一整数的零头数结尾的一种定价策略。这种策略通常是以一些奇数或吉利数字结尾，如把价格定为 0.99 元、2.98 元、9.98 元等。这种定价策略可以产生一些特殊的心理效果。第一，便宜。标价 99.8 元的产品和 100 元的产品，虽然仅差 0.2 元，但前者给消费者的感觉是还不到“100 元”，而后者却使人产生“100 多元”的想法，因此前者可以让消费者认为产品价格低、便宜，更易于接受。第二，精确。带有尾数的价格会让消费者认为企业定价是非常认真、精确的，连零头都算得清清楚楚，进而会对企业的产品产生一种信任感。第三，中意。由于民族习惯、社会风俗、文化传统和价值观念的影响，某些特殊数字常常会被赋予一些独特的含义，企业在定价时如果能加以巧用，其产品就会因之而得到消费者的偏爱。比如，“8”作为价格尾数在我国比较流行，人们认为“8”即“发”，因此企业经常使用，又如“4”，人们认为不吉利，因此企业在定价时应有意识地避开，以免引起消费者对本企业产品的反感。尾数定价策略主要适用于价值较低而使用频率较高的产品。

知识链接 9-4

中国商品市场尾数定价模式

中国学者对“天猫商城”的商品价格数据进行研究发现，中国商品市场尾数定价模式主要有三种：8尾数定价、9尾数定价和方便定价。最受到偏好的是8尾数定价，约24.55%的价格尾数是8，在所有数字中出现的频率最高；其次是数字9，在价格尾数中出现的频率为19.84%；出现频率超过10%的数字还有0和5，分别为13.04%和11.14%。以上述四个数字结尾的价格占所有价格的比例超过68%。价格尾数序列中出现频率最低的数字是4，仅为2.41%。

资料来源：黄滕，金雪军，2014．吉利数字偏好、尾数定价与价格粘性：来自互联网的证据[J]．财贸经济（12）：121-132

2．整数定价策略

整数定价策略是指以整数结尾的定价策略，该策略常常以偶数，特别是0结尾。如以200元、800元、1800元等来表示产品的价格。这种定价策略可以使消费者产生一种品质高、可靠性强的心理感受，在消费者心目中树立高价优质的产品形象。对于拥有高地位、高收入的消费者来说，这种定价能显示出产品高贵、气派、有分量，购买和使用这样的产品能反映出消费者的地位和高档追求。对于需求价格弹性小的产品，这种定价有利于简化买卖双方的交易手续，提高交易效率。整数定价策略比较适合名牌、优质、高档或消费者不大了解的产品。

3．声望定价策略

声望定价策略是指企业利用高价格来树立产品及其品牌在消费者心目中的高档形象，或是企业利用已有的良好声誉、品牌和消费者仰慕名牌产品或名店的声望所产生的某种心理来制定产品价格的一种定价策略。在大众的心目中，高价总是与高质量联系在一起，很多消费者在以高价购买了某一产品后，就会愿意相信该产品具有高质量，而且购买高价产品还会使他们的某些特殊欲望得到满足。比如，低价香水会被认为是劣质产品，而高价香水不但会被看成是质量高的产品，而且会被认为是身份的象征。又如，名品名店可以显示出购买者的身份和地位。

4．习惯定价策略

习惯定价策略是指根据产品在消费者心目中早已形成的习惯价格来定价的一种定价策略。一些日用消费品，由于市场同类产品多且消费者经常购买，已经形成一个为广大消费者认同的习惯价格，企业不宜轻易而又频繁地变动价格，否则会引起消费者的不满。企业可以通过对产品品质、产品外包装、产品的质量和性能等方面进行变动来达到调价的目的，如将包装拆分成小包装或加大包装，改变产品外包装的颜色等。

5. 招徕定价策略

招徕定价策略是指多品种经营的企业利用消费者的求廉心理，特意将某几种产品的价格定得较低以吸引消费者前来购买这些产品的同时购买其他产品，求得整体销量上升的一种定价策略。这种定价策略以牺牲局部产品的利益来带动整体产品的销售，通常被一些超市、商场所采用。采用这种定价策略应注意以下问题：①低价品必须是大多数家庭都需要的，消费者对价格非常熟悉，低价格对消费者具有吸引力（消费者对价格具有敏感性）；②保证低价品的质量，不能以劣质产品降价来欺骗消费者，否则将失去声誉；③企业经营的品种多，这样才能达到消费者在购买低价品的同时选购其他产品的目的；④低价品的品种和数量适当，降价幅度适中，不至于造成过大的亏损。

知识链接 9-5

秒杀——网上商店的招徕定价

所谓“秒杀”，是指实体企业与网上商店合作，通过网上商店的平台在某个特定的时间段推出一些明显比市场通行价格低的商品，且有一定的销售数量限定，参与抢购的网民要在规定的开始时间后以比其他网民快的速度点击购买，才能抢购到该特价商品。由于商品价格极其低廉，具有较大的吸引力，再加上网络空间的广阔性，同一时间段内往往有众多的网民在等待出手，因此商品一上架就会被抢购一空，有时用时甚至不到一秒钟，因此又称“秒杀”。网上商店经营者一方面通过销售商品获取收益，另一方面也可以通过流量的增加获取收益，同时，“秒杀”活动可以为网上商店节省大笔的推广费，还可以在短时间内聚集相当大的浏览量。从这个意义上来说，“秒杀”与招徕定价策略的作用有相似之处，因此可以看作是招徕定价策略在网络购物中的创新应用。由于网民的需求非常广泛，网上商店也希望吸引尽可能多的网民，因此，秒杀商品就有比较大的选择空间。

资料来源：葛幼康，2012. 心理定价策略运用的思考[J].电子商务（4）：56-58

9.3.3 地理定价策略

产品的生产地与顾客的购买地之间必然存在着一定的空间距离，在产品的交易过程中，为了完成产品的实体转移，或多或少地会产生一些费用，如运输、仓储、装卸、整理、保险等费用。这部分费用由谁承担及如何承担是企业在销售过程中必须面对的一个问题，不同的处理方式会直接影响到企业产品的最终价格。地理定价策略是指企业依据产品的特性、所在地区的市场情况、交货条件、费用分摊等，对不同的地区实行不同价格的策略。地理定价策略包括原产地定价策略、统一交货定价策略、分区定价策略、基点定价策略。

1. 原产地定价策略

原产地定价策略是指企业按产品的产地制定交货价格，由顾客支付运输过程中的大部分费用并承担风险，卖方只负担货物装上运输工具的费用。在进出口贸易中，这类定价方法也被称为原产地离岸价格定价。原产地定价一般对生产者有利，它不仅减少了生产者的运输费用和运输风险，还简化了生产者的定价工作。另外，从理论上来说，每个顾客都各自承担与自己的订货相关的费用，也具有一定的公平性和合理性。但是，由于离产地较远的顾客必须承担更多的风险与费用，这就意味着在离产地越远的地区，产品的零售价会越高，这不利于企业对销售价格进行控制。同时，离产地远的地区的过高的运输费用必定会促进顾客就近购买，从而缩小了企业的市场范围。因此，这种定价策略比较适用于供不应求、贸易风险大的产品。

2. 统一交货定价策略

统一交货定价策略与原产地定价策略相反，企业将卖给不同地区顾客的某种产品都按相同的出厂价加相同的运费（平均运费）来制定价格。也就是说，不论顾客距离本企业远近，都实行统一价格，没有地区差价。这种定价策略计算方便，不但有利于企业加强对最终产品售价的控制，而且有利于促进远处的顾客购买本企业的产品，有利于企业扩大产品的销售范围。但是，近处的顾客会因为远处的顾客承担了部分费用而感到不公平。这种定价策略适用于运费占总价比重小的产品。

3. 分区定价策略

分区定价策略是对原产地定价策略和统一交货定价策略的一种改进。企业根据销售市场离产地的远近，将整个市场划分为若干区域，在各区域内实行统一定价，而不同区域之间的定价则根据距离的远近而有一定的差异。这种定价策略并不能从根本上解决统一交货定价可能带来的问题，往往还会带来灰色渠道问题。因为在同一价格区域，不同的顾客离产品产地的远近也不同。另外，处在两个相邻价格区域的不同顾客，虽然相距不远，但他们购买同一种产品的价格却不同。这种定价策略多用于市场销售具有明显区域性和交货费用在价格中所占比重较大的产品。

4. 基点定价策略

基点定价策略是指销售产品的企业选择一个或若干城市作为定价基点，以基点与顾客所在地之间的运费加上基点价格作为交货价格。作为定价基点的城市通常是该类产品的传统集散地。企业采用基点定价策略时，顾客可以选择到最近的基点购买，这样价格会相对较低，从而有利于企业扩大市场。这种定价策略一般适用于笨重、运输成本在价格中所占比重高、市场范围大、生产地点分布较广的产品。

9.3.4 折扣与让价策略

折扣与让价策略是指企业在基本价格的基础上，根据不同销售情况（交易对象、成交数量、交货时间、付款条件等），采用各种不同方式，给顾客一定比例的价格减让的一种价格策略。这种策略实质上是一种价格优惠，有利于企业更有效地吸引顾客，鼓励顾客购买本企业产品，是企业的重要价格竞争手段。折扣与让价策略包括数量折扣、功能折扣、现金折扣、季节折扣、让价等形式。

1. 数量折扣

数量折扣是根据顾客购买数量的多少，分别给予不同幅度的折扣优惠。顾客购买得越多，获得的折扣优惠就越大。其目的是鼓励顾客大量购买。数量折扣有累计数量折扣与非累计数量折扣两种。

① 累计数量折扣是指当顾客在一定时间内多次购买产品，累计达到一定数量或金额时，按总量的大小给予顾客不同折扣优惠的价格策略。例如，某零售企业规定，顾客在一年内累计购买达到 10000 元，年底给予 1%的折扣；累计购买达到 20000 元，年底给予 2.5%的折扣。该策略意在鼓励顾客经常向本企业购买产品，成为稳定的长期客户。特别适用于长期交易的产品、大批量销售的产品及需求相对稳定的产品。

② 非累计数量折扣是指当顾客一次购买某种产品达到一定数量或购买多种产品达到一定数量（金额）时，根据数量的不同给予顾客不同折扣优惠的价格策略。例如，某服装企业规定，一次性购买 140～149 件，在目录价格的基础上优惠 4%；一次性购买 150～199 件，优惠 6%；一次性购买达到 200 件及以上，优惠 8%。这种策略不仅能鼓励顾客一次性大量购买，还有利于企业节省销售、储存和运输费用。这种策略适用于短期交易的产品、季节性产品及易腐烂、易过时产品等。

无论是累计数量折扣还是非累计数量折扣，企业在实施时都需要合理确定实行数量折扣的起点，正确划分数量折扣的档次，合理确定各档次的折扣率。

2. 功能折扣

功能折扣又称中间商折扣、交易折扣，是指生产企业根据渠道上中间商在产品分销过程中所承担的功能、责任和风险的不同给予其不同的折扣优惠。在产品分销过程中，各类中间商在不同的环节承担不同的职能，需支付相应的费用，生产企业应按不同环节给予中间商一定折扣，这样既能使各环节的中间商经营有关产品的成本和费用得到补偿，使中间商有一定的利润，又有利于鼓励各环节的中间商积极订购本企业产品，与本企业建立长期、稳定、良好的合作关系，从而扩大销售。

3. 现金折扣

现金折扣是指企业在实施赊销政策的情况下，给予迅速付款的顾客的一种价格折扣。其直接目的并不是扩大销售，而是鼓励赊购的顾客尽早支付货款，加快资金周转，降低回收欠款的费用和减少坏账损失。现金折扣针对的是在约定期限立即付款的顾客。例如，“2/10净 30”付款约定是指如果顾客在 10 天内付清，则能得到 2%的折扣；如果顾客没有在 10 天内付清，还可以在 30 天内付清，但得不到 2%的折扣；如果超过 30 天还未付清，则要加付货款利息。

4. 季节折扣

季节折扣是指对购买过季产品或服务的顾客提供的价格减让。例如，羽绒服生产企业为夏季购买其产品的顾客提供较大折扣。季节折扣鼓励顾客提前购买或在淡季购买，它有利于企业减少库存，加快资金周转，避免因季节需求变化而带来生产上的大幅度波动。

5. 让价

让价是折扣的另一种形式，有利于顾客或中间商积极消费或购买企业的产品。让价的形式比较灵活，主要有以下两种。

① 以旧换新让价。这是指企业收进顾客同类产品的旧货，对其购买新货的价格给予一定的让价。例如，一台新的电视价值 2100 元，顾客交回的旧电视作价 300 元，那么顾客再付 1800 元就可购得新电视。这种策略有利于鼓励顾客积极购买新型产品，提高顾客的忠诚度，适用于家用电器、汽车等耐用产品的销售。

② 促销让价。这是生产企业给予参加其产品促销活动的中间商的一种减价，用以补偿他们的促销费，以调动中间商推销产品的积极性。比如生产企业对中间商刊登地方性广告、进行营业推广、宣传等活动给予津贴补偿。

9.3.5 产品组合定价策略

企业产品组合中的产品之间存在需求和成本的相互联系，会产生不同程度的竞争，所以企业需制定出一系列的价格，使整个产品组合实现利润最大化。产品组合定价策略有以下几种形式。

1. 产品线定价

产品线定价是指对产品线内的不同产品，根据不同的规格、型号、质量和档次，顾客的不同需求及竞争者产品的情况，确定不同的价格。例如，某家电品牌对所经营的某系列 50 英寸、55 英寸、60 英寸、70 英寸等不同屏幕大小的电视机分别定价 2099 元、2699 元、2799 元、3699 元，由于大屏幕电视机需求量较大，因此定价高、获利多，而小屏幕电视机已不受欢迎，因此定价低（甚至低于它的成本），但从总体上看，企业仍然有较大的收益。又如，某品牌男士西装分别定价 1200 元、650 元、380 元三个水平，顾客自然会把这三种价格的西装分为高、中、低三个档次进行选购。企业进行产品线定价时应注意，产品线中不同产品之间的价差要适应顾客的心理要求，价差过大，会诱导顾客趋向于某种低价产品；价差过小，会使顾客无法确定选购目标。

2．选择品定价

许多企业在提供主要产品的同时，还提供某些与主要产品密切相关的选择品。例如，汽车经销商除销售汽车外，还提供电动窗户控制器和灯光调节器等选择品。这些选择品定价合理与否也会直接影响到主要产品的销售。选择品定价有两种方式：一是将选择品的价格定得较高，靠它来盈利；二是以低价的选择品来招徕生意。例如，餐馆里的饭菜是主要产品，酒水是选择品。有的餐馆将酒水的价格定得高，饭菜价格定得低，只以饭菜的收入来弥补经营费用的开支，而靠酒水赚钱；也有的餐馆将酒水价格定得低，饭菜价格定得高，吸引顾客光临，并靠饭菜的高价获利。

3．互补品定价

互补品是指必须配套使用的产品，如剃须刀的刀架与刀片。同时生产两种相关产品的企业一般将主体产品价格定得较低，以吸引顾客购买，而将与其互补的产品的价格定得较高。顾客一旦购买了主体产品，还须购买其互补品，企业可以通过提高互补品的价格来弥补主体产品低价造成的损失，并获取长期的利益。

4．产品系列定价

企业经常会将其生产和经营的产品组合在一起，制定一个成套产品的价格。成套产品的价格低于分别购买其中每一件产品的价格的总和，这种定价形式就是产品系列定价。常见的产品组合有化妆品组合、学生用具组合、厨房用具组合等。这种定价策略的优点体现在：一是可以通过价格差异吸引顾客，增加销量；二是可以增加每次交易的成交量，减少交易时间；三是通过恰当的组合，可以实现以畅销品带动滞销品的销售、减少库存积压的目的。采用该策略时应注意两点：一是成套产品必须货真价实，价格有吸引力；二是成套产品的销售必须有单件产品的配合销售，能让顾客进行比较。

案例 9-1

“三”之威力

麦当劳往往有三种规格的炸薯条和奶昔；很多餐馆的中午套餐有三种价位；你仔细看，商店的打折衬衫也有三个价位。这些提供的都是三种选择，三种选择有何独特之处呢？

三种选择的独特之处如下。如果我们出售两种规格的卡布奇诺，小号的 2.69 美元，大号的 3.29 美元，也许有一半人买小号的，另一半人买大号的。如果我们再加一个超大号的，价格为 4.29 美元，也许没有人会买超大号的，但是现在只有 20%的人买小号的了，80%的人会买大号的。所以，推出第三种选择的目的是让更多的客户去选择第二种，同时我们还可以在店外挂出“幌子”：卡布奇诺，最低只需 2.69 美元。

Wendy’s（美国快餐连锁店）推出三层汉堡时，有些经理表示反对，说没有人有这么大的嘴巴来吃这三层的汉堡。确实，三层汉堡并不受人欢迎，但是一经推出，两层汉堡的销量就大大增加了。

资料来源：柏唯良，2009．细节营销[M]．朱宇，译．北京：机械工业出版社

9.4 价格调整

由于市场环境及企业内部因素在不断地变化，因此企业必须对已制定的价格进行不断的调整。这种调整可能是企业为达到某一经营目标而主动进行的，也可能是迫于经营环境的压力而被动进行的。但无论是哪种情况，价格调整都可能影响企业乃至行业的命运，它与制定价格同样重要，所以企业应当根据实际情况谨慎实施价格调整。价格调整分为主动调价与被动调价两种。

9.4.1 主动调价

主动调价是指同行业中其他企业尚未变动价格时，本企业出于自身经营考虑而主动调整价格，可分为主动提价和主动降价两种情况。主动调价关键要把握好以下几个方面。

1. 调价原因

价格的调整都是有一定的动因的，企业在调整价格之前，一定要对这些原因进行仔细的考查与分析，再做出决策。

（1）提价的原因

虽然价格上涨会引起消费者、中间商和企业销售人员的不满，但是一次成功的提价活动会使企业盈利增加，所以企业在机会允许的情况下，可以适当提价。企业提价的原因主要有两个。①应付成本上升。成本上升应该是全行业的，如果企业仅仅是由于自身生产及管理水平出现问题导致成本上升而提价则不是明智之举，因为竞争者并没上调价格。②产品供不应求。这是企业提价的最好时机，不仅能获得高额利润，还可以平衡市场供需。

（2）降价的原因

主动降价的情况通常发生在：①行业及企业生产能力过剩，形成供大于求的市场局面；②企业存货积压，占用大量的资金；③应对竞争对手降价挑战，保持市场份额；④企业成本下降，将成本优势转化为价格优势。

2. 调价方式

调价有直接调价、间接调价，以及两者结合的方式。直接调价就是直接提高或降低产品的销售价格（产品目录价格）。这种方式比较明显，容易被竞争对手和消费者察觉，企业还可以采用隐蔽的间接方式进行调价。

常用的间接提价方式包括：①取消原有的价格折扣，或使获得价格折扣的条件更加苛刻；②减少产品分量及附赠产品，或是降低产品质量、减少功能、包装；③减少产品的附加服务或是对原来免费的服务收取服务费；④在通货膨胀的情况下可以推迟报价，等到产品制成或是交货时再给出最后的价格；⑤在产品组合中取消低利润产品或提高高利润产品的比重。

常用的间接降价方式包括：①实行价格折扣，如数量折扣、现金折扣、津贴等；②采用营业推广方式，此时产品的标价不变，在销售时赠送产品或购物券等；③增加产品价值，在产品标价不变的情况下增加产品的附加价值，如提高产品质量、改进产品性能、提供免费送货及安装服务、延长产品的免费保修服务期、免费提供技术服务等。

3. 调价幅度

确定调价幅度是调价决策中最重要，也是最困难的一个环节。决策者需要明确调价幅度达到多大时才能实现预期的目标。同时，也需要确定是一次调整还是分步到位。因此，决策者必须考虑各方面的因素，拟定若干方案，详细分析各方案并进行比较和选择。

4. 调价时机

大量实践经验证明，调价成功与否与调价方案出台的时机有密切的关系。因此，调价也讲究审时度势、把握时机。一般来说，提价应选择供不应求、销售增长的阶段，而降价则宜选在销售高潮过后，这样才能取得较好的效果。

5. 调价反应

企业必须充分估计调整价格前后各有关方面的反应，以便更好地采取应对措施。对于消费者来说，他们一般是欢迎降价而反对提价的，但有时降价也会给消费者带来负面效应，如消费者认为质量不好、型号太旧，以及还会继续降价等；对于竞争对手来说，其反应可能是跟进，也可能是按兵不动，还可能是利用企业调价失误的机会抢占市场。因此，只有正确估计各方面的可能反应，预先考虑好相应的配套和善后措施，才能保证调价的顺利实施。

案例 9-2

涨价：如何涨价才能不翻车？

新型冠状病毒感染疫情期间，海底捞和西贝因为涨价被骂上热搜。为什么产品卖得贵一点，消费者就不能接受？消费者讨厌“贵”的东西？当然不是。海底捞、西贝涨价被骂，不是因为涨价本身，而是因为其涨价理由不成立。说是因为成本上涨，但为什么别人不涨价只有它们涨？何况同时期还有老乡鸡这样高举不涨价大旗的企业。

那么，如何涨价才能不翻车呢？记住一条原则：一切涨价行为，必须建立在改变产品或服务的基础上。简单来说，就是不能直接坐地起价，要调整一下产品和服务，变成不一样的产品才能涨价。有几种常见的改变产品或服务的方法：改变包装、改变尺寸、推出新口味或服务、组合产品、时常变换价格。

一是改变包装。最典型的案例就是乳制品企业，特仑苏和金典纯奶推出了梦幻盖包装，这种包装不用吸管，消费者可以旋开瓶盖直接饮用。梦幻盖包装的可以卖到 9.5 元/瓶，而成分一样的利乐包装的价格才 7.5 元/瓶。

二是改变尺寸。推出迷你版的产品，或推出大包装的产品，这是促销手段，也是提价的方法。比如，如果一款饮料，500ml 装的卖 3 元，1L 装的卖 5 元。买 1L 装的比买 2 瓶 500ml 装的节省了 1 元，但实际上，两种尺寸的饮料成本可能没差那么多，但企业引导你买了看似合算但价格更高的产品。

三是推出新口味或服务。新产品上市时，消费者是很难对其进行估价的，因为没办法做比较。新口味的酸奶、新功能的手机、新一季的服装……所有新的东西虽然都难打开市场，但也最容易赚到利润。

四是组合产品。比如我们经常见到的套餐式售卖，手机流量套餐、麦当劳汉堡套餐……套餐无处不在。因为套餐包含了多种产品，所以消费者很难准确估价。而且消费者只能按套餐里每款商品的零售价去核算套餐价格，他们没办法按照总体成本去核算套餐价格。

五是时常变换价格。这一方法运用得非常纯熟的是可乐，在各种卖场里，可乐的价格经常变换。有四瓶加起来的组合价格、有节日促销价格、有买一赠一的价格……总之，可乐的价格在我们的心里是模糊的，好像是每瓶 3 元左右，但是你总是找不到它的准确价格。

西贝、海底捞这样的餐饮企业想顺利涨价，可以尝试重构一些菜品和服务。比如，推出新的组合套餐来替换原有套餐；研发几款新的菜品，作为热销菜品；用菜品+赠品+购物券的方式来做价格促销……

资料来源：梁将军，2020．怎样涨价不挨骂？怎样低价赚身价？[J]．销售与市场（营销版）(6)：56-61

9.4.2 被动调价

被动调价是指企业对市场价格变化或竞争对手的价格变化做出反应而采取的调价行为。被动调价是竞争对手主动调价后，企业被迫采取的措施。被动调价也有提价与降价两种情况。当竞争对手提价时，企业可能跟进，也可能不跟进。如果企业认为提价对企业或全行业都有好处，就可能跟进，否则，企业就可能利用低价格的优势去抢占对方的市场份额。对于竞争对手的降价，企业必须特别关注，在做出反应之前，应该认真思考以下问题。

① 竞争对手为什么要降价，它的真实目的是什么？

② 它所策划的这次降价是临时的还是长期的？

③ 如果本企业对价格不做出反应，本企业的市场份额和利润将会受到什么样的影响？

④ 如果本企业做出反应，竞争对手和其他企业又会怎么样？

与此同时，企业也要分析自身的条件，做到知己知彼，才能适应变化，甚至变被动为主动。一般来说，对自身的分析，主要包括以下几个方面：一是本企业做出反应的必要性；二是本企业可以采取的应对措施；三是各种应对措施的可行性分析。被动调价决策如图 9.2 所示。

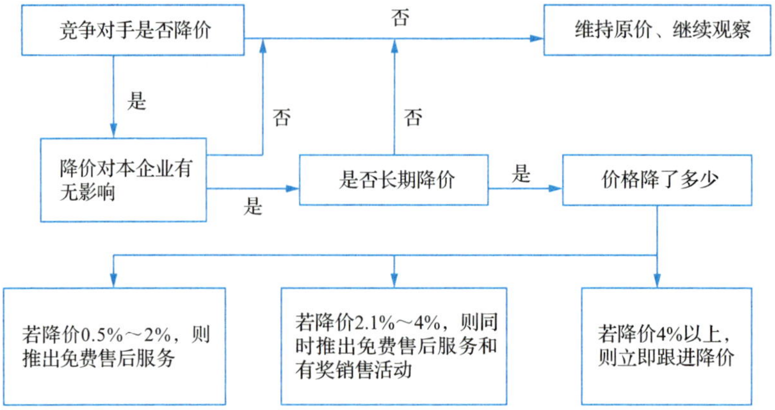

图 9.2　被动调价决策

案例 9-3

互联网平台的价格战

1．互联网平台价格战呈现两大新特点

2018 年，美团打车高调进入上海，通过对司机和乘客的双向补贴，打响了网约车新一轮价格战。为了反制，滴滴出行再次扛起补贴大旗，并将战火延伸到外卖领域。我国互联网领域的价格战呈现出两大新特点。

（1）由免费发展为倒贴

免费模式一直都是互联网领域竞争的“撒手锏”。淘宝以免费模式成功阻止 eBay 进入中国市场，奇虎 360 凭借免费模式颠覆杀毒软件行业的经典案例仍然历历在目。然而，平台经济领域的价格竞争显然已经升级，各平台不惜以倒贴的方式大肆烧钱。比如此次价格战，美团打车不仅在乘客端喊出“1 元打车”的优惠，对司机端更是实行了“0 抽成、每天 600 元保底、满 600 元额外奖励 200 元”的优厚补贴（即司机月保底收入在 1.8 万～2.4 万元）。

（2）由短期发展为长期

以往商家补贴活动多为短期行为，比如“双十一”期间的低价促销，平台针对新用户的补贴和邀请补贴等。近年来，平台经济各领域的价格战逐渐显现出长期化特征。实际上，只要市场格局未定，平台经济就无法走出价格战的阴影。此次美团进入网约车领域、滴滴进入外卖领域，再次证明，即使市场达到了所谓的相对成熟阶段，依然无法避免价格战的老套路。

2．互联网平台价格战频发的原因分析

平台经济领域价格战频发的原因是多方面的，既有行业自身特点的因素，也有资本过度涌入的因素，还有法律法规缺失的因素等。

（1）行业进入门槛低、用户转移成本低且价格高度敏感等行业特性，是引发价格战的初始诱因

以网约车为例，它主要是商业模式的创新，普遍具有进入门槛低的特点，因此同质化

现象严重，价格很容易成为竞争焦点。加上供需两侧用户在不同平台之间切换的成本都很低，且价格高度敏感，价格自然成为最直接和最有效的竞争手段。试图以更安全、更合规等其他方式来获取竞争优势的策略，在低价虹吸效应面前往往只能铩羽而归。

（2）网络效应和马太效应驱使资本持续加速涌入，加剧了价格战的强度和耐力

在平台经济领域，网络效应和马太效应催生出“赢者通吃”的生存法则，“比谁跑得快”远比“比谁先盈利”更重要。那些“跑得快”的平台，更容易获得资本的青睐，资本注入又进一步增强了平台开展价格战的实力，形成“撑得久”的预期。在巨头主导的中国互联网市场格局下，一旦互联网巨头同时进入到某一垂直领域，那么价格战就会变得更加激烈。

（3）依法规制面临巨大挑战

从法律层面来看，《中华人民共和国反不正当竞争法》（2019修正）删除了低价竞争的相关条款，而《中华人民共和国反垄断法》只能规制具有市场支配地位的经营者，因此依法规制面临上位法依据不足的挑战。从规章层面来看，《网络预约出租汽车经营服务管理暂行办法》虽然对低价竞争行为进行了规定，但在执法判定上仍然存在巨大争议，如低于成本的价格如何认定等。

资料来源：王海鹏，李强治，2019．互联网平台价格战的发展趋势、作用机理与治理策略[J]．信息通信技术与政策（3）：26-28

习　题

一、单项选择题

1．企业生产某一产品，年产销量为10万件。一年的固定成本为10万元。单位产品的变动成本为3元，企业希望一年获得10万元的利润，则产品的价格最少应定为（　　）元。

A．4　　B．5　　C．6　　D．7

2．当产品需求量的相对变动等于价格的相对变动时，该种产品需求价格弹性称为（　　）。

A．缺乏弹性　　B．富有弹性　　C．单一弹性　　D．无弹性

3．某企业的某一产品的单位产品成本为15元，确定的成本加成率为30%，则根据成本加成定价法，这一产品的价格应定为（　　）元。

A．4.5　　B．19.5　　C．10.5　　D．20.5

4．观看歌星的演唱会时，离舞台越远的座位的票价越低，这是采用了（　　）。

A．基于顾客差异的差别定价　　B．基于不同地理位置的差别定价

C．基于时间差异的差别定价　　D．基于不同产品形式的差别定价

5．新产品上市时候，采用的快速撇脂指的是（　　）。

A．高促销高价格　　B．高促销低价格

C．低促销高价格　　D．低促销低价格

6. 在“双十一”期间，商场中的某品牌专卖店规定在该店购物每单达到 1000 元送 200 元现金券，专卖店采用的是（　　）。

A. 累计数量折扣　B. 现金折扣

C. 非累计数量折扣　D. 功能折扣

7. 卖方为了鼓励买方尽早付清货款，给予买方的折扣属于（　　）。

A. 现金折扣　B. 数量折扣　C. 功能折扣　D. 季节性折扣

8. 实施认知价值定价法首先要解决的问题是（　　）。

A. 确定产品的成本　B. 弄清竞争对手的价格

C. 获得消费者对商品的认知价值　D. 获取顾客的收入水平

9. 招徕定价的最终目的是（　　）。

A. 总的销售量增加　B. 打折商品的销售量增加

C. 打折商品的利润增加　D. 尽快回收货款

10. 企业制定产品价格的下限是（　　）。

A. 产品成本　B. 产品市场竞争　C. 产品销售量　D. 竞争产品价格

二、多项选择题

1. 企业主动降价的原因，除成本下降外，还包括（　　）。

A. 企业生产能力过剩　B. 企业利润率降低

C. 企业存货占用大量的资金　D. 产品质量提高

2. 现金折扣策略的直接目的是（　　）。

A. 鼓励赊购的顾客尽早支付货款　B. 加快资金周转

C. 减少坏账损失　D. 增加顾客忠诚度

3. 对于垄断竞争市场，以下说法正确的是（　　）。

A. 不同厂家的产品具有差异性

B. 市场上厂商较多

C. 市场上只有几个厂商

D. 厂商对自己产品的价格有一定的控制能力

4. 在实际应用中，心理定价策略主要采用以下哪些形式（　　）。

A. 尾数定价　B. 整数定价　C. 声望定价　D. 招徕定价

5. 当竞争对手降价时，企业应该（　　）。

A. 立即进行更大幅度的降价

B. 根据竞争对手不同的降价目的做出不同反应

C. 根据竞争对手降价的时间长短做出不同反应

D. 根据对本企业的影响程度做出不同反应

三、判断题

1. 在完全竞争市场上，企业只能被动地接受市场价格；而在完全垄断市场上，企业可以随意制定价格。（　　）

2. 某种洗衣粉，顾客若一次购买 10 袋以下则每袋价格为 4 元，若一次购买 10 袋以上，则每袋价格为 3.6 元。这就是功能折扣策略。（　　）

3. 某商品的 $Ed>1$，说明该商品的需求对价格变动反应很强烈，为了提高销售量，应采用提价策略。（　）

4. 密封投标定价法是适用于提供成套设备、承包建筑工程、设计工程项目、开发矿产资源或大宗商品订货等的定价方法。（　）

5. 企业制定价格应该综合考虑成本、定价目标、营销组合策略、供求、市场竞争、政策法规等影响因素。（　）

四、简答题

1. 假如你是湖北枝江酒厂的经理，以下事件将如何影响你对每瓶酒的定价？

① 同档次的湖北酒价格下降。

② 湖北新出现了 10 家酒厂。

③ 我国失业率下降。

④ 啤酒价格上升。

⑤ 由于政府对防震玻璃的管制，玻璃瓶的价格大幅度上升。

⑥ 研究人员开发了新的酿酒技术，本厂酿酒的制造成本有望下降。

⑦ 人口老龄化问题凸显。

⑧ 受自然灾害影响，我国主要产地葡萄大面积歉收。

2. 结合理论与实践，分析产品价格影响因素与企业定价的关系。

3. 联系企业实际，分析产品定价策略在产品销售中的具体运用。

4. 联系企业实际，分析企业应该如何结合自身实际和市场环境，选择合适的定价方法。

5. 简述常用的间接降价方式。

五、论述题

结合某一具体企业的案例，论述该企业实施价格调整策略的动因、过程及效果。

六、案例讨论

上海迪士尼乐园的价格政策

上海迪士尼乐园一共包括七大主题园区：米奇大街、奇想花园、探险岛、宝藏湾、明日世界、梦幻世界、玩具总动员，同时还有两座主题酒店，分别是上海迪士尼乐园酒店和玩具总动员酒店。上海迪士尼乐园自开园以来受到了许多不同年龄段游客的喜爱，值得一提的是，它在园区景观设计、主题表演、餐饮服务等方面植入了大量的中国元素，在展现迪士尼乐园一贯的梦幻传奇风格的同时，使游客体验到浓厚的中国韵味。上海迪士尼乐园实行了多种价格政策。

（一）年卡优惠政策

上海迪士尼乐园的年卡一共分为三种类型，如表 9-2 所示。

1. 无限钻石卡：365 天无限次入园（不包括部分特别活动时间段）。其优惠活动还包括：专享停车优惠；全年 12 次提前入园；全年 4 次免费童车租赁；优先报名参与年卡尊享活动（如年卡尊享日）。

2. 奇妙金卡：受限于限定日期，年卡有效期内不少于 250 天的可入园日。其优惠活动包括：生日当天专享卢米亚厨房自助晚餐买二送一、专享绚景楼享用晚餐赠葡萄酒一瓶。

3. 发现银卡：受限于限定日期，年卡有效期内不少于45天的可入园日。其优惠包括：8折吃遍乐园及度假区酒店缤纷美食、尽享乐园及度假区商店购物乐趣；生日当天领取免费生日蛋糕；度假区酒店不定期折扣及福利；尽享迪士尼小镇多重好礼及福利。

表9-2　三种年卡的价格

年卡类型	无限钻石卡	奇妙金卡	发现银卡
标准价格	3299元	1599元	1299元
儿童/老人价格	2472元	1199元	974元

（二）特别优惠政策

自2019年10月8日起，游园当日儿童游客的年龄在3周岁（含）至11周岁（含），或身高1.0米至1.4米（含1.4米），购买门票时可享受优惠。老年人（65周岁及以上）和残障游客（需提供残障证明）购买门票时可享受优惠。同时,在游园当日年龄在3周岁以下或身高1.0米及以下的婴幼儿游客可免票入园。

（三）常规门票政策

自2020年6月6日起，上海迪士尼乐园将先前的三级票价结构改为全新的四级票价结构，分别为常规日、特别常规日、高峰日和特别高峰日，对应的门票价格如下：

“常规日”门票价格维持不变，仍为399元，涵盖冬季和秋季的大部分日期；

“特别常规日”涵盖春季大部分日期和部分周末，门票价格为499元；

“高峰日”将涵盖夏季大部分日期、部分周末和部分节假日，门票价格为599元；

“特别高峰日”主要包括部分有超高客流量的法定节假日及其相关调休日，以及一些国际性节日，门票价格为699元。

资料来源：王宣，2020．上海迪士尼乐园门票定价策略的分析[J]．广西质量监督导报（10）：232-233

思考题：

根据以上资料，分析上海迪士尼乐园采用了哪些价格策略。

第9章　在线习题

第 10 章

分销渠道策略

本章教学目的

通过本章的学习，学生能够了解分销渠道的定义、类型和流程；了解电子网络渠道的分类与功能；理解分销渠道在市场营销管理中的地位与作用，熟练掌握分销渠道的设计与管理；掌握处理渠道冲突和市场窜货的对策；理解并掌握如何在电子网络环境下进行渠道管理。

本章主要知识点

- 分销渠道策略
  - 分销渠道概述
    - 分销渠道的定义及功能
    - 分销渠道的流程结构
    - 分销渠道的基本类型
  - 中间商
    - 中间商的作用和分类
    - 批发商
    - 零售商
    - 经纪人和代理商
  - 分销渠道的设计和管理
    - 分销渠道的设计
    - 分销渠道的管理
  - 市场窜货
    - 窜货的概念与分类
    - 窜货的原因
    - 窜货的治理对策
  - 电子网络渠道
    - 电子网络渠道的含义、特点、功能与分类
    - 电子网络环境下的渠道管理

导入案例

10.1 分销渠道概述

流通一头连着生产，一头连着消费，在国民经济中发挥着基础性作用。流通体系是现代化产业体系的重要组成部分，高效顺畅的流通体系能够在更大范围内把生产和消费联系起来，扩大交易范围，推动分工深化，提高生产效率，促进财富创造。建设高效顺畅的流通体系是构建新发展格局的必然要求。党的二十大报告提出，要加快发展物联网，建设高效顺畅的流通体系，降低物流成本。

在市场经济条件下，生产者与消费者之间的供求关系，存在着时间、地点、数量、品种、信息、产品估价和所有权等多方面的差异和矛盾。企业生产的产品要经过一定的方式、方法和路线，才能在适当的时间、地点，以适当的价格和方式提供给消费者，因此，企业能否合理地制定分销策略，对于满足市场需求，实现企业的营销目标具有重要意义。

10.1.1 分销渠道的定义及功能

1. 分销渠道的定义

美国市场营销协会将分销渠道定义为公司内部单位及公司外部代理商和经销商的组织机构，通过这些组织，商品才得以上市营销。美国市场学者坎迪夫（E. W. Cundiff）和斯蒂尔（R. R. Still）认为，分销渠道是商品从生产者向最终消费者和产业用户转移时，直接或间接转移所有权经过的路径。

科特勒认为，分销渠道是指某种货物或劳务从生产者向消费者移动时，取得这种货物或劳务的所有权或帮助转移其所有权的所有企业和个人。因此，分销渠道主要包括商人中间商（他们取得所有权）和代理中间商（他们帮助转移所有权）。此外，分销渠道还包括处于分销渠道起点的生产者和终点的消费者。

从上述定义可以看出，市场营销学中的分销渠道，不仅是指商品实物形态的运动路径，还包括实现商品价值交换的结构和形态。具体而言，分销渠道的定义包含以下四个方面。

① 分销渠道的起点是生产者，终点是消费者或组织用户。它所组织的是从生产者到消费者或组织用户之间完整的商品流通过程，而不是商品流通过程中的某一阶段。

② 分销渠道的积极参与者是商品流通过程中各种类型的中间商。在商品从生产领域向消费领域转移的过程中，会发生多次交易，而每次交易都是企业（包括个人）的买卖行为，可表示为：生产者—批发商—零售商—消费者。批发商和零售商组织收购、销售、运输、储存等活动，一个环节接着一个环节，把商品源源不断地由生产者送往消费者或组织用户手中。

③ 在分销渠道中，生产者向消费者或组织用户转移商品或劳务，应以商品所有权的转移为前提。商品流通过程首先反映的是商品价值形态变换的经济过程，只有因商品货币关系导致商品所有权随之转移的买卖过程，才能构成分销渠道。

④ 分销渠道是指某种特定商品从生产者到消费者或组织用户所经历的流程。分销渠道不仅反映商品价值形态变化的经济过程，还反映商品实体运动的空间路线。

消费者与组织用户在购买的商品种类、购买目的与购买特点等方面具有差异性，这客观上使企业的分销渠道形成两种基本模式：企业对组织用户的渠道模式，企业对消费者的渠道模式。

① 企业对组织用户的渠道模式。比如，生产者—组织用户，生产者—零售商—组织用户，生产者—批发商—组织用户，生产者—批发商—零售商—组织用户，生产者—代理商—批发商—零售商—组织用户。

② 企业对个人消费者的渠道模式。比如，生产者—消费者，生产者—零售商—消费者，生产者—批发商—零售商—消费者，生产者—代理商—零售商—消费者，生产者—代理商—批发商—零售商—消费者。

2. 分销渠道的功能

分销渠道的功能是实现商品从生产者向消费者的转移，解决商品、服务及其使用者在时间、空间和所有权上存在的矛盾，具体而言，分销渠道的功能主要体现在以下三个方面。

① 集中的功能：将许多生产企业的商品加以集中采购和推销。

② 平衡的功能：将各类商品根据不同市场的需求与各企业的产量加以平衡，使其达到产销平衡。

③ 扩散的功能：将各种不同的商品在不同时间分销到不同的市场与区域，以方便消费者购买。

总而言之，分销渠道能够更加有效地推动商品广泛、有效率地进入目标市场，因为营销中介机构凭借各种资源、经验和专业知识优势，能比生产企业自己来实施更有效率。

案例 10-1

阿里巴巴 1688：全球领先的采购批发平台

阿里巴巴 1688 成立于 1999 年，是阿里巴巴集团面向中国小企业推出的采购批发平台。相关数据表明，近几年阿里巴巴 1688 在阿里巴巴集团的地位日益凸显。数据显示，截至 2023 年 10 月，阿里巴巴 1688 上有近 100 万个卖家，工厂和贸易商各占一半，覆盖了超过七成的全国一级产业带。每年约有 6000 万个买家在该平台上“采购批发”或“找工厂定制”，然后通过淘宝、拼多多、抖音、微信以及线下小店等渠道售卖出去。阿里巴巴 1688 虽然看起来不起眼，但它在阿里巴巴集团的零售版图中扮演着极其重要的角色，阿里巴巴集团也在不断地对该平台进行升级和优化。2022 年，阿里巴巴 1688 推出“宝藏工厂”计划，对评选出的 100 家工厂给予流量、营销、培训等方面的全方位资源倾斜。不少卖家表示，阿里巴巴 1688 对他们更上心了，以前平台的流量大头都给了各个类目下的几个头部卖家，但这两年开始有不少措施扶持次一级和腰部的中层卖家。目前，阿里巴巴 1688 正在进行一场以“搭建数字化供应链”为核心的全面业务升级。该平台总裁表示：“通过数字化升级，商品从生产到满足消费者需求的整个链条可以更短、更有效率，这将为制造业中小企业、产业带和消费者释放更大价值。”电商平台深入赋能生产供应链和消费价值链，使得供需双向高质量发展，为高质量消费和供给创造了条件。

资料来源：根据网络资料整理

10.1.2 分销渠道的流程结构

分销渠道主要有五大流程，即：实物流程、所有权流程、付款流程、信息流程和促销流程。

1. 实物流程

实物流程又称物流，是指实体原料及成品从生产者转移到最终消费者的过程。例如，在汽车市场营销渠道中，原材料、零部件、发动机等从供应商运送到仓储企业，然后运送到制造商的工厂组装生产为汽车。成品制成后也需经过仓储，然后根据中间商订单交付给中间商，最后转移给消费者。如果遇到大笔订单的情况，也可由仓库或厂商直接供应。在这一过程中，需要使用一种及以上的运输方式，如铁路、卡车、船舶等。

2. 所有权流程

所有权流程是指商品所有权从一个渠道成员转移到另一个渠道成员的过程。以汽车为例，原材料及零部件的所有权由供应商转移或帮助转移到制造商，汽车所有权则由制造商转移或帮助转移到中间商，最终转移给消费者。

3. 付款流程

付款流程是指货款在各渠道成员之间的流动过程。例如，消费者通过银行或其他金融机构向代理商支付账款，代理商扣除佣金后付给制造商，再由制造商付给各供应商，以及运输企业和仓储企业。

4. 信息流程

信息流程是指在分销渠道中，各渠道成员相互传递信息的过程。通常，渠道中每一相邻的渠道成员会进行双向的信息交流，而互不相邻的渠道成员也会有各自的信息流程。

5. 促销流程

促销流程是指渠道成员的促销活动流程。供应商除向制造商推销其品牌及产品，还可能向最终消费者推销自己的品牌及产品，以影响制造商购买其零部件或原材料来装配产品。促销流程也可能从制造商流向中间商（贸易促销）或最终消费者（最终使用者促销）。

需要注意的是，上述五种流程并不能自动地在一个协调的机制中同时发生，从而将生产者和最终消费者连接在一起，如果不加以引导，这些流程可能十分不协调。因此，这些流程的协调需要分销渠道中部分或全体成员的努力。事实上，分销渠道的管理可以被看成是对所有流程进行分析、计划和控制的过程。

10.1.3　分销渠道的基本类型

分销渠道的划分有多种依据，一般情况下，可从以下四个角度进行划分。

① 根据有无中间商参与分销，可分为直接渠道和间接渠道。

② 根据参与渠道级数的多少，可分为长渠道和短渠道。

③ 根据同种类型渠道成员参与数量的多少，可分为宽渠道和窄渠道。

④ 根据企业选择的销售渠道的混合性，可分为单渠道和多渠道。

1. 直接渠道和间接渠道

（1）直接渠道

直接渠道是指厂商不通过中间商环节，直接将产品销售给消费者。直接渠道是工业品分销的主要类型。一方面，许多工业品要按照组织用户的特殊需求制造技术性强的产品，需要制造商派遣专家去帮助组织用户安装、操作、维护设备等；另一方面，组织用户数目较少，某些行业工厂往往集中在某一地区，这些工业品的单价高、组织用户购买批量大。例如，大型设备、专用工具及技术复杂需要提供专门服务的产品一般采用直接渠道。随着科技水平的不断提高和互联网经济的迅速发展，越来越多的消费品销售也采用了直接渠道。

（2）间接渠道

间接渠道是指厂商通过中间商环节把产品送到消费者手中。面向消费者销售的间接渠道的典型形式有：生产者—批发商—零售商—消费者，间接渠道是消费品分销的主要形式。

2. 长渠道和短渠道

长渠道和短渠道的划分是以渠道级数为基础的。渠道级数是用来表示渠道长度的一个概念，它是指在生产者和消费者之间的销售中间机构的多少。分销渠道根据渠道级数可以分为以下几种。

① 零阶渠道/零级渠道：由生产者直接到消费者，中间不经过任何营销中间机构。直接渠道也是零阶渠道。

② 一阶渠道/一级渠道：在生产者和消费者中间有一个营销中间机构，在消费者市场，这一营销中间机构大多是零售商，而在产业市场，则大多是销售代理商或佣金商。

③ 二阶渠道/二级渠道：包含两个营销中间机构。在消费者市场，通常有一个批发商和一个零售商；在产业市场，则可能有销售代理商和批发商。

④ 三阶渠道/三级渠道：包含三个营销中间机构，一般是有批发商、中转商和零售商，中转商介于批发商和零售商之间。中转商从批发商处购入产品，再把产品卖给无法从批发商那里进货的零售商。

一般而言，三阶以下的渠道属于短渠道，三阶及三阶以上的渠道属于长渠道。其中，三阶以上的分销渠道比较少见，因为对于生产者来说，渠道级数越多，其获得最终用户信息的难度越大，同时渠道控制难度也越大。

3. 宽渠道和窄渠道

宽渠道和窄渠道是以渠道宽度为基础的。所谓渠道宽度，是指渠道的每个层级使用的同类中间商的数目的多少。

若生产者使用的同类中间商多，产品在市场上的分销面广，则渠道为宽渠道。比如一般的日常用品（毛巾、牙刷、洗涤剂等），由多家批发商经销，它们转卖给更多的零售商，这些零售商能够接触到大量的消费者，从而大批量地销售产品。若生产者使用的同类中间商少，则分销渠道为窄渠道。窄渠道对于生产者来说更容易控制，一般适用于专业性比较强的产品，或者贵重耐用的消费品。

宽渠道和窄渠道的分类相对宽泛，对于生产企业而言，一般有三种分销形式可以选择，即：广泛分销、选择分销和独家分销。

① 广泛分销又称密集分销，即制造商尽可能地通过多家负有责任、适当的批发商和零售商推销其产品。消费品中的便利品（如糖果、洗涤用品）和产业用品中的供应品（如企业办公文具）等，通常都采取密集分销，使广大消费者和组织用户都能就近方便地买到这些产品。

② 选择分销，即制造商在某一市场（地区）仅通过少数几家经过精心挑选的、最合适的中间商推销其产品。相对而言，消费品中的选购品（如女装、衣料、鞋帽）和特殊品（如电冰箱、照相机、手表）最宜采取选择分销。

③ 独家分销，即制造商在某一地区仅选择一家中间商（经销商）推销其产品，通常双方协商签订独家经销合同，规定经销商不得经营竞争者的产品，以便控制经销商的业务经营，调动其经营积极性，占领市场。

4. 单渠道和多渠道

单渠道是指企业选择的销售渠道单一，或者由经销商包销，或者完全由自己直接销售。单渠道更便于企业对渠道进行管理和控制，但是渠道单一需要承担的风险就要大一些。多渠道是指企业选择多种销售渠道的组合，既可以采取直接渠道与间接渠道组合，又可以采取多级渠道组合。多渠道比单渠道的路径更丰富，但也面临着管理成本上升、内部恶性竞争及抢夺资源等问题，多渠道相对而言抗风险能力更强，但管理和操作相对复杂。

10.2 中间商

10.2.1 中间商的作用和分类

中间商泛指产品从生产者向消费者转移过程中参与交易活动、协助交易活动完成的一切中介机构。但在分销渠道的研究中，中间商是指直接参与交易活动的机构。

中间商作为社会分工的产物之一，是连接企业和市场的纽带，是沟通产品和消费者的桥梁，在产品分销中起着生产者难以替代的作用。其作用主要表现在四个方面：一是能够减少交易次数，提高流通效率；二是能够实现规模经济效益；三是可以缩短产需之间的时间、空间距离；四是有效地承担相应的营销职能。

中间商的分类主要有以下两种。

① 按产品在流动过程中是否存在所有权转移，中间商可以分为经销商和代理商。经销商是指从事产品买卖活动的批发商或零售商。代理商是指不取得产品的所有权，只是通过与买卖双方的洽商，促成买卖活动的中间商。代理商的收益是以佣金或手续费等形式取得的。

② 根据产品销售对象的不同，中间商可以分为批发商和零售商。

10.2.2　批发商

批发是指将产品或服务销售给为了转卖或商业用途而进行购买的个人或组织。批发商是相对于零售商来说的，它是指向制造商购进商品，然后转售给零售商、产业用户或各种非营利性组织，不直接服务于个人消费者的商业机构，批发商位于商品流通的中间环节。批发商主要包括普通商品批发商、大类商品批发商、专业批发商、批发交易市场等类型。

（1）普通商品批发商

普通商品批发商经营的商品范围较广、种类繁多，批发对象主要是中小零售商店。在产业用户市场上，直接面对用户。

（2）大类商品批发商

大类商品批发商通常是以行业划分商品品类，专营某大类商品，经营的这类商品花色、品种、品牌、规格齐全，如服装批发商，酒类批发商、汽车零配件批发商、仪器批发商等。

（3）专业批发商

专业批发商专业化程度高，专营某类商品中的某个品牌。经营商品范围虽然窄而单一，但业务活动范围和市场覆盖面却十分大，一般是全国性的，如木材批发商、纸张批发商、化工原料批发商、矿产品批发商等。

（4）批发交易市场

批发交易市场是介于零售和批发之间的一种经营业态，交易行为是以批发价格对商品进行批量交易。其类型有产地批发市场、销地批发市场、集散地批发市场。

10.2.3　零售商

零售是指将商品或服务直接销售给最终消费者，供其个人非商业性使用的过程中所涉及的一切活动。零售商是相对于批发商来说的，它是指将商品直接销售给最终消费者的中间商，零售商处于商品流通的最终阶段。

零售商的类型多种多样，新组织形式层出不穷。在这里我们把零售商分为三种类型，即商店零售商、无商店零售商、零售组织。

1. 商店零售商

商店零售商（零售商店）从发展到衰退所经过的阶段，称为零售生命周期。老式的零售商店要经过很多年才发展到成熟阶段，但是新式的零售商店发展、成熟所需要的时间就短得多。从目前来看，商店零售商主要有以下几种形式。

（1）百货商店

百货商店是古老的零售商店形式，至今仍发挥重要作用。百货商店经营的商品范围很广，种类繁杂。百货商店设有许多不同的商品部，分别经营不同类型的商品。近年来，百货商店面临着超级市场、折扣商店、仓储商店、连锁商店等新型商店的挑战。

（2）专业商店

专业商店经营的产品线较为狭窄，但产品的花色、品种较为齐全。根据产品线的狭窄程度，可以将专业商店分为单线商店、有限产品线商店和超级专业商店。顾名思义，单线商店仅经营一条产品线，如男士服装商店；有限产品线商店经营少数产品线，如服装店；男士定制西服店则属于一种超级专业商店。

（3）超级市场

超级市场是采用自助销售方式，实行敞开式售货的零售店，主要经营各种主、副食品和家庭日用品等，规模巨大，成本低廉，注重薄利多销。

（4）便利店

便利店一般规模较小，设在居民区附近，每天营业且营业时间长，销售品种有限、周转率高的便利品。消费者重复购买率高，愿意为这些便利品付高价。

（5）折扣商店

折扣商店是一种通过一定比例的折扣削价，按低于其他零售商店同类商品的价格大量销售商品，实行薄利多销的零售商店。价格敏感度的日渐提高，推动了折扣商店的快速发展。除了各大传统商超探索或发展折扣模式，很多细分领域的折扣商店也迅速崛起，如主打尾货折扣的好特卖、嗨特购等；零食折扣的好想来、零食很忙、零食有鸣等。统计资料显示，2021 年，我国折扣零售行业市场规模达 1.62 万亿元，2016—2021 年复合年均增长率为 4%，目前折扣商店处于扩张期，将迎来发展浪潮。

（6）仓储商店

仓储商店是一种以会员制为基本销售和服务形式，以大批量、低成本、低销售和微利多销方式经营的连锁式零售企业，如开市客、山姆会员商店等。

（7）连锁商店

连锁商店是指众多小规模的、分散的、经营同类商品和服务的同一品牌的零售店,在总部的组织领导下，采取统一的内外装潢、共同的经营方针、一致的营销行动，实行集中采购和分散销售有机结合，通过规范化经营实现规模经济效益的零售组织。连锁商店可分为直营连锁、特许连锁等。

2. 无商店零售商

虽然多数商品和服务是商店销售的，但是无商店零售却比商店零售发展得更快，传统的商店零售商正面临着来自无商店零售商的挑战。下面介绍无商店零售的四种主要形式：

直复营销、上门推销、自动售货和购物服务组织。

（1）直复营销

直复营销起源于邮购和目录营销，近年来还增加了其他方式，如电话营销、电视营销及网上购物等。直复营销使用多种广告媒体，使之相互起作用，期望顾客做出直接反应。

（2）上门推销

上门推销是一种常见的人员推销形式。它是由推销人员携带产品的样品、说明书和订单等走访顾客，推销产品。这种推销形式可以针对顾客的需要提供有效的服务，方便顾客，故为顾客所广泛认可和接受。上门推销既可以直接到顾客家中或办公室进行销售，也可以邀请几位朋友和邻居到某人家中举办家庭销售会，在那里展示并销售商品。

（3）自动售货

自动售货在第二次世界大战以后得到迅猛发展，当今使用计算机技术的自动售货机已经被用在相当多的商品上，如食品、软饮料、糖果、报纸等。同时，自动售货机被广泛安置在车站、机场、工厂、办公室、加油站、街道等地。自动售货机向顾客提供 24 小时自动售货服务和无须搬运产品的便利，但其销售的商品的价格稍高。

（4）购物服务组织

购物服务组织是专为某些特定委托人提供服务的无商店零售商。委托人通常是学校、医院、工会和政府机关等大型组织，这些组织的职工是购物服务组织的会员。购物服务组织通常会给予会员折扣。

3. 零售组织

为了追求规模经济效应，提高采购能力或获得更广泛的品牌认知，越来越多的零售商正在采用合作零售形式，这就形成了零售组织。这些零售组织的主要形式有公司连锁商店、自愿加盟连锁店、零售商合作组织、特许经营组织和商业联合大公司等。

① 公司连锁商店是指经销同类商品，由同一所有者所有和管理的两个或两个以上的零售商店。由于公司连锁商店一般规模比较大，因此采购能力较强，可以以低价大量进货，也能够使用优秀的管理人才，在定位、定价、促销、库存管理和销售预测等方面实行科学管理。一般来说，百货商店、综合商店或食品商店、药店等采用连锁模式较多。

② 自愿加盟连锁店是指由某家批发商发起，众多零售商参加的零售组织，其主要目的是提高顾客的购买能力和加强对市场的影响力。它们一般统一进行采购。

③ 零售商合作组织是由多家零售商参与的统一采购并联合促销的零售组织。

④ 特许经营组织是指特许人与特许经营人之间通过签订协议而组成的契约性联合体。

⑤ 商业联合大公司是基于几种不同的零售业务和形式而形成的所有权集中的松散型组织，组织内的各零售商在分销和管理上实行程度不同的一体化。

10.2.4 经纪人和代理商

经纪人和代理商是指从事购买、销售或二者兼有的洽商工作，但不取得商品所有权的营销中间人。他们不拥有其经营商品的所有权，通常专注于某些商品种类或某些顾客群，提供的服务极少，主要职能在于促成商品的交易，借此赚取佣金。

经纪人的主要作用是为买卖双方牵线搭桥，协助他们进行谈判，交易达成后由委托方付给他们佣金，如房地产经纪人和证券经纪人等。他们并不持有存货，也不卷入财务问题，更不承担风险。

代理商是指有相对持久性委托关系、代表买方或卖方的营销中间人。代理商可以分为制造代理商、销售代理商、采购代理商和佣金商四种。

① 制造代理商代表两个或若干互补的产品线的制造商，其分别和每个制造商签订有关定价政策、销售区域、订单处理程序、送货服务和佣金比例等方面的正式书面协议。制造代理商一般雇员很少，常见于服饰、家具和电气产品等产品线上。

② 销售代理商常见于纺织、木材、机械、金属、化学品等行业中，他们一般被赋予为委托人销售全部商品的权利，可以对价格条款及其他交易条件进行全权处理。

③ 采购代理商一般与顾客有长期关系，代他们进行采购，负责为他们收货、验货、储运，并将商品运交顾客。他们大多是消息灵通，具有丰富采购知识和经验的专家。

④ 佣金商是指取得商品实体持有权并参与商品销售协商的代理商。多数佣金商从事农产品的代销业务。

知识链接 10-1

全渠道零售发展历程：渠道发展四阶段说

伯丁（T. Burdin）认为零售渠道的发展经历了四个阶段，如表 10-1 所示。

表 10-1 零售渠道发展四阶段

阶段	理解
单渠道	企业选择单一渠道，并由此将产品和服务从生产者手中转移到消费者手中，这一阶段企业所选渠道以实体店为主
多渠道	企业采用两种以上的零售渠道进行销售活动，但消费者一般仅在其中一种渠道完成其全部的购买活动，这一阶段零售企业开始开设网店
跨渠道	企业通过多种渠道，同时开设实体店铺和网店，从而使二者共同为消费者提供服务。在这一阶段，线下零售企业实体店铺和网店开始融合，消费者可通过多渠道完成一次性购买行为
全渠道	零售企业更加重视消费者体验，重视消费者跨渠道购物、渠道整合及无缝的消费者体验，这一阶段的关键在于全渠道协同

单渠道、多渠道阶段以企业为中心；跨渠道阶段开始逐渐以消费者为中心，在这一阶段不同渠道之间开始逐渐融合；全渠道阶段强调以消费者为中心，并进一步加强不同渠道之间的融合，是砖头（实体门店、服务网点）+鼠标（线上渠道）+移动终端（微博、微信、社交媒体 App）的时代，全渠道时代消费者综合运用购物渠道的能力正在增强，渠道运营者须提高对多种渠道的整合、运用和管理能力。

资料来源：康海燕，2020．全渠道零售文献综述[J]．商业经济研究（4）：24-27

10.3　分销渠道的设计和管理

10.3.1　分销渠道的设计

合适的分销渠道是企业提高销售效率的重要基础。一个企业的渠道系统是在适应目标市场机会和条件的过程中逐步形成的。设计一个渠道系统，需要先明确影响渠道设计的因素，再选择合适的渠道方案，并对所选方案进行评价，最后确定渠道成员。

1. 分析影响渠道设计的因素

企业在选择分销渠道时，要综合考虑企业所要进入的目标市场和各种限制及影响因素。

（1）市场因素

市场因素主要包括以下几个方面。①目标市场的大小。如果目标市场范围较大，分销渠道则应较长；反之，则应较短。②目标消费者的集中程度。如果消费者较分散，适宜采用长而宽的渠道；反之，则适宜采用短而窄的渠道。

（2）产品因素

产品不同，适宜的分销渠道也不同。每种产品都有自己的自然属性和社会属性，这些都会影响渠道的长短，具体来说，主要有以下影响因素。①产品的易腐蚀性和毁坏性。如果产品容易腐蚀或毁坏，则宜采用直接或较短的分销渠道。②产品单位价值的高低。一般而言，产品单价越低，分销渠道越长；反之，单价越高，分销渠道越短。③产品的体积与质量。体积大而重的产品应选择直接渠道；体积小而轻的产品可选择间接渠道。④产品的技术性。技术复杂，需要安装及维修的产品，宜选择直接渠道；反之，则宜选择间接渠道。

（3）企业本身因素

①声誉与资金。企业声誉越好，资金越雄厚，越可以自己选择分销渠道，甚至建立自己的销售网点，采用产销合一的直接渠道；反之，必须依赖中间商提供服务。②企业管理能力的强弱。企业管理能力强且拥有丰富营销经验的，可选择直接渠道；反之，应选择中间商销售的方式。③企业控制渠道的能力。如果企业希望有效地控制销售渠道，则可选择短渠道的分销方式；反之，如果企业不希望控制渠道，则可选择长渠道的分销方式。④企业的营销目标。由于企业营销目标不同，因此企业需要采用与企业营销目标相适应的渠道策略。如果企业追求高市场占有率，则应选择分销密集的渠道策略。

（4）竞争者因素

竞争状况对分销渠道选择的影响较大，特别是当企业产品的功能、定价、目标市场与竞争者产品相同或相似时，企业需要认真研究竞争者的分销渠道模式，然后制订销售方案。

2. 选择渠道方案

通过分析影响分销渠道选择的因素，企业可选择出适当的渠道方案。渠道方案的选择，主要涉及以下内容。

（1）选择渠道模式

渠道设计首先要决定采用什么类型的分销渠道，即确定渠道的长度。不管是选择哪种渠道，都应先综合分析制造商的特点、产品的特点、中间商的特点，以及竞争者的特点，再加以确定，以便降低渠道成本和控制分销渠道。

（2）选择中间商数量

在综合分析分销渠道结构和影响分销渠道选择的各种因素之后，就要确定分销渠道的策略，即决定每个渠道层级使用多少个中间商。在利用中间商销售本企业的产品时，有三种策略可以选择：密集性分销、选择性分销和独家分销。

（3）确定渠道成员的条件和责任

生产企业必须确定渠道成员的条件和责任，而这些渠道成员具备的条件和需要承担的责任主要受价格政策、销售条件、地区权利和每一方所应提供的具体服务等一系列要素的影响。

3. 评价备选渠道方案

渠道方案确定后，生产企业就要对各种备选渠道方案进行评价，并选择出最优的渠道方案。通常，评估渠道方案的标准有三个：经济性标准、可控性标准和适应性标准，其中最重要的是经济性标准。

（1）经济性标准

经济性标准主要是比较每个方案可能达到的销售额及费用水平，具体比较以下两个方面。①比较由生产企业推销人员直接推销与使用销售代理商分销，看哪种方式销售额高。②比较由生产企业自己设立销售网点直接销售所需费用与使用销售代理商所需费用，看哪种方式所需费用高。生产企业对上述情况进行权衡，选择最优渠道方案。

（2）可控性标准

一般来说，采用中间商销售可控性较小，生产企业直接销售可控性较大；渠道越长可控难度越大，渠道越短越容易控制。生产企业必须进行全面比较、权衡，选择最优的渠道方案。

（3）适应性标准

如果生产企业同所选择的中间商签订的合约时间较长，而在此期间其他销售方法（如直接邮购）更有效，但生产企业不能随便解除合同，那么企业选择的分销渠道就缺乏灵活性。因此，生产企业必须考虑选择策略的灵活性，不签订时间过长的合约，除非在经济或控制方面具有十分优越的条件。

小思考 10-1

京东“热爱狂欢趴”：全渠道赋能品牌，演绎场景化品牌互动

“动物联萌”是 2021 年京东“6 · 18”顺应电商游戏化潮流趋势，在技术、资源赋能和模式跨界的双重加持下打造的一款互动游戏，它以精彩的动物故事驱动，在多个趣味场景展开，助力品牌商突破传统零售行业原有用户触达模式，跨界发声，与多元圈层受众在丰富的游戏场景和新奇刺激的游戏体验中深度互动，触发新的消费生态。

拥抱时代新趋势，打造“电商+游戏”互动消费新体验

随着国民生活方式持续推动消费升级，用户在购物时更加注重互动与交流，“电商+游戏”模式兼顾娱乐性与互动性，正在成为电商平台引导用户主动与品牌进行深度互动的重要抓手。经过“种豆得豆”“东东农场”“京奇世界”等早期游戏的摸索，2021 年京东推出的“热爱狂欢趴”在互动玩法上更加驾轻就熟。“动物联萌”作为京东在大促季以全链路资源赋能品牌拓展新平台所重磅打造的超级 IP，是一次深度互动的游戏化尝试，电商平台和品牌商借此实现了更多用户潜在价值的挖掘和延伸。在游戏设计上，“动物联萌”由浅入深，循序渐进，是不同年龄用户都能轻松驾驭的“全民级”游戏。在互动形式上，通过丰富的虚拟自然场景，趣味的动物故事背景和任务挑战，以及在场景中露出品牌信息，提升了互动性、娱乐性和趣味性的电商游戏化体验，为品牌商带来更多曝光机会，增加了用户浏览品牌店铺和商品的时间，提高了优质用户活跃度和转化率。

丰富游戏场景带出品牌，开辟品牌与用户互动新赛道

随着电商游戏化模式的逐渐成熟，品牌商通过各种虚拟游戏场景，向用户解锁品牌和产品信息。互动游戏“动物联萌”作为赋能品牌的创新模式，一改以往传统的品牌促销模式，将品牌与用户的互动融入游戏背景故事，以及游戏的规则和玩法，吸引了热衷于解锁新奇刺激游戏的年轻网友的高度关注。每一位用户从进入京东“热爱狂欢趴”主页面的瞬间，与品牌的“互动”就已经开启。用户每日登录活动页面、签到、开盲盒、浏览指定品牌专属页面、邀请好友助力、游历五大自然场景、寻宝……通过不同的“萌宠”角色触发不同场景下的动物故事，让用户以更加主动的方式被带入情节，解锁品牌新品、爆款神券、领互动好券、互动限时秒、开启盲盒、抽定制周边好礼等，环环相扣的游戏设计大大增加了用户对于品牌的消费黏性和互动频次，营造出更具沉浸感的互动消费体验。

京东以“动物联萌”IP 为支点，联动品牌商为用户带来一场全民瓜分 20 亿终极礼金“热爱狂欢趴”，为品牌商搭建起与更多维度、圈层用户交流与沟通的机会，持续帮助品牌商提升转化率。

消费与产业共振，京东布局游戏电商新路径

京东凭借自身长链条、高价值的消费大数据，帮助品牌商精准触达用户。京东从海量用户调研中洞察用户需求，筛选当季大热产品，拟定促销力度，匹配福利玩法，满足用户，尤其是年轻用户的需求和偏好。“动物联萌”这款集合了趣味性、互动性、社交性的全新互动游戏，在情感故事引导下，缩短了品牌与用户的消费链路，通过大牌爆品、福利等将用户直接从趣味游戏场景连接到品牌店铺。用户在虚拟场景中激发出来的情感，也成为用户与品牌双向吸引的磁力场，扩大了品牌曝光量，趣味游戏的设计实现了平台、品牌、用户的三方联结。

资料来源：http://news.sosol.com.cn/jingji/2021/0608/062021_7061.html（2021-06-08）[2023-10-13]

请阅读资料，并思考：

京东全渠道赋能品牌有哪些启示？

10.3.2 分销渠道的管理

分销渠道管理是一项长期的任务。生产企业需要对渠道成员进行激励与评价，协调渠道冲突中各方的利益，还要不断地对渠道进行调整，使其适应新的市场状况和环境变化，从而提高分销效率，实现分销目标和本企业整体目标。

1．渠道成员的管理

（1）选择渠道成员

选择渠道成员首先要确定评价渠道成员能力的标准。对于不同类型的渠道成员及其与生产企业的关系，应确定不同的评价标准，这些标准包括以下四个基本方面。

① 销售能力。要了解该渠道成员是否有训练有素的销售队伍，其市场渗透力有多强，销售区域有多广，曾经营过哪些产品，能为顾客提供哪些服务等。

② 支付能力。要了解该渠道成员是否有足够的支付能力。

③ 经营管理能力。要了解渠道成员的管理人员是否有足够的才干、相关知识和业务经验等。

④ 信誉。要了解渠道成员在社会上公认的信用和名声，其是否愿意和生产企业真诚合作。

要了解渠道成员的上述情况，生产企业必须收集大量的有关信息。另外，生产企业也可以派人对选中的渠道成员进行直接调查。

（2）激励渠道成员

激励渠道成员，使其出色完成销售任务的方式通常有以下几种。

① 合作。生产企业为得到中间商的合作，应采用积极的激励手段，如给予较高利润，给予特殊照顾，给予促销津贴等。当然，生产企业偶尔也可采用消极的制裁办法，如表明要减少利润，推迟交货，终止关系等，但这种方法有负面影响。

② 合伙。生产企业与中间商在销售区域、产品供应、市场开发、市场信息、技术指导、售后服务等方面彼此合作，按中间商遵守合同的程度给予激励。

③ 经销规划。经销规划是最先进的方法，它是指有计划地实行专业化管理的垂直分销渠道系统，将生产企业与中间商的需求结合起来，在生产企业营销部门内设一个分销规划部，同中间商共同规划营销目标、存货水平、场地及形象管理计划、人员推销、广告及促销计划等。

（3）评估渠道成员

生产企业必须定期评估渠道成员的绩效是否已达到某些标准。如果渠道成员绩效低于标准，则应考虑原因及补救方法。生产企业有时必须容忍这些令人不满的绩效，因为若断绝与该渠道成员的关系或以其他渠道成员替代可能会造成更严重的后果。但若存在其他有利方案，生产企业就应对渠道成员达到某种水平有时限要求，否则就要将其从渠道中剔除。

2．渠道冲突的管理

由于渠道成员的目标不同，所追求的利益不同，对经济前景的感知也不同，因此，发生渠道冲突在所难免。所谓渠道冲突，是指某渠道成员意识到另一个渠道成员正在从事会损害、威胁其利益，或者以牺牲其利益为代价获取稀缺资源的活动，从而引发了他们之间的争执、敌对和报复等行为。

依照不同的划分标准，渠道冲突可分为不同的类型。

① 按渠道成员的关系类型，渠道冲突一般分为渠道内冲突和渠道间冲突两大类。渠道内冲突是指同一分销渠道内部各成员间的冲突。这种冲突分为水平渠道冲突和垂直渠道冲突两种。水平渠道冲突是指同一渠道中同一层次的渠道成员之间的矛盾与冲突。这种冲突往往发生在划分区域分销的渠道结构中。垂直渠道冲突是指同一渠道中不同层次渠道成员之间的冲突，如制造商与批发商、批发商与零售商之间的冲突，主要表现为零售商与批发商之间的利益冲突。渠道间冲突是指两种或两种以上的分销渠道之间发生的冲突。渠道间冲突只有在使用多渠道组织形式时才会出现，因而又称“多渠道冲突”。

② 按其显现程度，渠道冲突可分为潜在冲突和现实冲突。

③ 按其性质，渠道冲突可分为功能性冲突和病态性冲突。

④ 按其产生的原因，渠道冲突可分为竞争性冲突和非竞争性冲突。

渠道冲突管理的目标并不是规避所有的冲突。对良性冲突，要加以合理利用，促进渠道发展；对恶性冲突，要给予足够的重视，要预防和化解，确保渠道健康、高效运作。解决渠道冲突的方法一般有激励、沟通与说服、惩罚和分享管理权等。当冲突是长期性的或比较尖锐的时候，可以通过协商、调解或仲裁解决渠道冲突。

3. 渠道的改进与调整

渠道的改进与调整是指为了适应市场环境的变化，对生产企业原有的整个渠道系统或部分渠道系统加以修正和改进。这主要涉及三个层次：增加或剔除某些渠道成员；增加或减少某些市场的渠道；改进整个分销系统，在所有市场建立全新的渠道。生产企业通过改进或调整渠道，可以使分销渠道结构层次更加合理，从而以最小的成本发挥最大的营销功能，提高生产企业的竞争力。

案例 10-2

董明珠再次“营销变革”：线上线下联动直播创新纪录

2020 年 6 月 1 日，格力“健康新生活”品牌日直播活动在“格力董明珠店”上线。董明珠与嘉宾共同直播，上半场通过参观格力国家重点实验室、自动化工厂等形式展示格力科研实力，下半场以“新生活、新饮食、新呼吸”为主题推介格力创新科技产品。此次活动取得了直播 2 分钟销售额破亿元、上半场直播销售额破 10 亿元、全天销售额 65.4 亿元的亮眼成绩，创下新纪录。与之前不同，此次直播董明珠还带领线下 3 万家门店共同参与，探索制造业融合线上线下的新型销售模式，满足消费者新的消费需求。董明珠在直播中表示：“要推动全国 3 万家店，全部走线上线下相结合的营销模式，实现‘零距离’的服务，这也是格力推行‘新零售’的目标。”她认为自己理解的“新零售”应是线上线下的完美结合，应该让格力 3 万家专卖店的经销商改变过去的思维、服务理念、服务行为，跟上这个时代，把专卖店变成一个体验店，让消费者可以在这里相互交流。

直播当天，格力各区域销售公司展开线上销售竞赛。在直播主舞台的一侧，实时销售排名在屏幕上不断闪动，经销商的积极性高涨。据了解，格力拥有27家区域销售公司，布局了超过3万家专卖店，6万家服务网点，构建起了与消费者高效沟通的线下渠道，还规范了空调市场的竞争秩序。2019年，网络分销商城“格力董明珠店”上线，为员工与线下经销商创造了统一的服务平台，以高质量服务促进了品牌竞争力的提升。对于格力而言，新的营销模式可以增进消费者与品牌的沟通交流，尤其能让更多年轻的消费者认识格力，了解中国制造。

资料来源：根据网络资料整理

10.4 市场窜货

在企业日常的营销活动过程中，市场窜货是一种很普遍的渠道冲突现象，它会给企业正常经营、市场秩序的良性发展和市场环境的和谐带来很大的威胁。尽管现在的网络渠道发展非常迅速，但如何治理渠道窜货依然是企业在渠道管理中应重视的问题。

10.4.1 窜货的概念与分类

窜货，又称倒货、冲货、越区销售。窜货是指经销网络中的各级经销商等渠道成员受利益驱动，使所经销的产品跨区域销售，造成价格混乱，从而使其他经销商对产品失去信心，消费者对品牌失去信任的营销现象。

市场中窜货的形式多种多样，从不同的角度可以分为不同的类型。营销渠道中不同层级的经销商在利益的驱动下都有可能窜货，甚至分公司或公司的销售总部也有可能窜货。

1. 按窜货发生的市场不同划分

① 同一市场上的窜货。企业的分销渠道系统一般都是按制造商—总经销商（总代理商）—二级经销商—批发商—零售商—消费者来组建的，层层级数放大，呈金字塔状。这种渠道系统的组建，就为同一市场上的窜货提供了可能。只要总经销商下存在两个或两个以上不同的二级经销商或批发商，就有发生窜货的可能。在同一市场上二级批发商是主要的窜货者。窜货的具体表现形式有产品的单向倒货、产品的互倒，以及产品的外流。

② 不同市场之间的窜货。它是指市场上产品的外流。在不同的市场上，只要有利润空间的存在，就会有发生窜货的可能。参与不同市场窜货的主体是总经销商和同一家公司的不同分公司。同级别的总经销商之间可能会窜货，同一家公司的不同分公司或业务员也可能会在不同市场之间相互窜货。假如在地区一和地区二的两个市场上分别有总经销商甲和乙，甲、乙之下又各有次一级的经销商A和B。这时窜货的形式主要表现在：①由一地的总经销商向另一地的经销商倒货，如甲将货倒给B，产品又经B分销到乙的其他下家从而使产品在乙所在地市场流通，或者产品反方向由乙所在地市场流向甲所在地市场；②互倒，如甲将货倒给B，乙将货倒给A，互倒的产品又经A、B分销，分别在甲、乙所在地市场流通；③不同市场总经销商之间相互倒货，如甲将货倒给乙，或乙将货倒给甲；④由某一

地市场总经销商将货直接分销到另一市场，如甲直接将货分销到乙所在地市场；⑤分公司或业务员之间相互窜货，如甲所在地分公司或业务员将货倒向乙所在地市场。

2．按窜货的不同动机和窜货对市场的不同影响划分

① 恶性窜货。恶性窜货是指为获取非正常利润，经销商蓄意向自己辖区以外的市场倾销产品的现象。经销商向辖区以外的市场倾销产品时最常用的方法是降价销售，主要是以低于企业规定的价格向非辖区销货。恶性窜货给企业造成的危害是巨大的，它扰乱企业整个经销网络的价格体系，易引发价格战，降低渠道利润；会使经销商对本企业产品失去信心，丧失积极性并最终放弃经销本企业的产品；混乱的价格还将导致本企业的产品、品牌失去消费者的信任与支持。

② 自然性窜货。自然性窜货是指经销商在获取正常利润的同时，无意中向自己辖区以外的市场倾销产品的现象。这种窜货在市场上是不可避免的，只要有市场的分割就会有此类窜货。它主要表现为相邻辖区的边界附近互相窜货，或是在流通型市场上，产品随物流走向而倾销到其他地区。这种形式的窜货，如果货量较大，该区域的渠道价格体系就会受到影响，从而使渠道的利润下降，进而影响二级经销商的积极性，严重时还可发展为二级经销商之间的恶性窜货。

③ 良性窜货。良性窜货是指企业在市场开发初期，有意或无意地选中了市场中流通性较强的经销商，使其产品流向非重要经营区域或空白市场的现象。在市场开发初期，良性窜货对企业是有好处的。一方面，在空白市场上企业无须投入开发费用，就可提高知名度；另一方面，企业不但可以增加销售量，还可以节省运输成本。只是在具体操作中，企业应注意，由此形成的空白市场上的渠道价格体系处于自然形态，当企业开始经营该市场区域时应对其进行整合。

10.4.2　窜货的原因

产生窜货的原因多种多样，但“利”字却贯穿了窜货的全过程。分销渠道中各个成员作为独立的经营实体，为了追求各自的利益，往往置渠道的整体利益于不顾，不择手段地进行销售，从而导致了窜货的发生。

1．价格体系不完善，管理混乱，利润分配不合理

价格体系不完善是造成经销商“越区销售”的原因之一。在商言商，利润永远是渠道成员所追求的目标，只要有利可图，他们就会见利而动。“三级批发定价”是许多企业在产品定价上采用的传统定价方法。这种价格体系呈阶梯状，由总经销价（出厂价），一批、二批、三批价，加建议零售价组成。每个阶梯之间都有一定比例的折扣，这个折扣比例的存在，便成了利润的源头。如果总经销商自己做终端，就可以享受两个阶梯的价格折扣所带来的丰厚利润。这种价格体系所产生的巨大的价格差异，就形成了那些见利而动的经销商越区销售的价格。

同时，一些企业对价格管理不重视甚至忽视。在企业规模较小或开发新市场时，往往会提供一些特惠的价格，对享受这些特惠价格政策的市场区域一旦管理不善，那些见利而动的经销商，就会成了脱缰的野马，到处窜货。

在利润分配上，由于一些企业给予不同区域甚至同一区域的不同规模的经销商的折扣率不一样，这种利润差就会驱使能拿到更多折扣的经销商跨区销售。

2. 分销策略不当

企业分销渠道规划的失误，会造成经销商之间距离过近或误造流通性较强的市场，从而引起窜货。经销商为争夺更大的市场，形成更大的销售规模，取得更多的利益，交叉倒货。

渠道激励不当也会诱使经销商窜货。为激励经销商努力销售本企业产品，提高企业销售量和市场占有率，企业往往会向经销商抛出种种诱饵，如年终返利、高额回扣、特殊奖励、经销权等。激励的标准一般都会以经销商完成一定额度的销售量为基准，经销商超额完成的百分比越高，获得的奖励越多，获得的利润也越丰厚，这样一来，原本制定好的价格体系被这一激励措施打破了。为完成既定的销售量以获得高额奖励，许多经销商往往不顾一切地提高销售量，如一些大经销商通过平价进出，去冲击其他希望有一些利润的小经销商，甚至会倒贴差价，赔本销售，将原本井然有序的市场搞得鸡犬不宁，而这些大经销商却拿到了巨额奖励。

此外，一些企业会不顾当地市场的消化能力，盲目地给经销商一些硬性销售指标，当下达的销售任务高于该地市场销售量时，经销商便产生了越区销售的念头；有些企业为实现年初提出的经营目标，对于一些销售稳定，业绩增长较好的经销商，盲目地加量，而不管其消化能力如何，导致经销商在完不成任务的情况下，只能向周边其他区域市场抛售，最终导致整个市场出现无序化销售。

3. 企业管理不力与业务员缺乏职业操守

企业管理不力主要表现在两方面。一是对销售的管理不力，一些企业在销售的过程中，患有“营销近视”，片面追求销售量，采取短期行为，对于窜货重视不够，不能及时发现窜货现象；或是对窜货的经销商处理不严，姑息纵容，只是象征性地罚款了事，企业的这种态度就间接鼓励了经销商的窜货行为。二是企业对分公司和业务员管理不力，一些企业的分公司和业务员为了完成既定的销售目标，低价向相邻市场抛售产品；或是一些企业内部管理不善，使得一些业务员为了争夺市场而窜货。

业务员缺乏职业操守。许多越区销售现象是由一些职业道德低下，行为不正的业务员引起的。如有的业务员因嫉妒企业其他业务员奖金比自己高，擅自行动，让经销商向这些地区冲货，以达到破坏该地区正常销售秩序，引起经销商抱怨及销售积极性减退、销售量下降的目的。有的业务员操守不正，已经决定跳槽了，暗中却跟经销商达成协议，以种种理由求得企业支持，然后向其他地区抛售，引起区域冲突。

10.4.3 窜货的治理对策

1. 借助外包装差异化，监督和预防冲货

企业对销往不同地区的同种产品实行差异化的外包装，以便于监督和查处窜货现象。具体做法有实行商标颜色差异化，实行代码制，或采用文字标识。

在设计商标时，在其他标识不变的情况下，按照不同销售地区，对同种产品的商标采

用不同的颜色，以便区分。商标颜色差异化要求有足够的销售量，否则不足以补偿相关费用。需要指出的是，当产品成长为当地畅销的主导商品时，窜货就有可能导致制假商标行为的发生。

代码制是指给每个区域的产品编上唯一的号码，印在产品内外包装上。采用代码制可使企业在处理窜货问题时掌握主动权。一方面，由于产品实行了代码制，企业对产品的去向了如指掌，经销商不敢贸然采取窜货行动；另一方面，即使出现了窜货现象，企业也可以搞清楚来龙去脉，有真凭实据，处理起来相对容易。条件具备的企业还可以在产品外包装上印刷条形码，对不同地区采用不同的条形码，这样也能收到与实行代码制同等的效果。

文字标识也能起到警示和区分的效果，如在产品外包装或者产品商标上加印“专供××地区销售”字样。如果产品在该地区的销售量能达到一定规模，并且外包装无法回收使用，效果就会很明显。与商标颜色差异化一样，如果产品在该地区的销售量较大，就为窜货者提供了规模条件。

案例 10-3

HiMarking：“一物一码”防窜货

中选（HiMarking）是一家成立于 2007 年，总部设在中国深圳，专注于研究产品“一物一码”数字化应用，致力于数智物联和品牌数字化营销服务的科技公司。

窜货，是企业或厂家的一大顽疾。随着产品市场的逐渐扩大，窜货问题屡见不鲜。窜货行为不仅会扰乱市场价格，影响产品的销售，不利于企业战略发展，还会给企业的品牌声誉、经营发展及健康的消费环境带来恶劣影响。对企业来说，窜货就像一个毒瘤，严重影响企业的发展。窜货会导致渠道价格体系混乱、价格管控难、市场销售秩序混乱；会增加企业对经销商的管理难度，严重打击忠诚经销商对品牌产品的积极性；还会直接降低企业的利润，让忠诚经销商对品牌失去信心，让品牌形象受损，在侵蚀品牌的同时，降低消费者对品牌的认同度。

HiMarking 研发出可追溯、可防伪、防窜货、可召回、可管控、可追踪等多项功能构成的实用型追溯防伪防窜系统并成功应用于实践，解决了企业经营管理难题。“一物一码”将“区块链”与“一物一证”结合，发挥“去中心化、不可复制、不可篡改”的技术优势，为产品赋予唯一的身份证，通过产品流向、一对一信息全程追踪记录、各个流通环节的数据记录，为企业查找窜货、打击窜货提供强有力的可靠依据。“一物一码”防窜货的优势在于：①利用箱码收集终端零售商信息，将终端第一手信息反馈给企业，为企业建立微型 B 端画像建立数据基础，为以后的营销活动做准备；②将收集到的信息整合成相应分析报表，统计店铺的扫码开箱数量，了解企业地区铺货情况，以便企业开展更加精准的营销活动；③为企业运营赋能，为进一步实现活动营销费用精准投放提供依据，提升开箱上架率，实现渠道价值最大化。

利用“一物一码”还能开展更多的营销活动。比如，通过消费者扫码来获取消费群体的详细消费信息，包括联系方式、消费位置、消费频率及消费能力等信息；利用终端零售商和消费者数据分析，将营销资源有效地投放在对消费者的营销上，解决中间环节截留、环节多及效率低等问题。对企业来说，通过“一物一码”，可以实现对产品的动态跟踪，实时掌握产品的动态流向，避免经销商窜货造成的市场混乱。当产品出现窜货时，企业可迅速查找出有问题的经销商，及时进行处理；当产品出现质量问题时，也可快速追溯并召回产品。

资料来源：https://www.himarking.com/news/10143.html（2021-05-07）[2023-10-13]

2. 建立完善的级差价格体系

建立合理、规范的级差价格体系，保持地区价格稳定，能够让分销渠道中的每个成员都得到相应的利润，将经销商的营销活动严格控制在授权市场区域内，从源头上堵住窜货。

为了严格执行级差价格，使各地总经销商都能在同一价格水平上进货，企业应将经销价格确定为到岸价，所有在途运费由企业承担，以保证各地总经销商具有相同的价格基准。企业还应根据经销商的出货对象严格规定价格，以防止经销商跨越其中的某个环节进行窜货。企业要求总经销商在各地按出厂价统一出货，而总经销商利润含在出厂价中，以此保障总经销商的利润。总经销商对二级批发商、零售商、团体消费者、个人消费者的销售价格应严格区分，使二级批发商能以相对高的价格销售，以此保障二级批发商的利润。总经销商和二级批发商在向团体消费者和个人消费者销售产品时，严格按团体批发价和零售价出售，确保不冲击零售市场，以保障零售商的利润。级差价格体系就是要使整个营销网络正常运转。

3. 加强分销管理

（1）制定现实的营销目标

企业应在对现有市场状况进行调研和对自己的资源进行评估后，制定符合实际的营销目标，不急功近利，不寄希望于巨奖、人海战术、广告轰炸等战术来打开市场。

（2）制定完善的激励政策

企业应注意政策的持续激励作用，防止一促销就窜货，停止促销就销不动的局面发生；应能协调与总经销商及各地总经销商之间的关系，为各地总经销商创造平等的经销环境。企业制定奖励措施时，应当充分考虑促销目标的合理性、奖励措施的适度性，以及促销时间、兑奖制度和市场监控等，确保整个促销活动是在受控环境之下进行的，不会出现失控的现象。

（3）完善售后服务

随着行业内技术的发展与成熟，产品差异越来越小，服务之争成为营销竞争一个新的亮点。完善、周到的售后服务可以增进企业、经销商与消费者之间的感情，培养经销商对企业的责任感与忠诚度。企业与经销商之间的这种良好关系的建立，在一定程度上可以防止窜货的发生，因为经销商愿意维系这种已建立好的关系，轻易不会通过窜货来破坏这一关系。

4. 重视营销队伍的建设与管理

营销队伍是营销制胜的保证与根本。为防止营销人员窜货，企业应加强营销队伍的建设与管理。首先，企业应完善人员招聘、选拔和培训制度，把控业务员的招聘关，在人才市场上挑选出真正符合要求的人员，并对其进行专业技能培训。其次，在企业中营造一种有利于人才发挥所长的文化氛围，企业应尊重人才、理解人才、关心人才，并制订辅助人才成长的各项政策，如为每一位业务员设计一个完善的事业发展计划，让每一位业务员感到自己的职位与责任感在提高和发展，从而在增强其成就感与积极性的同时，增强其对企业的忠诚度。再次，企业应制订合理的绩效评估和奖惩制度，真正做到奖勤罚懒，奖优罚劣。公正的绩效评估制度能提高业务员的公平感。合理的报酬既能有效地控制成本，又能为企业留住优秀人才。最后，企业应建立合理的淘汰机制，因为在企业的营销队伍中难免会混进一些素质不佳或能力平庸的人员，所以企业制订的淘汰机制应能有效地进行人员筛选，为企业识别真正优秀的人才。

10.5 电子网络渠道

10.5.1 电子网络渠道的含义、特点、功能与分类

1. 电子网络渠道的含义与特点

互联网的出现改变了世界，影响了人们的生活方式和工作方式。在电子商务时代，企业竞争已逐步由平面线下竞争转入立体网络竞争，传统营销渠道受到了极大的影响和挑战。随着技术的进步，移动终端的普及和应用，电子网络渠道迎来了更大的发展空间。统计资料显示，2023 年，我国网上零售额为 15.42 万亿元，同比增长 11%，连续 11 年成为全球第一大网络零售市场；实物商品网零占社零比重增至 27.6%，创历史新高。

电子网络渠道是指企业通过互联网或其他与互联网相连接的电子设备寻找、接近消费者，或是消费者通过互联网或其他与互联网相连接的电子设备寻找供应者，进行交易的营销渠道。

电子网络渠道主要有以下几个特点。

① 网络技术的广泛应用。电子网络渠道是随着互联网技术的产生而产生的，电子网络渠道应用了大量的网络技术，如局域网技术、网上订货、支付与配送技术等。

② 渠道的扁平化与虚拟化。电子网络渠道的应用大大减少了渠道的层级，它是虚实相结合的，甚至可以是完全虚拟的。虚拟渠道的主要表现形式就是电子商店，电子商店是传统商店的延伸，是网络与商业的结合。

③ 时间和空间的延伸。电子网络渠道不受时间的限制，可以实现每天 24 小时在线服务，同时，互联网具有全球性特点，电子网络渠道拓展了分销渠道范围，打破了地域和国界的限制，在时间和空间上具有延伸性。

④ 整合性强。电子网络渠道以电子信息为工具，能够将企业价值链和供应链中的活动进行整合。比如在网上购物时，下单、支付、配送、售后服务等环节都可以利用互联网整合，除实物配送外，其他过程都可以在网上完成。

2. 电子网络渠道的功能

（1）订货系统

订货系统既能为消费者提供产品信息，又能方便企业获取消费者的需求信息，从而促使供求平衡。一个完善的订货系统，可以最大限度地降低库存，减少销售费用。

（2）结算系统

消费者购买产品时，需要有方便的付款方式，因此企业（商家）应有多种结算方式。目前国外流行的几种方式有：信用卡、电子货币、网上划款等。国内付款结算方式主要有移动支付结算和网上支付结算。

（3）配送系统

一般来说，产品分为有形产品和无形产品，对于无形产品，如服务、软件、音乐等产品，可以直接通过网络进行配送；有形产品的配送离不开物流的支撑，目前国内物流行业发展趋于成熟。中国物流与采购联合会公布的数据显示，2023 年我国社会物流总额为 352.4 万亿元，同比增长 5.2%。

3. 电子网络渠道的分类

① 电子网络直销渠道，即企业和消费者通过互联网直接联系和沟通，完成交易，无须任何类型的中间商参与。

② 电子网络中间商渠道，即在企业和消费者之间有一个电子中间商作为枢纽，使他们可以通过电子中间商的网络交易系统发生买卖关系，如淘宝、京东就属于这类渠道。

案例 10-4

格力董明珠店

“格力董明珠店”是格力推行的线上分销商城，该商城节省了消费者在面对良莠不齐的商品时费力挑选的时间和精力，让消费者花最少的时间和精力购买产品，精准契合当下消费者网购效率为上、注重品质的购物需求。“格力董明珠店”将格力的品质与微店的便捷方式结合起来，消费者可以在微店里挑选格力的产品，享受与线下购物相同的高品质服务，拉近了品牌与消费者的距离。从供货、发货、安装到售后，“格力董明珠店”销售全链条都由格力一站式完成，形成一整套的购物体验闭环。和以京东、苏宁为代表的第三方线上线下平台相比，“格力董明珠店”与格力有非常高的黏性，最大程度规避了中间商参与带来的成本浪费和时间差，形成了一种天然的“零距离”属性，由于格力全员的参与和重视，这种“零距离”优势又被放大和强化，消费者在“格力董明珠店”能够享受到格力最新、最全的产品优惠。

资料来源：https://www.sohu.com/a/386366546_120095792（2020-04-08）[2023-10-13]

10.5.2　电子网络环境下的渠道管理

1. 电子网络环境下的渠道设计

企业在电子网络环境下进行渠道设计时，除考虑传统渠道设计的相关影响因素外，还须考虑产品自身特点。比如，有些产品易于数字化，可直接通过互联网传输，而对大多数有形产品而言，还需依靠传统配送渠道来实现空间移动。

通常情况下，企业设计电子网络渠道时应综合考虑以下四个方面的问题。

① 站在消费者角度设计渠道。在消费者使用网上购物这种较“虚”的方式时，要想让消费者感到放心，企业应尽可能多地设计消费者容易接受的方式，如货到付款等。

② 设计简单明了的订货系统。设计订货系统时应尽量避免让消费者填写过多信息，如采用现在流行的“购物车”方式，让消费者一边比较产品，一边进行选购。购物结束再一次性进行结算。同时，设计订货系统时还应提供产品搜索、分类查找功能，以方便消费者在最短时间内找到需要的产品。

③ 提供多种灵活方便且安全的结算方式。结算功能是电子网络渠道的一项重要功能，设计电子网络渠道时应提供多种灵活方便且安全的结算方式，以便于消费者购买产品。目前国内较流行的支付方式有支付宝、微信、银联云闪付等。

④ 建立完善的配送系统。消费者只有拿到购买的产品后才会真正感到踏实，因此建设快速有效的配送系统是十分重要的。企业可从完善配送基础设施、加强配送体系建设支持力度、加强软硬件设施、提高电子化集中管理水平等方面入手。

2. 电子网络环境下的渠道成员选择

互联网为企业选择渠道成员提供了新的途径，除了传统的选择渠道成员的方法，企业还可以借助电子网络寻找、了解和选择合作伙伴，特别是在渠道成员选择初期，这条途径更为便捷，更能发挥作用。

当企业选用网络中间商这种电子网络渠道模式时，评价考核网络中间商尤为重要，通常情况下可从“5C”的角度来考虑。

① 成本（Cost），是指使用网络中间商信息服务的支出，包括在中间商的网站上建立自己网页的费用和维持网上营销正常运作的费用。

② 信用（Credit），是指网络中间商的信用。在虚拟的网络市场上，信誉就是质量和服务的保证。企业在进行网络分销时只有通过信用比较好的中间商，才能在消费者中建立品牌信誉和服务信誉，缺乏信用的网络中间商会给企业形象带来负面影响，增加不安全因素，因此在选择网络分销时要注意网络中间商的信用程度。

③ 覆盖（Coverage），是指网络宣传能够波及的地区和人群，即网络中间商的站点能够影响的区域。对于企业来讲，站点的覆盖并非越广越好，而是要看市场覆盖面是否合理、有效，最终能否给企业带来经济效益。

④ 特色（Character），是指由于不同的网络中间商的总体规模、财力、文化素质、服务质量、工作态度、网站风格都大不相同，因此企业须根据不同的网络中间商的站点访问人群状况和本企业产品的市场特征，来确定不同的网络营销方案，以实现最佳的营销效果。

⑤ 连续性（Continuity），是指企业须选择可持续性经营的网络中间商，以保持本企业在消费者心目中的良好形象，保持产品的品牌效应和服务信誉，以实现最佳的营销效果。

3. 电子网络环境下的渠道配送

网络技术的不断发展使得企业的物流配送体系实现了信息化、网络化、智能化和柔性化。

（1）信息化

信息化是物流系统的基础，信息技术及计算机技术在物流中的应用已改变了企业物流的面貌。具体而言，物流信息化表现为物流信息的商品化，信息收集的数据库化和代码化，信息处理的电子化和计算机化，信息传递的网络化、标准化和实时化，信息储存的数字化。

（2）网络化

物流网络化的基础是信息化，而物流网络化又是信息化的必然结果。一般情况下，网络化有两层含义：第一，物流配送系统中计算机的通信网络，其用于物流配送中心与供应商的联系以及与消费者之间的联系；第二，组织的网络化，即通过企业内部网络来实现企业内部的信息交换。

（3）智能化

物流智能化是物流系统自动化和信息化的高层次应用。物流智能化应用的技术有：物流预测系统、库存水平系统、运输路径选择系统、自动分拣机的运行系统、物流配送中心管理决策系统等。

（4）柔性化

物流柔性化的理念是以消费者为中心，真正地根据消费者的需求组织生产，安排物流活动。由此可见柔性化的物流正是适应生产、流通与消费者的需求而发展起来的一种新型物流模式。这就要求物流配送中心要根据消费者需求“多品种、小批量、多批次、短周期”地组织和实施物流作业。

4. 电子网络环境下的渠道协调

电子网络技术的运用改变了原有渠道成员之间的合作方式，也改变了其相互依赖的结构和权力结构。比如，现在很多企业都建有自己的网络平台，渠道的合作有可能表现为渠道成员之间网络平台的互联，在这个互联平台上，成员能共享客户资源和市场信息，其目的是提高渠道成员交流的透明度和信任度，以提升渠道的竞争优势。再如，在电子网络直销渠道中，生产企业可以通过电子网络直接接触到目标消费者，这意味着他们在分销中掌握了更多的主动权，降低了对中间商的依赖性，这就直接地或间接地使主动权向生产企业一方倾斜，而电子网络中间商的参与将分享部分的渠道权力。渠道成员间合作方式的变化预示着渠道管理的领导职能将更多地表现为渠道协调——网络平台之间的对接和渠道成员之间的沟通。

互联网技术支持的营销渠道通常表现出三种类型的冲突：第一，生产企业自建电子网络直销渠道，从而产生网络直销渠道与传统渠道的冲突；第二，生产企业通过原有渠道之外的网络中间商销售，从而产生网络中间商渠道与传统渠道的冲突；第三，生产企业的产品被原有的传统渠道中的某些中间商在网上销售，于是出现传统渠道中使用网络渠道的成员与未使用网络渠道的成员之间的冲突。上述三种情形还可能以组合的方式出现，诱发生产企业与传统渠道成员之间的目标冲突、领域冲突、认知冲突等。

上述情形的渠道冲突可通过以下途径加以解决：对于企业自建电子网络直销渠道的，可给传统的渠道成员提供一些企业网站上没有的优惠；可利用产品线差异化，保持传统渠道成员的市场地位；还可策略性地运用渠道权力中的奖励权力，与传统渠道成员分享销售成果；等等。

5. 电子网络环境下的渠道控制

由于电子网络突破了市场的时空界限，其具备的全球性、互动性、开放性和数字化特点使市场价格更加透明，也使所有渠道参与者能够享受更加平等的市场机会，因此电子网络更有利于企业进行渠道控制。但是电子网络也为渠道控制带来了新问题，最典型的是网络交易安全问题。针对这一问题，企业需要采取多方面的措施：技术方面，如防火墙技术、网络防毒、信息加密、存储通信、身份认证、授权等；管理方面，如交易的安全制度、交易安全的实时监控、对现有的安全系统漏洞的检查及安全教育等。

习　题

一、单项选择题

1. 分销渠道流程中，（　　）是指商品所有权从一个渠道成员转移到另一个渠道成员的过程。

A. 实物流程　B. 所有权流程　C. 信息流程　D. 促销流程

2. 渠道长度是指产品从生产领域流转到消费领域所经过的（　　）的数量。

A. 渠道类型　B. 中间商类型　C. 中间商　D. 渠道层级

3. （　　）是指在同一流通层级中使用同种类型的中间商数量少的渠道。

A. 长渠道　B. 短渠道　C. 宽渠道　D. 窄渠道

4. 渠道宽度描述的是（　　）。

A. 中间环节的多少　B. 生产企业的多少

C. 同层级中间商的多少　D. 不同层级中间商的多少

5. （　　）是有条件地选择少数中间商分销本企业产品的分销形式。

A. 广泛分销　B. 选择分销　C. 独家分销　D. 直接分销

6. 空调、冰箱等家电产品适宜选用（　　）的渠道策略。

A. 广泛分销　B. 选择分销　C. 独家分销　D. 直接分销

7. 生产便利品的企业通常采用（　　）的渠道策略。

A. 广泛分销　B. 选择分销　C. 独家分销　D. 直接分销

8. 经纪人与代理商具有的共同特点是他们都不拥有（　　）。

A. 商品所有权　B. 独立经营权　C. 法人地位　D. 经营场地

9. 从事将商品或劳务销售给最终消费者用于生活消费的经济活动的组织或个人被称为（　　）。

A．运输公司　　B．公共机构　　C．零售商　　D．批发商

10．企业需要对各种渠道方案进行评估，例如，要评估企业是否具有适应环境变化的能力，这一评估标准属于（　　）。

A．经济性标准　　B．适应性标准　　C．可控性标准　　D．环境性标准

二、多项选择题

1．下面这些商品不适宜采用长渠道销售的是（　　）。

A．标准品　　B．便利品　　C．时尚品

D．易损品　　E．技术品

2．商店零售商的主要类型包括（　　）。

A．百货商店　　B．专业商店　　C．便利店

D．超级市场　　E．电视直销

3．批发商的基本类型包括（　　）。

A．普通商品批发商　　B．专业批发商

C．大类商品批发商　　D．批发交易市场

4．渠道内冲突可以分为（　　）。

A．垂直渠道冲突　　B．水平渠道冲突　　C．竞争性冲突

D．非竞争性冲突　　E．功能性冲突

5．电子网络环境下的物流配送体系实现了（　　）。

A．信息化　　B．网络化　　C．智能化

D．柔性化　　E．机械化

三、判断题

1. 把各种不同的商品在不同的时间段内分销到不同的市场与区域，以方便消费者购买，体现的是分销渠道的平衡功能。（　　）

2．分销渠道的零阶渠道也可称为直接渠道。（　　）

3．中间商根据销售对象的不同，可分为经销商和代理商。（　　）

4．商品中的选购品和特殊品适宜选用广泛分销。（　　）

5．同一渠道中不同层级渠道成员之间的冲突属于水平渠道冲突。（　　）

四、简答题

1．简述分销渠道的基本类型及其分类依据。

2．简述分销渠道设计的步骤。

3．简述分销渠道管理的内容。

4．结合实际，阐述你对市场窜货的理解和认识。

5．简述电子网络环境下的渠道管理。

五、论述题

移动互联网时代，企业应如何实现传统渠道和电子网络渠道的有效融合？

六、案例分析

周黑鸭的渠道演进

周黑鸭国际控股有限公司（以下简称周黑鸭）是一家专业从事鸭类、鹅类和素食产品等熟卤制品经营的品牌企业。

周黑鸭的渠道演进可概括为以下四个阶段。

（1）单一渠道：线下直营门店

单一渠道主要是指线下分销渠道，以实体门店经营为主，即实体人员提供店内服务。

1997—2010 年，周黑鸭的渠道建设以单一渠道的直营连锁为主，当时公司拥有中国休闲卤制品行业第二大的自营门店网络。直营连锁是指连锁公司的所有门店均由公司总部全资或控股开设，在总部的直接领导下统一经营，总部对各门店实施商流、物流、信息流、资金流和促销流五方面的统一经营。公司总部采取纵深的管理方式，直接管理所有的门店零售终端，门店也必须完全接受总部指挥，实质是一种“管理产业”。

周黑鸭在湖北省武汉市及周边二线城市宜昌、荆州、襄阳、仙桃、黄州、黄石、鄂州、孝感、咸宁、安陆、新洲等均开设有直营门店，在北京、南昌、长沙、深圳、广州、上海、郑州等地设有全资子公司。2017 年，周黑鸭在强化渗透现有地区市场的同时，深耕华中地区市场，并进军山东、安徽等新区域，开拓新市场。截至 2023 年 6 月底，周黑鸭拥有 1542 间自营门店和 2164 间特许经营门店，覆盖全国 28 个省份共 339 个城市。

直营渠道对于品牌商的门店选址和店铺管理等零售能力要求较高。区别于其他主要卤味品牌，周黑鸭形成了聚集于交通枢纽、核心商圈的门店网络，因为核心商圈与交通枢纽既是人流聚集地，也是品牌宣传的窗口。

（2）多渠道：线下传统渠道+线上 web 渠道

多渠道的渠道构成包括线下传统渠道和线上 web 渠道、其他渠道（电视购物、目录购物等）。多渠道的各渠道独立运营，独立履行订单。线上 web 渠道高速发展，成为休闲食品销售增长最快的渠道，是线下传统渠道的有效补充。周黑鸭线上 web 渠道对公司贡献逐年增加，周黑鸭重视线上 Web 渠道的发展主要是因为线上 web 客户大多数是追求方便、迅速购物，购买力强的年轻消费者，线上宣传不仅可以迅速普及到年轻消费者，也可以补充线下直营门店网络，使业务扩展至尚未开设门店的城市。

周黑鸭于 2013 年便开始推广 MAP 气调包装产品（气体包装，采用氮气等惰性气体填充包装），2015 年推出固定重量 MAP 产品和颗粒真空产品。MAP 包装技术将空气中的氧气水平降低并以氮氧取代，令包装的内部气体成分转变，以抑制细菌及微生物的生长，并改善卤制品的保质期。与真空包装技术相比，由于包装过程中没有使用高温处理，MAP 包装技术保障了食品的新鲜与质感，具备“锁鲜”的功效。MAP 包装产品具有唯一标识，有利于产品质量跟踪与监督，对于消费者而言，具有更强的品牌辨识度，因而更受消费者青睐。在淘宝等网络平台上，周黑鸭的销售量一直处于熟卤制休闲食品行业中的领先地位，且在所有渠道中，线上 web 渠道的销售增长速度是最快的。

目前，周黑鸭已与国内众多电商平台合作，形成第三方知名平台电商（天猫、京东）、商城电商（苏宁、唯品会、当当）、社交社群电商（拼多多、抖音）、银行内渠道 App 电商的四大线上 web 渠道。

（3）全渠道：线下传统渠道+线上 web 渠道+移动端渠道等

全渠道构成包括线下传统渠道（实体门店、服务网点）、线上 web 渠道、移动端渠道（微博、微信、社交媒体 App）和其他渠道（电视购物、目录购物、大众传媒等）。全渠道特征表现为跨渠道购物、渠道整合及无缝的消费者体验。全渠道成功的关键在于全渠道协同。全渠道时代，消费者综合运用购物渠道的能力正在增强，渠道运营者须提高对多种渠道的整合、运用和管理能力，以期在市场竞争中获胜。

随着互联网和信息技术的发展，网络零售中移动端交易占比不断提升，移动购物成为网上购物的主要形式，SoLoMo（Social+Local+Mobile）消费群开始兴起。SoLoMo 既可以是一个社交消费群（消费者通过各种社交网络连接起来），也可以是一个本地消费群（可以应用基于地理位置的 LBS），还可以是一个移动消费群（消费者可以利用各种移动终端，如智能手机、平板电脑、智能穿戴设备等，进行消费活动）。80 后、90 后、00 后以及越来越多的 70 后和 60 后都在加入 SoLoMo 消费群，如周黑鸭天猫粉丝人数超 400 万，微信粉丝人数超 1000 万。SoLoMo 消费群的一个显著特点是：消费者希望在任何时间、任何地点都能买到自己需要的商品，他们把越来越多的休闲时间放在了微博、微信等社交媒体上。这些都要求企业采取全渠道，以应对消费者随时随地的购物需求。全渠道中消费者选择何种渠道购买不是重点，重点是不同渠道之间能够实现无缝衔接和协同运作，给消费者一个美好的购物体验。

周黑鸭于 2015 年 12 月开始在部分门店实行 O2O，为全渠道构建进行积极探索。在此之前，周黑鸭已有线上下单、线下配送的初步尝试，线下门店也入驻饿了么等外卖平台，实现了周黑鸭产品的上门配送。

全渠道时代，企业将全渠道的构建与营销策略中的产品策略、促销策略和定价策略相互融合，借助社会化媒体，展开精准会员营销和品牌联合营销，以增强消费者的购物体验。比如周黑鸭与微信合作开发微信小程序，联手打造人工智能便利店；周黑鸭与支付宝合作，将线下门店的流量导入线上，增加消费者的购物黏性；周黑鸭定期推送线上天猫店和线下门店的优惠信息，引导消费者参与活动。

（4）直营连锁+特许经营

2019 年周黑鸭在直营连锁的基础上引入特许经营模式，2019 年年底周黑鸭门店已正式进驻高速公路服务区，特许经营驶入发展快车道。2021 年 6 月 22 日，周黑鸭正式宣布开放单店特许经营模式，这意味着周黑鸭特许经营的全面放开。周黑鸭启动特许经营，有两个关键因素。第一，周黑鸭经过近 20 年的积累，在生产、销售和供应链等方面，已经建立了扎实的基础。特别是近几年周黑鸭在全国多地建设生产基地，产能大幅提升，缓解了长期困扰周黑鸭的产能不足问题。第二，在大数据建设方面，周黑鸭搭建了强大的数据系统（SAP），确保产品质量安全可追溯。因而周黑鸭管理层认为启动特许经营是一个水到渠成的事情。直营连锁+特许经营模式将给周黑鸭的发展带来更大的成长空间。

资料来源：本案例由刘春宇编写

思考题：

移动互联网时代，周黑鸭的全渠道应如何与直营连锁和特许经营模式结合，以发挥更大的作用？

第 10 章　在线习题

第 11 章

促销策略

本章教学目的

本章的教学目的是帮助学生理解促销策略的概念、作用及促销方式；理解并掌握促销组合及其影响因素，以及人员推销、广告、营业推广和公共关系等四种促销方式。

本章主要知识点

- 促销策略
  - 促销与促销组合
    - 促销的概念及作用
    - 促销活动中的信息沟通过程
    - 促销组合及其影响因素
  - 人员推销
    - 人员推销的定义和特点
    - 人员推销的程序
    - 推销人员的管理
    - 对推销人员的激励
  - 广告
    - 广告的概念和类型
    - 广告媒体
    - 广告诉求策略
  - 营业推广
    - 营业推广的概念和特点
    - 营业推广的方式
    - 营业推广的实施过程
  - 公共关系
    - 公共关系的概念、特点和工具
    - 公共关系在营销中的作用
    - 公共关系的活动方式
    - 危机公关

导入案例

11.1 促销与促销组合

市场营销活动不仅要求企业生产适销对路的产品，制定恰当的价格，在适当的地点为消费者提供所需的产品，还要求企业采取适当的促销方法激发消费者的购买欲望。可见，促销策略也是市场营销策略的重要组成部分，它要求企业利用各种方法，把企业相关信息传递给目标消费者、渠道成员和公众等，同时收集来自这些方面的信息反馈，促进企业完成经营目标。

11.1.1 促销的概念及作用

1. 促销的概念

促销是促进产品进行销售的简称。从市场营销的角度来看，促销是企业通过人员与非人员的方式，沟通和传播企业与消费者之间的信息，引发、刺激消费者的消费欲望，使其产生购买行为的一种市场营销活动。促销在把产品及相关信息传递给目标消费者的同时，试图在特定目标消费者心中唤起营销者预期的意念，使之形成对产品的正面反应。

现代市场营销理念要求企业必须与其供应商、消费者、金融机构、政府和公众进行广泛、迅速和连续的信息沟通活动，在所有的沟通活动中，企业最关注的是与其目标消费者之间进行的说服性沟通。因此，促销是一种非价格竞争，在买方市场条件下，注重研究消费者的心理需求尤为重要。

在理解促销含义时，应注意把握以下三点。

① 促销工作的核心是信息沟通。企业与消费者之间达成交易的基本条件是信息沟通。企业将有关产品或服务的存在及其性能、特征等信息，通过文字、声音、图像或实物传递给消费者，增进消费者对本企业产品或服务的了解，引起消费者的注意和兴趣，帮助消费者认识产品或服务能给他们带来的利益，激发他们的购买欲望。

② 促销的最终目的是引发、刺激消费者产生购买行为。在消费者可支配收入既定的条件下，消费者是否产生购买行为主要取决于消费者的购买欲望，而消费者的购买欲望又与外界的刺激、诱导密不可分。因此，企业在促销时需通过各种传播方式把产品或服务等有关信息有效地传递给消费者，以激发其购买欲望，产生购买行为。

③ 促销的方式有人员促销和非人员促销两种。人员促销又称直接促销，是指企业雇用推销人员向消费者推销产品或服务的一种促销活动。非人员促销又称间接促销，是指企业通过一定的传媒传递产品或服务的有关信息，以激发消费者产生购买欲望、发生购买行为的一系列促销活动，包括广告、公共关系和营业推广等。数字化时代，非人员促销和人员促销的形式都得到了进一步发展，因而极大地丰富了促销策略。

案例 11-1

虚拟代言人

在企业品牌营销传播中，明星代言是最为常见的一种方式，企业可以利用明星的形象、知名度和影响力来提升企业品牌的知名度，吸引更为精准的受众，吸引更多的流量。然而企业与明星的合作会受到诸多不可预料因素的影响，成功则互相成就，失败则两败俱伤。明星“翻车”事件已经屡见不鲜，明星代言可谓是一把“双刃剑”，

除明星代言或者企业家自身代言之外，企业还有其他可以选择的方式吗？为了解决明星代言存在的各种问题，很多企业开始尝试启用虚拟代言人，如百度旗下的虚拟人度晓晓和希加加，央视数字代言人阿央，四川日报虚拟人“小观”，武汉“三镇之眼”虚拟代言人“祁小蓦”等。一般来说，品牌虚拟代言人是指品牌商在综合分析竞争环境、竞争对手及消费者心理的基础上，结合自身产品特点，虚构一个产品代言人，这个代言人可以是一个卡通人物，也可以是一个并不存在的和真人相似的人物。虚拟代言人的兴起反映了中国已进入一个多元化、多样化、更丰富的消费新时代，反映了中国消费市场正日趋成熟，消费者需求正趋于多样化、个性化、定制化等。虚拟代言人兴起的一个重要原因，或者说其中一个很直接的原因就是，消费市场年轻化，90 后逐渐成为消费市场的主力军。虚拟代言人的推出无疑能更加精准地满足年轻消费群体的需求，吸引其对品牌和产品的关注，更重要的是能使企业与消费者之间建立信任。因此，虚拟代言人是吸引年轻人的一种好策略。

资料来源：https://m.thepaper.cn/baijiahao_11030164（2021-02-01）[2023-10-13]

2．促销的作用

促销是企业营销组合中的重要策略，它可以使企业树立良好的形象，增加销售，与渠道成员建立好感等。一个好的促销计划可补充市场营销组合中的产品策略、分销策略和价格策略，使营销组合更加完善。促销的作用具体表现在以下几个方面。

① 传递信息，提供情报。销售产品是市场营销的中心任务，信息传递是产品顺利销售的保证，在现代市场营销中，信息流是商流和物流的前导。信息沟通是争取消费者的重要环节，是联系营销企业与生产者、经营者、消费者的纽带，也是加强分销渠道中各环节之间的协作，加速商品流通的重要途径。

② 刺激需求，增加销售量，拓展市场。在促销活动中，营销者在向消费者传递产品信息时，通过各种促销手段提醒、强化消费者对本企业产品的需求，一定程度上起到了诱导作用，变潜在需求为现实需求，激发了他们的购买行为，拓展了市场，从而增加了销售量。

③ 突出特点，诱导需求，树立形象。在激烈的竞争环境下，市场上有许多同类产品，同质化现象越来越突出，消费者往往很难辨别或觉察。企业通过促销活动，如借助商标、产品特征、价格和效能等宣传该产品与竞争企业产品的不同及其给消费者带来的特殊利益，可以使消费者增强对本企业产品的了解并产生好感，从而诱导需求，还可以使消费者形成对本企业产品的偏好，建立起与众不同的产品形象，从而增强企业在市场竞争中的优势。

小思考 11-1

秋天的第一杯奶茶

在媒体碎片化时代，传播就是争夺注意力，传播场景从“大众传播”“小众传播”向“立体传播”演变。大众传播时代，电视、电台和报刊是主流阵地，讲究“播（平台）的力量”。小众传播时代，社交媒体是主流阵地，讲究“传（内容）的力量”。立体传播时代，讲究“传（内容）与播（平台）配合的力量”，即品牌既可以有自己的体验场景，让消费者参与制造传播内容，也可以借助传统主流媒体和各类头部自媒体创造传播内容。有了优质的传播内容，再借助外部各类媒体矩阵和品牌内部的组织力量，就可以让传播内容在主流媒体和自媒体之间相互引爆，交叉传播，形成现象级传播。

2020 年，“秋天的第一杯奶茶”火了！起因是：有人在微信上给别人发“秋天的第一杯奶茶”，对方二话不说，发来一个 52 元的红包，意思是“拿去买奶茶喝吧”。很快，这个晒奶茶的场景和晒 52 元红包的场景，让大家纷纷跟风，喜茶、奈雪的茶等奶茶品牌迅速借助这个热点，开展品牌传播，引导大家从温情感受扩散到花样表达对奶茶的爱、对品牌的热爱。

“秋天的第一杯奶茶”上了热搜，中午微博话题阅读量还只有几百万，下午就飙升到 1000 多万，到傍晚就超过了 2 亿。不少人在社交媒体上晒出手持奶茶的照片，喜茶、奈雪的茶等品牌的部分门店甚至一度因为爆单而不得不“暂时打烊”。

资料来源：https://www.shichangbu.com/know_info/56572.html（2020-12-25）[2023-10-13]

请阅读资料，并思考：

如何从立体传播角度理解“秋天的第一杯奶茶”这种现象级传播？

11.1.2 促销活动中的信息沟通过程

促销的本质是要加强企业同目标市场之间的信息沟通，它是一种信息传播、沟通行为，是针对消费者对信息的心理需求，采用适当的信息沟通手段而进行的整合营销传播的沟通活动。信息沟通过程一般包含九个要素，即：信息源、编码、信息、媒介、解码、受众、响应、反馈和干扰，如图 11.1 所示。

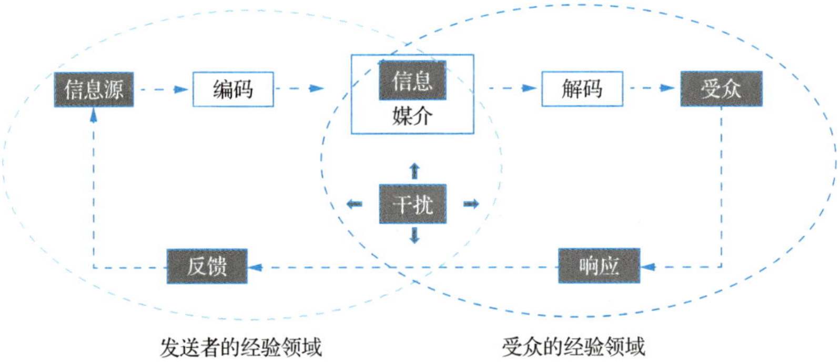

图 11.1 信息沟通过程的要素

1. 信息源

信息源即信息发送者，它可以是想要把信息介绍给受众的企业、独立的机构或个人。企业与受众的沟通一般通过企业发言人、形象大使、意见领袖、有代表性的消费者和推销人员来执行。这些信息发送者必须把有关理念、感情或看法，用受众能够理解的文字或符号等形式传送给受众。

2. 编码

编码是指信息源将一个思想或理念转变为可以被受众所感知的信息的过程，即将思想转换成文字或符号形式的过程，这一阶段的重要内容是利用符号和文字拟定有关信息的内容，其中最关键的是必须把所要传达的思想或理念如信息源所期望的那样进行正确的转换。

3. 信息

信息是指信息源传送给受众，并使之理解的理念、感情或看法。信息的内容取决于企业想要向受众通报、游说或提醒什么。通常情况下，企业信息的内容一般会包括企业的名称、产品或服务的名称、形象、差别利益、价格等。

4. 媒介

媒介是信息从信息源传递到受众的传播渠道，即用来传递信息的人员或非人员渠道。人员媒介包括公司的推销人员和其他代表；非人员媒介包括报纸、电视、广播、杂志、大众交通工具及互联网等。人员媒介可以与受众进行一对一的接触，比较灵活，针对性较强。非人员媒介则能以较低成本接触受众，灵活性较差，没有一对一介绍那样机动，但对于分散的受众却很有效。

5. 解码

解码是受众对信息源所编码的符号赋予含义的过程，即受众解释、理解信息源所发送的信息的过程。受众往往根据自己的经验及信息内容的明晰度来解释所接收的信息，信息内容的明晰度通常会随着象征符号的增加而提高。

6. 受众

受众是信息源所发送的信息的对象，即接收信息的一方。在大多数市场营销情境下，受众就是目标顾客。但除了受众，信息源也可能会对股东、社会团体、新闻媒体和政府官员通报某种理念、企业形象和相关信息。

7. 响应

响应是指受众接收到信息后的反应，包括各种可能的反应，如对产品属性的了解、访问企业网站获取更多的信息，购买产品或什么都不做。

8. 反馈

反馈是受众对信息源所传递的信息的反应的一部分。最理想的反馈是沟通后消费者从企业购买了产品或服务，这表明所传递的信息可以有效地促成交易；其次是消费者受企业促销的诱导，改变了对别的企业的偏爱态度，转而偏爱本企业；最不理想的反馈是消费者既不购买产品，也不产生惠顾态度。

9. 干扰

干扰是指任何会妨碍、曲解或减缓信息传递的事物。在信息沟通过程中的任何阶段都会产生干扰。比如噪声有时会造成沟通障碍，使信息不能正确地编码或解码，有时会造成反应微弱。

知识链接 11-1

整合营销传播（IMC）

美国整合营销传播学者舒尔茨提出了整合营销传播理念。对整合营销传播的理解概括如表 11-1 所示。

表 11-1　对整合营销传播的理解

关键词	理解
触点	即所有接触点，是消费者与企业的信息传递渠道，实质上是消费者与产品（或品牌、企业）的关系，包括消费者如何接近产品、了解产品，消费者的使用经验、感受及态度等
信息流	即运作信息，是营销中最核心的工作，整合营销传播理念把影响消费者行为作为营销目标
传播一元化	即“用一个声音说话”，每条信息都应相互呼应，以支持其他关于品牌的信息或印象。传播的信息是经过规划的一个整体，为适应不同的场合应使用不同的传播内容，不同的传播内容应传递相同的价值
互动	是整合营销传播的精髓，是最重要的关键词。传播者和受众是互动的，受众参与到传播之中，不仅是传播的客体，也是传播的主体，品牌根据受众的反应、态度，再进行下一个传播

资料来源：https://www.sohu.com/a/359905487_163221（2019-12-12）[2023-10-13]

11.1.3 促销组合及其影响因素

1. 促销组合的概念

促销组合又称营销沟通组合，是指企业在市场营销过程中，根据产品的特点和营销目标，综合各种影响因素，对人员推销、广告、营业推广、公共关系等基本促销方式进行的选择、编配和运用。促销组合体现了现代市场营销理论的核心思想——整体营销。

从广义的角度来看，市场营销组合中的各个因素都可以纳入促销组合，如产品的式样、包装的颜色与外观、价格等。

从狭义的角度来看，促销组合只包括具有沟通性质的促销工具，如广告、包装、展销会、购买现场陈列、销售辅助物（目录、说明书、影片等）、劝诱工具（竞赛、赠品券、赠品等），以及公共关系。

2. 推式促销策略与拉式促销策略

推式促销策略是企业通过促销努力，将产品由制造商销售给批发商，批发商转而销售给零售商，零售商转而销售给消费者的一种链式系统。推式促销策略将人员推销作为主要手段，辅之以广告、公共关系和营业推广，促使销售的上一环节尽力地把产品推销给销售的下一环节。

拉式促销策略是企业通过树立良好的企业形象、品牌形象与产品形象，使消费者产生需求，并向零售商购买，零售商转而向批发商订货，批发商转而向制造商订货的一种与推式促销反方向的链式系统。在拉式促销策略中，广告、公共关系、营业推广是主要手段，企业通过这些手段树立形象、产生拉力，人员推销只是辅助手段。

任何企业都不会单一地采取拉式促销策略或推式促销策略，而是会两种策略并用，但企业应根据具体情况突出重点。

3. 影响促销组合策略选择的因素

（1）促销目标

促销目标是指企业从事促销活动所要达到的目的。企业在不同的时期及不同的市场环境下，都有其特定的促销目标，而促销目标不同，促销组合策略也会有差异。

① 以扩大市场份额为目标，即在一定时期内，在某个市场迅速增加销售量，从而扩大企业的市场份额。这个促销目标强调的是近期效益，在这样的目标下，企业选择、配置促销组合时会更多地使用广告和营业推广。

② 以树立企业形象为目标，即企业总体的营销目标是在某个市场上树立企业形象，为其产品今后占领市场赢得有利的竞争地位，奠定有利的基础。显然这属于长期目标，要想实现此目标，需要制订一个长期的促销组合方案，此时公共关系是非常重要的。

（2）产品性质

不同性质的产品，购买者和购买目的不同。一般说来，工业品具有技术性强、价格高、批量大等特征，购买一般要经过研究、磋商、审批等手续，因此，工业品促销应以人员推销为主，辅之以广告与公共关系。消费品是供个人或家庭生活使用的，面广量大，应以广告宣传为主，结合营业推广，并辅之以人员推销和公共关系。

（3）市场状况

市场状况不同，促销组合策略也有所不同。

① 从市场地理范围大小来看，若促销对象是小规模的或相对集中的本地市场，则应以人员推销为主；而对广泛的或分散的全国甚至世界市场进行促销时，则应采用广告、公共关系及营业推广。

② 从市场类型来看，如果目标市场的消费者多而分散，则应采用广告等非人员推销方式，同时要考虑目标市场的其他特性，如消费者收入水平、风俗习惯、受教育程度等。对于用户较少、批量购买、成交额较大的生产者市场，则主要采用人员推销方式。

③ 在有竞争者的市场条件下，选择促销组合策略时还应考虑竞争者的促销方式和策略，要有针对性地不断变换自己的促销组合策略。

（4）产品的价格和销售渠道

一般来讲，对于廉价的日常生活用品，由于其利润很薄，需要大批量销售，采用广告的效果较好，而对于价高利厚的产品，由于消费者的选择性很强，采用人员推销有利于克服消费者的购买阻力。当企业采用直销方式，自己负担整个销售工作时，其促销的重点应放在人员推销上；当企业销售渠道很长、环节很多时，促销的重点应放在广告上，以吸引消费者到商店去购买产品。

（5）产品生命周期

在产品生命周期的不同阶段，企业的营销目标及重点不一样，促销方式也不相同。

① 在产品导入期，消费者的接受能力很低，企业要尽量让消费者认识、了解新产品，因而可利用广告和公共关系来广为宣传，同时配合营业推广和人员推销，鼓励消费者试用新产品。

② 产品进入成长期后，可观的销售增长率和利润开始吸引竞争者进入市场，这时企业促销的重点应放在宣传本企业产品的商标品牌上，争取消费者的偏爱，激发消费者的选择需求。这一阶段，人员推销的任务是发展销售渠道，提高市场占有率。另外，广告的费用也要增加，广告的内容要从告知转向宣传品牌的突出优点和特色，以提高产品和企业的声誉。

③ 产品进入成熟期后，竞争者很多，但竞争态势已趋于稳定，弱势竞争者被挤出，市场产品也逐渐趋同。在这一阶段，广告是消费品的主要促销方式，广告的内容应集中宣传本品牌与其他品牌的不同之处，强调产品的附加价值。

④ 产品进入衰退期后，由于生产和销售开始下降，整个促销预算逐步削减，因此，一般应把营业推广作为主要促销方式，并可运用提示性广告来保持消费者的记忆。

（6）促销预算

企业开展促销活动，必然要支付一定的费用，每一种促销方式所需的费用是不相同的，而企业能够用于促销活动的总费用是有限的。因此，确定促销预算额度时，要考虑营业额、促销目标、产品生命周期、适应竞争需要等因素，选择适宜的促销方式，并在恰当的时机进行运用，做到效果好、费用低。

11.2 人员推销

11.2.1 人员推销的定义和特点

1. 定义

人员推销是指企业的销售人员用谈话的方式向可能购买的顾客做口头宣传，以达到推销产品、满足顾客需求的目的，它是实现企业营销目标的一种直接销售方法。人员推销是最古老的销售方式，但由于其具有独特的优点，因此在现代营销中仍然是最重要的促销方式之一。

人员推销大致可以分为上门推销、街头推销、柜台推销和会议推销等形式。上门推销是人员推销的基本形式，但它并不是指简单的送货上门，其任务是提供产品信息、推荐介绍产品、扩大产品销售、发展或巩固客户、提供综合服务及进行需求调查等。上门推销一般是指由企业派出推销人员对潜在顾客介绍产品并劝说其购买的一种推销方式，它可以是有针对性地到居民家中推销，也可以是到企业或事业单位推销，还可以是到城市社区、农村乡镇推销。街头推销是指推销人员在街道上向过往的行人直接推销产品的一种推销方式，我国常见的街头推销形式有个体商贩沿街推销、城镇集贸市场的农副产品叫卖出售、城镇流动维修服务，企业推销人员在街头向过往行人发送产品说明书、样品等。柜台推销是指商业企业的售货人员在接待顾客时，向顾客介绍、推荐产品的推销方式。会议推销是指利用各种会议向参会人员宣传和介绍产品，展开推销活动，如在订货会、交易会、展览会、交流会等会议上推销产品。这种推销形式接触面广、推销集中，可以同时向多个推销对象推销产品，成交额较大，推销效果较好。

2. 特点

人员推销与非人员推销相比，具有以下特点。

（1）能实现信息的双向沟通

推销人员与顾客在推销过程中直接联系，可以实现信息的双向沟通。在信息的双向沟通中，推销人员可以根据顾客的反应，灵活运用推销技巧，调整传播信息内容，并及时对顾客提出的质疑给予答复，进行必要的解释。

（2）针对性强

人员推销可以有的放矢地开展促销活动。推销人员在开展促销工作前，能够对潜在顾客进行分析，选择出潜在的购买者并劝说其购买。

（3）能及时促成购买行为

人员推销可以根据各类顾客的欲望、需求、动机和行动，介绍所推销的产品，以便达成协议，迅速成交。其他促销方式虽然也能够激发顾客的购买欲望，但无法使顾客立即采取购买行动。

（4）可以在企业与顾客之间建立起稳定的关系

人员推销可以通过其经常性的促销活动，与顾客建立长期的合作关系，从而稳定企业的产品销售。推销人员除了推销产品，还可以兼做销售服务、情报收集、市场调查和公共关系等多方面的工作。

11.2.2 人员推销的程序

有效的人员推销过程通常包括以下六个步骤。

1. 确定目标

人员推销的第一个步骤就是研究潜在顾客，即选择极可能成为顾客的人。这些潜在顾客可直接从对顾客和产业会员的调研，以及公共档案、电话号码簿、工商会员名单、企业档案等途径获得。

2. 接近潜在顾客

接近潜在顾客时，要给对方一个良好的第一印象。推销人员与潜在顾客的第一次接触往往是其能否成功推销产品的关键。留下良好第一印象的最好方法就是立足于对潜在顾客的了解。凡是能了解顾客的特殊情况的推销人员，大多能在顾客心中形成良好的第一印象，做成交易。

3. 推销介绍

在进行推销介绍时，除对产品进行实际推销介绍外，通常还要进行产品的展示。在这一过程中，推销人员应指出产品的特点和功能，以及它们是如何优于竞争者产品的，有时也可指出本产品的某些不足，或可能出现的问题及如何减免和防范这些问题。在展示产品时，推销人员还可请潜在顾客亲自试用展示品。这种展示和试用必须把重点放在推销介绍时所指出的特点上。

4. 回答异议

潜在顾客任何时候都可能提出异议或问题，这就给推销人员提供了一个消除那些可能影响销售的反对意见的机会，推销人员可以进一步指出产品其他特点，或提示本企业所能提供的特别服务。潜在顾客所提问题可分为两类：第一类是必须在成交前加以解决的；第二类是需要进一步沟通的。

5. 促成交易

对潜在顾客所提问题进行回答后，推销人员就要准备完成推销最重要的目标——成交，即让顾客同意购买自己推销的产品。此时，推销人员必须确保在成交前没有遗留重要的问题，而且推销人员不应再与顾客发生争议。许多有经验的推销人员往往会以顾客已打算购买的假设为据，向顾客提出："您希望什么时候送货？""您要买标准型还是豪华型？"等问题。这样做可使犹豫不决的潜在顾客立即做出购买决定。

6. 售后跟踪

对于贵重或重要产品，在产品售出后，推销人员必须予以跟踪，以确保产品按时、保质送到顾客手中，确保产品处于正常的使用状态。这种售后跟踪能给顾客留下一个好印象，并为未来的推销铺平道路，因而它是推销过程的重要环节。总之，推销人员的职责并不随销售工作的结束而结束，它将随着推销人员与顾客之间保持良好、有效的相互关系而延续下去。

11.2.3 推销人员的管理

1. 推销人员的选择

推销人员的来源主要有两种，一是从外部招聘的推销人员；二是从企业内部现有人员中选拔培养的推销人员。无论采用哪种方式，企业都应对推销人员的基本素质有一个衡量标准。从最基本的角度考虑，一名合格的推销人员至少应具备以下条件。

① 熟悉产品情况。应对自己所推销的产品十分熟悉，能详细地为顾客进行介绍，并且应了解市场同类产品的基本情况。

② 熟悉企业情况。应充分了解自己企业的基本情况，对企业的经济实力、技术设备、生产能力、经营方式、销售条件等都很清楚，以便能随时回答顾客的咨询。

③ 熟悉营销知识。应掌握市场营销的基本知识和技能。

④ 熟悉与推销活动有关的各种政策法规。

2. 推销人员的培训

推销人员的培训内容要根据企业和受训人员的情况来定。对于新招的推销人员，培训内容应包括企业情况介绍、产品知识学习、市场状况分析、推销技巧培训和基本能力练习等。

3. 推销人员的考核

对推销人员的考核可以从工作投入、工作过程、工作结果这三个方面来进行。其中，对工作结果的考核主要包括销售额、销售量、顾客满意度和客户关系这四方面内容。围绕上述内容进行考核时，可以采用一系列指标，如销售量、销售额、销售费用、顾客访问次数、增加顾客数量、销售完成率（实际销售额/计划销售额）、推销费用率（推销费用/企业销售收入）、失去顾客数、每位顾客平均毛利、回款额、顾客重复购买次数、顾客购买潜力等。

企业在管理推销人员时，要建立完善的财务制度与日常考核制度。比如，要制订应收款管理制度，要建立客户档案，以巩固与客户的关系，要尽可能用转账支票、银行汇票结算，防止推销人员不及时上交回笼货款，公款私用，甚至携款潜逃。另外，企业还要建立相对稳定与合理流动相结合的销售队伍结构，尽可能了解并设法满足推销人员的各种合理需求，调动其积极性，坚持使用与培养相结合的原则，加强推销人员培训，使他们感受到企业的关心，从而留住优秀推销人员。

11.2.4 对推销人员的激励

对推销人员进行激励的目的是激发他们的潜力，以更好地实现企业的市场营销目标，常见的激励手段有以下几种。

1. 薪酬激励

要激励推销人员，必须先通过合理的薪酬来激发他们工作的积极性。尽管薪酬不是激励推销人员的唯一手段，也不是最好的方法，但却是一个非常重要、最易被运用的方法。

2. 目标激励

由于推销人员工作地域的分散性，企业直接对其进行管理难度较大，因此，企业可以将分解后的销售指标作为推销人员的销售目标，并对其进行授权以充分发挥其主观能动性和创造性，达到激励的目的。

3. 精神激励

推销人员常年在外奔波，压力很大，企业可以通过精神激励，使其压力得到释放，从而取得更好的业绩，如在企业的销售人员中开展销冠竞赛评比活动等。

4. 情感激励

利益支配的行动是理性的，理性只能使人产生行动，而情感则能使人拼命工作。对推销人员进行情感激励，就是关注他们的感情需要、关心他们的家庭、关心他们的感受，把对推销人员的情感激励直接与他们的生理和心理需要有机地联系起来，使其情绪始终保持愉悦，进而使销售绩效保持较高水准。

5. 民主激励

民主激励就是实行民主化管理，让推销人员参与营销目标、顾客策略、竞争方式、销售价格等政策的制订；经常向他们传达企业的生产信息、原材料供求与价格信息、新产品开发信息等；企业高层定期倾听一线推销人员的意见与建议，向推销人员介绍企业发展战略，这些都是民主激励的方法。

此外，企业应适时创造条件对推销人员进行产品知识、营销知识、财务知识、税务知识、法律知识等方面的培训，让他们感受到企业很关心自己的成长，自觉地将个人目标和企业目标统一起来，为自己的将来而努力工作。

小思考 11-2

业务员的“数字化”

如何让经销商对业务员产生尊重？一个可行的方法就是打开电脑，做数据分析。大多数经销商对数据不敏感，他们只是模模糊糊地感觉到“我今年比去年卖得好”。实际上，仔细分析经销商的一级数据（经销商进货量）就会发现，虽然“总量卖得比去年多”，但是对于成长率有没有逐渐衰退？分品种、分渠道的成长率怎么样？哪个乡镇的销售量已经连续下滑了？哪个渠道正在萎缩？哪个产品快要死了？经销商大多不清楚。因此，业务员见新经销商，可以打开电脑做数据分析。

目前的管理软件（如 CRM、ERP），大多能提供基础数据，有分析价值的数据，还须用 Excel 进行二次加工。厂家关心的是经销商进货量，经销商关心的是动销（拉动销售）出货量，分析二级数据（经销商的出货数据），对经销商更重要。老一辈业务员，善于沟通、能喝酒，就能搞定经销商；肯干、能吃苦，能拉着车出去亲自铺货，再有点领导能力，就可以带动团队。而现在做业务，必须熟练掌握 Excel 软件，会进行数据筛选，能够精准营销，锁定目标。

举例来说，零售 8 元钱的啤酒新品，去哪儿铺货？把经销商的电脑打开，用 Excel 筛选前几个月零售 6 元钱的啤酒，且月销售量超过 100 箱的店。6 元钱啤酒月销售量能超过 100 箱，那 8 元钱的啤酒应该也能卖吧，这就是找出“新品的相关品种卖得好的店”。同理，统一的高端新品“汤达人”，做得很成功。那“汤达人”去哪儿铺货呢？电脑打开，筛选销售“老坛酸菜”的桶装和碗装方便面历史业绩好的店。老坛酸菜容器面能卖得这么好，零售五六元钱的汤达人应该也卖得不差。也可以筛选“总业绩好的店”。比如纸品行业经常讲“万元店”——本品牌的卫生巾、纸品能月销 1 万元，就是优质终端。把经销商电脑打开，把曾经月销过万元的店筛选出来，这些都是我们品牌曾经销售量大的店，说明这个店周围的消费者已经接受了我们的品牌，既然消费者接受了我们的品牌，那这个店也是我们的新产品的机会店。

从上述例子可以看出，业务员可通过 Excel 软件筛选出在某经销商覆盖的店里，哪些店是值得投入的动销机会店。

资料来源：https://www.sohu.com/a/278950238_465378（2018-12-01）[2023-10-13]

请阅读资料，并思考：

业务员推销活动“数字化”有哪些启示？

11.3 广　告

11.3.1 广告的概念和类型

1. 广告的概念

广告是指法人、公民和其他经济组织借助传播媒介进行有偿的、非人员的、有组织的劝说，并使人信服的信息传播活动。广告主不仅包括商业性机构，还包括向目标受众通告其宗旨的慈善机构、各类社会组织、专业团体、政府部门和个人。广告是一种成本与效率都很高的信息传播方式。数字化时代催生了更多的传播媒介平台，数字技术使企业能够精准地根据消费者的位置、偏好等信息推送广告，因而广告形式也发生了很大变化。比如，根据消费者的在线行为特征不同投放不同广告信息的个性化广告，以智能移动设备为载体将广告信息以多种形式传递给目标消费者的移动广告等广告形式迅速兴起。

2. 广告的类型

广告有多种分类方式，其中最具实际意义的是按广告目标将其分为信息性广告、说明性广告和提醒性广告。

（1）信息性广告

这种广告主要用于大类产品的市场开拓阶段。此时的目标重点是建立该类产品的原始需求或基本需求，而非建立对该类产品某一特定品牌的需求。即告知消费者现在出现了某类新产品，以便促进整类产品的销售。比如，在我国的乳酸饮料产业发展之初，各品牌的相关广告只着重向消费者介绍乳酸饮品的营养价值及多种用途，而不是专门介绍本品牌的特色和优点。

（2）说服性广告

这种广告主要用于进入竞争阶段的产品。此时的目标重点是为特定的品牌培植选择性需求。市场上大多数的广告都属于这种类型，生产者利用这种品牌导向的广告，说服消费者购买他们所生产的产品。

（3）提醒性广告

这种广告主要用于处于成熟期的产品。此时广告的目标不是通知或说服消费者购买某一不为人们所知的产品，而是提醒消费者不要忘记购买某一特定品牌的产品。为了使这种提醒的作用更强，企业通常还会辅以相关的形象广告等其他广告，其目的是提高企业的形象和声誉，间接刺激消费者购买本企业的产品。

案例 11-2

小仙炖精准建立“鲜炖燕窝”新品类认知

2014年8月，小仙炖燕窝品牌成立，它是首个专注C2M模式的燕窝品牌。2018年其销售额突破2亿元，2019年飙升至8亿元，成为首个进入天猫亿元俱乐部的滋补品牌，鲜炖燕窝领导品牌小仙炖在不到五年的时间里迅速崛起。

针对消费者购买燕窝时的痛点，小仙炖的重要一招是对新消费场景进行挖掘，提出当天鲜炖、冷鲜配送、0添加的解决方案。在小仙炖一系列引爆流量的操作背后，小红书等社交平台及电梯媒体扮演着重要的推手角色。

2019年3月8日，北京全城的分众传媒电梯广告出现了神秘的“红色礼盒”，打开礼盒，里面是货真价实的瓶装小仙炖燕窝和燕窝周卡，真品上阵，所见即所得，直接让消费者真实体验产品，打破了大众对燕窝消费小众化的刻板印象。加上一众明星及小红书众多种草达人的大力推荐，小仙炖成功开创了鲜炖燕窝品类的新赛道，当年销售量大增。

随后，小仙炖品牌势能持续走高，2020年“6·18”期间小仙炖鲜炖燕窝销售额同比增长497%，“双十一”期间全网销售额达1.3亿元……精准选择的传播矩阵，助力小仙炖精准高效触达主流人群，帮助小仙炖建立了“鲜炖燕窝”的新品类认知，树立“鲜炖燕窝专家品牌”的形象。

资料来源：根据网络资料整理

11.3.2 广告媒体

媒体又称媒介，是指将信息传播给大众的载体（或工具），是联系生产者和消费者的中介物。信息的传播须借助媒体实现，配合图片、文字、色彩等传播符号，以互相补充说明，最终实现较好的传播效果。

广告媒体是指能够借以实现广告主与广告对象之间信息传播的各种物质载体。广告媒体策略就是寻找一种最有效的媒体组合方式。

1. 与广告媒体相关的几个概念

① 触及率，是在某一特定时间内，一则广告推出一段时间后，接收到这则广告的受众人数占覆盖域内总人数的百分比。

② 频率，是在某一特定期间，平均每个目标受众接触到信息的次数。

③ 冲击度，是某一特定媒体展露所产生的定性价值，即其展露质量。

④ 毛评点，是触及率与频率的乘积，又称总展露次数。毛评点只考虑定量因素，不考虑定性因素，即不考虑广告的质量。

⑤ 曝光量，是广告被展示给受众的总次数。它显示了广告在受众中的可见度和传播程度，是广告效果的基础。

⑥ 点击率，是广告在媒体平台上被点击的次数与曝光次数的比例。它反映了受众对广告内容的兴趣程度。

⑦ 转化率，是广告被点击后，用户转化（如应用下载、注册、购买等）的比例。较高的转化率显示广告能够将点击转化为实际行动，是评估广告实际效果的重要指标。

⑧ 每千人成本，又称千人印象成本，是广告平均每接触 1000 位目标受众所花费的成本。

2. 广告媒体的类型及特点

（1）视觉媒体、听觉媒体和视听两用媒体

由于广告媒体功能的差异性，广告媒体表现为三种形式：视觉媒体、听觉媒体和视听两用媒体。视觉媒体中历史最悠久的是印刷媒体，它也是传播最迅速和最广泛的媒体，以报纸、杂志为主，也包含小册子、函件等；其次为户外媒体，包括销售现场、霓虹灯、车厢、包装、路牌、灯箱、气球等形式。听觉媒体的常见形式有广播、录音带、电话、宣传车媒体等。视听两用媒体包括电视、电影、戏剧、小品及其他表演形式等，其中电视因形声兼备，具有高度娱乐性及强制性的广告效力等特点而深受欢迎。

（2）传统媒体和新媒体

随着科学技术的发展，信息传播媒体中产生了新的传播模式或形态，我们可据此将广告媒体区分为传统媒体和新媒体。传统媒体以四大传媒为主，即报纸、杂志、广播和电视。新媒体泛指利用计算机（计算与信息处理）及网络（传播及交换）等新科技，对传统媒体形式、内容及类型发生质变的新的媒体形态，具体可理解为能够对大众同时提供个性化内容的媒体，即能实现传播者与受众之间的对等交流，能使无数交流者同时进行个性化交流。新媒体目前以网络新媒体、移动新媒体、数字新媒体等形式为主。网络新媒体包括网络电视、博客、播客、视频、电子杂志等。移动新媒体包括手机媒体、平板电脑等。数字新媒体包括数字电视、移动电视等。

常见的广告媒体及其特点如表 11-2 所示。

表 11-2 常见的广告媒体及其特点

广告媒体	优点	缺点
报纸	弹性大，及时，对当地市场的覆盖率高，易被接受和信任	印刷质量一般，广告寿命短，传阅者少
杂志	印刷精美，可选择适当地区和对象，传阅者多，时效长	广告作业前置时间长，无法快速回应市场变化
电视	视、听、动作紧密结合，引人注意，送达率高	成本高，展露瞬间即逝，观众选择性低
广播	可选择地区和对象，成本低，能快速回应市场变化	仅有声音效果，广告寿命短
户外媒体	比较灵活，展露重复性强，成本低	受地区限制，不能选择对象，创造力受到限制
新媒体	交互性：用户既可以是信息的发布者，也可以是信息的交流者； 分众性：适应受众需求的多样化和受众市场的细分化； 复合性：突破传统媒体信息传递的单一性，同时也体现传播形态的多样性	受硬件环境的限制，如网络自身的基础建设

① 报纸。报纸的市场覆盖面较广，利用报纸来做广告的主要优点是具有弹性和时效性。大多数报纸天天出刊，因此可以使广告主在合理的成本下，快速地接触到其目标市场。

② 杂志。杂志具有针对性强、时效长、转阅读者多、选择性好、印刷精美、图文并茂等优点，较适合化妆品、鞋帽、手表、汽车等需要突出其外形、款式、色彩等特点的产品。在四大传统媒体中，杂志属于小而细致的广告媒体。

③ 电视。电视是视听两用媒体之一，电视广告能产生很大的影响力。广告主通过电视广告可以接触到广泛而多样的市场。利用电视做广告能塑造产品高格调的形象。但电视广告也有缺点，广告主需支付的费用很高且电视广告的信息寿命很短。

④ 广播。广播的优点是广告信息传播迅速、及时、范围广，针对性也较强。广告主通过在各种专题广播节目中插播相关的广告，可以有效地把广告信息传递给相关的目标顾客群体，广播的广告费用较其他媒体低。但是，广播注意率较低，在黄金时段，广播广告的收听率低，因为多数人更习惯于收看电视节目。

⑤ 户外媒体。户外媒体是一种具有弹性且成本低的媒体，它包括路牌、广告牌、灯箱、招牌、交通工具等形式。户外媒体广告最主要的优点在于它的高展露频次，且它不易受到其他竞争者的干扰。此外，它也可以根据当地市场的需求特性来设计。但户外广告不适合传达太复杂的信息，因为受众的注视时间很有限。

⑥ 新媒体。新媒体是一个相对概念，其被形象地称为“第五媒体”。新媒体是利用数字技术和网络技术，通过互联网、无线通信网、卫星等渠道，以及电脑、手机、数字电视机等终端，向用户提供信息和娱乐服务的传播形态，如数字杂志、数字报纸、数字广播、移动电视、数字电视、数字电影、触摸媒体等新媒体形态。

3. 影响广告媒体选择的因素

广告主选择广告媒体时可综合考虑以下四个因素。

（1）产品特性

产品特性与广告媒体的选择密切相关。产品的性质、使用价值、质量、价格、包装、产品服务以及对媒体传播的要求等，对广告媒体的选择都有着直接或间接的影响。当产品功能多、需要较多文字表达时，广告应以平面媒体为主。对于那些功能复杂，而且不为人们所熟悉的新产品，在做广告时，必须详细地将产品特点和功能介绍给消费者，这样才能使消费者对产品有全面的了解，才能激发消费者的购买欲望，取得较好的宣传效果。平面媒体，如报刊，由于不受时间限制，可以用较长的篇幅进行文字说明。比如，许多电视机、摄像机的生产厂商经常在报刊上登广告，用较多的文字向消费者介绍其推出的新产品，由于广告中文字严谨、论述准确，详细说明了其新产品的各种特点和功能，很有说服力，因此效果很好。当产品功能简单，为大众所熟知，不需大段文字说明时，以选用电视媒体为宜。一些功能简单的日常用品，如服装等，不需要用大段的文字向消费者说明产品的功能，诉求点应从能给消费者带来的利益和享受方面着手。这时，选择电视作为广告媒体是最恰当的，因为电视兼具视觉与听觉效果，能很好地表达产品特性，从而吸引消费者购买。

（2）媒体受众

广告是以自己产品的潜在消费者为目标对象的，所以在媒体的选择上一定要根据目标对象使用媒体的情况进行选择，不然是没有什么效果的，具体需要考虑两点。①根据目标对象的媒体接触率及习惯来选择媒体。比如，年轻人中喜欢体育杂志及消费性杂志的要比老年人多；而老年人中，看报纸的要比年轻人多。因此在选择媒体时，要充分考虑这些因素，找出自己的目标对象接触最多的媒体，从而使他们之中更多的人看到或听到自己的广告。例如，飞利浦公司在为其音响产品做广告时，就是根据其目标对象大部分都是音响发烧友的情况，在他们阅读最多的专业音响杂志上大做广告，而且在各种大的音响商场做精美的 POP 广告，从而取得了良好的宣传效果。②依目标对象的收视率、收听率的高低来安排媒体时间。对于电视和广播这两种媒体，人们不可能一天到晚都在收看、收听，往往只是选择自己偏爱的节目来收看、收听，因而造成了收视率、收听率差异。例如，糖果产品广告在儿童节目前后播放，效果会较好；快餐广告在中午或傍晚播出的效果会比较显著。

（3）广告预算

广告预算通俗来说就是广告主准备在广告上花多少钱。它是媒体选择中最重要的因素，因为没有资金的保证是谈不上做什么广告的。广告预算在媒体选择中的影响具体表现为以下几个方面。①预算多时，可以采用多种媒体相结合的方法，并且可以增加广告时间。许多资金雄厚的大企业每年的广告预算往往以千万元或亿元计，它们在各种媒体上做广告，并且广告的时间也很长，几乎一年四季都在做广告。②预算少时，选择最适当的一两种媒体，并且只在一段时间内集中投放。一些中小企业每年的广告预算不多，所以应该集中自己的财力，在一两种最适合自己的媒体上下功夫，并且在一段时间内集中宣传，这样做可以在短时间内提高企业的知名度。

（4）营销时机

在企业营销过程中，不可能总是旺季，也不可能总有那么多机遇，所以企业应该根据销售季节及销售机遇的不同，有针对性地选择广告媒体。部分产品是季节性的，企业应该根据销售淡旺季进行媒体预算分配。广告主应该在销售旺季集中大部分预算，尽可能多地选择各种适当的媒体展开广告宣传攻势；而在销售淡季则减少广告预算，减少媒体数量，从而使广告宣传有重点且具有针对性，避免浪费。比如饮料企业，一般在夏季投入的广告预算最多，并且会在各大电视台和各大媒体上展开广告宣传攻势，而在冬季则大大减少广告预算，减少在电视和其他媒体上的广告宣传，只做较少的广告以起维持作用。广告主还可根据不同媒体在不同时机受注目程度的不同，来选择媒体及刊播时间。各种媒体在不同的情况下受注目的程度是不同的，当一些重大的新闻发生时，电视、广播等传播速度快的媒体会吸引众多的观众和听众，而报纸和杂志受注目的程度就大大下降了。当有一些重大的集会、体育赛事时，一些辅助媒体，如户外媒体等的受注目程度就会提高。所以，广告主应抓住各种时机有针对性地选择适当的媒体和广告投放时间。当然这种时机的掌握具有一定的风险，做得不好反而会对自己的产品和企业造成不利影响。

11.3.3 广告诉求策略

广告诉求是广告的信息内容，是消费者去购买产品的理由。广告活动可以把焦点放在一个或更多的广告诉求上。一般来说，有理性诉求广告和感性诉求广告两种策略。

1. 理性诉求广告策略

理性诉求广告策略是指企业针对理智型消费者的特点，在广告宣传中采取诉诸一定理智的广告诉求方式，主要以产品功能、用途或属性为内容，采取提供事实依据或进行比较的形式达到说服目的。比如，以产品价格、质量、性能、包装、售后服务等为基础的广告都是理性诉求广告。理性诉求广告是基于传统的独特的销售主张理论（Unique Selling Proposition，简称 USP），所以在理性诉求广告中，更多的是强调产品在性能等有形属性方面的突出性。

2. 感性诉求广告策略

感性诉求广告策略是针对想象力丰富、易动感情的消费者采取的一种广告策略。感性诉求广告又称暗示广告，它要向广告宣传对象进行感觉和情绪诉求，“动之以情”“以情感人”，唤醒消费者的潜在意识，激发其购买欲。它更多的是强调功能之外的非物质属性，如塑造某种气氛，或者引发情绪和唤醒情感等，以使消费者形成积极的产品或品牌态度，这些诉求点都是无形的。比如养生堂浙江食品有限公司推出的母亲牛肉棒，更多是想要通过广告塑造的氛围和独特的商品名称唤醒消费者的情感，而不是过多地强调产品在营养和质量上的特性。

11.4 营业推广

11.4.1 营业推广的概念和特点

1. 营业推广的概念

营业推广又称销售促进，是指除人员推销、广告和公共关系之外的其他促销形式，是在短期内刺激消费者或中间商迅速和大量地购买某种特定产品或服务的促销活动。营业推广在促使消费者使用产品、劝诱消费者再购买、增加消费、对抗竞争和促进本企业其他产品的销售等方面起到重要作用。

2. 营业推广的特点

① 短期性和非规则性。其中，短期性是营业推广最主要的特点。营业推广适用于诸如新产品上市、重要节假日等短期内的促销活动，能有效地吸引消费者。营业推广不像广告、人员推销、公共关系那样经常出现，其目的只是解决一些具体的营销问题。

② 灵活多样，适应性强。企业可根据消费者心理和市场营销环境等因素，采取不同的、

有针对性的营业推广方法，向消费者提供特殊的购买机会，此时产品具有较高的吸引力和诱惑力，能够引起消费者的广泛关注，促使其立即购买，在较大范围内收到立竿见影的效果。

③ 直观的表现形式。许多营业推广工具都具有吸引注意力的特性，可以打破消费者购买某一特殊产品的惰性。企业通常以打折或降价的形式来吸引消费者产生购买行为。

④ 有一定的局限性和副作用。有些营业推广方式会显现出卖者急于出售的意图，容易造成消费者的逆反心理。如果营业推广使用太多或使用不当，消费者会质疑产品的品质及产品的品牌。

11.4.2 营业推广的方式

营业推广方式有很多种。针对不同的促销对象，企业会使用不同的方式。

1. 针对消费者的营业推广方式

营业推广可以鼓励老顾客继续使用，促进新顾客使用，动员顾客购买新产品或更新设备，引导顾客改变购买习惯，培养顾客对本企业的偏爱等。

针对消费者可以采用以下几种营业推广方式。

① 赠送。企业向消费者赠送样品。样品可以挨户赠送，可以在商店或闹市区散发，可以随其他产品附送，也可以通过公开广告赠送，赠送样品是介绍一种新产品最有效的方法，其费用也最高。

② 优惠券。企业给持有人一个证明，证明他在购买某种产品时可以免付一定金额。

③ 廉价包装。企业在产品包装或招贴上注明，本包装产品比正常包装产品减价若干，可以单独包装一种产品，也可以把几件产品包装在一起。

④ 奖励。即消费者可以凭奖励券买一种低价出售的产品，或凭奖励券免费领取产品，或在凭券买某种产品时获得一定的优惠，各种抽奖也属于此类营业推广方式。

⑤ 现场示范。企业派人将自己的产品在销售现场进行演示，把一些技术性较强的产品的使用方法介绍给消费者。

⑥ 组织展销。企业将一些能显示企业优势和特征的产品集中陈列，边展边销。

知识链接 11-2

促销赠品的选择和创新

促销中的关键环节是赠品的选择，有时候一个赠品选择得好与坏，会直接影响促销的效果。例如，一家啤酒企业在设计赠品时，设计的是一箱礼品装送四个制作精美的酒杯，酒杯容量相当于普通酒杯的三分之二，酒杯除外观喜庆，设计配合节日氛围外，还设计了一行字：本杯容量恰好，适合干掉！这个赠品深受欢迎，啤酒也卖得很好。酒和酒杯事实上具有较好的关联度，酒杯实用也实惠，是个不错的赠品选择。对赠品本身进行创新挖掘，有时会收到超出预期的效果。

要想充分发挥赠品的作用，在选择赠品促销时就需考虑：①赠品应与自己销售的产品有一定的相关性，赠品可以与产品形成一定的互补，这样就可以在某种程度上影响到消费者的购买决策，如销售热水器的企业可赠送浴巾或者洗发水、沐浴露之类与洗浴相关的赠品；②赠品要确保能赠送给目标消费者，如通过媒介发布活动公告，明确赠品种类、价值等，刺激目标消费者产生购买欲望，或在销售终端张贴海报等，吸引消费者注意。

资料来源：根据网络资料整理

2．针对中间商的营业推广方式

针对中间商进行营业推广的目的是鼓励批发商大量购买，吸引零售商扩大经营，动员有关中间商积极购存或推销某些产品。其方式有以下几种。

① 折扣鼓励。企业为争取批发商或零售商多购进自己的产品，在某一时期内可给予购买一定数量本企业产品的批发商一定的折扣。

② 推广津贴。企业为促使中间商购进本企业产品并帮助企业推销产品，可以给中间商一定的推广津贴。

③ 销售竞赛。企业可根据各个中间商销售本企业产品的实绩，给予不同的奖励，如现金、实物、免费旅游、度假等。

3．针对销售人员的营业推广方式

针对销售人员进行营业推广的目的是鼓励他们热情推销产品或处理某些老产品，或促使他们积极开拓新市场。其方式有：销售竞赛，如有奖销售、比例分成等；红利提成；特殊推销金等。

11.4.3 营业推广的实施过程

一个企业在运用营业推广时，必须经过以下步骤：确定营业推广目标，选择营业推广方式，制订营业推广方案，测试营业推广方案，实施和控制营业推广方案，以及评价营业推广结果。

1．确定营业推广目标

就消费者而言，营业推广目标包括鼓励消费者更多地使用本企业的产品，争取未使用者试用，吸引竞争者品牌的消费者。就零售商而言，营业推广目标包括吸引零售商经营新产品和维持较高的存货水平，储存相关品目，抵消竞争对手的各种竞争性的促销影响，提高零售商的品牌忠诚度，以及获得进入新的零售网点的机会。就销售队伍而言，营业推广目标包括鼓励他们积极推销新产品，激励他们寻找更多的潜在消费者。

2．选择营业推广方式

企业可以选择不同的营业推广方式，以实现不同的营业推广目标。在选择营业推广方式时，必须充分考虑营业推广的目标、市场的类型、市场的竞争状况，以及各种营业推广方式的特点、成本、效益等因素。

3．制订营业推广方案

营业推广方案应该包括以下几个因素。

① 奖励费用。营销人员必须决定拿出多少钱来进行奖励刺激。

② 参加者的条件。营业推广是面向所有人，还是选择出来的一部分人的。

③ 营业推广措施的分配途径。营销人员必须确定怎样去促销和分发促销方案。

④ 营业推广时间。确定最佳的推广频率来进行促销活动，最佳持续时间一般是产品平均购买周期的长度。

⑤ 营业推广的总预算。一是按照自下而上的方式，即根据全年的销售活动的内容、销售工具及其成本费用来决定总预算；二是按照习惯来确定各种预算的比例。

4. 测试营业推广方案

面向消费者的营业推广比较容易进行预试，可邀请消费者对几种不同的、可能的优惠办法做出评价或划分等级，也可以在有限的地区进行测试。

5. 实施和控制营业推广方案

实施的期限包括前置时间和销售延续时间。前置时间是指实施这项方案前所必需的准备时间。实施方案前的准备工作包括最初的计划工作、设计工作，包装修改的批准，材料的邮寄等，配合广告的准备工作包括通知现场推销人员，为个别分店建立地区配额，购买或印刷特别赠品，将存货存放到分配中心以便在特定的日期发放。销售延续时间是指从营业推广方案开始实施到大约 95%的采取此促销办法的商品已经在消费者手里所经历的时间。

6. 评价营业推广结果

企业可以运用多种不同的方法对营业推广的结果进行评价，评价的程序因市场类型的不同而有所差异。最常见的一种方法是对推广前、推广中和推广后的销售情况进行比较。

11.5 公 共 关 系

11.5.1 公共关系的概念、特点和工具

公共关系是指组织为改善与公众的关系，增进公众对组织的认识、理解和支持，树立良好的组织形象，采用非付费方式进行的一系列信息传播活动。随着市场营销活动的日趋复杂，公共关系在营销中的地位和作用逐渐被重新认识。

从市场营销学的角度来谈公共关系只涉及了公共关系的一小部分内容。公共关系作为促销组合的一个重要组成部分，具有以下特点。

(1) 注重长期效应

公共关系要实现的目标是树立企业良好的社会形象，创造良好的社会关系环境。实现这一目标是一个长期的过程，并不强调即刻见效。企业可以通过各种公共关系活动的运用，树立良好的产品形象和企业形象，从而长时间地促进销售和占领市场。

（2）注重双向沟通

公共关系的工作对象是公众，具体包括企业内部公众和企业外部公众两方面。公共关系是全方位的关系网络，它强调企业与公众之间的感情传递与沟通。企业内部和外部的各种关系如果处理得当，企业就会获得良好的发展环境。企业通过公共关系听取公众意见，接受监督，有利于企业全面考虑问题，追求更高的社会形象目标。

（3）注重间接促销

公共关系传播信息并不是直接介绍和推销产品，而是通过积极地参与各种社会活动，宣传企业宗旨、联络感情、扩大知名度，从而加深社会各界对企业的了解和信任，达到间接促进销售的目的。

公关关系有几种常见工具，如新闻、特殊事件、书面资料、企业形象识别、视听资料、公共服务活动，以及近些年应用广泛的网络和社交媒体等，如表 11-3 所示。

表 11-3　常见的公共关系工具

公共关系工具	理解
新闻	主要工具，公关专家会挖掘或创造与企业、企业产品、员工有关的正面新闻。有时新闻是自然发生的，有时公关人员会举办一些能制造新闻的事件或活动
特殊事件	常见工具，包括新闻发布会、演讲、媒体专访、品牌开幕式、巡演及赞助等，旨在触及和吸引目标受众的活动
书面资料	公关人员准备书面资料来触及和影响目标市场，这些资料包括年度报告、宣传册、企业报纸和杂志等
企业形象识别	帮助创造公众能立即辨认的企业形象，如商标、文具、宣传册、商业标牌、名片、建筑、制服、企业轿车和卡车等，它们具有吸引力，与众不同，并且容易记忆
视听资料	如在线视频，越来越多地被当作宣传工具
公共服务活动	能提高公众对企业及品牌的好感度
网络和社交媒体	重要的公关渠道，包括网站、博客、社交媒体等，为企业提供了触及并吸引公众参与的新途径

11.5.2　公共关系在营销中的作用

1. 收集信息，提供决策支持

借助公共关系，企业可收集到大量相关信息，这不仅可以帮助企业密切关注环境变化，还能够引导企业有针对性地调整各项营销决策，改善营销工作的效果。

2. 对外宣传，塑造良好形象

作为企业的宣传手段，公共关系通过将有关信息向公众传递，加深公众对企业的理解、认识，为企业创造良好形象并赢得舆论支持。成功的公共关系不仅可以提高企业的美誉度、知名度，还可以消除公众的误解，化害为利。

3. 协调关系，加强情感交流

公共关系可帮助企业妥善处理与各类公众的关系。交际、沟通是理解、信任的基础，而公共关系正是企业与公众沟通的桥梁，公共关系强调与公众的平等对话，给予公众充分尊重，使公众可以与企业进行深入的情感交流，从而使企业获得公众的高度支持。

4. 服务社会，追求社会效益

公共关系活动更多的是通过服务社会、造福公众来展现出自身的意义和价值，企业不仅确保了社会效益目标的实现，还实现了自身无形资产的增值。

11.5.3 公共关系的活动方式

公共关系的活动方式是指以一定的公关目标和任务为核心，将若干种公关媒介和方法有机地结合起来，形成具备特定公关功能的工作方法系统。

1. 根据公共关系工作的业务特点，可以将公共关系活动划分为五种类型

(1) 宣传型公关

宣传型公关是指运用印刷媒介、电子媒介等宣传型手段，传递组织的信息，影响公众舆论，迅速扩大组织的社会影响。宣传型公关的特点是主导性强，时效性强，传播面广，推广组织形象的速度快，特别有利于提高组织的知名度。其具体形式有：发新闻稿，做广告，出版、发行公共关系刊物和各种视听资料，举办演讲或表演等活动。这种方式要广泛运用报纸、杂志、电台、电视及互联网等不同的传播媒介。

(2) 交际型公关

交际型公关是指运用各种交际方法和沟通艺术，广交朋友、协调关系、缓和矛盾、化解冲突，为组织创造“人和”的环境。交际型公关的特点是沟通直接、形式灵活、信息反馈快、富有人情味，在加强感情联络方面效果突出。其方式包括社团交际和个人交际，具体形式有工作餐会、宴会、座谈会、招待会、谈判、专访、慰问、接待参观、电话沟通、亲笔信函等。总之，交际型公关是通过语言、文字、人与人之间的直接对话等方式来进行沟通的。

(3) 服务型公关

服务型公关是指企业向公众提供各种附加服务和优质服务的公共关系活动。其目的在于以实际行动使目标公众得到实惠。通过提高公众满意度，塑造良好的组织形象，争取公众的支持，增强组织的市场竞争力，促进组织的稳步发展。服务型公关的特点是依靠本身实际行动做好工作，其特别媒介是服务，而非依靠宣传。服务型公关的形式有消费教育、消费培训、消费指导、售后服务、免费保修等。

(4) 社会活动型公关

社会活动型公关是指以组织的名义发起或参与社会性的活动，在公益、文化、体育、教育等社会活动中充当主角或热心参与者，在支持社会事业的同时，扩大组织的整体影响。

社会活动型公关的特点是社会参与面广、与公众接触面大、社会影响力强、形象投资费用高，能较有效地提高组织的知名度和美誉度。其形式有：赞助文化、教育、体育、卫生等事业，支持社区福利事业、慈善事业，参与国家、社区重大活动并提供赞助；利用本组织的庆典活动和传统节日为公众提供有益的大型活动。

（5）征询型公关

征询型公关是指运用收集信息、社会调查、民意测验、舆论分析等信息反馈手段，了解民情民意，把握时势动态，监测组织环境，为决策提供咨询。征询型公关的特点是以输入信息为主，具有较强的研究性、参谋性，它是整个双向沟通中不可缺少的重要机制。其形式有：开办各种咨询业务，建立来信来访制度和合理化建议制度，制作调查问卷，设立热线电话，分析新闻舆论，开展社会调查，进行有奖测验活动，聘请兼职信息人员，举办信息交流会等。

2．针对不同的组织环境和公共关系的具体状态，可以采取不同的公共关系活动方式

（1）建设型公关

建设型公关适用于组织的开创阶段，以及某项事业、产品或服务初创或问世阶段。为了提高知名度，形成良好的第一印象，组织会采用高姿态的传播方式，如隆重的开业庆典仪式、剪彩活动、落成典礼、开业广告等，力图尽快打开局面，形成舆论，扩大影响。

（2）维系型公关

维系型公关适用于组织机构稳定、顺利发展时期，组织为了维系已有的声誉，稳定已建立的良好关系，采取持续不断、较低姿态的传播方式，对公众施以不露痕迹、不知不觉的影响，保持一种潜移默化的渗透力。比如保持一定的曝光率，长期将企业名称、标志或商标巨型广告竖立在高大建筑物上；分发服务性、信息性的邮寄品；逢年过节进行专访、慰问；给老客户适当的优惠或奖励；等等。

（3）防御型公关

防御型公关适用于组织出现潜在公关危机的时候。组织为了控制公关状态失调的苗头，防患于未然，采取以防为主的策略，重视信息反馈，及时调整自身的政策或行为，适应环境的变化。

（4）进攻型公关

进攻型公关适用于组织与环境发生某种冲突、摩擦的时候。组织为了摆脱被动局面，创造新局面，采取以攻为守的策略，抓住有利时机和有利条件变换决策；迅速调整策略，改变对原环境的过分依赖，开辟新的环境或新的机会。

（5）矫正型公关

矫正型公关适用于组织公共关系严重失调、组织形象受到严重损害的时候。组织为了尽快挽回信誉，采取一系列有效措施，做好善后的传播沟通工作，从而逐步稳定舆论，平息风波，挽回影响，重塑组织形象。

11.5.4 危机公关

危机公关是公共关系中十分重要的组成部分，是公共关系的一种特殊表现形态，是企业公共关系水平的综合显示。对企业而言，危机公关实际就是在一个企业或一种产品因某些事故、意外或灾难，而使“形象”受到损害的时候，企业调动公共关系范围内的一切手段，采取转危为安的各种有效措施和应对策略，恢复和巩固公众信任的公关方法。

1. 危机公关的含义与特点

危机公关是指机构或企业为避免或者减轻危机所带来的损害和威胁，有组织、有计划地学习、制定和实施一系列管理措施和应对策略，包括危机的规避、控制、解决以及危机解决后的复兴等不断学习和适应的动态过程。危机公关具有意外性、聚焦性、破坏性和紧迫性的特点。

2. 应对危机公关 5S 原则

危机公关 5S 原则是由危机公关专家游昌乔提出的。

(1) 承担责任原则（Shoulder the Matter）

危机发生后，公众会关心两方面问题。一方面是利益问题，利益是公众关注的焦点，因此无论谁是谁非，企业应该承担责任。另一方面是感情问题，公众很在意企业是否在意自己的感受，因此企业应该站在受害者的立场上表示同情和安慰，并通过新闻媒介向公众致歉，解决深层次的心理、情感关系问题，从而赢得公众的理解和信任。

(2) 真诚沟通原则（Sincerity）

危机中的企业是公众和媒介的焦点。企业应该主动与新闻媒介联系，尽快与公众沟通，说明事实真相，做到真诚沟通，即诚意、诚恳、诚实。

(3) 速度第一原则（Speed）

在危机出现的最初 12～24 小时，消息会像病毒一样，以裂变方式高速传播。媒体、公众及政府都在密切关注企业发出的第一份声明。因此企业必须当机立断，快速反应，果决行动，与媒体和公众进行沟通，以便迅速控制事态，使其不扩大、不升级、不蔓延，这是处理危机的关键。

(4) 系统运行原则（System）

企业在进行危机管理时必须系统运作，绝不可顾此失彼，要做到以下几点：以冷对热、以静制动，统一观点、稳住阵脚，组建班子、专项负责，果断决策、迅速实施，合纵连横、借助外力，循序渐进、标本兼治。

(5) 权威证实原则（Standard）

危机发生后，企业需请重量级的第三者站在公众面前，使公众解除对企业的警戒心理，重获他们的信任。

小思考 11-3

“逗鹅冤”：老干妈的危机公关

2019 年 3 月，腾讯与老干妈公司签订了一份联合市场推广合作协议，腾讯将投放资源用于老干妈油辣椒系列产品的推广。腾讯在《QQ 飞车》游戏中，设计推出老干妈头像框及定制服装，在直播时也会给老干妈产品镜头。

在大多数人印象中，《QQ 飞车》的受众应该以青少年为主，而老干妈的受众则不然，老干妈虽然面向所有群体，但是青少年显然不在关键目标受众当中。老干妈做这样的广告决策，显然并不符合逻辑。事后，有网友认为腾讯这一波操作，是为了宣传自己的游戏，至少知道这件事后，原本不知道《QQ 飞车》的人，也知道了这个游戏。

2020 年 4 月，腾讯以拖欠广告费为名，状告老干妈。广东省深圳市南山区人民法院发布民事裁定书，同意原告腾讯请求查封、冻结老干妈名下价值 16240600 元的财产。老干妈向来以不缺现金著称，为何会拖欠腾讯广告费一年之久？老干妈声称从未收到腾讯的催收通知，那么腾讯方面所谓的多次催收都未收到广告款是何缘故？既然广告款一分钱未到账，为什么联合推广还在持续进行？

2020 年 6 月 30 日，老干妈发布公告称，从未直接或者授权委托他人与腾讯达成市场推广合作，为维护自身合法权益，已报案处理。

2020 年 7 月 1 日，贵阳警方发布通告，有 3 人伪造老干妈公司印章、冒充市场部经理，与腾讯签订合作协议，目的是获得游戏推广活动中的价值 1600 万元的游戏礼包码，将其倒卖以获取经济利益。

2020 年 7 月 1 日晚间，腾讯发布自嘲视频《我就是那个吃了假辣椒酱的憨憨企鹅》，一波自黑，顺势将愚蠢洗白成憨憨，转危为机。视频评论区一时成为各个蓝 V 用户的打卡胜地。这次危机公关给腾讯带来了巨大的流量收益，也将腾讯一直以来从网友口袋里掏钱的“贪财鹅”形象，转变为天真的“傻白鹅”。

至此，腾讯与老干妈事件落下帷幕，这一事件被网友戏称为“逗鹅冤”。

资料来源：根据网络资料整理

请阅读资料，并根据危机公关 5S 原则分析老干妈的公关动作。

3. 危机管理

（1）做好危机预防工作

危机预防是危机管理的首要环节。企业须树立强烈的危机意识，建立预防危机的预警系统及危机管理机构，制订危机管理计划。

（2）进行准确的危机确认

危机管理人员要做好日常的信息收集和分类管理，要善于捕捉危机发生前的信息，在出现危机征兆时，要尽快确认危机的类型，为有效的危机控制做好前期工作。

（3）做好危机的善后工作

危机的善后工作主要包括解决危机后的遗留问题和消除影响。企业应对危机进行总结、评估，对有问题的地方进行整顿，并开始寻找其他商机。

习 题

一、单项选择题

1. 下面关于促销和营销关系的说法，正确的是（　　）。

A. 促销就是营销　　B. 促销是营销策略中的一个部分

C. 促销是营销的发展　　D. 营销的重点是促销

2. 促销工作的核心是（　　）。

A. 信息沟通　　B. 出售商品　　C. 建立良好关系　　D. 寻找顾客

3. 促销的最终目的是引发、刺激消费者产生（　　）。

A. 购买行为　　B. 购买兴趣　　C. 购买决定　　D. 购买倾向

4. 促销信息沟通过程中，（　　）是信息发送者将一个思想或理念转变为可以被受众所感知的信息的过程。

A. 信息源　　B. 编码　　C. 媒介　　D. 译码

5. 拉式促销策略中有主要手段和辅助手段，其中（　　）是辅助手段。

A. 广告　　B. 公关关系　　C. 营业推广　　D. 人员推销

6. 在产品生命周期的导入期，消费品的促销目标主要是宣传介绍产品，刺激消费者产生购买欲望，因而应主要采用（　　）这一促销方式。

A. 广告　　B. 人员推销　　C. 价格折扣　　D. 营业推广

7. 对销售人员激励的目的就是激发他们的潜力以更好地实现企业的市场营销目标，一种非常重要、最易被运用的激励方式是（　　）。

A. 薪酬激励　　B. 目标激励　　C. 精神激励　　D. 情感激励

8. 公共关系是一项（　　）的营销方式。

A. 一次性　　B. 长期　　C. 偶然　　D. 短期

9. 生产厂商在推销价格昂贵、技术复杂的机器设备时，宜采用（　　）的促销方式。

A. 人员推销　　B. 广告　　C. 公共关系　　D. 营业推广

10. 在危机出现的最初 12～24 小时，企业须当机立断，快速反应，果决行动，以便迅速控制事态，这体现的是应对危机公关 5S 原则的（　　）。

A. 承担责任原则　　B. 真诚沟通原则　　C. 速度第一原则　　D. 权威证实原则

二、多项选择题

1. 关于广告目标的分类，下面说法正确的有（　　）。

A. 说服性广告对处于竞争阶段的产品十分重要

B. 说服性广告在产品成熟期十分重要

C. 提醒性广告在产品成熟期十分重要

D. 信息性广告在市场开拓阶段十分重要

2．针对消费者的营业推广方式有（　　）。
A．优惠券　　B．赠送　　C．现场示范　　D．奖励
3．根据公共关系工作的业务特点，公共关系活动形式有（　　）。
A．维系型公关　　B．矫正型公关　　C．宣传型公关　　D．服务型公关
4．影响促销组合策略选择的因素有（　　）。
A．消费者状况　　B．促销目标　　C．市场状况　　D．促销预算
5．人员推销的形式有（　　）。
A．上门推销　　B．街头推销　　C．柜台推销　　D．会议推销

三、判断题

1．促销信息沟通过程中的干扰，是指受众对信息源所发信息的反应。（　　）
2．企业的促销手段大致可分为两大类：一类是人员推销，另一类是大众推销。（　　）
3．营业推广是指通过大众传播媒介，向消费者实施短期营业刺激的方式。（　　）
4．推销人员除了要负责为企业推销产品，还应该成为顾客的顾问。（　　）
5．公共关系的全部职能和活动，最终都是为了塑造良好的企业形象。（　　）

四、简答题

1．如何正确理解促销的概念。
2．简述促销活动中的信息沟通过程。
3．简述推式促销策略与拉式促销策略的联系与区别。
4．简述广告诉求策略。
5．简述公共关系活动类型。

五、论述题

新媒体背景下，企业应如何利用新媒体开展促销活动？

六、案例分析

梦龙冰激凌，为何“惹众怒”？

“吃个雪糕也要被区别对待？”2021 年 8 月 2 日，梦龙冰激凌因在国内的用料成本远低于国外，而被质疑“双标”并登上微博热搜。按照网友提供的资料，国内版梦龙冰激凌的主要原料为植物油，而欧洲版的则为牛奶。对此，梦龙方面并没有否认，还解释“植物基更环保”。不过，这种说法没有被网友接受，网友普遍认为梦龙只是为了降低成本。根据业内人士的说法，用植物油而非牛奶来做冰激凌的原料，主要就是为了降低成本，两者成本相差 4～5 倍。

国内外配料不同

“梦龙冰激凌外面包裹的巧克力国内版和其他地区的一样，都是来自比利时的可可脂；但国内版里面的冰激凌主要使用的是植物油（没有经过氢化工序），而其在欧洲生产的梦龙冰激凌却是牛奶制作的”，有网友在社交平台称。根据该网友提供的其他国家或地区的梦龙冰激凌配料表可以发现，绝大多数的冰激凌成分是乳脂，而国内版的配料表上，乳粉的比

例仅为 3.7%。这让宣称使用“进口乳粉原料”的梦龙陷入网友的“口诛笔伐”之中，随后，梦龙与和路雪相继登上当日微博热搜榜。

针对网友质疑，梦龙官微回应称，根据国家标准对冰激凌的定义，梦龙产品属于其中的一类——组合型植脂冰激凌，这里的“植脂”指的是冰激凌选用了“植物油脂”，并不是指冰激凌中使用了植脂末。从该回应来看，梦龙官微承认了国内冰激凌原料为植物油脂而非牛奶，这也被网友认为是坐实了中外产品原料“双标”。值得一提的是，后来梦龙官微删除了这一回应。公开资料显示，梦龙是和路雪旗下的高端冰激凌品牌，而和路雪是联合利华旗下企业。天眼查显示，联合利华曾因生产的产品“标签标识的配料与实际生产配料不一致”而被行政处罚。

“植物油脂”和“植脂末”

在梦龙官方回应中，特意强调其组合型植脂冰激凌产品选用的是“植物油脂”，而非“植脂末”，于是，两者的区别成为网友们的关注重点之一。根据国家标准，组合型植脂冰激凌是以植脂冰激凌为主体，与其他种类冷冻饮品（或）巧克力、饼坯等食品组合而成的食品，其中植脂冰激凌所占质量分数大于 50%，如巧克力脆皮植脂冰激凌、华夫夹心植脂冰激凌等。事实上，梦龙之所以急于撇清与植脂末的关系，是因为目前行业内常常将植脂末与反式脂肪关联在一起，而反式脂肪会危害人体健康。

“植物油脂泛指任何植物油，如橄榄油、大豆油、玉米油等，以及食品工业常用的棕榈油、棕榈仁油、椰子油，而植脂末的主要成分是植物奶油（氢化植物油），相对来说，植脂末更不健康”，一位注册营养师在接受采访时表示。资料显示，植脂末又称奶精，是以精制植物油或氢化植物油、酪蛋白等为主要原料的新型产品。研究表明，植物油的部分氢化，实际上是把植物油的不饱和脂肪酸变成饱和或半饱和状态的过程，此过程中会产生反式脂肪酸，它可以使人体血液中的低密度脂蛋白增加，高密度脂蛋白减少，引起血管硬化，增加心脏病、脑血管类疾病的发病率。“目前植脂末的使用依然很广泛，常用于奶茶、咖啡、烘焙、冲调饮料中，但只要所用的植脂末中不含有反式脂肪，对人体健康的影响就不会太大。而作为植脂末的一种，氢化植物油全部氢化后便不会产生反式脂肪酸，这种全部氢化的工艺已经非常成熟了”，该注册营养师称。

有心植物基还是有意降成本

除坐实配料“双标”外，在此番回应中，梦龙将国内外用料不一“甩锅”给素食、环保的行为也触怒了网友。在已被删除的回应中，梦龙表示，其上市的“梦龙素享”，用植物油脂代替动物油脂，用植物蛋白代替动物蛋白，是其迈向植物基的第一步。之后会有更多的植物基产品加入产品线。并声称，“将不断探索以植物为基础的研究，在追求冰激凌美味的同时，也希望减少对环境的影响。目的是顺应未来发展，让可持续生活成为常态”。

然而，网友对此回应并不买账，许多网友质疑其避重就轻，没有回应“国内国外配方用料不同”一事。甚至有网友表示：“对冰激凌来说，植脂的口感和香气比乳脂差远了，成本也更便宜。梦龙明明是为了节约成本，却要立‘植物基环保牌坊’!”“用植物油而非牛奶来做冰激凌的原料，主要原因就是为了降低成本。按照中国生乳价格来计算，用植物油脂生产梦龙产品的综合成本约是用动物油脂的成本的 1/4 到 1/3”，某乳业独立分析师对此分析道。

低成本、高售价可能是梦龙被中国消费者诟病的主要原因。梦龙冰激凌单支的价格为 10 ~ 14.5 元，产品类型是“组合型植脂冰激凌”。而售价同为 10 元以上的光明优倍鲜奶冰激凌是“清型全乳脂冰激凌”；伊利甄稀冰激凌也是“清型全乳脂冰激凌”，一盒价格为 9 ~ 10 元；同样为“清型全乳脂冰激凌”的八喜冰激凌，价格约为 6 元，其配料表中生牛乳含量大于 55%。

业内快消新零售专家表示，对企业来说，产品只要符合国家标准就说明是合格的产品，但如果出现问题后不能及时让消费者理解和接受，问题就将变成重要的公关问题。

资料来源：https://baijiahao.baidu.com/s?id=1707066913107717545&wfr=spider&for=pc（2021-08-03）[2023-10-13]

思考题：

（1）当“梦龙‘双标’”危机事件发生时，梦龙做出了什么样的反应？

（2）请分析一下公共关系对于企业的重要性，你认为企业应当如何正确进行危机公关？

第 11 章　在线习题

参 考 文 献

马尔霍特拉，2020．营销调研：应用导向：第6版[M]．熊伟，郭晓凌，译．北京：中国人民大学出版社．

科特勒，阿姆斯特朗，洪瑞云，等，2020．市场营销原理：亚洲版：第4版[M]．赵占波，姚凯，等译．北京：机械工业出版社．

科特勒，凯勒，2017．营销管理：精要版：第6版[M]．王永贵，华迎，译．北京：清华大学出版社．

阿姆斯特朗，科特勒，2016．市场营销学：第12版[M]．赵占波，王紫薇，等译．北京：机械工业出版社．

里斯，特劳特，2002．定位[M]．王恩冕，于少蔚，译．北京：中国财政经济出版社．

科克，洛克伍德，2017．极简法则：从苹果到优步的深层简化工具[M]．李璐，译．南昌：江西人民出版社．

哈普特利，2021．打造真正的新产品[M]．何瑞青，译．杭州：浙江教育出版社．

科特勒，凯勒，2016．营销管理：第15版[M]．何佳讯，等，译．上海：格致出版社．

林斯特龙，2017．痛点：挖掘小数据满足用户需求[M]．陈亚萍，译．北京：中信出版社．

奥尔森，2017．如何开发一个好产品：精益产品开发实战手册[M]．张瀚文，译．北京：中国人民大学出版社．

泰勒，2005．原始文化[M]．连树声，译．桂林：广西师范大学出版社．

吴健安，聂元昆，2022．市场营销学[M]．7版．北京：高等教育出版社．

王永贵，项典典，2023．数字营销：新时代市场营销学[M]．北京：高等教育出版社．

王永贵，2022．市场营销[M]．2版．北京：中国人民大学出版社．

郭国庆，陈凯，2022．市场营销学：数字教材版[M]．7版．北京：中国人民大学出版社．

符国群，2023．市场营销学[M]．北京：清华大学出版社．

宁德煌，2020．市场营销学：生活、营销与智慧[M]．北京：机械工业出版社．

王雷，2021．大产品思维：从产品布局到营销创新的指数级增长之道[M]．北京：中国人民大学出版社．

薛斌鹏，2020．品牌营销：新流量时代品牌打造与运营方法论[M]．北京：电子工业出版社．

滕乐法，等，2020．市场营销学[M]．北京：清华大学出版社．

钱旭潮，王龙，2020．市场营销管理：需求的创造与传递[M]．5版．北京：机械工业出版社．

杨洪涛，2019．市场营销：网络时代的超越竞争[M]．3版．北京：机械工业出版社．

刘思言，2021．颜值战略：产品与品牌快速引爆方法论[M]．北京：化学工业出版社．

焦胜利，朱李明，2021．市场营销学：迈向数字化的中国营销[M]．北京：清华大学出版社．

孟韬，2018．市场营销学：互联网时代的营销创新[M]．北京：中国人民大学出版社．

符国群，2021．从供需“匹配”视角重新诠释和理解市场营销：兼论市场营销知识体系的构建[J]．营销科学学报，1（1）：17-30．

王永贵，高乐伟，2021．加快推进中国特色市场营销理论创新[J]．前线（9）：44-47．

林钻辉，2021．营销理论的历史演进与发展趋向[J]．商业经济研究（16）：68-71．

康海燕，2020．全渠道零售文献综述[J]．商业经济研究（4）：24-27．